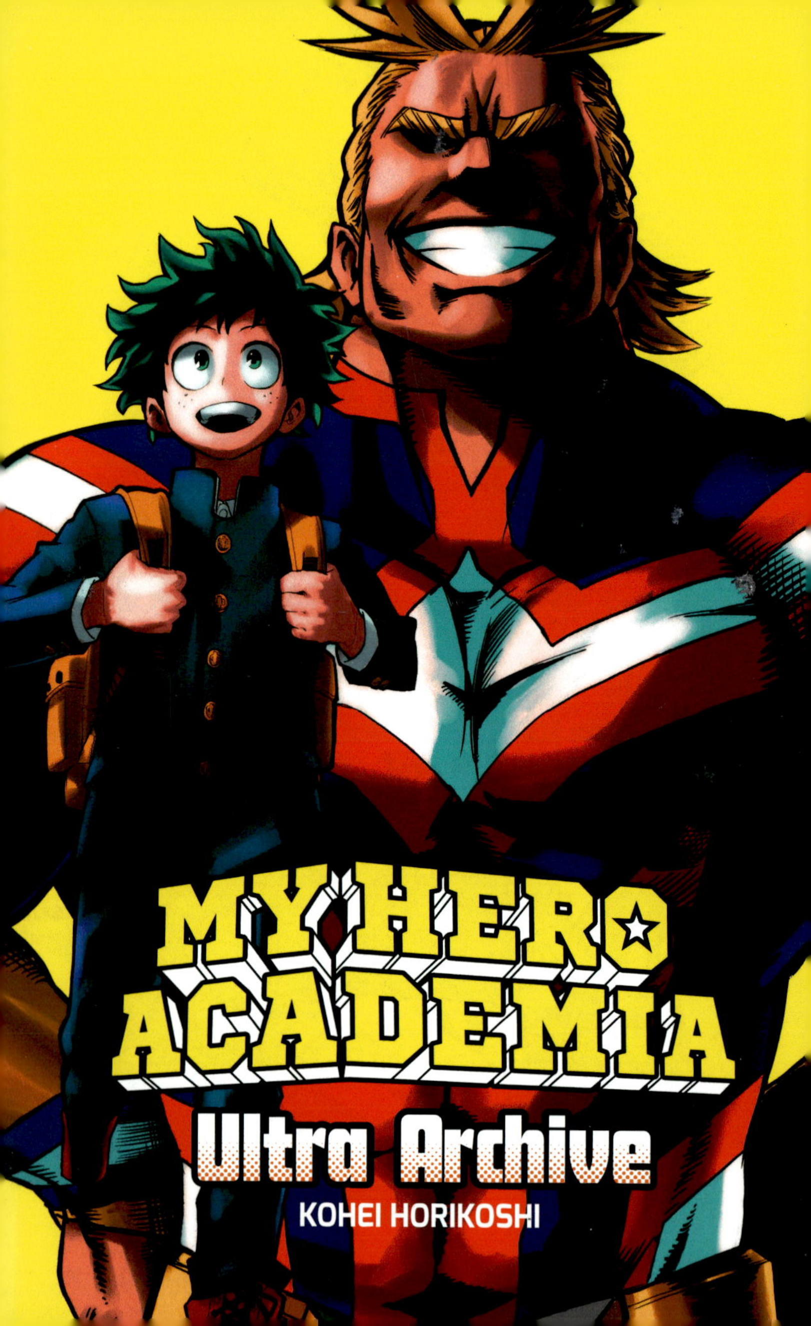
MY HERO ACADEMIA
Ultra Archive
KOHEI HORIKOSHI

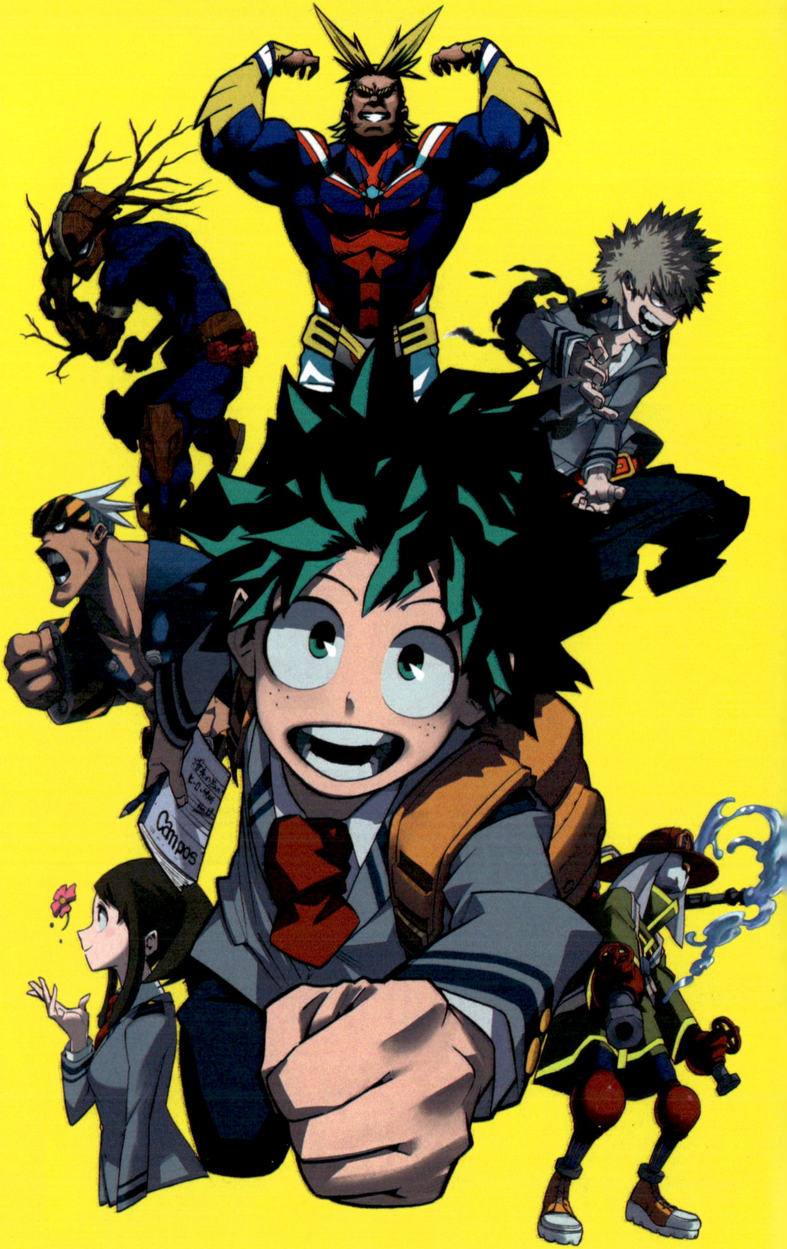

Weekly Jump, Cover Nr. 32 2014

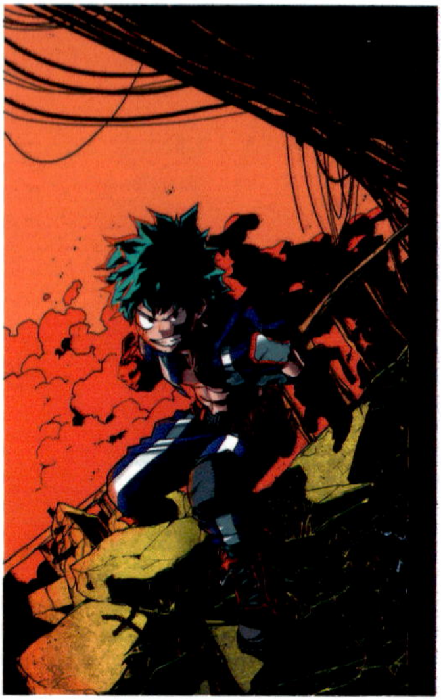

Weekly Jump, Kapitelstarter Nr. 15 2015

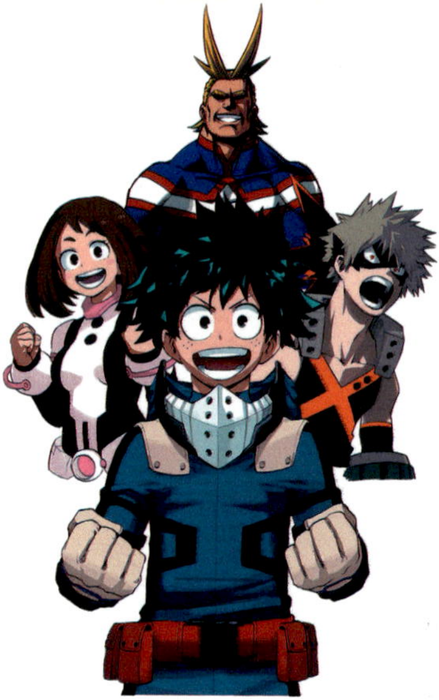

Weekly Jump, Cover Nr. 35 2015

GRAND ONE STEP

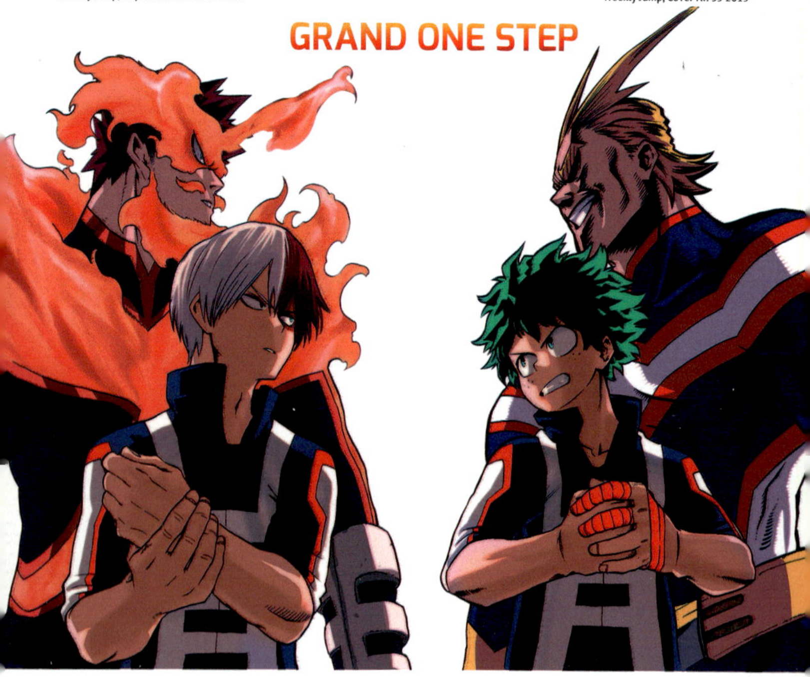

Weekly Jump, Kapitelstarter Nr. 19 2015

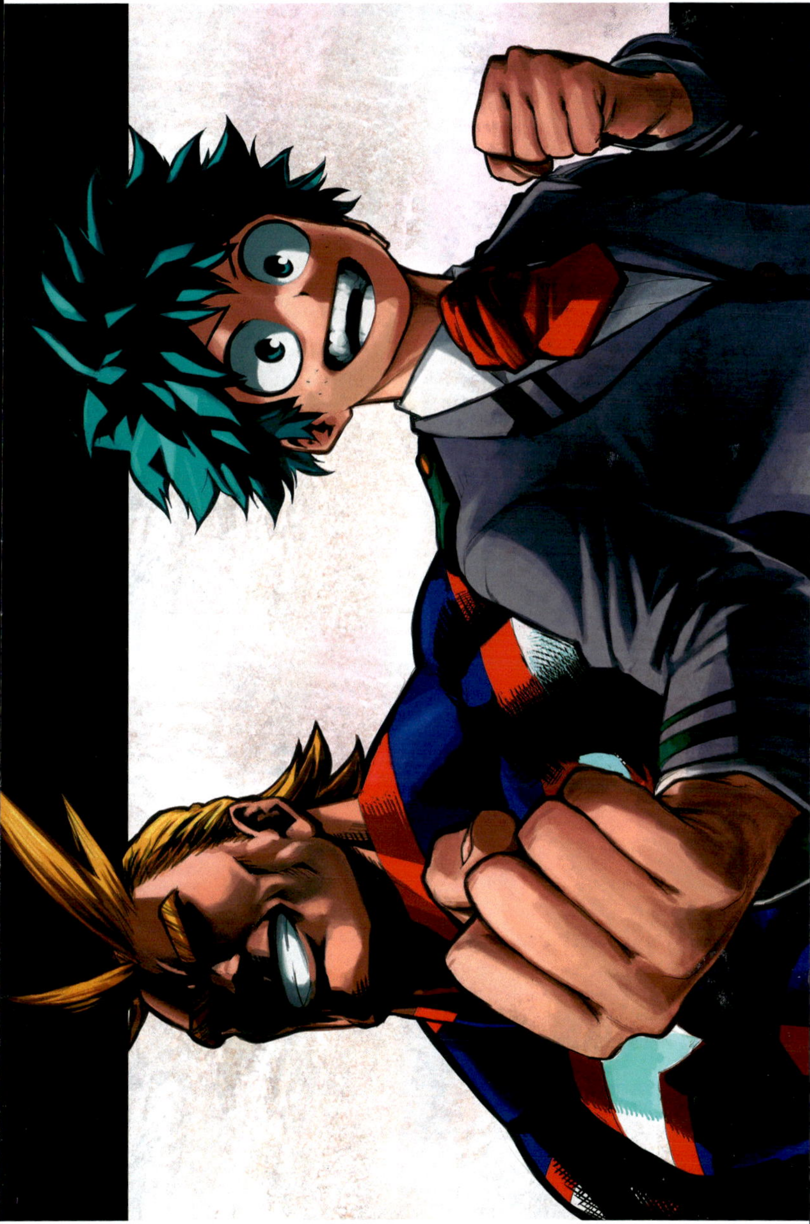

Weekly Jump, Kapitelstarter Nr. 40 2015

Master and Pupil

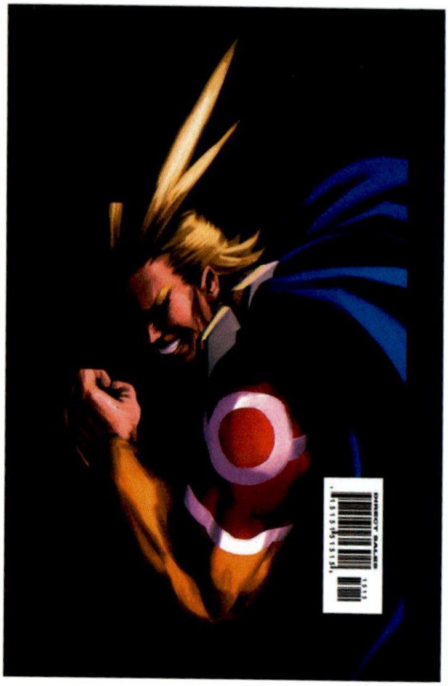

Weekly Jump, Kapitelstarter Nr. 47 2014

Weekly Jump, Kapitelstarter Nr. 33 2014

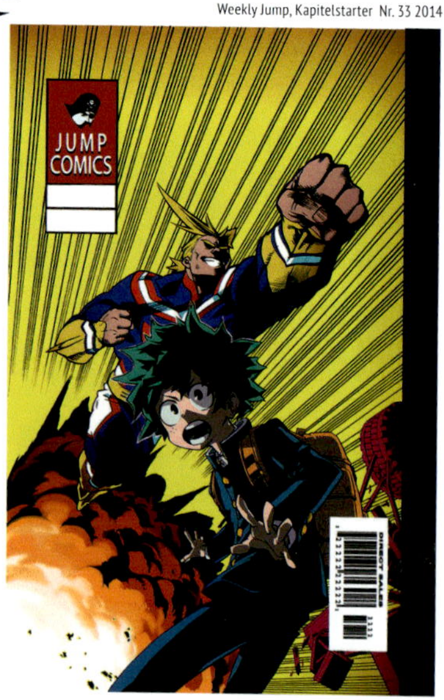

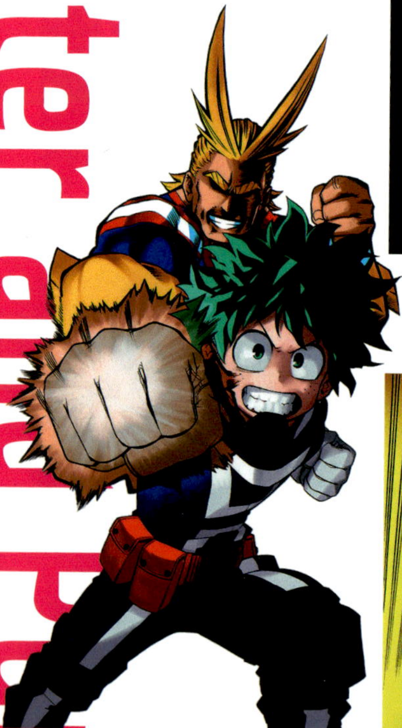

Weekly Jump, Cover Nr. 3 2015

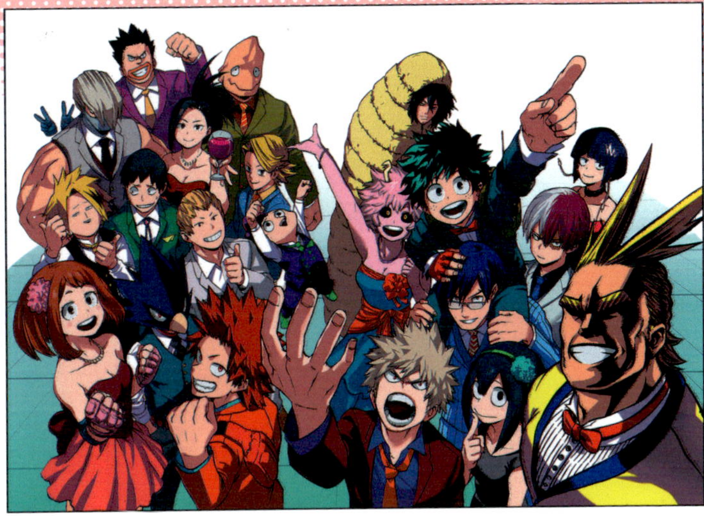

Weekly Jump, Kapitelstarter Nr. 35 2015

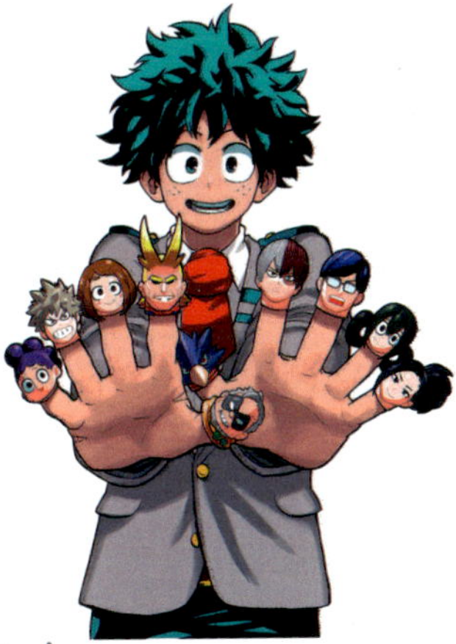

Weekly Jump, Cover Nr. 46 2015

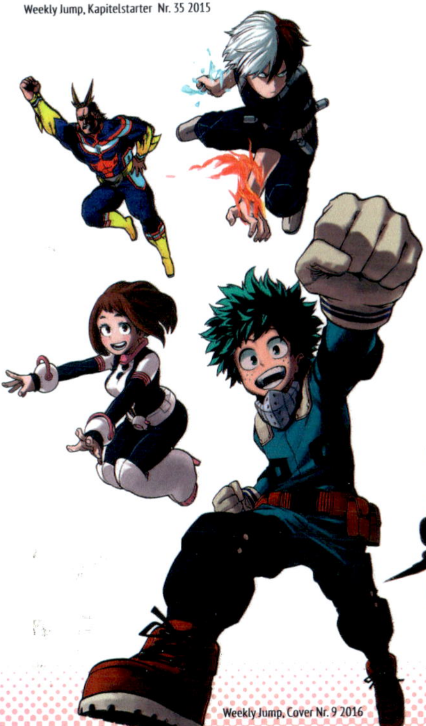

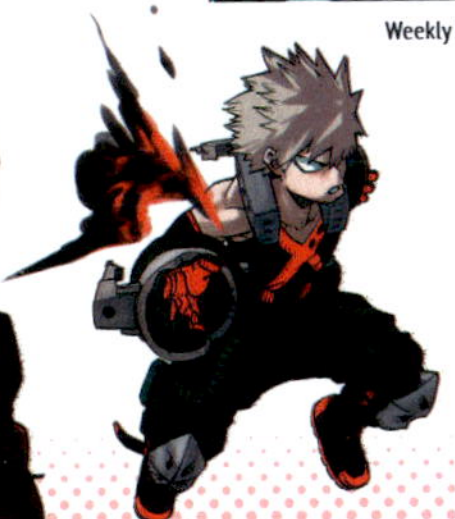

Weekly Jump, Cover Nr. 9 2016

REST

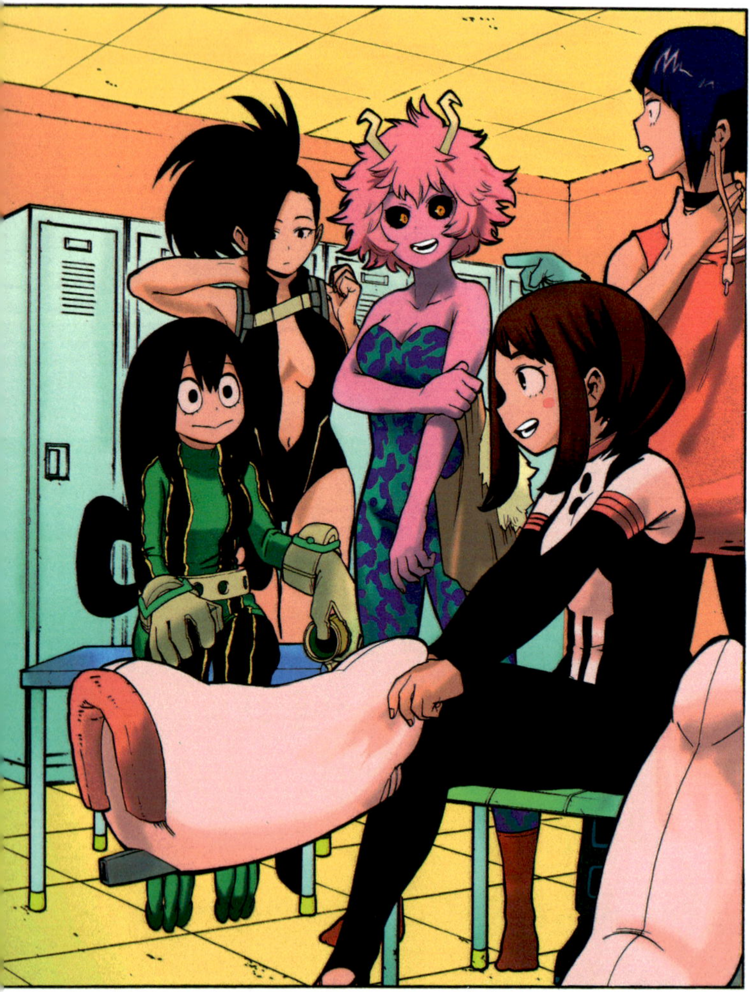

Weekly Jump, Kapitelstarter Nr. 25 2015

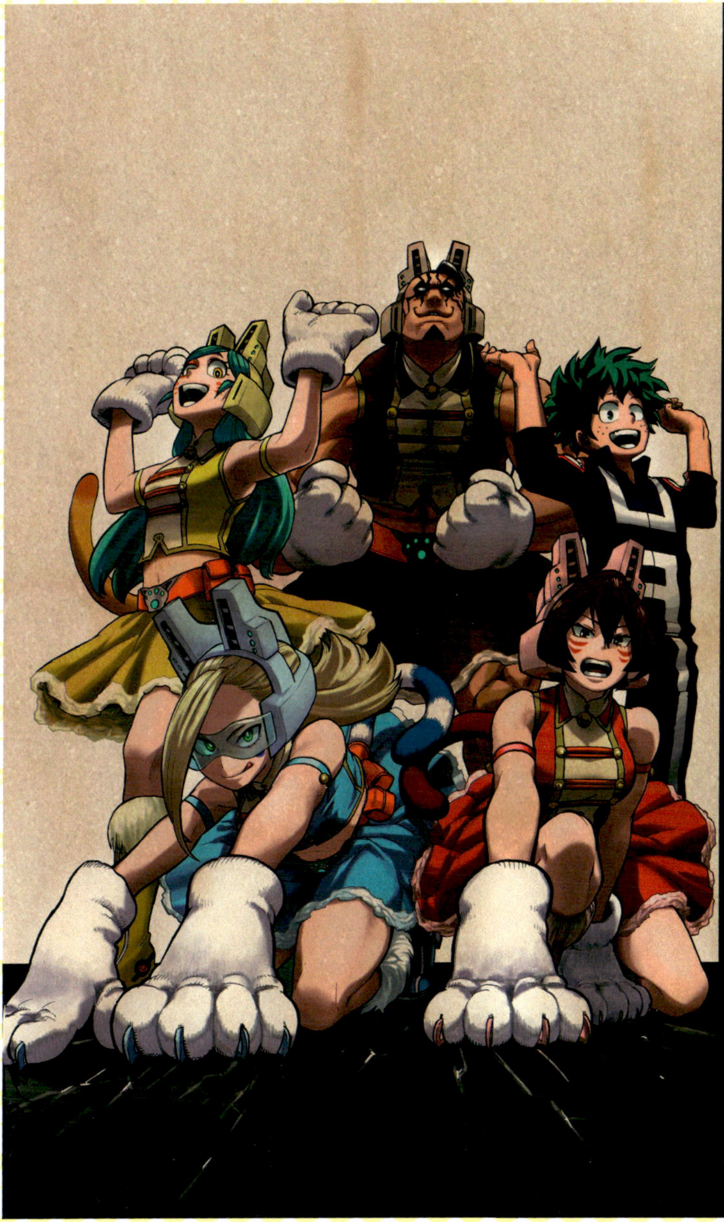

Weekly Jump, Kapitelstarter Sammelausgabe 6 2015

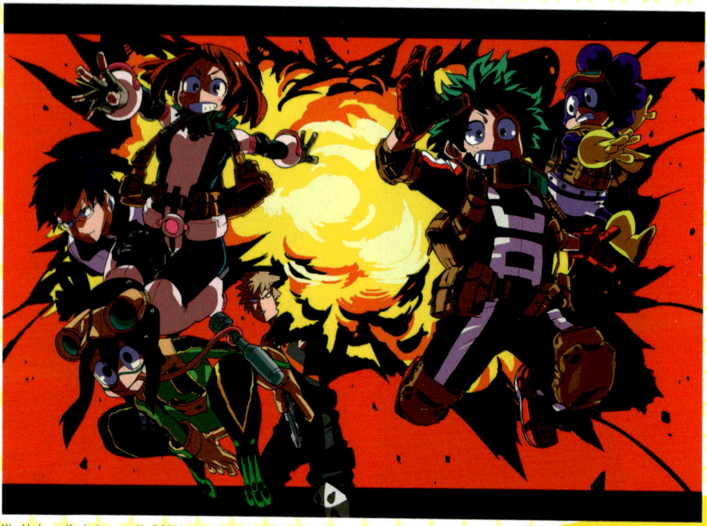

Weekly Jump, Kapitelstarter Nr. 3 2015

RELIABLE FRIENDS

Weekly Jump, Kapitelstarter Nr. 46 2015

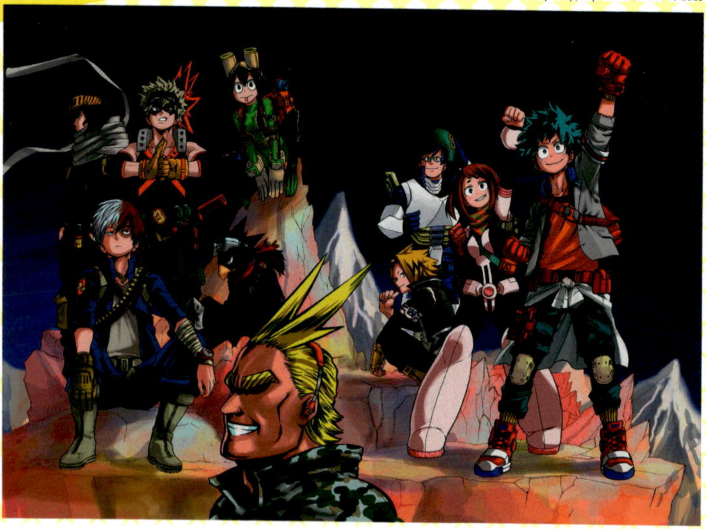

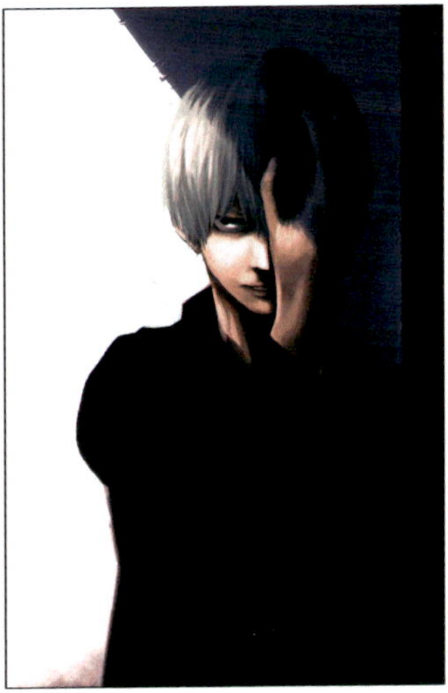

Weekly Jump, Kapitelstarter Nr. 16 2015

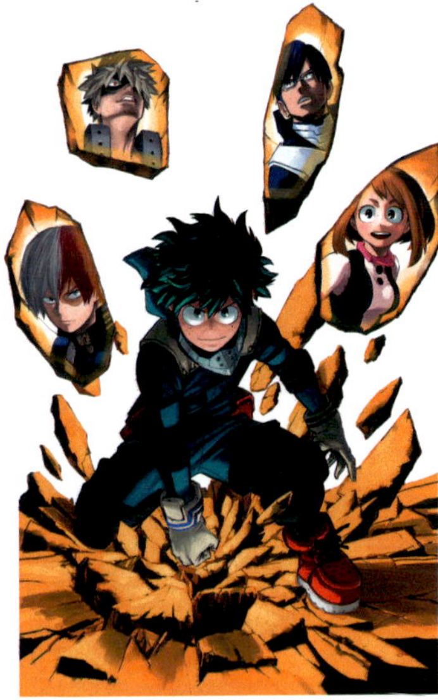

Weekly Jump, Cover Nr. 49 2015

Determination

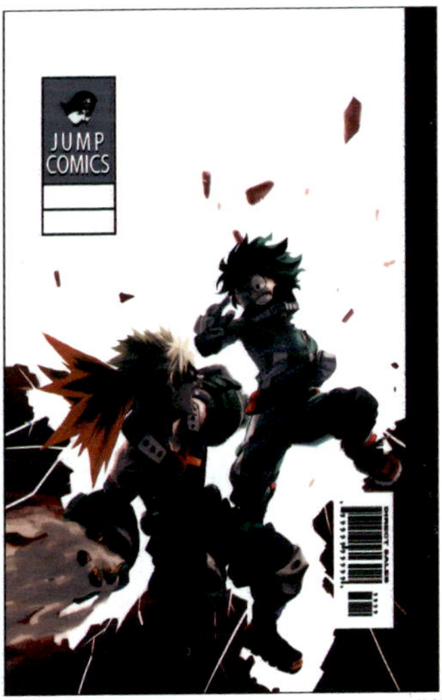

Weekly Jump, Kapitelstarter Nr. 41 2014

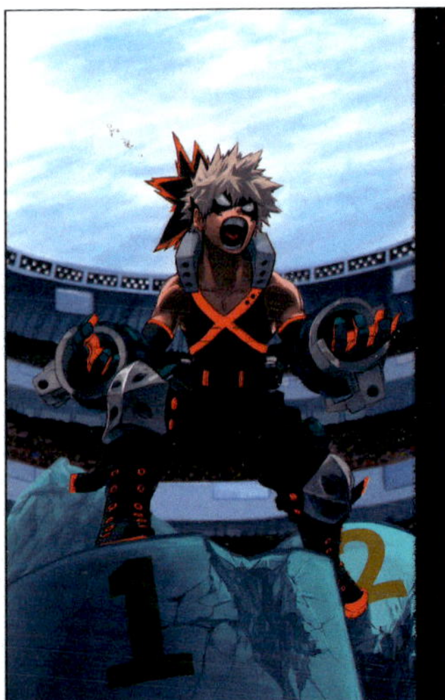

Weekly Jump, Kapitelstarter Nr. 27 2015

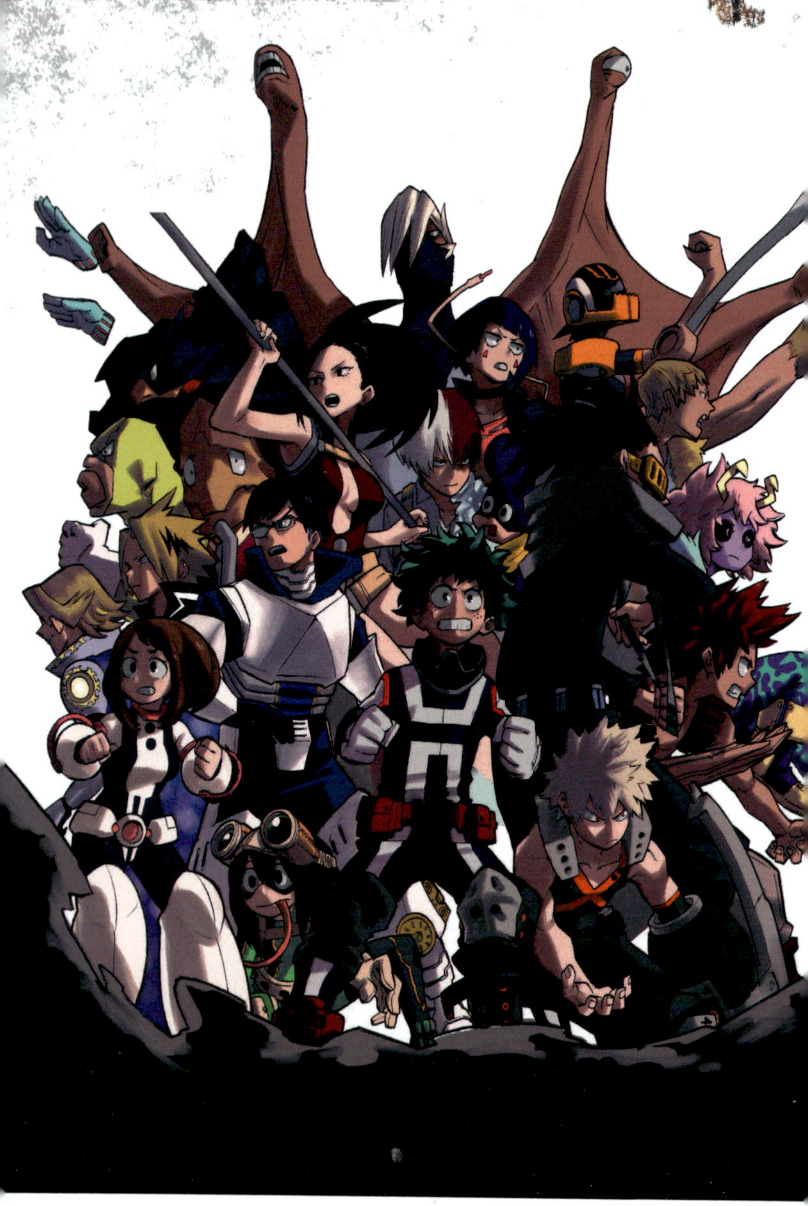

Weekly Jump, Kapitelstarter Nr.46 2014

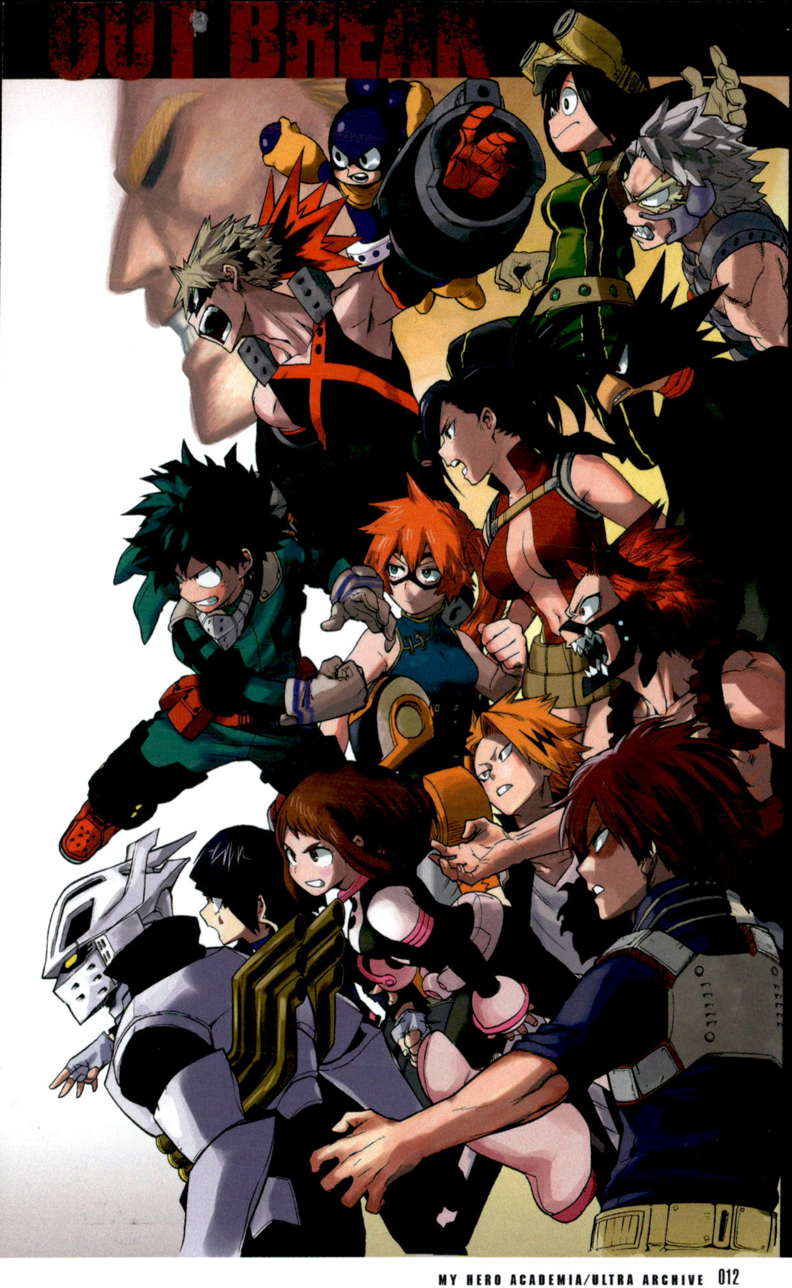
OUT BREAK

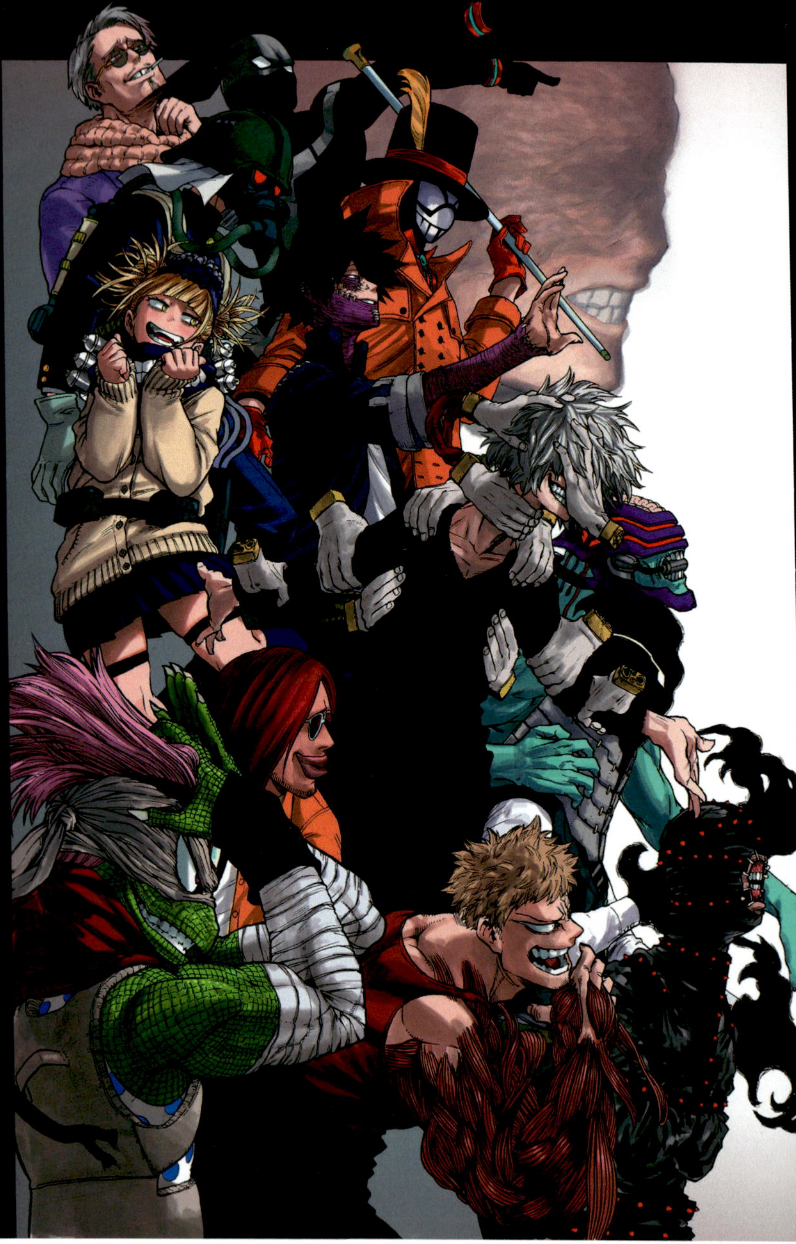

Weekly Jump, Kapitelstarter Nr. 9 2016

Weekly Jump, Nr. 52 2014

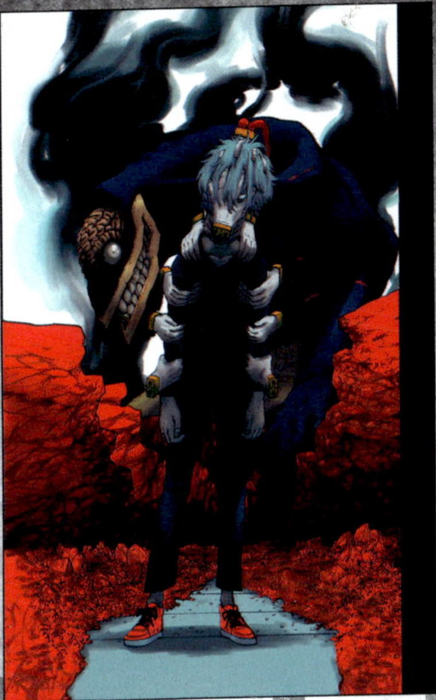

Villains

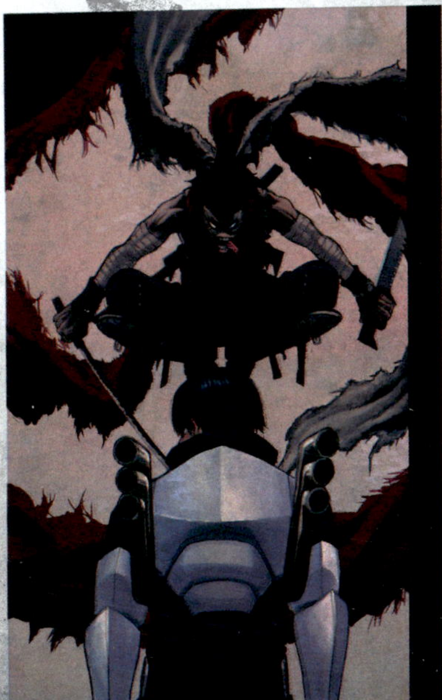

Weekly Jump, Nr. 40 2015

Und…

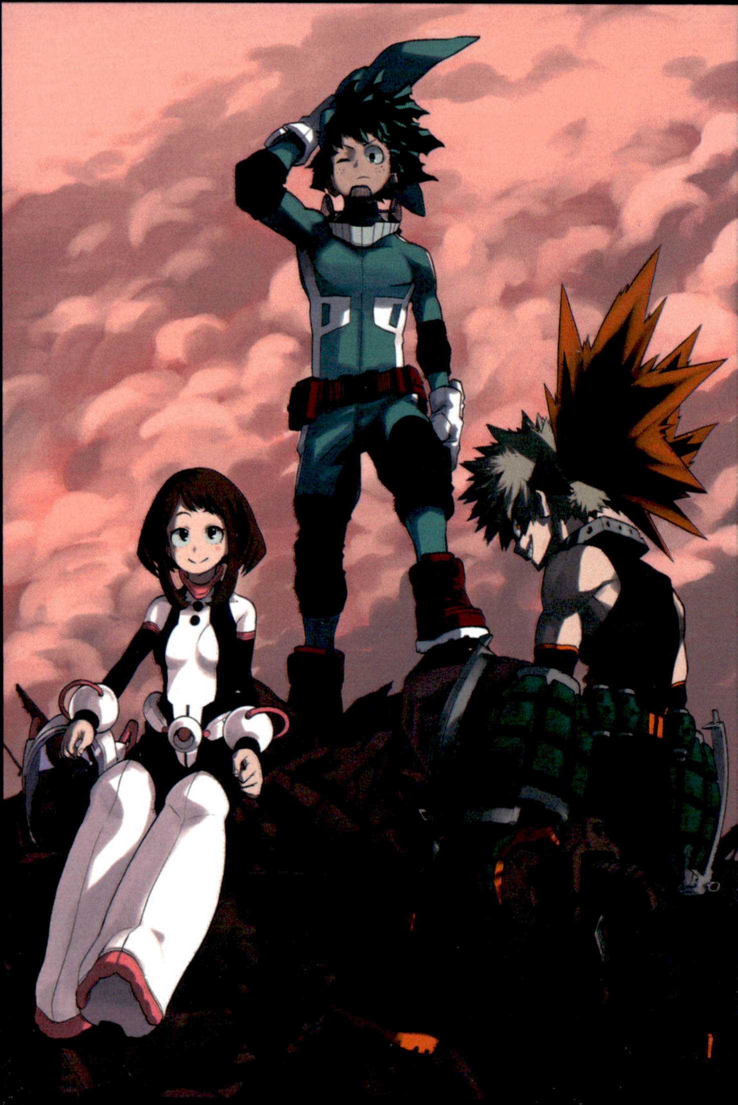

Jump Next!, Nr. 4 2014

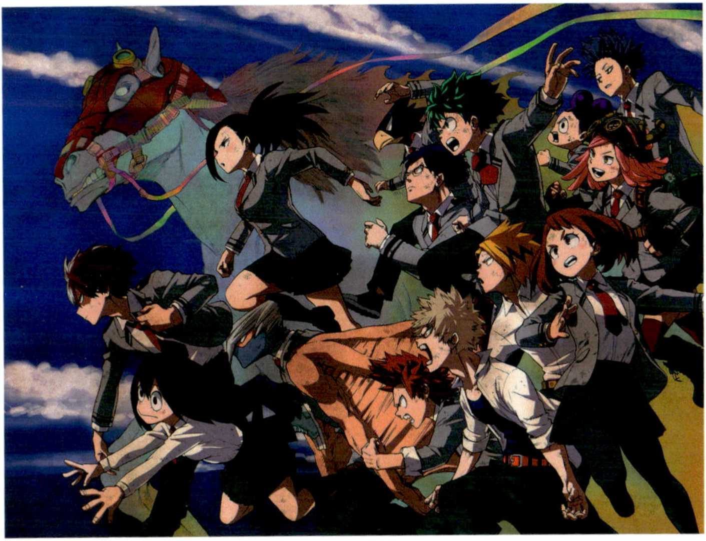

Weekly Jump, Kapitelstarter Nr. 11 2015

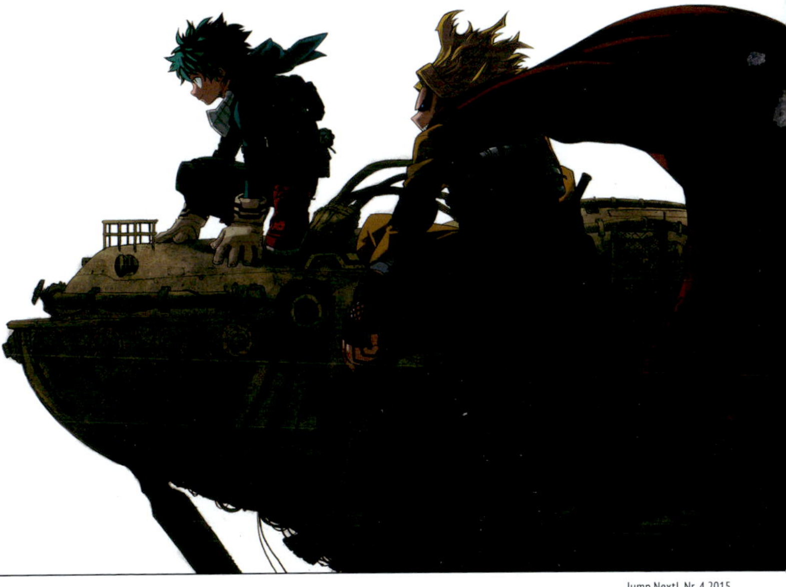

Jump Next!, Nr. 4 2015

To The Future

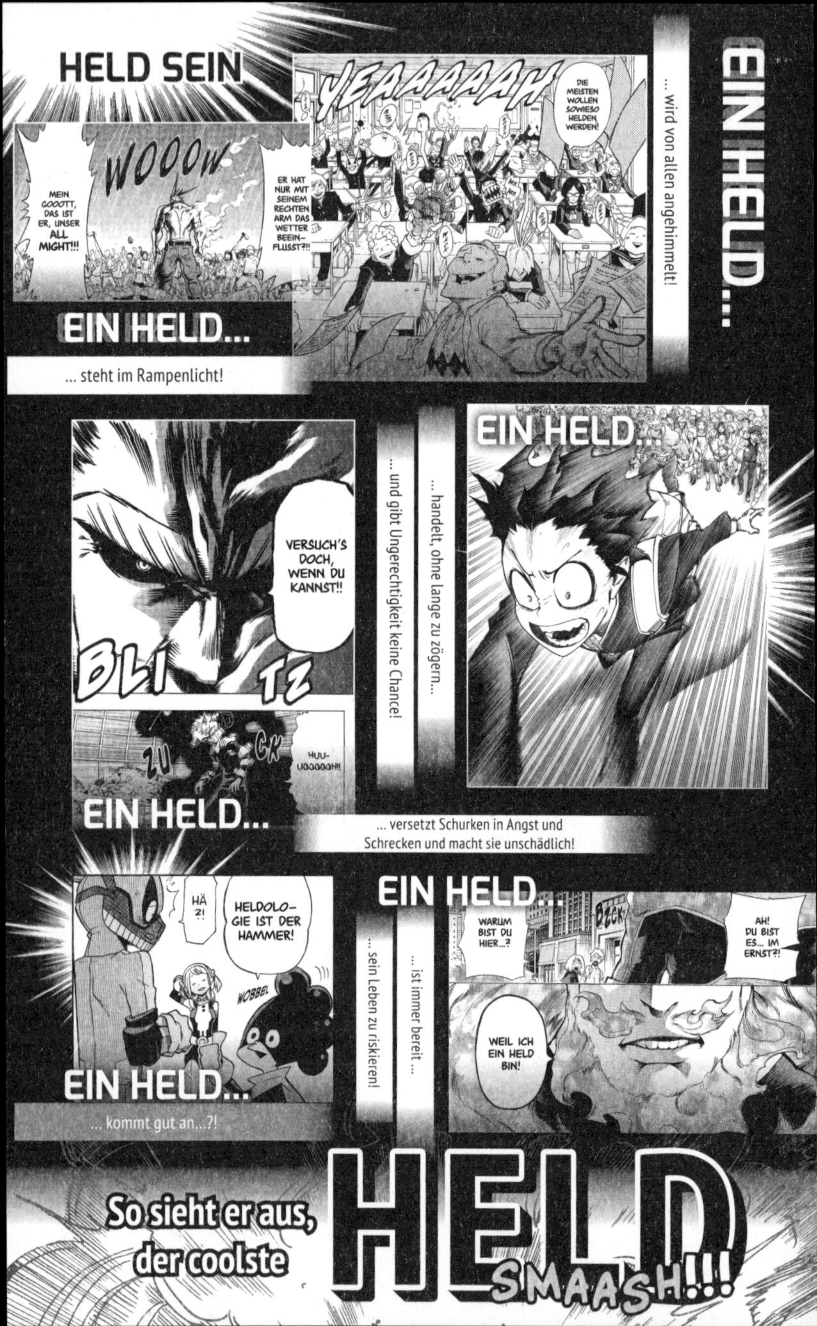
HELD SEIN
EIN HELD...
... wird von allen angehimmelt!
YEAAAAAH
DIE MEISTEN WOLLEN SOWIESO HELDEN WERDEN!
WOOOW
ER HAT NUR MIT SEINEM RECHTEN ARM DAS WETTER BEEINFLUSST?!!
MEIN GOOOTT, DAS IST ER, UNSER ALL MIGHT!!!
EIN HELD...
... steht im Rampenlicht!
EIN HELD...
... handelt, ohne lange zu zögern...
... und gibt Ungerechtigkeit keine Chance!
VERSUCH'S DOCH, WENN DU KANNST!!
BLITZ
ZUCK
HUU-UGGGGH!!
EIN HELD...
... versetzt Schurken in Angst und Schrecken und macht sie unschädlich!
EIN HELD...
... ist immer bereit ...
... sein Leben zu riskieren!
AH! DU BIST ES... IM ERNST?!
WARUM BIST DU HIER...?
WEIL ICH EIN HELD BIN!
HELDOLOGIE IST DER HAMMER!
HÄ?!
WOBBEL
EIN HELD...
... kommt gut an...?!
So sieht er aus, der coolste
HELD
SMAASH!!!

MY HERO ACADEMIA

OFFICIAL CHARACTER BOOK

ULTRA ARCHIVE

CONTENTS

INHALT

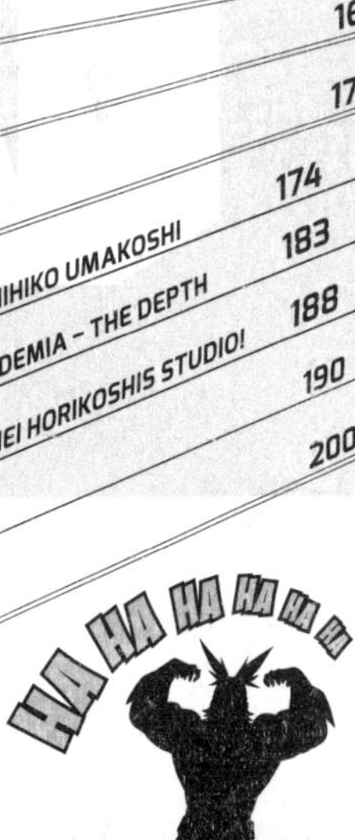

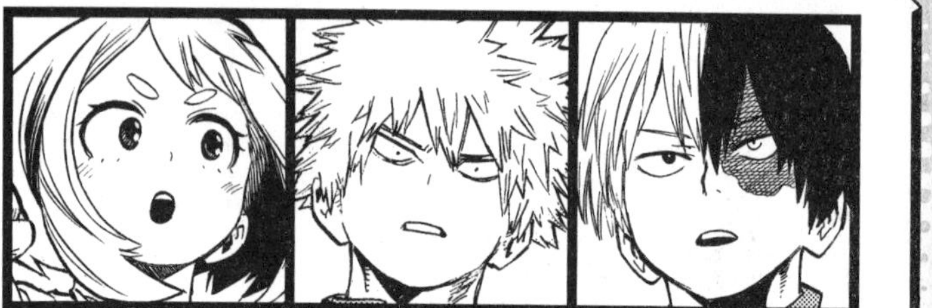

1st SMASH

NEW HEROES

Hier erfahrt ihr mehr Details über die Küken der Klasse 1-A, auf deren Schultern die nächste Heldengeneration ruht.

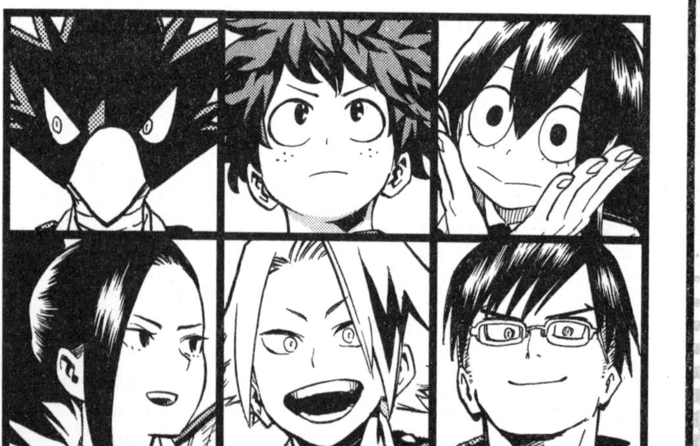

File 01

IZUKU MIDORIYA

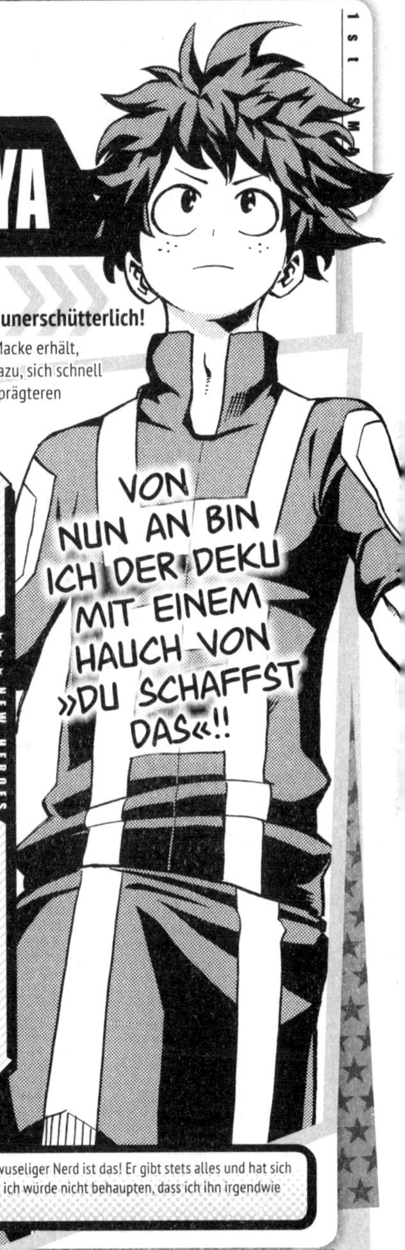

Mackenlos? Für ihn kein Hindernis!
Seine Bewunderung für Helden macht ihn unerschütterlich!

Ehemals Mackenloser, der von All Might nicht nur seine Macke erhält, sondern auch eine gehörige Portion Mut. Tendiert aber dazu, sich schnell verängstigen zu lassen, hat dafür aber einen umso ausgeprägteren Gerechtigkeitssinn.

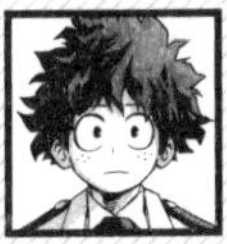

PERSONAL DATA

Zugehörigkeit: **U.A. Highschool, Helden-Fakultät, Klasse 1-A**
Alte Schule: **Orudera-Mittelschule**
Geburtstag: **15. Juli**
Körpergröße: **1,66 m**
Blutgruppe: **0**
Heimat: **nahe der Präfektur Shizuoka**
Mag: **Schnitzel mit Reis**
Kampfstil: **Nahkampf**

AMTLICH ANERKANNT

★★★ NEW HEROES

HERO'S STATUS

KRAFT (POWER)	E
TEMPO (SPEED)	E
TECHNIK (TECHNIQUE)	B
INTELLIGENZ (INTELLIGENCE)	B
KOOPERATION (COOPERATIVENESS)	A

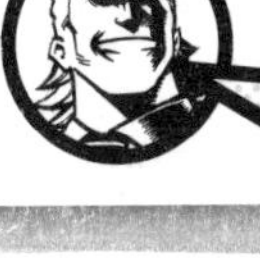

Dazu sagt **ALL MIGHT**

Ach ja, Izuku, der Kurze! Ein ganz ein wuseliger Nerd ist das! Er gibt stets alles und hat sich seine Stärke hart erkämpft. Aber nein, ich würde nicht behaupten, dass ich ihn irgendwie begünstige?!

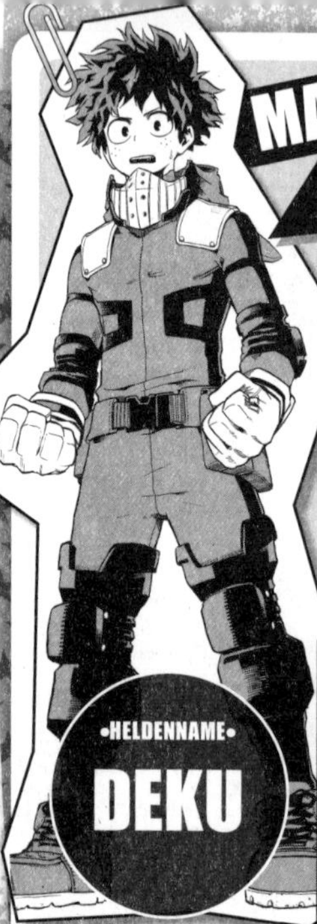

MACKE ONE FOR ALL (?)

Kann mit der Macke seine allgemeinen Körperfähigkeiten steigern. Von Sprints über Sprünge bis hin zu übermenschlicher Kraft ist alles drin, was seine Macke vielseitig einsetzbar macht.

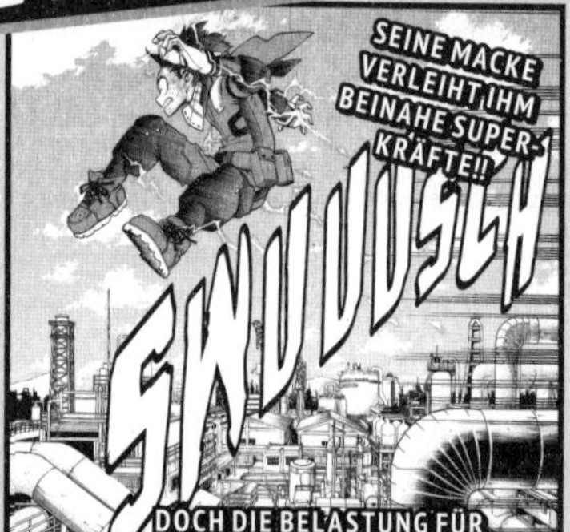

SEINE MACKE VERLEIHT IHM BEINAHE SUPERKRÄFTE!!

DOCH DIE BELASTUNG FÜR SEINEN KÖRPER MACHT SIE ZUM ZWEISCHNEIDIGEN SCHWERT!

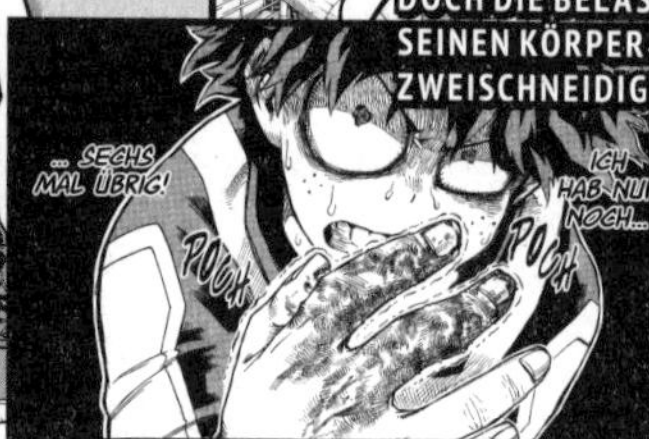

Nicht ganz unproblematisch in der Regulierung, setzt die Macke ihrem Träger enorm zu, wenn das körperliche Limit überschritten wird.

•HELDENNAME•

DEKU

IZUKUS EIGNUNG ALS HELD

Bedingungslos aufopferungsvoll

Kann nicht anders, als in Not Geratenen zu helfen, was die wichtigste Voraussetzung für einen Helden ist.

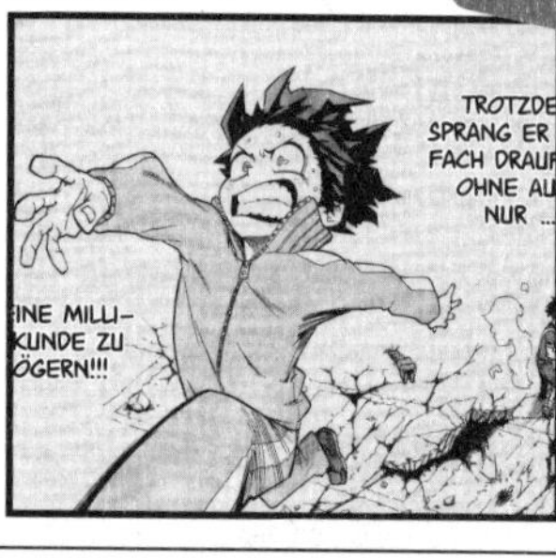

Stark im Analysieren durch seine Leidenschaft für Helden!

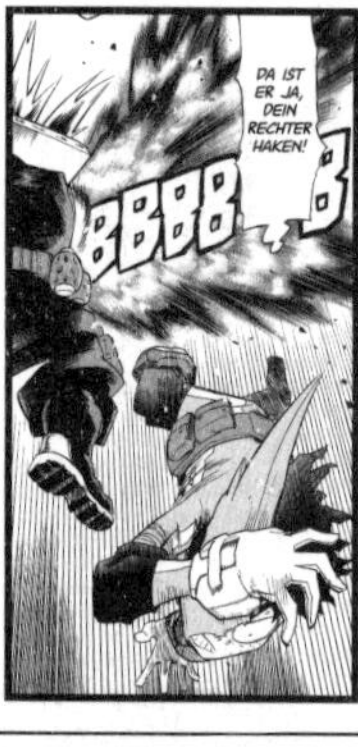

Da er von Kindesbeinen an sämtliche Infos über seine geliebten Helden gesammelt hat, analysiert er Situationen schneller als jeder andere.

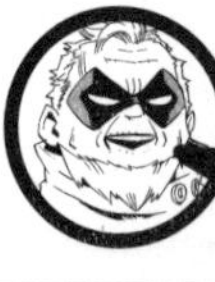

▶ Bewertung durch den Profihelden **GRAN TORINO**

Anfangs hielt ich ihn für einen unverlässlichen Waschlappen, aber der Bursche ist nicht auf den Kopf gefallen! Jetzt, da er seine Macke besser beherrscht, fehlt es ihm nur noch an Erfahrung... Moment, wer bist du eigentlich?!

File 02

1st SMASH

KATSUKI BAKUGO

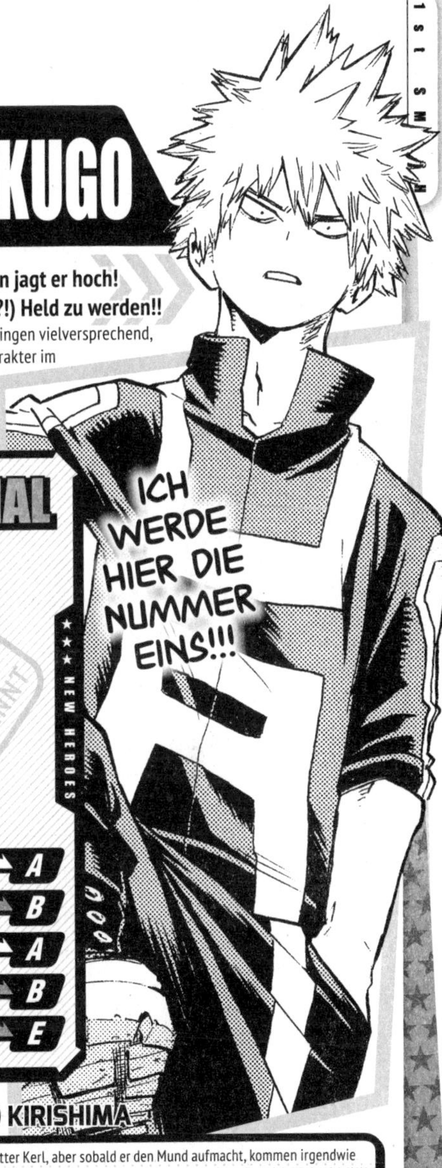

Wer sich ihm in den Weg stellt, den jagt er hoch!
Sein Ziel: der furchterregendste (?!) Held zu werden!!

Sein Kampfgeschick und seine starke Macke klingen vielversprechend, doch lässt sein stolzer und aufbrausender Charakter im zwischenmenschlichen Bereich zu wünschen übrig. Tickt schnell mal aus.

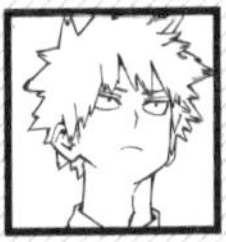

PERSONAL DATA

★★★ NEW HEROES

Zugehörigkeit: **U.A. Highschool, Helden-Fakultät, Klasse 1-A**
Alte Schule: **Orudera-Mittelschule**
Geburtstag: **20. April**
Körpergröße: **1,72 m**
Blutgruppe: **A**
Heimat: **nahe der Präfektur Shizuoka**
Mag: **scharfes Essen, Bergsteigen**
Kampfstil: **Hit and away**

AMTLICH ANERKANNT

HERO'S STATUS

KRAFT (POWER)	A
SCHNELLIGKEIT (SPEED)	B
TECHNIK (TECHNIQUE)	A
INTELLIGENZ (INTELLIGENCE)	B
KOOPERATION (COOPERATIVENESS)	E

Dazu sagt **EIJIRO KIRISHIMA**

Im Grunde ist er ja ein netter Kerl, aber sobald er den Mund aufmacht, kommen irgendwie nur Beleidigungen raus, oder? Er macht sich am laufenden Band neue Feinde… Ach, aber ich mag ihn trotzdem!

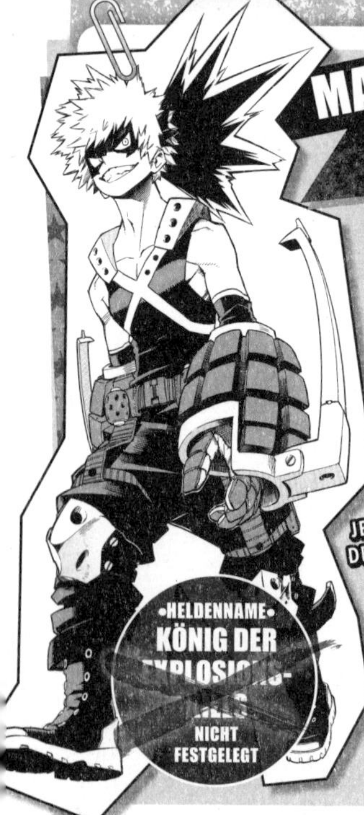

MACKE EXPLOSION

Kann mit dem nitroglyzerinähnlichen Schweiß aus seinen Handflächen Explosionen abfeuern, die ebenso zur Verteidigung wie zur Fortbewegung in der Luft dienlich sind.

ER SCHMEISST FÖRMLICH MIT EXPLOSIONEN UM SICH!!

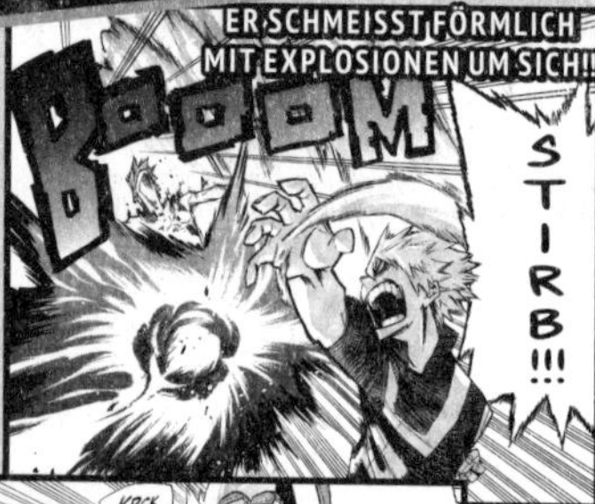

JE MEHR SCHWEISS, DESTO EXPLOSIVER!!

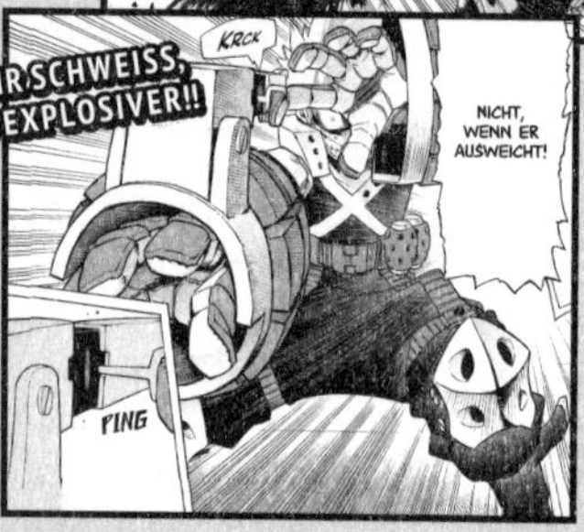

Sein spezieller Handschuh speichert seinen Nitro-Schweiß. Je mehr er davon sammelt, desto explosiver wird der Angriff.

•HELDENNAME•
KÖNIG DER ~~EXPLOSIONS-HELD~~
NICHT FESTGELEGT

KATSUKIS EIGNUNG ALS HELD

Glänzt stets durch sein Kampfgeschick!

Seine blitzschnelle Anpassungsfähigkeit im Kampf ist wie gemacht für einen Helden!

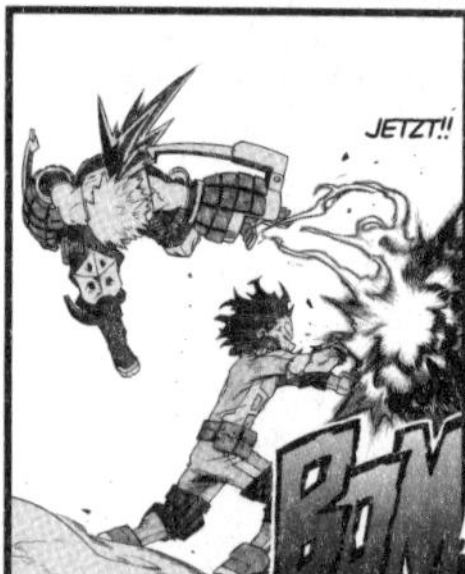

Mit seinem großen Ego und seinen Beleidigungskünsten eher ein Schurke?!

Hegt keinerlei Zweifel an seiner eigenen Stärke. Eigentlich nichts Schlechtes, doch seine abschätzige Art ist wenig heldenhaft.

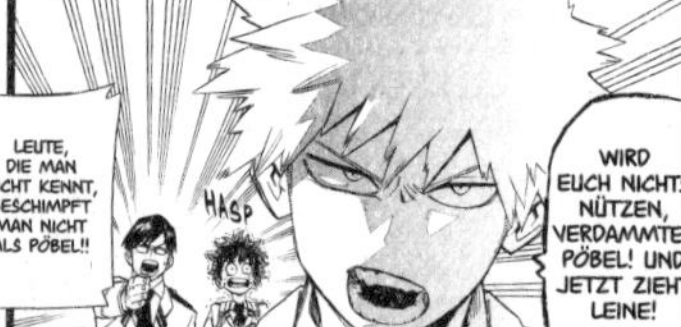

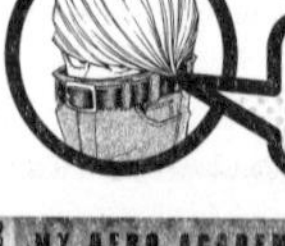

Bewertung durch den Profihelden **BEST JEANIST**

Derart schillernde junge Kerle findet man heutzutage nur noch selten, weil es kaum noch Rivalität gibt. Ich bin ihm dankbar, weil er mir vor Augen führt, wie cool man als Held drauf sein kann.

File 03

OCHACO URARAKA

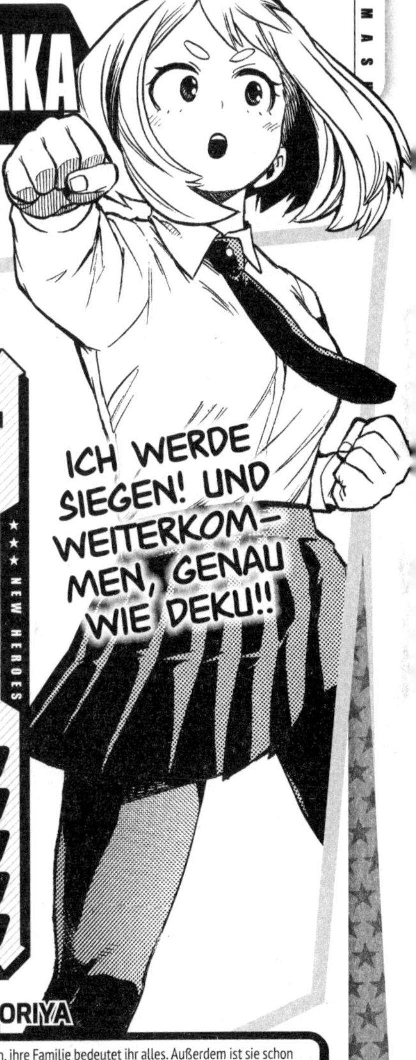

Manchmal nicht ganz so heiter...
Izukus erste Freundin an der Schule.

Besitzt eine charmante Kurzhaarfrisur und einen nicht minder charmanten Akzent. Zog extra nach Tokyo, um auf die U.A. zu gehen, und wohnt zurzeit allein. Isst wahnsinnig gern Reiskuchen.

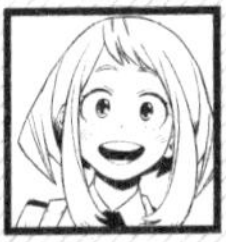

PERSONAL DATA

Zugehörigkeit: **U.A. Highschool, Helden-Fakultät, Klasse 1-A**

Alte Schule: **Rozaryu-Mittelschule**

Geburtstag: **27. Dezember**

Körpergröße: **1,56 m**

Blutgruppe: **B**

Heimat: **Präfektur Mie**

Mag: **Den Sternenhimmel, japanisches Essen**

Kampfstil: **Nahkampf**

AMTLICH ANERKANNT

★★★ NEW HEROES

HERO'S STATUS

KRAFT POWER	D
TEMPO SPEED	E
TECHNIK TECHNIQUE	A
INTELLIGENZ INTELLIGENCE	C
KOOPERATION COOPERATIVENESS	A

Dazu sagt **IZUKU MIDORIYA**

Ochaco ist ein freundliches Mädchen, ihre Familie bedeutet ihr alles. Außerdem ist sie schon seit der Aufnahmeprüfung total nett zu mir und ich zähle sie zu meinen Freunden!! Jetzt, wo ich das so ausspreche, ist es mir direkt ein bisschen peinlich...

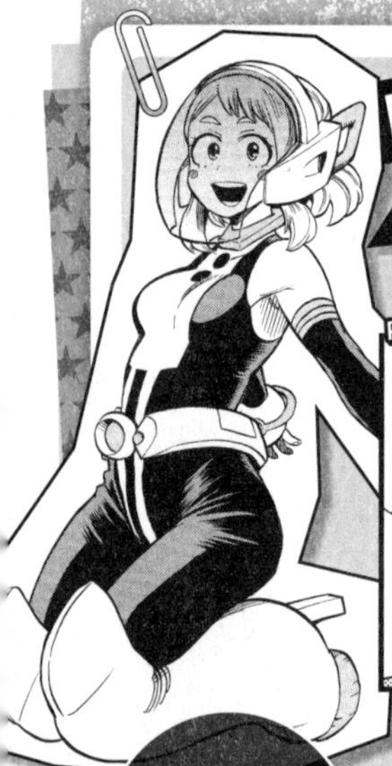

MACKE
ZERO GRAVITY

ÜBERTREIBT SIE'S, PASSIERT IHR EIN MALHEUR...

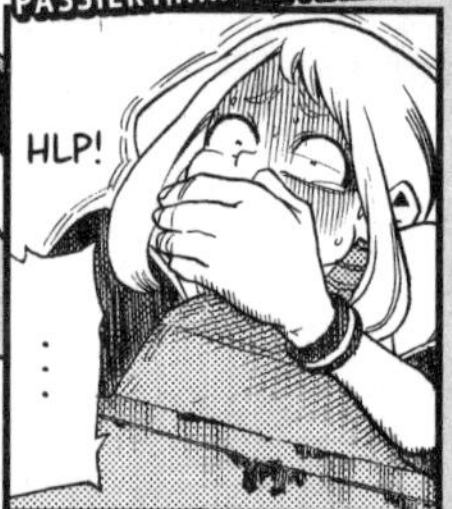

Kann ein Gesamtgewicht von drei Tonnen schweben lassen. Überschreitet sie diese Grenze, wird ihr schlagartig schlecht, und sie muss sich übergeben!

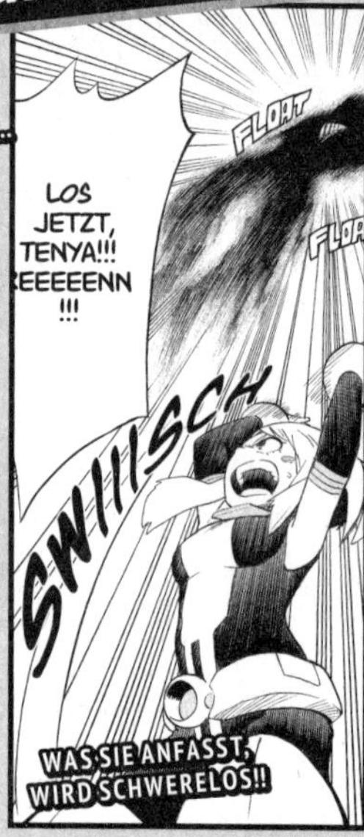

WAS SIE ANFASST, WIRD SCHWERELOS!!

•HELDENNAME•

URAVITY

Besitzt an den Fingerspitzen Ballen, mit denen sie alles schwerelos machen kann, was sie berührt – auch Menschen.

OCHACOS EIGNUNG ALS HELDIN

Gutmütiger Familienmensch

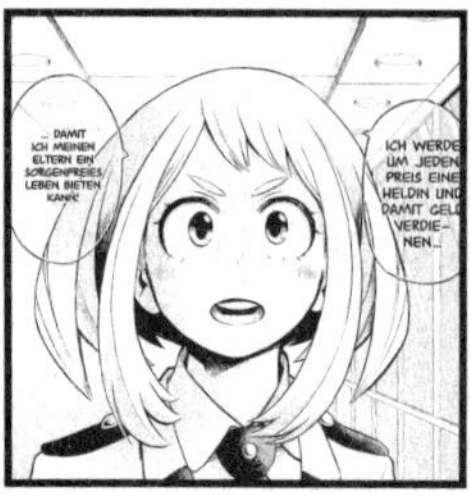

Wuchs in einer ärmlichen Familie auf. Ist fest entschlossen, eine Heldin zu werden, um ihren Eltern ein bisschen Wohlstand zu ermöglichen.

Nimmt vor keinem noch so starken Gegner Reißaus!

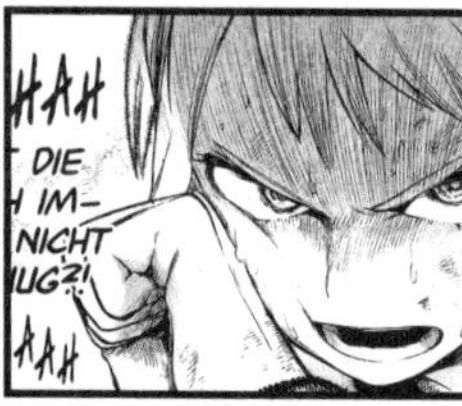

Mit einem starken Gegner konfrontiert, schluckt sie ihre Angst einfach runter und zeigt, wie viel Mut und Kampfgeist in ihr steckt.

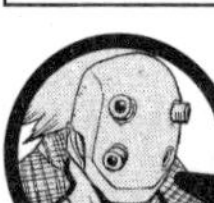

▶ Bewertung durch den Profihelden **GUNHEAD**

Beim Praktikum in meiner Agentur hat sich Uravity so taff durchgebissen, wie man es von einem Kerl erwarten würde. Ich würde sie jederzeit bei mir aufnehmen!

File 04

1st SMASH

TENYA IIDA

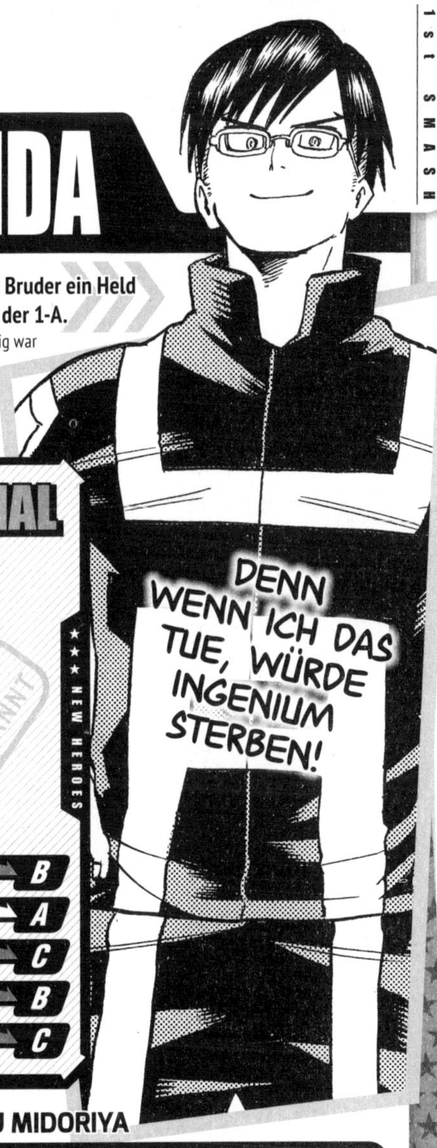

Will aus Bewunderung für seinen Bruder ein Held werden. Ernster Klassensprecher der 1-A.

So etwas wie der Vermittler der 1-A. Kurzzeitig war er wegen des Angriffs des Heldentöters auf seinen Bruder auf Rache aus, doch er hat sich wieder gefangen und beschreitet nun erneut den Weg eines Helden.

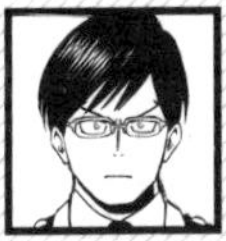

PERSONAL DATA

Zugehörigkeit: **U.A. Highschool, Helden-Fakultät, Klasse 1-A**

Alte Schule: **Somei Junior High**

Geburtstag: **22. August**

Körpergröße: **1,79 m**

Blutgruppe: **A**

Heimat: **Tokyo**

Mag: **Studieren, Rindereintopf**

Kampfstil: **temporeicher Nahkampf**

AMTLICH ANERKANNT

★★★ NEW HEROES

HERO'S STATUS

KRAFT (POWER)	B
TEMPO (SPEED)	A
TECHNIK (TECHNIQUE)	C
INTELLIGENZ (INTELLIGENCE)	B
KOOPERATION (COOPERATIVENESS)	C

Dazu sagt **IZUKU MIDORIYA**

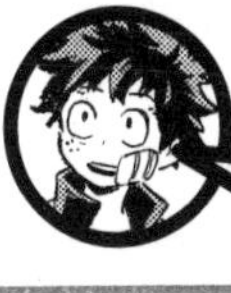

Bei der Aufnahmeprüfung fand ich ihn erst etwas creepy, aber eigentlich ist er nur verdammt ehrgeizig. Die Klasse hat er im Nu organisiert bekommen. Echt cool!

MACKE ENGINE

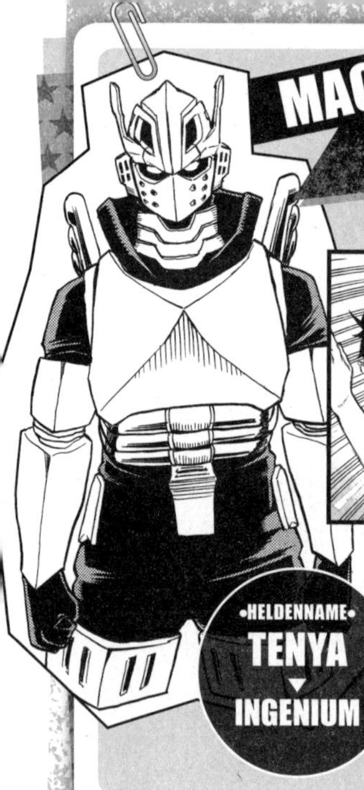

•HELDENNAME•
TENYA
▼
INGENIUM

DIE TRIEBWERKE AN SEINEN WADEN MACHEN IHN BLITZSCHNELL!

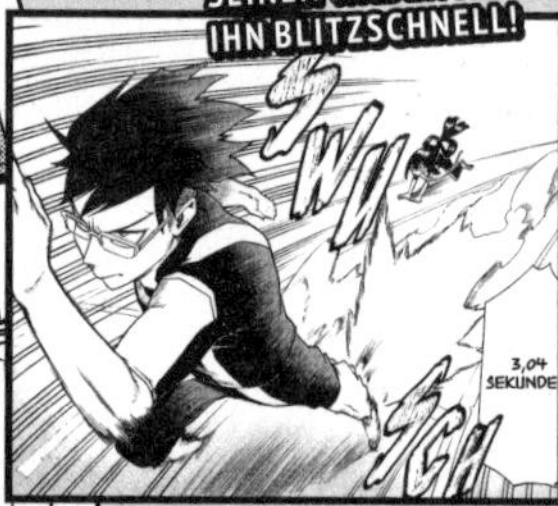

Dank seiner Triebwerke ist er kaum zu stoppen. Er kann stufenweise seine Geschwindigkeit hochschalten!

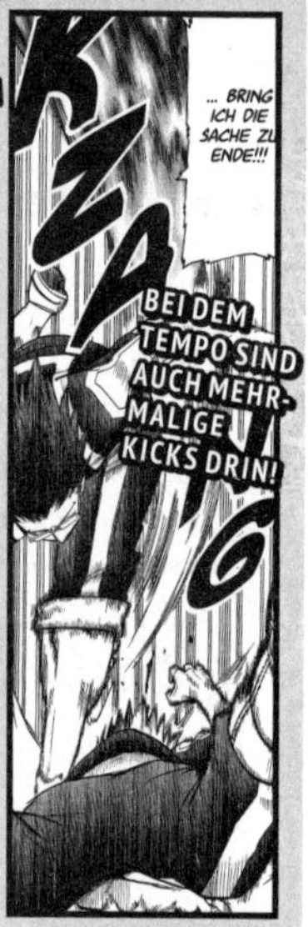

BEI DEM TEMPO SIND AUCH MEHRMALIGE KICKS DRIN!

Auch wenn er dabei seinen Motor abwürgt, ermöglicht ihm sein Recipro Burst kurzzeitig ein enormes Tempo, durch das Drehmoment kann er wuchtige Kicks ausführen.

TENYAS EIGNUNG ALS HELD

Regeln bedeuten ihm viel!

Regeln sind für Tenya da, um eingehalten zu werden, als Held will er anderen ein Vorbild sein. Auf regelwidriges Verhalten weist er andere rigoros hin. Gut möglich, dass ihm das in Notsituationen die nötige Flexibilität nimmt...

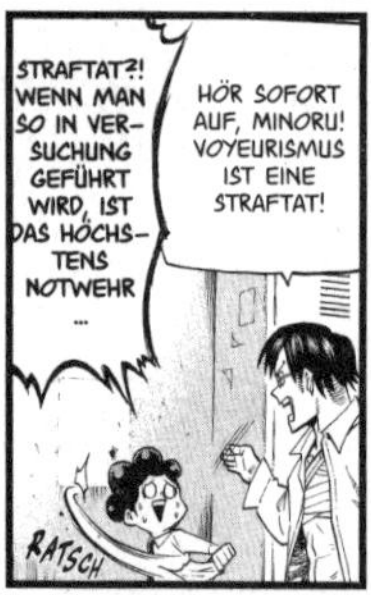

Guter Anführer!

Es liegt ihm, Gruppen von Menschen zu dirigieren. Kaum verwunderlich, dass er Klassensprecher wurde und in Notsituationen das Sagen hat.

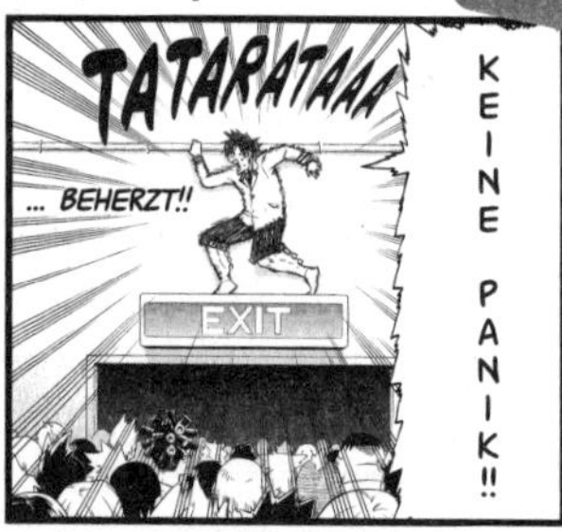

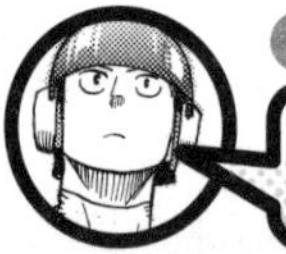

▶ Bewertung durch den Profihelden **MANUAL**

Er ist nun mal Ingeniums jüngerer Bruder und ich habe nichts zu verlieren, also hab ich ihn nominiert. Trotz allem, was beim Praktikum vorgefallen ist, drücke ich ihm die Daumen, dass er ein toller und regelkonformer Held wird!

File 05

1st SMASH

SHOTO TODOROKI

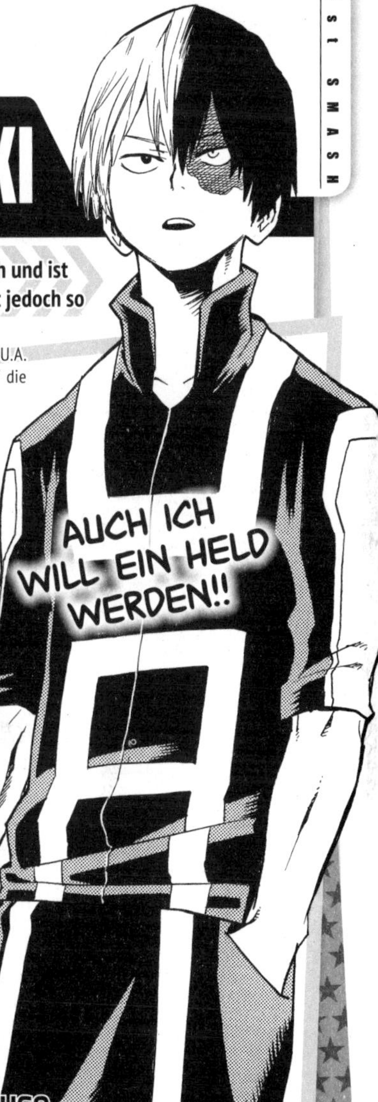

Vereint mit Feuer und Eis zwei Macken in sich und ist die Nummer 1 der Helden-Fakultät. Schleppt jedoch so einiges mit sich herum.

Als Hochbegabter kam er über eine Empfehlung an die U.A. Highschool. Seine überaus starke Macke gründet sich auf die Flammen seines Vaters Endeavor und das Eis seiner Mutter.

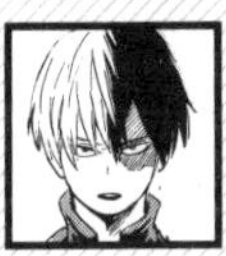

PERSONAL DATA

Zugehörigkeit: **U.A. Highschool, Helden-Fakultät, Klasse 1-A**

Alte Schule: **Korusan-Mittelschule**

Geburtstag: **11. Januar**

Körpergröße: **1,76 m**

Blutgruppe: **0**

Heimat: **nahe der Präfektur Shizuoka**

Mag: **kalte Soba-Nudeln**

Kampfstil: **Angriffe aus mittlerer bis großer Reichweite**

AMTLICH ANERKANNT

★★★ NEW HEROES

HERO'S STATUS

KRAFT (POWER)	A
TEMPO (SPEED)	B
TECHNIK (TECHNIQUE)	A
INTELLIGENZ (INTELLIGENCE)	B
KOOPERATION (COOPERATIVENESS)	C

Dazu sagt **KATSUKI BAKUGO**

Ja, den kenn ich, warum?! Der bleibt die ganze Zeit auf Distanz und nervt mich voll ab!! Irgendwann jag ich ihn mit Deku im Doppelpack hoch und dann war's das!!

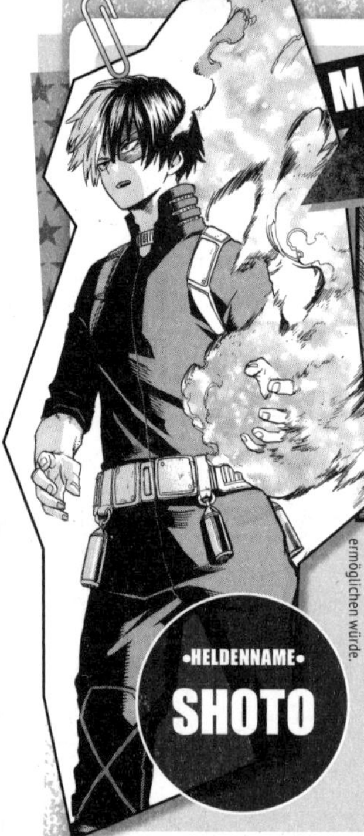

MACKE EIS UND FEUER

VON SEINER MUTTER BEKAM ER SEINE EISIGE RECHTE HÄLFTE!

Seine Mutter vermachte ihm die Fähigkeit, Eiskristalle zu kontrollieren, die er offensiv und defensiv einzusetzen weiß. Er nutzt sie auch, um seine Gegner bewegungsunfähig zu machen.

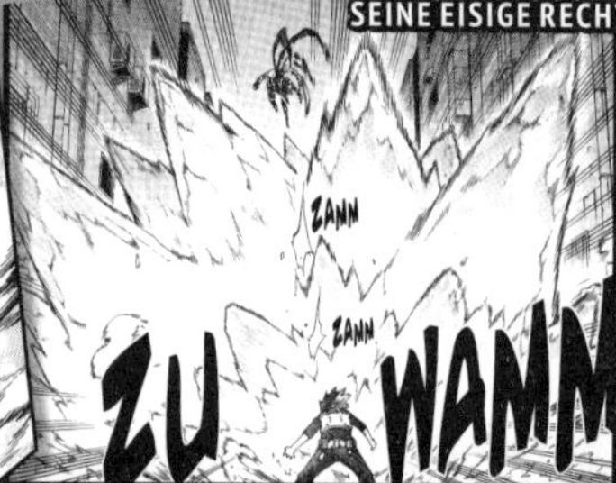

SEINE LINKE SEITE, SO HAT ER ES SICH GESCHWOREN, WIRD ER IM KAMPF NIE-MALS BENUTZEN!

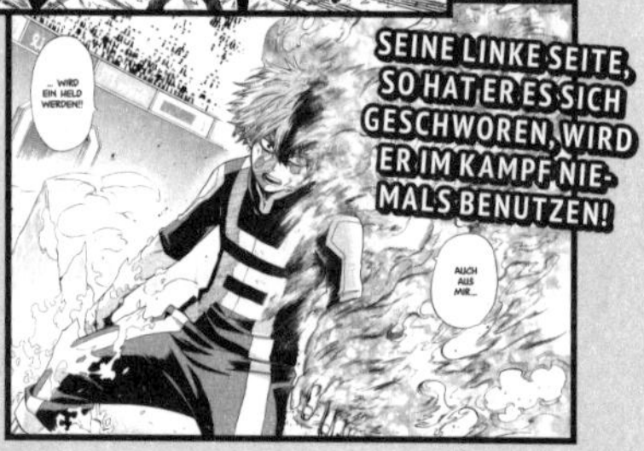

Aufgrund der Verachtung für seinen eigenen Vater hält er seine linke Seite unter Verschluss, obwohl sie ihm im Kampf verheerende Flammenangriffe ermöglichen würde.

•HELDENNAME•

SHOTO

SHOTOS EIGNUNG ALS HELD

Unglaubliche Flächenangriffe!

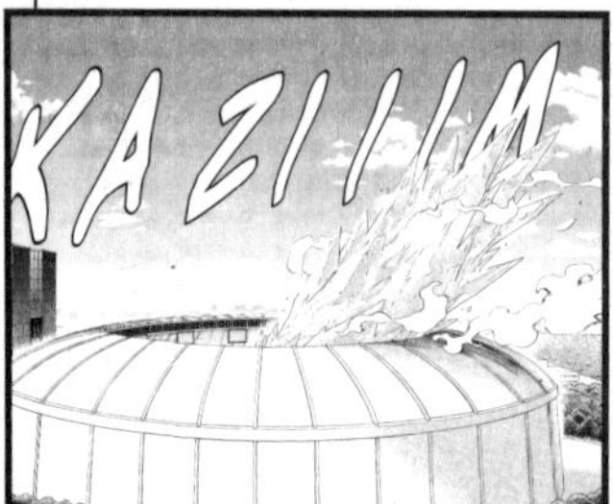

Er vereist schon mal ganze Gebäude. Beim Sportfest schoss sein Eisangriff bis übers Stadion hinaus, und das nur, um seinen Gegner festzusetzen.

Trifft rationale Entscheidungen dank Kampferfahrung!

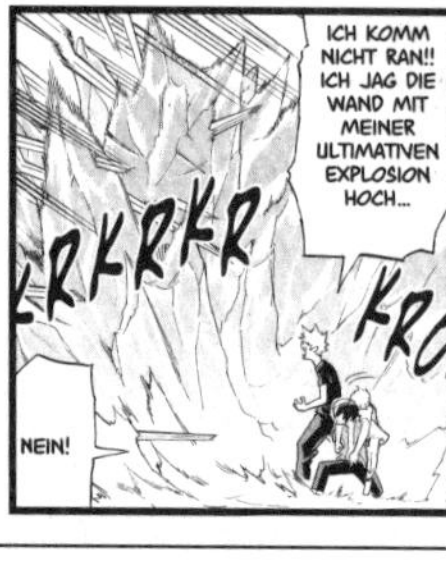

Shoto wurde von Kindesbeinen an von seinem Vater trainiert, der ebenfalls ein Profiheld war. So verwundert es nicht, dass er in Sachen Kampfgeschick und Urteilsvermögen bereits auf professionellem Level ist.

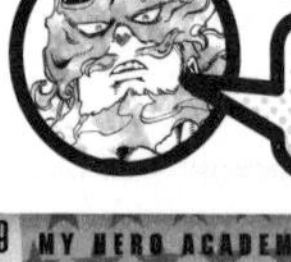

Bewertung durch den Profihelden **ENDEAVOR**

Mit meiner Feuerkraft und der Eis-Macke seiner Mutter ist Shoto die aufwärtskompatible Vollendung meiner Person! Eines Tages werde ich aus ihm den Helden machen, der selbst All Might übertreffen wird!

FILE 06

1st SMASH

TSUYU ASUI

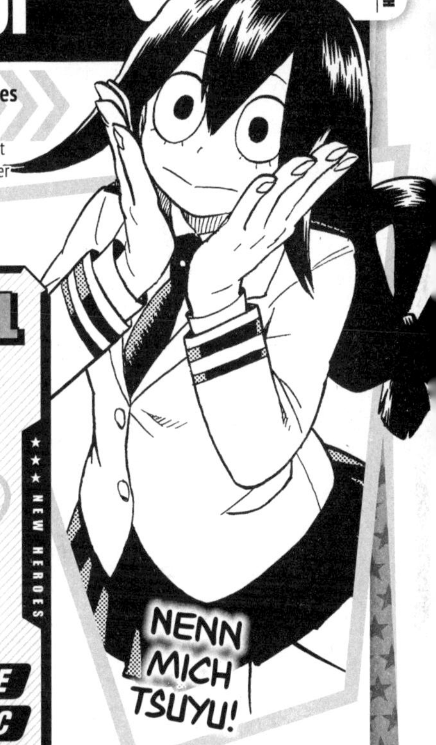

Makelloses und stets tiefenentspanntes Frosch-Mädchen.

Weist keine offenkundigen Schwächen auf und zählt auch hinsichtlich ihrer Zensuren zu den Besten in der Klasse. Behält stets die Ruhe.

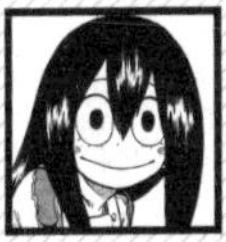

PERSONAL DATA

Zugehörigkeit: **U.A. Highschool, Helden-Fakultät, Klasse 1-A**

Alte Schule: **Shinosu-Mittelschule**

Geburtstag: **12. Februar**

Körpergröße: **1,50 m**

Blutgruppe: **B**

Heimat: Heimat: **Präfektur Aichi**

Mag: **Regen, Gelee**

Kampfstil: **Unterstützung aus mittlerer Distanz**

AMTLICH ANERKANNT

★★★ NEW HEROES

HERO'S STATUS

KRAFT (POWER)	E
TEMPO (SPEED)	C
TECHNIK (TECHNIQUE)	B
INTELLIGENZ (INTELLIGENCE)	B
KOOPERATION (COOPERATIVENESS)	A

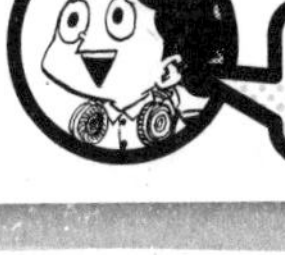

Dazu sagt **MINORU MINETA**

Als sie uns in den U.S.J. offenbart hat, was die Bösewichte mit uns vorhatten, hab ich mir fast ins Hemd gemacht. Mensch, Frauen sind doch irgendwie gruselig... Aber soweit ich das beurteilen kann, ist sie recht ordentlich ausgestattet...

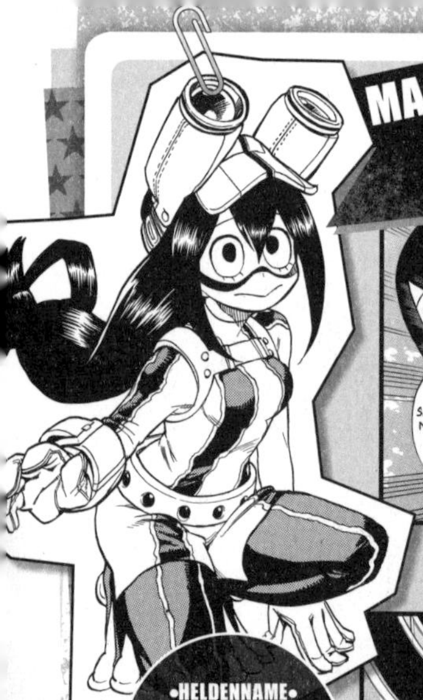

MACKE
FROSCH

KANN MEHR ODER WENIGER ALLES, WAS EIN FROSCH KANN!

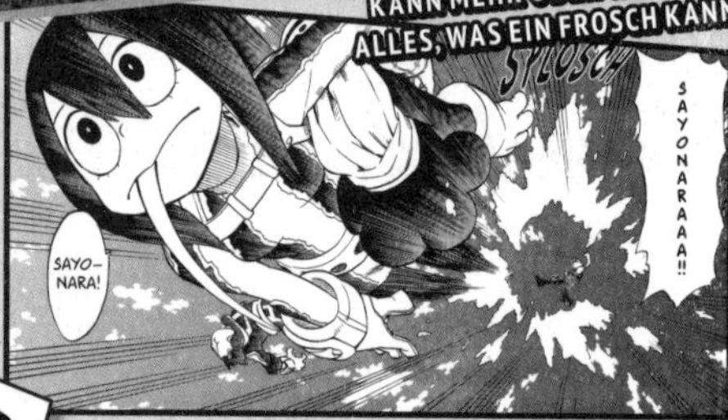

Bewegt sich geschmeidig durchs Wasser, beherrscht aber auch andere Froschkunststückchen wie weite Sprünge oder das Anhaften an Wänden.

•HELDENNAME•

FROPPY

HELDIN ZU BEGINN DER REGENZEIT

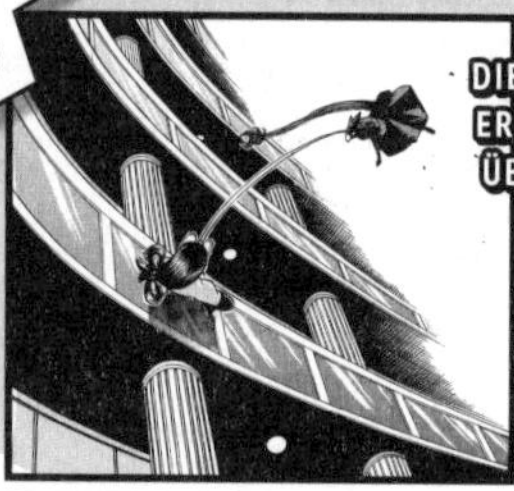

DIE ELASTISCHE ZUNGE ERWEIST SICH OFT ALS ÜBERAUS PRAKTISCH!

Ihre bis zu 20 Meter dehnbare Zunge kann mühelos einen Menschen hochheben, aber auch Gegner fesseln.

TSUYUS EIGNUNG ALS HELDIN

Besitzt die Größe, ihren Freunden zur Hand zu gehen!

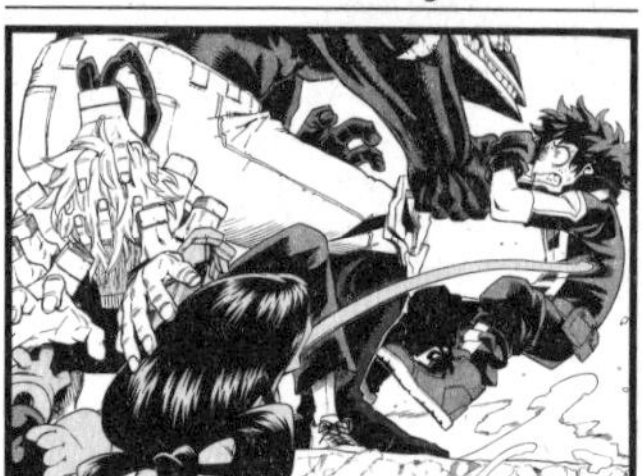

Sie zögert nicht, ihre Kameraden zu decken oder sie anzufeuern, wenn deren Schwachpunkte ausgenutzt werden!

Welche Stärke wäre für einen Helden besser geeignet, als in Krisensituationen einen kühlen Kopf zu bewahren und rationale Entscheidungen zu treffen?

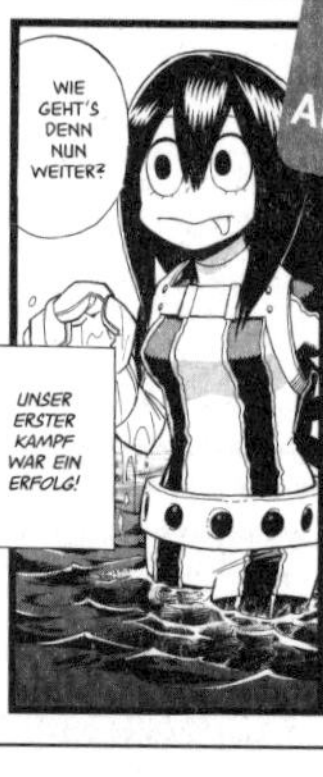

Ihre Gelassenheit macht sie zur emotionalen Stütze für andere!

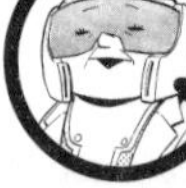

▶ Bewertung durch die Profiheldin **RECOVERY GIRL**

Dank der Kleinen wird meine Hilfe nicht allzu oft benötigt. Bei der Semesterabschlussprüfung hat sie auch eine Glanzleistung hingelegt. Was soll ich sagen, sie hat's einfach drauf!

File 07

1st SMASH

MINORU MINETA

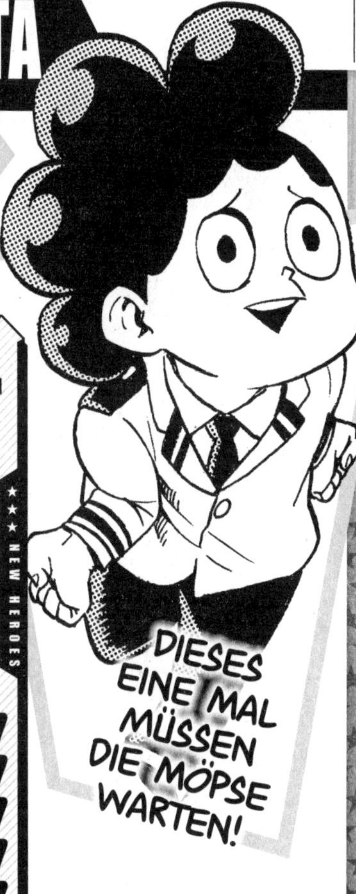

Will im Grunde nur Held werden, um beliebter zu sein… Kleiner Lustmolch, der stets die Hose voll hat.

Denkt bei jedem Thema sofort an Sex und ist somit der Perversling der Klasse 1-A. Ein Held will er nur werden, um bei den Frauen zu punkten. Aber wenn's drauf ankommt, ist auf ihn Verlass.

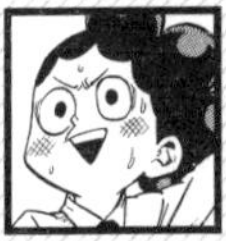

PERSONAL DATA

★★★ NEW HEROES

Zugehörigkeit: **U.A. Highschool, Helden-Fakultät, Klasse 1-A**

Alte Schule: **Kasagisan-Mittelschule**

Geburtstag: **8. Oktober**

Körpergröße: **1,08 m**

Blutgruppe: **A**

Heimat: **Präfektur Kanagawa**

Mag: **Frauen**

Kampfstil: **Unterstützung aus der Nähe**

AMTLICH ANERKANNT

HERO'S STATUS

KRAFT (POWER)	B
TEMPO (SPEED)	A
TECHNIK (TECHNIQUE)	C
INTELLIGENZ (INTELLIGENCE)	B
KOOPERATION (COOPERATIVENESS)	C

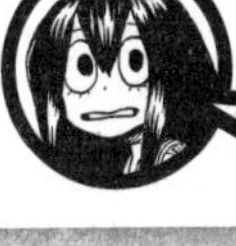

Dazu sagt **TSUYU ASUI**

Minoru, hm? Dem fehlt es etwas an Fingerspitzengefühl. Er hat mich schon unzählige Male begrapscht, und hinter Momo steigt er auch her. Damit sollte ich mich mal beim Opferverein melden.

MACKE PLOPP

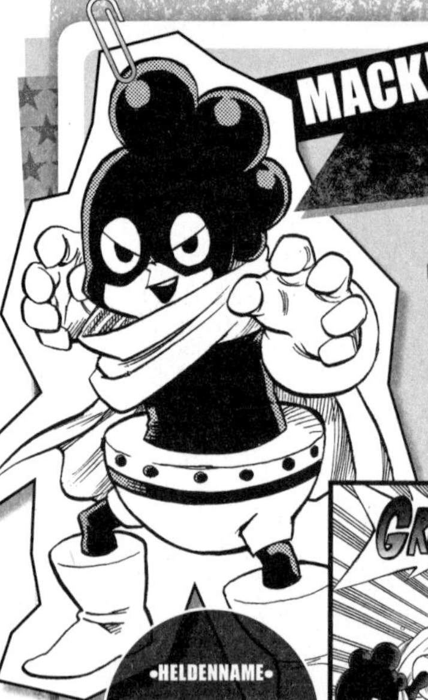

BLEIBEN ÜBERALL KLEBEN!

Seine ausgerissenen Haare (wenn man das so nennen kann) bleiben überall kleben! Je nach Tagesverfassung fallen sie erst nach einem Tag wieder ab.

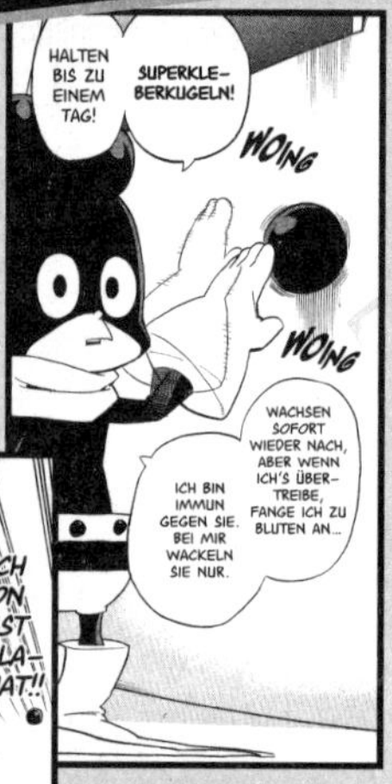

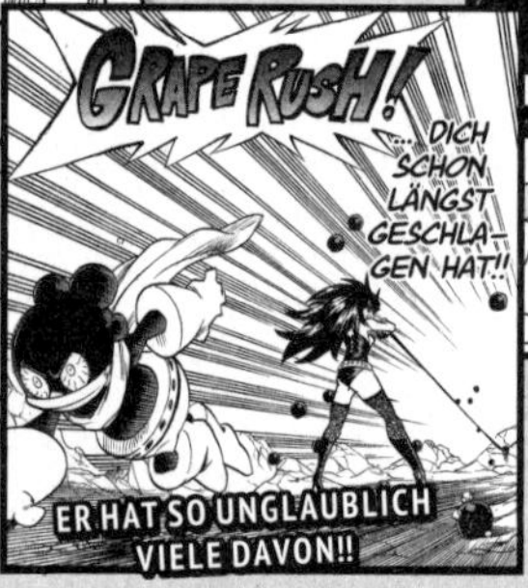

•HELDENNAME•
GRAPE JUICE
HELD, DER EINEN PLOPP DRAUFGIBT

Reißt er sich zu viele Kugeln aus, fängt er zwar an zu bluten, doch die Anzahl ist praktisch unbegrenzt! In rauen Mengen nützlich, um bei einem Kampf Beistand zu leisten.

MINORUS EIGNUNG ALS HELD

Für sich allein genommen ist seine Macke wenig vorteilhaft. Sein wahrer Wert offenbart sich erst, wenn er im Team kämpft.

Macht seinen fanatischen Wunsch nach Popularität zur Tugend!

Hat er sich erst einmal in seinen Wunsch hineingesteigert, bei den Mädels besser anzukommen, verblasst seine feige Seite und seine Macke nimmt erschreckende Züge an!

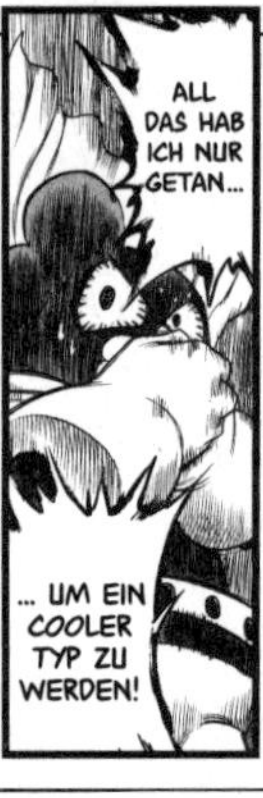

Leistet Beistand im Kampf!

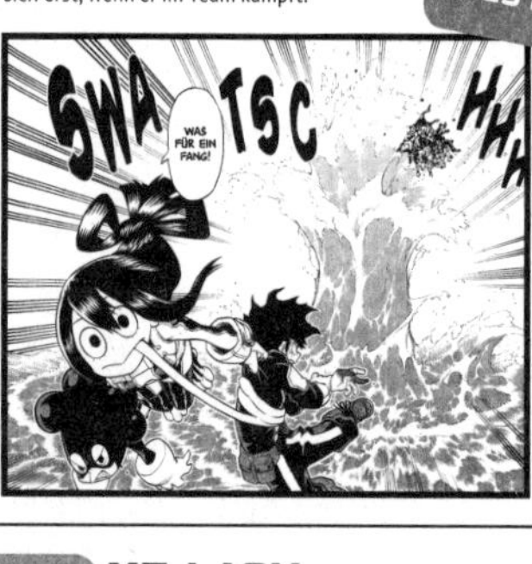

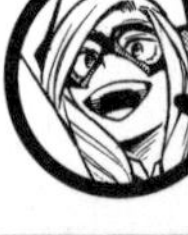

Bewertung durch die Profiheldin **MT. LADY**

Das Bübchen, das sein Praktikum unbedingt in meiner Agentur absolvieren wollte? Er war auf verschiedenste Weise noch etwas grün hinter den Ohren. Da ich weiter wachsen will, brauche ich in meiner Agentur eher einen gestandenen Mann.

FILE 08

EIJIRO KIRISHIMA

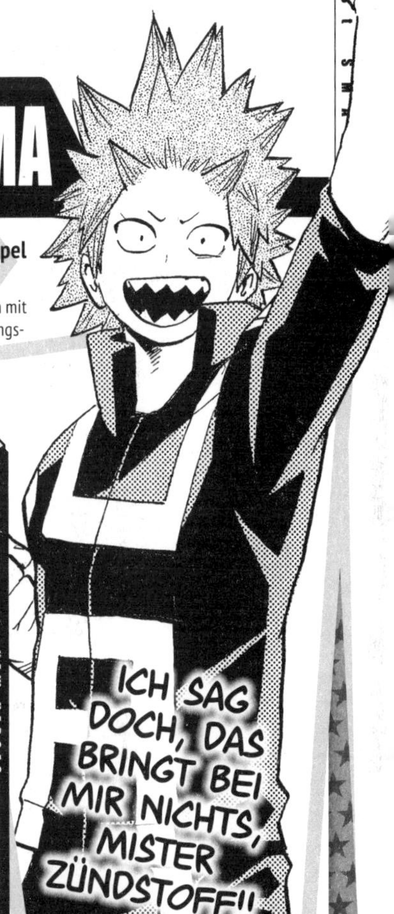

Hitzkopf der Klasse 1-A, der über seine simpel gestrickte Macke jammert.

Frecher Typ, der sich mit allen gut versteht und zusammen mit Denki der Klassenclown der 1-A ist. Findet seine Verhärtungs-Macke selbst ziemlich öde.

PERSONAL DATA

Zugehörigkeit: **U.A. Highschool, Helden-Fakultät, Klasse 1-A**

Alte Schule: **Musutafu-Mittelschule**

Geburtstag: **16. Oktober**

Körpergröße: **1,70 m**

Blutgruppe: **0**

Heimat: **Präfektur Chiba**

Mag: **Alles, was in Richtung Hardliner geht, Fleisch**

Kampfstil: **Nahkampf**

AMTLICH ANERKANNT

★★★ NEW HEROES

HERO'S STATUS

KRAFT (POWER)	B
TEMPO (SPEED)	C
TECHNIK (TECHNIQUE)	C
INTELLIGENZ (INTELLIGENCE)	C
KOOPERATION (COOPERATIVENESS)	B

Dazu sagt **KATSUKI BAKUGO**

Der Typ mit der bescheuerten Frise? Davon abgesehen, dass ich den beim Sportfest kurz und klein gehauen habe, weiß ich nicht viel über die Erdbeermütze! Und jetzt zisch ab, ich hab doch geantwortet, Mann!

MACKE
VERHÄRTUNG

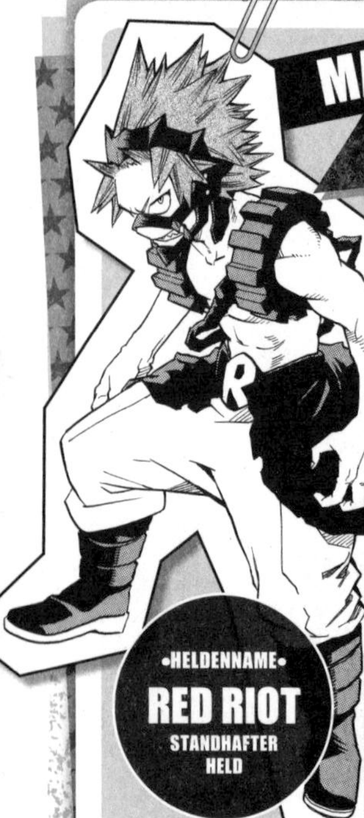

•HELDENNAME•

RED RIOT

STANDHAFTER HELD

DER ULTIMATIVE SPEER UND DAS ULTIMATIVE SCHILD?!

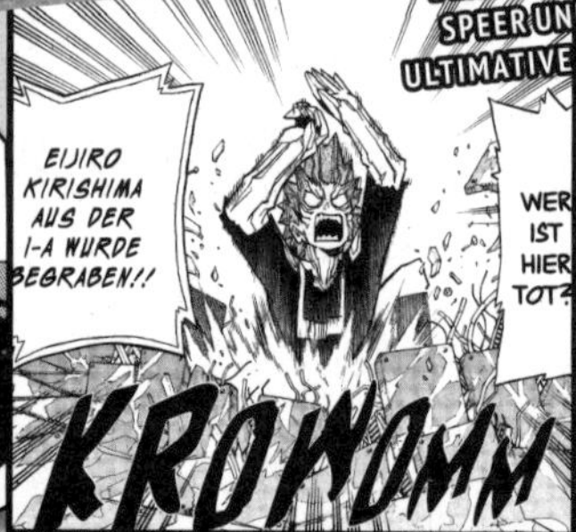

Wenn er sich mit seiner Macke selbst verhärtet, ist er perfekt geschützt und kann sogar die Erdkruste aufbrechen.

VERHÄRTUNG + KRAFT = IMMENSE STÄRKE?!

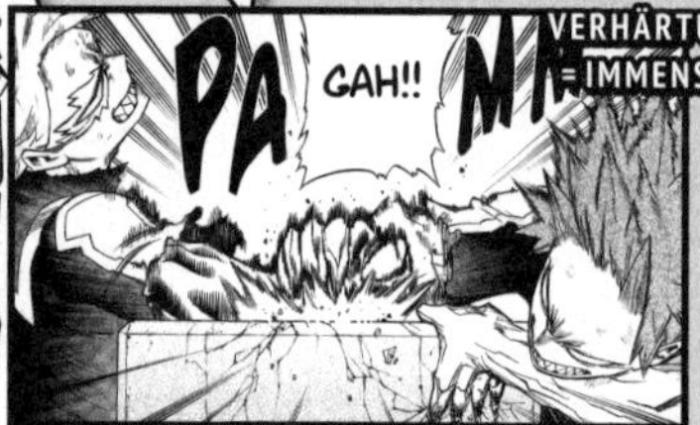

Er besitzt die nötige Körperkraft, um seine Macke offensiv und defensiv perfekt einzusetzen.

EIJIROS EIGNUNG ALS HELD

Merkt sofort, wenn etwas faul ist!

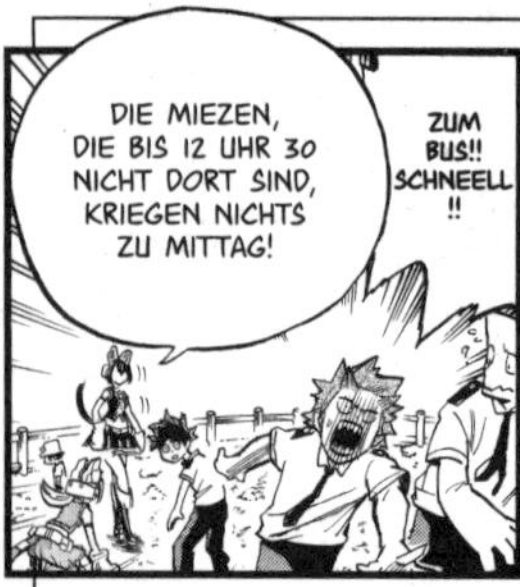

Seine hitzköpfige Art lässt ihn manchmal naiv erscheinen, doch er merkt sofort, wenn etwas nicht stimmt, und vermeidet dadurch so manche Gefahr.

Verfolgt ein klares Heldenimage!!

Eijiro schwärmt für den Helden Red Riot, der seinem idealen Heldenimage enstspricht – männlich und stark. Wird er den Namen in zweiter Generation fortführen?

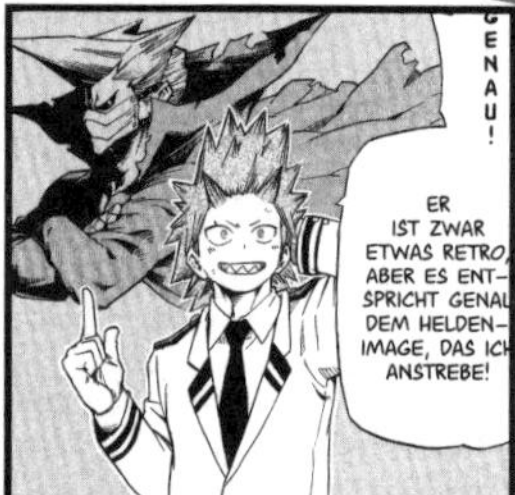

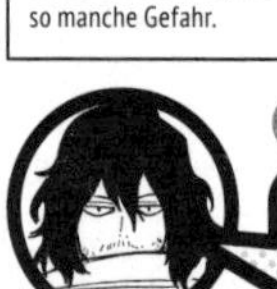

Bewertung durch den Profihelden ERASERHEAD

Eijiro? Das ist ein aufgeweckter und manchmal übermütiger Bursche, der aus der Klasse heraussticht. Sorgen hat der Junge sowieso keine, also weniger Arbeit für mich...

File 09

MOMO YAOYOROZU

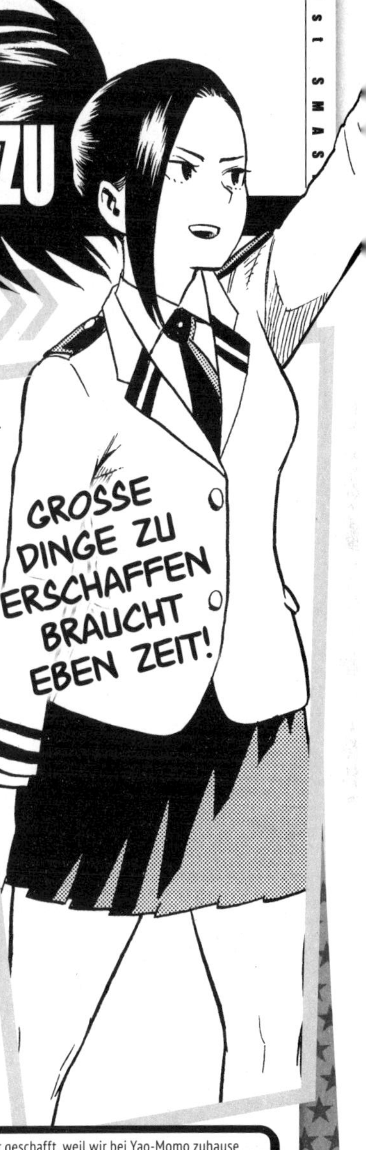

Mit Grips und Schönheit gesegnete Vize-Klassensprecherin, die ihr Selbstvertrauen als Heldin wiedererlangt hat.

Mit ihrem scharfen Verstand und ihrer hervorragenden Macke wurde sie gleich doppelt gesegnet. Verlor beim Angriff der Schurken und beim Sportfest ihr Selbstvertrauen, eine gute Heldin zu sein, doch hat sich mittlerweile wieder aufgerappelt.

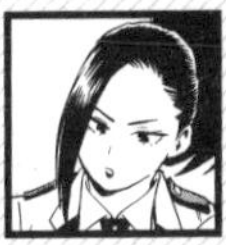

PERSONAL DATA

Zugehörigkeit: **U.A. Highschool, Helden-Fakultät, Klasse 1-A**
Alte Schule: **Mittelschule der Horisuma-Uni**
Geburtstag: **23. September**
Körpergröße: **1,73 m**
Blutgruppe: **A**
Heimat: **Präfektur Aichi**
Mag: **Lektüre (vor allem Bilderlexika)**
Kampfstil: **Alleskönner**

AMTLICH ANERKANNT

★★★ NEW HEROES

HERO'S STATUS

KRAFT (POWER)	D
TEMPO (SPEED)	C
TECHNIK (TECHNIQUE)	B
INTELLIGENZ (INTELLIGENCE)	S
KOOPERATION (COOPERATIVENESS)	A

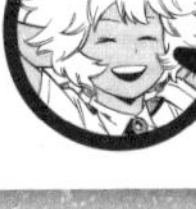

Dazu sagt **MINA ASHIDO**

Die schriftliche Prüfung hab ich wirklich nur geschafft, weil wir bei Yao-Momo zuhause gebüffelt haben! Von dem hochklassigen Tee ganz zu schweigen, den sie serviert hat!! Ich komm gerne wieder!

1st SMASH

MACKE SCHÖPFUNG

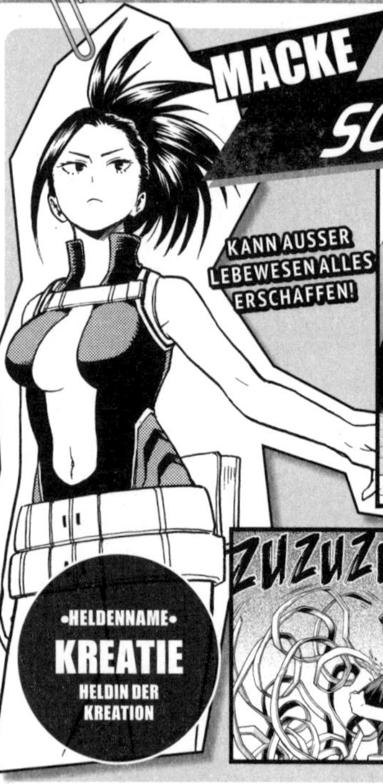

KANN AUSSER LEBEWESEN ALLES ERSCHAFFEN!

Ihre Macke ermöglicht es ihr, jeden erdenklichen Gegenstand aus ihrem Körper zu erschaffen, Lebewesen ausgeschlossen. Wo die erschaffenen Gegenstände erscheinen, ist nicht festgelegt.

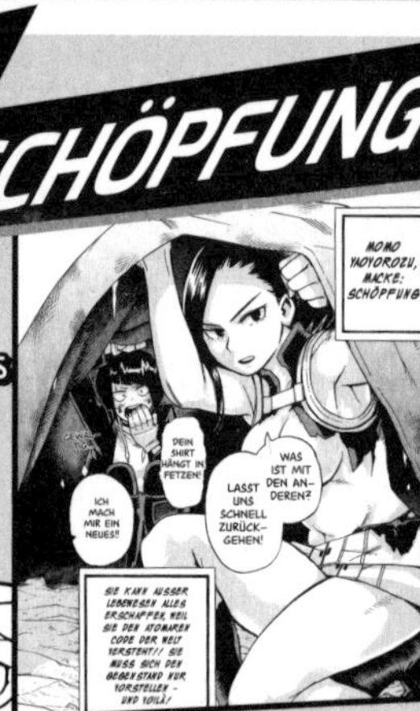

•HELDENNAME•

KREATIE

HELDIN DER KREATION

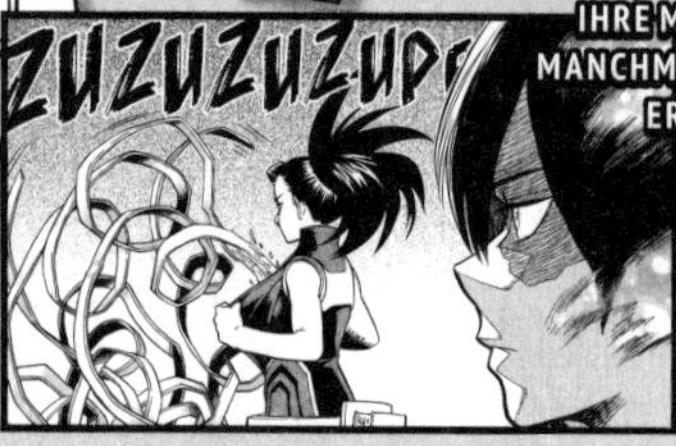

IHRE MACKE WIRKT MANCHMAL UNGEWOLLT EROTISCH!

Der Moment der Erschaffung von Objekten entbehrt nicht einer gewissen Erotik. Zum Glück kam ihr Mineta in diesem Moment noch nie in die Quere.

MOMOS EIGNUNG ALS HELDIN

Die geborene Lehrerin mit Potenzial zur Anführerin!!

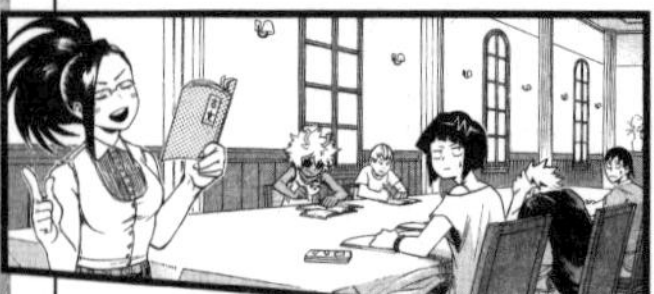

Ist kreativ und begabt im Unterrichten. Sie liebt es, gebraucht zu werden, und so wird selbst die kleinste Lernrunde überschwänglich zelebriert. Letzten Endes haben alle die schriftliche Prüfung bestanden.

Leidet ihre Schlagfertigkeit unter ihrer todernsten Art?

Tendiert dazu, alles für bare Münze zu nehmen, und wird dadurch nicht selten verarscht. Beim Sportfest hat es sie eiskalt erwischt.

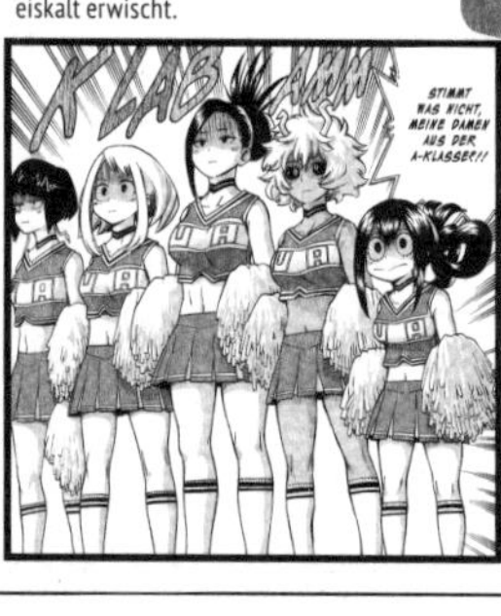

▶ Bewertung durch die Profiheldin **UWABAMI**

Am Äußeren habe ich nichts auszusetzen, und auch Momos Macke ist unglaublich. Der Werbeclip kam super an, und wenn sie möchte, kann sie nach ihrem Abschluss gern in meiner Agentur anfangen.

File 10

1st SMASH

FUMIKAGE TOKOYAMI

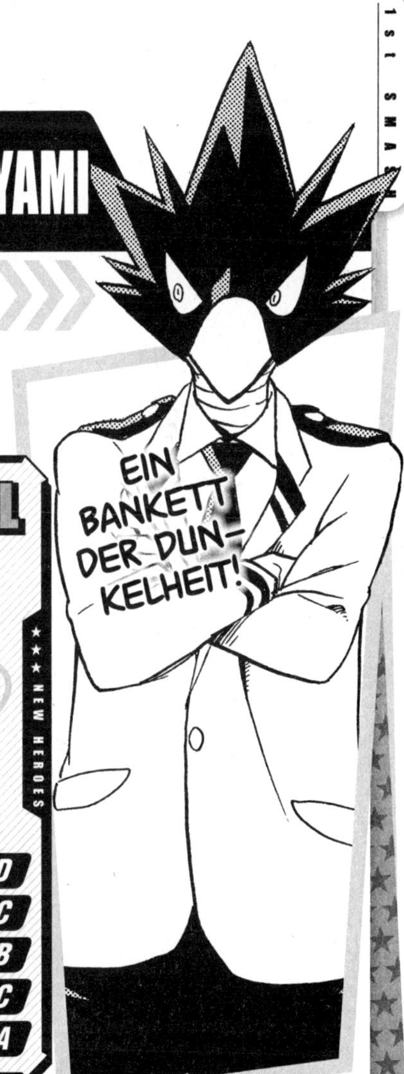

Junge, der das Schattenmonster Dark Shadow in sich trägt!

Schüler mit vogelähnlichen Gesichtszügen, der gern mal pubertäre Sprüche klopft. Seine Macke erlaubt es ihm, das ihm nicht unähnliche Monster Dark Shadow zu kontrollieren.

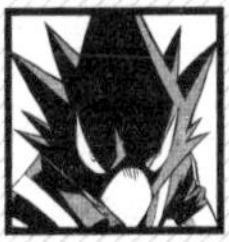

PERSONAL DATA

Zugehörigkeit: **U.A. Highschool, Helden-Fakultät, Klasse 1-A**

Alte Schule: **Entobira-Mittelschule**

Geburtstag: **30. Oktober**

Körpergröße: **1,58 m**

Blutgruppe: **AB**

Heimat: **Präfektur Shizuoka**

Mag: **dunkle Ecken, Äpfel**

Kampfstil: **Flächenangriffe mit seinem Schatten**

AMTLICH ANERKANNT

★★★ NEW HEROES

HERO'S STATUS

KRAFT (POWER)	D
TEMPO (SPEED)	C
TECHNIK (TECHNIQUE)	B
INTELLIGENZ (INTELLIGENCE)	C
KOOPERATION (COOPERATIVENESS)	A

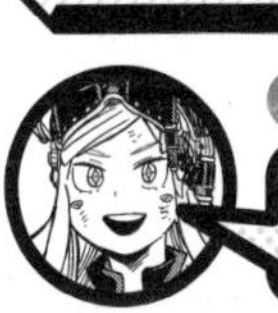

Dazu sagt **MEI HATSUME**

War es nicht unglaublich, wie er beim Sportfest seine Macke eingesetzt hat?! Sollte er seinen Schatten noch niedlicher oder stärker gestalten wollen, darf er sich jederzeit gern an mich wenden!

MACKE DARK SHADOW

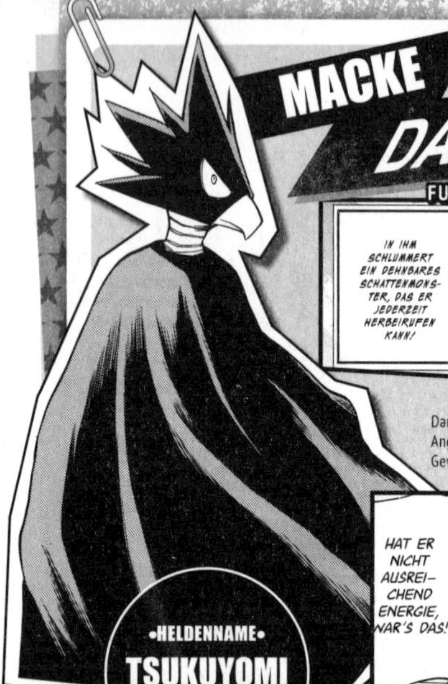

FUMIKAGES MACKE GEHORCHT IHM AUFS WORT!

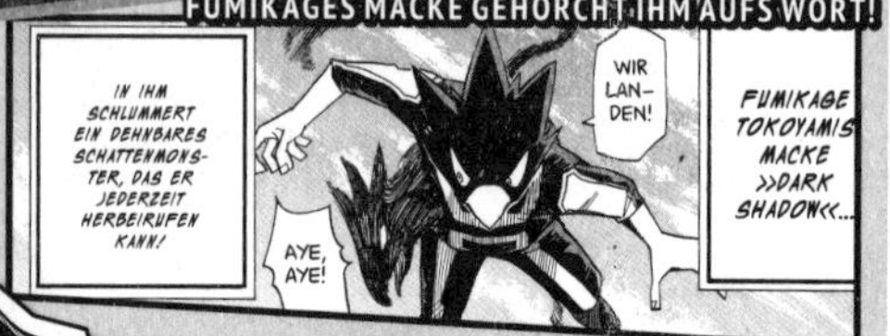

Dark Shadow besitzt einen eigenen Körper und kann vom Angriff bis zur Verteidigung vielseitig eingesetzt werden. Gewinnt die Dunkelheit jedoch an Überhand, läuft er Amok.

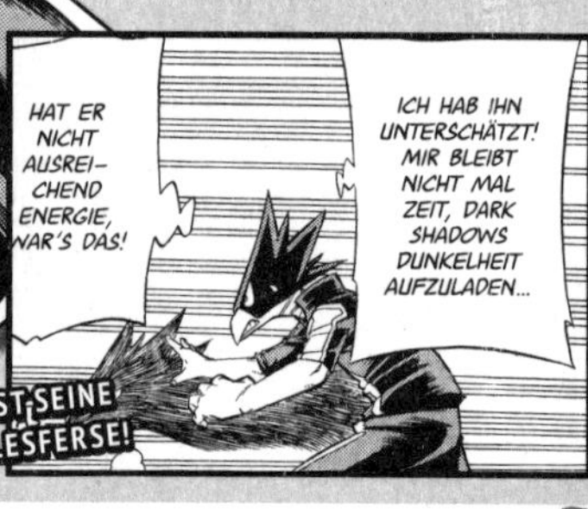

Er schöpft seine Kraft aus dunklen Orten und ist überaus lichtscheu, denn Helligkeit reduziert seine Stärke erheblich.

•HELDENNAME•
TSUKUYOMI
PECHSCHWARZER HELD

LICHT IST SEINE ARCHILLESFERSE!

FUMIKAGES EIGNUNG ALS HELD

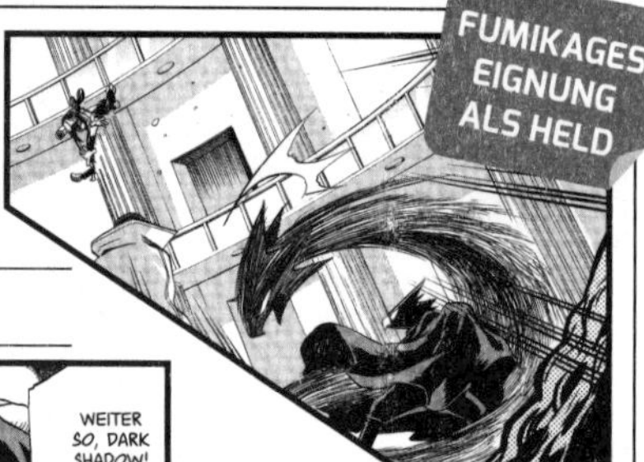

Hervorragende Kooperation!

Seine hohe Bereitschaft zur Zusammenarbeit macht ihn zum idealen Teamplayer, weshalb es nicht verwunderlich wäre, wenn er schon bald mit Anfragen als Sidekick überhäuft würde.

Verfügt über einen Rundumblick!!

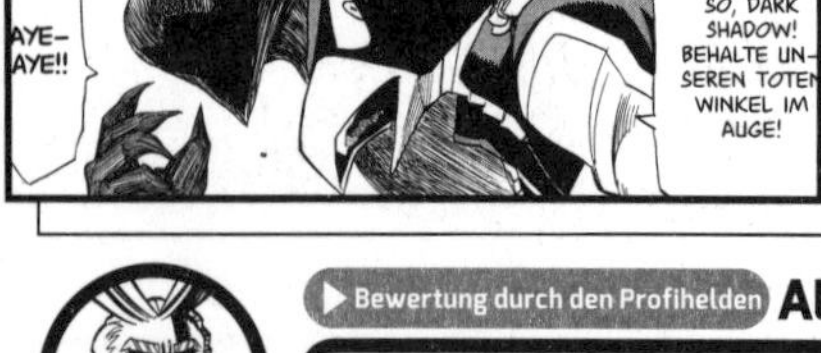

Da Dark Shadow sein eigenes Bewusstsein besitzt und sprechen kann, hat Fumikage jederzeit alles um sich herum im Blick.

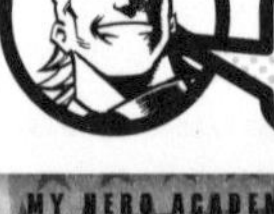

▶ Bewertung durch den Profihelden **ALL MIGHT**

Er hätte keine bessere Macke erwischen können. Sie wird ihm noch ungeahnte Fähigkeiten eröffnen! Nur an seiner Ausdauer muss er noch etwas arbeiten. Ich bin jedenfalls gespannt, wie er sich weiterhin durchschlägt!!

FILE 11

1st SMASH

DENKI KAMINARI

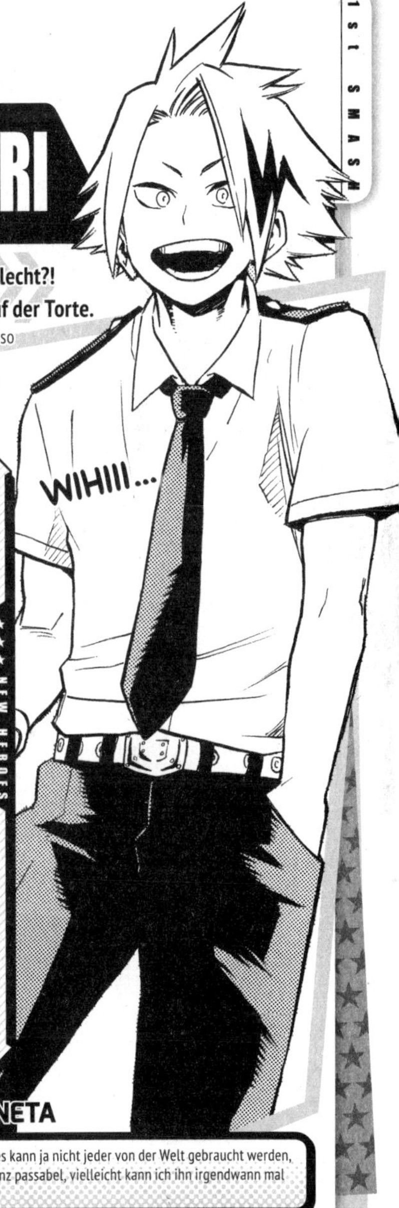

Seine Macke ist eigentlich gar nicht so schlecht?!
Frivoler Typ und nicht die hellste Kerze auf der Torte.

Mit seiner leicht dümmlichen und draufgängerischen Art so etwas wie der Stimmungsmacher der 1-A. Trotz seines miserablen Ergebnisses bei der Zwischenprüfung ist sein Vokabular erstaunlich umfangreich.

PERSONAL DATA

Zugehörigkeit: **U.A. Highschool, Helden-Fakultät, Klasse 1-A**

Alte Schule: **Yabin-Mittelschule**

Geburtstag: **29. Juni**

Körpergröße: **1,68 m**

Blutgruppe: **0**

Heimat: **Präfektur Saitama**

Mag: **was gerade in ist, Hamburger**

Kampfstil: **Unterstützung aus dem Hintergrund**

AMTLICH ANERKANNT

★★★ NEW HEROES

HERO'S STATUS

KRAFT	C
TEMPO	C
TECHNIK	B
INTELLIGENZ	E
KOOPERATION	A

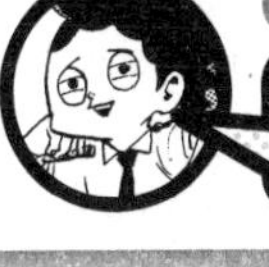

Dazu sagt **MINORU MINETA**

Er ist miserabel in der Schule, aber es kann ja nicht jeder von der Welt gebraucht werden, so wie ich! Beim Sportfest war er ganz passabel, vielleicht kann ich ihn irgendwann mal nach Anbagger-Tipps fragen.

MACKE ELEKTRISIERUNG

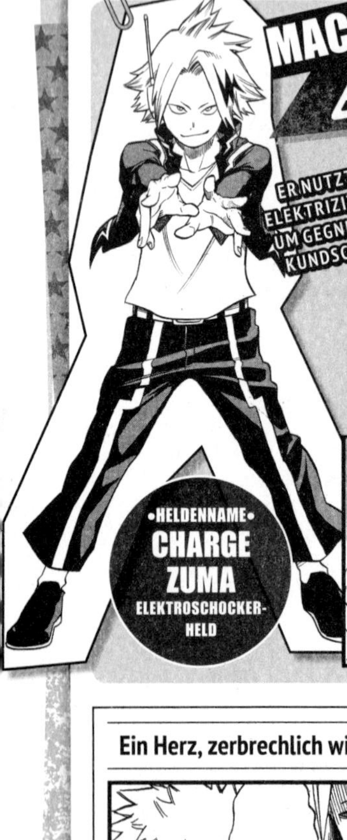

Mithilfe seiner Macke kann er sich beliebig stark elektrisch entladen. Ob militärische Aufklärung oder das Abfangen eines gegnerischen Angriffs – er findet die passende Wattzahl.

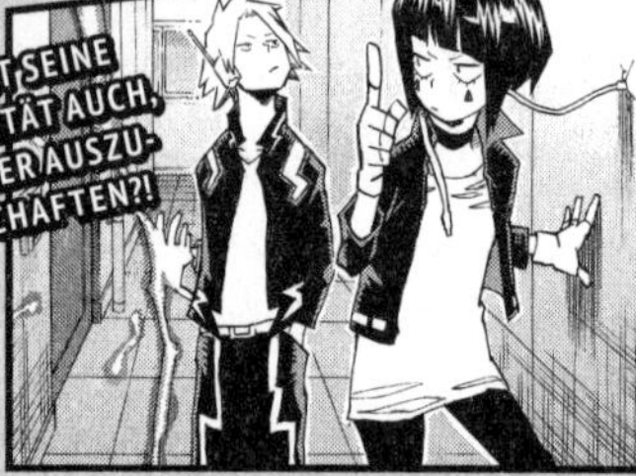

SETZT ER ZU VIEL STROM FREI, IST ER ZU NICHTS MEHR ZU GEBRAUCHEN!!

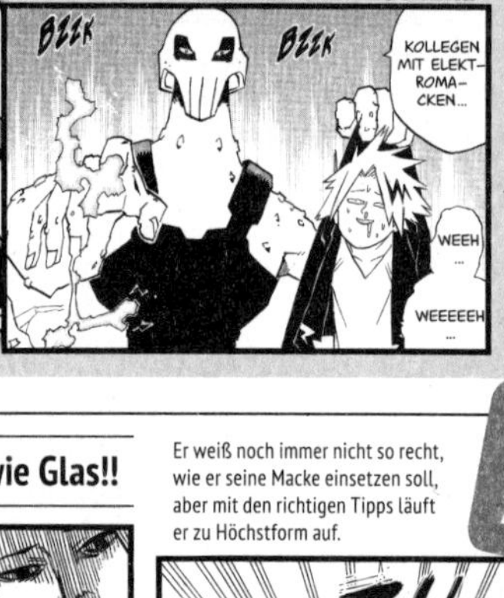

Übertreibt er es mit der Entladung, fliegen in seinem Hirn die Sicherungen raus und er wird temporär ballaballa!

Ein Herz, zerbrechlich wie Glas!!

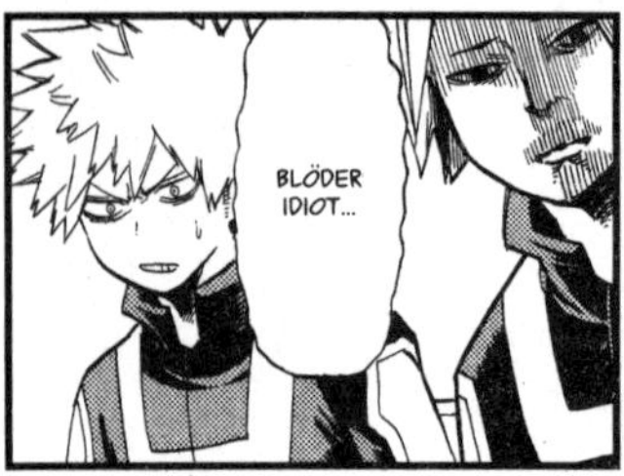

Ist äußerst schlecht im Einstecken, jedes falsche Wort setzt ihm emotional zu.

DENKIS EIGNUNG ALS HELD

Er weiß noch immer nicht so recht, wie er seine Macke einsetzen soll, aber mit den richtigen Tipps läuft er zu Höchstform auf.

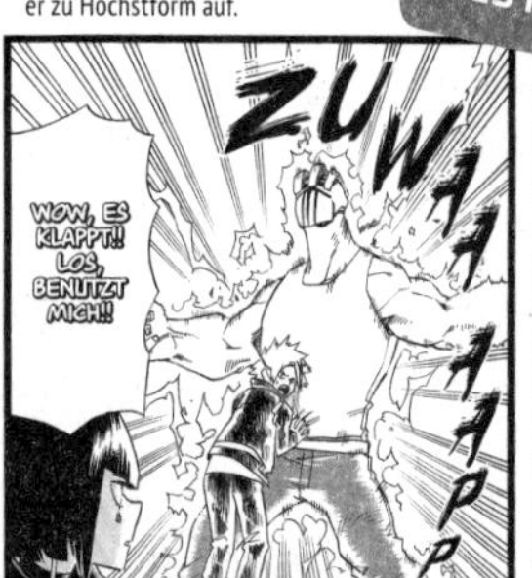

Setzt auf Geheiß seine volle Kraft frei!!

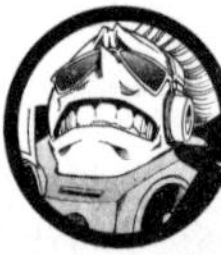

▶ Bewertung durch den Profihelden **PRESENT MIC**

Wenn man ihm so zusieht, passt kein Name besser als Sparking Killing Boy, so, wie er seine Gegner frittiert! Geht er aus Versehen in die Vollen, hat das verheerende Folgen!!

File 12

1st SMASH

KYOKA JIRO

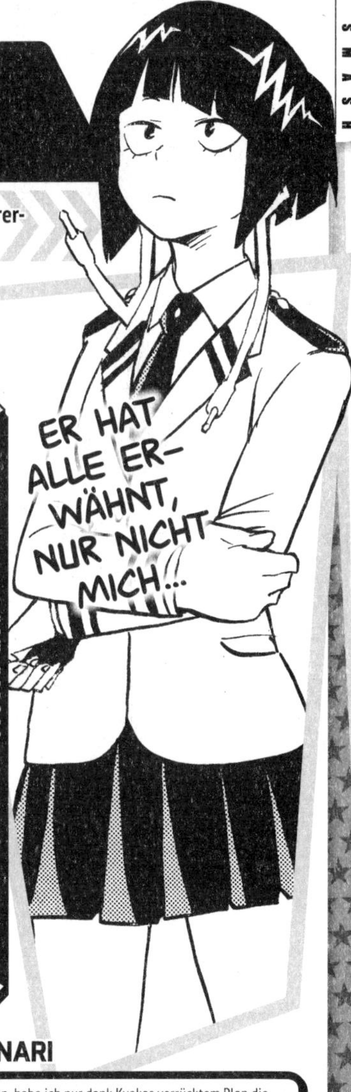

Dröhnendes Mädchen, das mit den Kopfhörersteckern aus seinen Ohrläppchen seinen eigenen Puls widerhallen lassen kann!!

Ihre Markenzeichen sind ihre Steckerohrläppchen und ihr Pagenschnitt. Mithilfe ihrer Macke »Earphone Jack« kann sie explosive Töne übertragen.

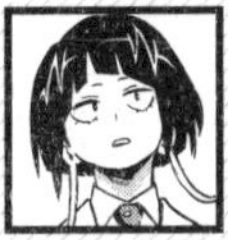

PERSONAL DATA

Zugehörigkeit: **U.A. Highschool, Helden-Fakultät, Klasse 1-A**

Alte Schule: **Besupin-Mittelschule**

Geburtstag: **1. August**

Körpergröße: **1,54 m**

Blutgruppe: **A**

Heimat: **Präfektur Shizuoka**

Mag: **Rockmusik**

Kampfstil: **Unterstützung auf mittlere Distanz**

AMTLICH ANERKANNT

★★★ NEW HEROES

HERO'S STATUS

KRAFT (POWER)	E
TEMPO (SPEED)	C
TECHNIK (TECHNIQUE)	C
INTELLIGENZ (INTELLIGENCE)	C
KOOPERATION (COOPERATIVENESS)	A

Dazu sagt **DENKI KAMINARI**

Als wir in den U.S.J. angegriffen wurden, habe ich nur dank Kyokas verrücktem Plan die Stärke meiner eigenen Macke realisiert!! Das ist zwar toll, aber wiederholen möchte ich die Aktion trotzdem nicht!

MACKE EARPHONE JACK

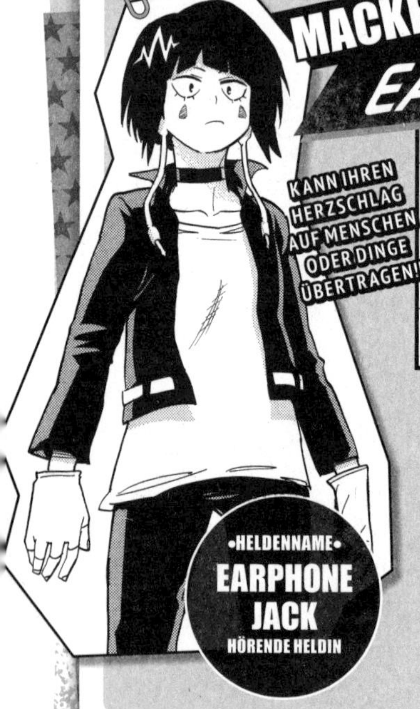

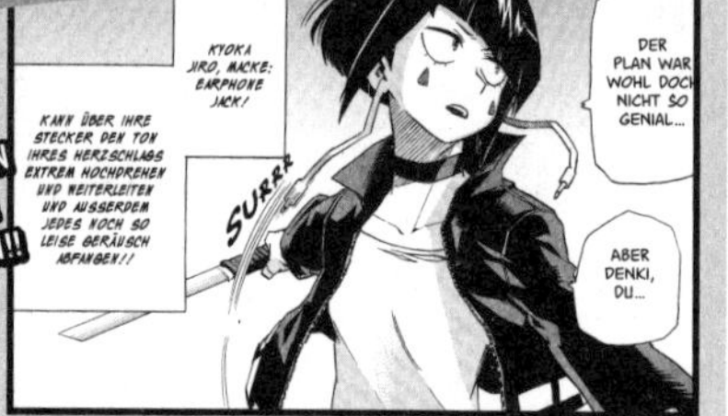

Die Stecker an ihren Ohrläppchen können sich ausdehnen und wieder zusammenziehen. Außerdem kann sie die Stecker beliebig kontrollieren!

Sie ist einsame Spitze darin, ihren explosiv verstärkten Herzschlag mithilfe ihrer Stecker weiterzuleiten und so Maschinen zu zerstören oder Feinde zu lähmen.

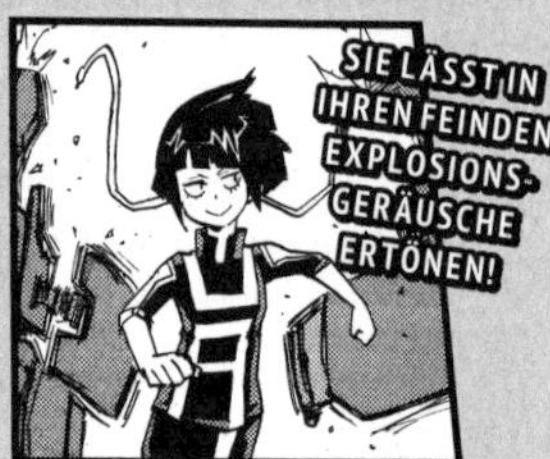

•HELDENNAME•
EARPHONE JACK
HÖRENDE HELDIN

KYOKAS EIGNUNG ALS HELDIN

Äußerst entschlussfreudig!

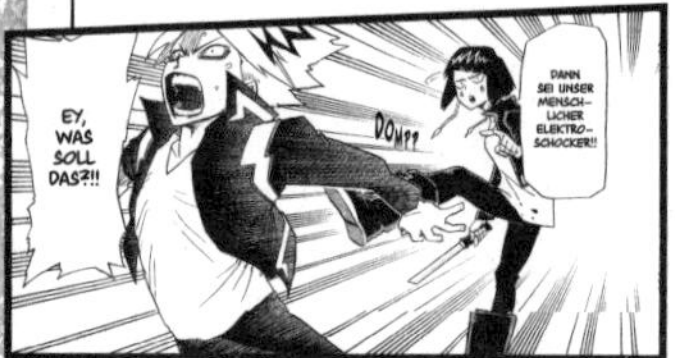

Sie trifft oft geniale Entscheidungen, zum Beispiel den elektrisch geladenen Denki in Richtung Schurken zu kicken. Im Treffen von Entscheidungen ist sie also gut, und genau das wird von Helden in Notsituationen verlangt.

Ihr reicht schon eine winzige Lücke!

Ihre Stecker finden immer einen Weg, auch durch jedes noch so kleine Loch in der Wand. Für zukünftige Rettungsmissionen könnte ihre Macke enorm nützlich sein.

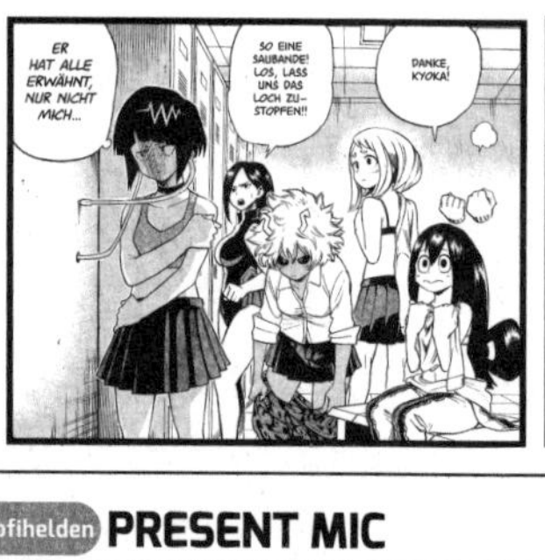

▶ Bewertung durch den Profihelden **PRESENT MIC**

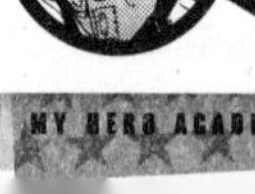

Beim Kampftraining gegen uns Lehrer hat sie sich angesichts meiner Abwärtskompatibilität als Zuhörerin wacker geschlagen, oder? Das nächste Mal heißt es... Plus Ultra!!

File 13

1st SMASH

MEZO SHOJI

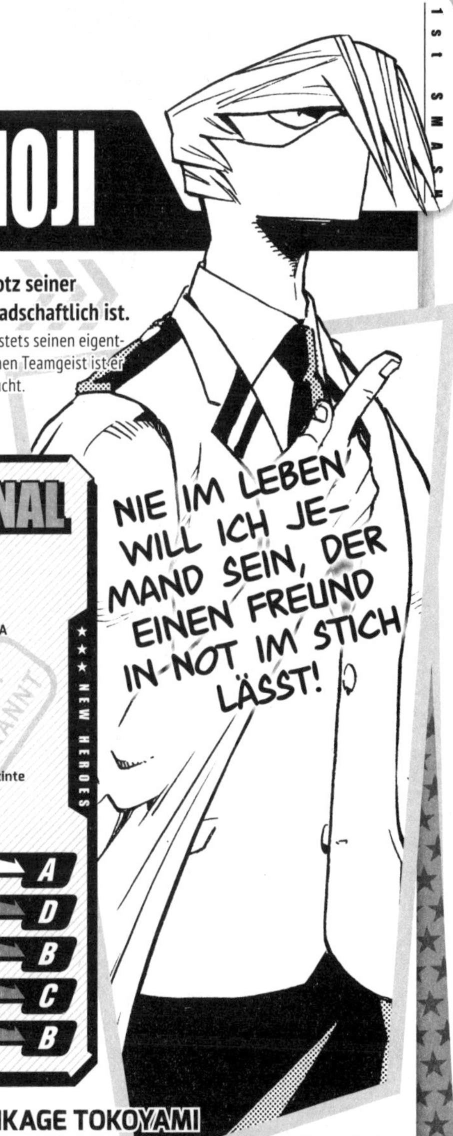

Junge mit Mutantenform, der trotz seiner Wortkargheit erstaunlich kameradschaftlich ist.

Recht verschwiegener Junge, dessen Maske stets seinen eigentlichen Gesichtsausdruck verbirgt. Durch seinen Teamgeist ist er sofort zur Stelle, wenn ein Freund Hilfe braucht.

PERSONAL DATA

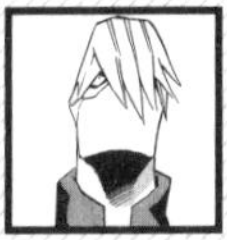

Zugehörigkeit: **U.A. Highschool, Helden-Fakultät, Klasse 1-A**

Alte Schule: **Utahau-Mittelschule**

Geburtstag: **15. Februar**

Körpergröße: **1,87 m**

Blutgruppe: **B**

Heimat: **Präfektur Fukuoka**

Mag: **Takoyaki, Spaghetti mit Tintenfischtinte**

Kampfstil: **Nahkampf**

AMTLICH ANERKANNT

★★★ NEW HEROES

HERO'S STATUS

KRAFT	POWER	A
TEMPO	SPEED	D
TECHNIK	TECHNIQUE	B
INTELLIGENZ	INTELLIGENCE	C
KOOPERATION	COOPERATIVENESS	B

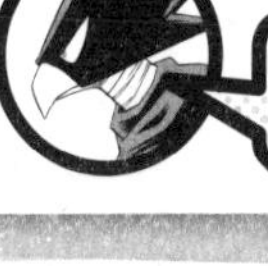

Dazu sagt **FUMIKAGE TOKOYAMI**

Ich schäme mich, dass er mich beim Angriff während der Mutprobe gedeckt hat. Obwohl ich ihm gesagt hatte, er solle sich nicht dazwischenwerfen... Und dann hat er auch noch meinen Amok laufenden Dark Shadow aufgehalten. Was für ein spitzenmäßiger Freund!

MACKE
REPLIKATS-ARME

MIT DER FÄHIGKEIT DER REPLIKATION WIE GEMACHT ZUM AUSKUNDSCHAFTEN!

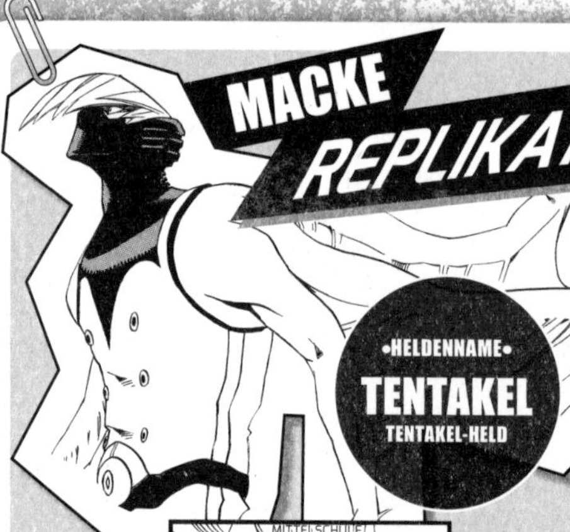

•HELDENNAME•

TENTAKEL

TENTAKEL-HELD

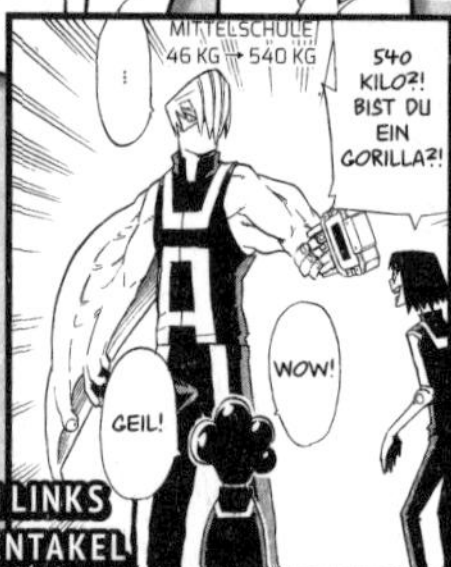

Die Spitzen seiner Tentakel kann er zu beliebigen Körperteilen umformen. Gibt er sich ein paar neue Hände, geht seine Griffstärke durch die Decke!

IHM WACHSEN LINKS UND RECHTS TENTAKEL AUS DEM KÖRPER!

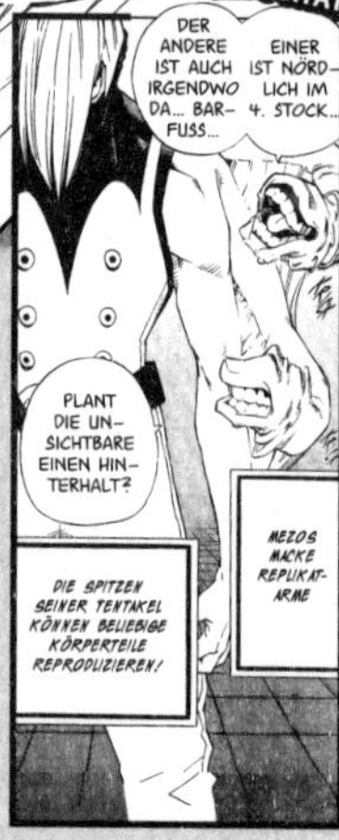

Repliziert er ein paar Augen oder Ohren, ist er bereit für Aufklärungsoperationen! Mit Augen auf dem Rücken wird er so schnell auch nicht überrascht.

MEZOS EIGNUNG ALS HELD

Deckt aktiv seine Freunde!

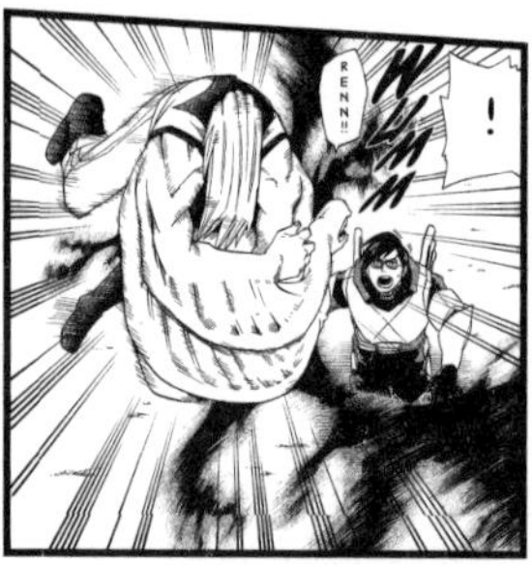

Eine seiner Stärken, wenn auch eine eher bedenkliche, ist, dass er sich selbstlos zwischen seine Freunde und den Feind stürzt.

Gigantisch und physisch überlegen!

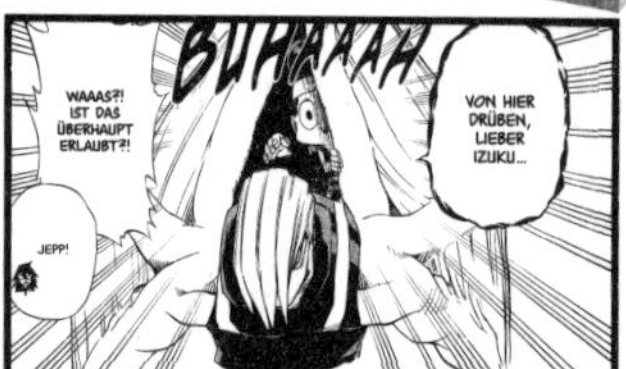

Bei seinem Körperbau und seiner Kraft ist es ihm ein Leichtes, andere huckepack zu tragen. Er setzt brachiale Gewalt ein, wenn es nötig ist.

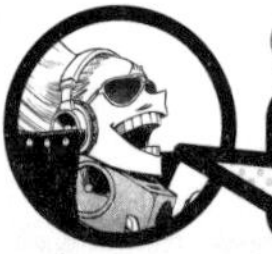

▶ Bewertung durch den Profihelden **PRESENT MIC**

Wie er beim Reiterkampf des Sportfests allein als Kampfross auftrat, das hatte schon fast was von einem Panzer! Das war cool!! Aber in seiner Klasse sind ja so einige für Überraschungen gut!!

File 14

1st SMASH

HANTA SERO

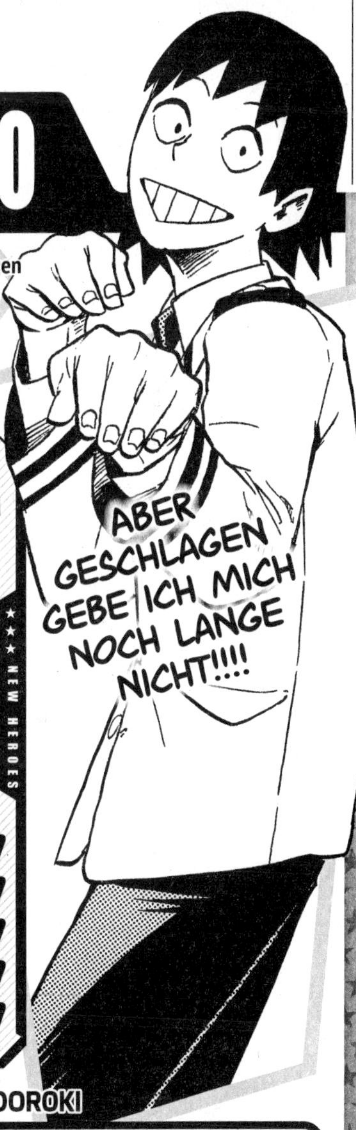

Klebebandmensch, der aus seinen Ellbogen Klebeband abfeuern kann!

Charakteristisch für ihn sind seine Klebebandspender an den Ellbogen sowie seine schlaksige Gestalt. Seine Macke »Tape« beschert ihm schier unendliche Mengen an Klebeband.

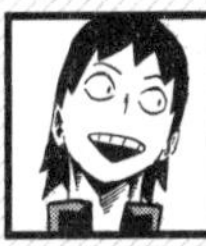

PERSONAL DATA

Zugehörigkeit: **U.A. Highschool, Helden-Fakultät, Klasse 1-A**

Alte Schule: **Sarukamai-Mittelschule**

Geburtstag: **28. Juli**

Körpergröße: **1,77 m**

Blutgruppe: **B**

Heimat: **Tokyo**

Mag: **Orangen, Sojabohnen, gesundes Essen**

Kampfstil: **Unterstützung aus der Ferne**

AMTLICH ANERKANNT

★★★ NEW HEROES

HERO'S STATUS

Kategorie	Wertung
KRAFT (POWER)	E
TEMPO (SPEED)	B
TECHNIK (TECHNIQUE)	B
INTELLIGENZ (INTELLIGENCE)	C
KOOPERATION (COOPERATIVENESS)	A

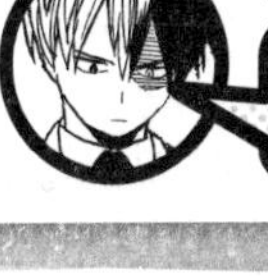

Dazu sagt **SHOTO TODOROKI**

Ich finde, bei unserem Duell während des Sportfests hat er sich recht gut geschlagen... Ich war nur supermies gelaunt und hab's im Eifer des Gefechts etwas übertrieben... Sorry dafür!

MACKE TAPE

SCHIESST NACH BELIEBEN MIT KLEBEBAND UM SICH!

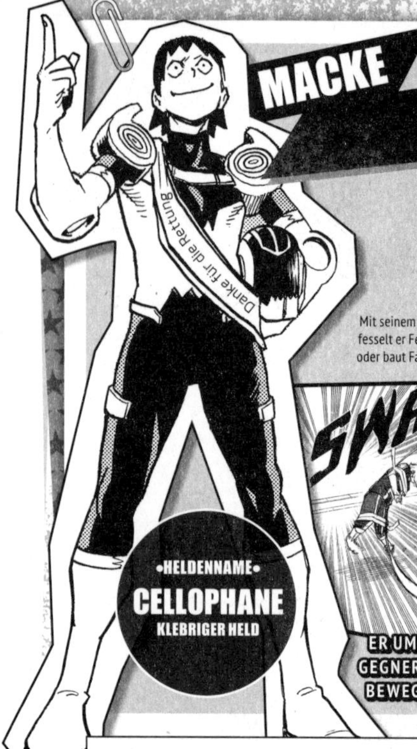

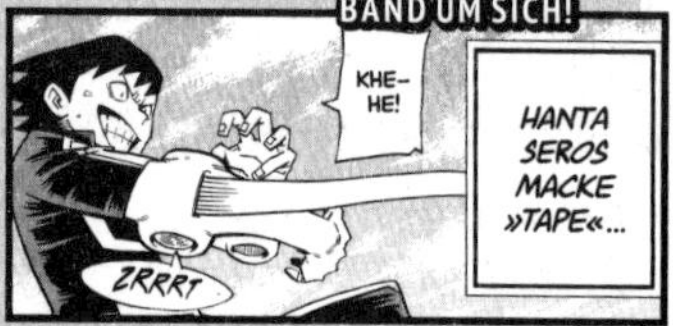

Mit seinem Tape fesselt er Feinde oder baut Fallen.

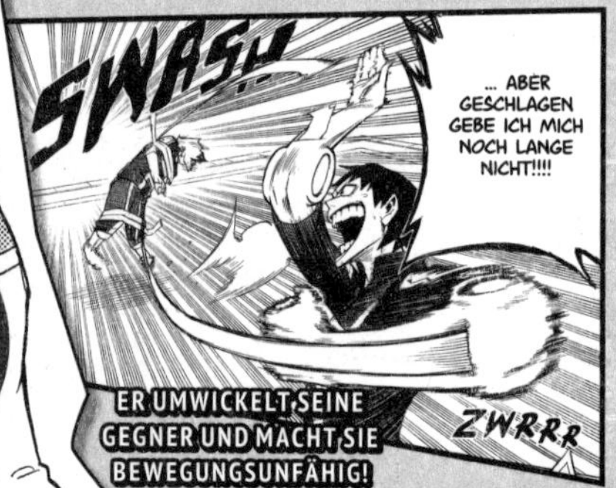

ER UMWICKELT SEINE GEGNER UND MACHT SIE BEWEGUNGSUNFÄHIG!

Er fesselt seine Gegner nicht nur, sondern kann sie mit seinem Tape auch auf direktem Weg zu sich herziehen!

•HELDENNAME•

CELLOPHANE

KLEBRIGER HELD

HANTAS EIGNUNG ALS HELD

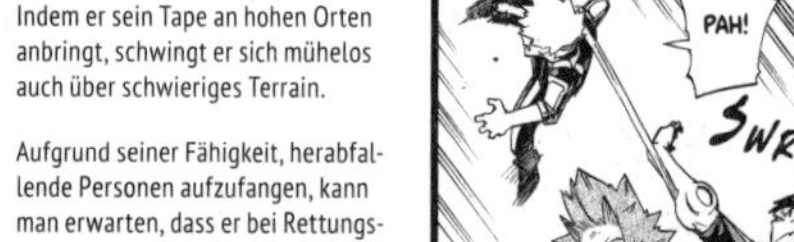

Auch an schwierige Orte schwingt er sich im Nu!

Fallende Gegenstände oder Personen fängt er auf!!

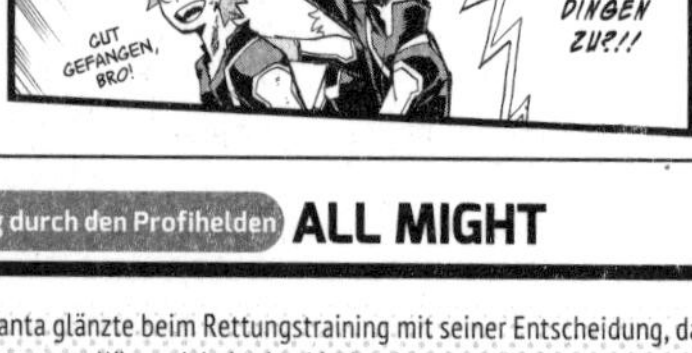

Indem er sein Tape an hohen Orten anbringt, schwingt er sich mühelos auch über schwieriges Terrain.

Aufgrund seiner Fähigkeit, herabfallende Personen aufzufangen, kann man erwarten, dass er bei Rettungsmissionen in den Bergen noch das ein oder andere Menschenleben retten wird.

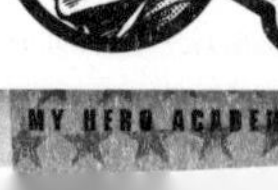

▶ Bewertung durch den Profihelden **ALL MIGHT**

Der junge Hanta glänzte beim Rettungstraining mit seiner Entscheidung, das Gebiet von oben zu überqueren. Wie er dabei seine Macke eingesetzt hat, war einfach traumhaft!!

File 15

MINA ASHIDO

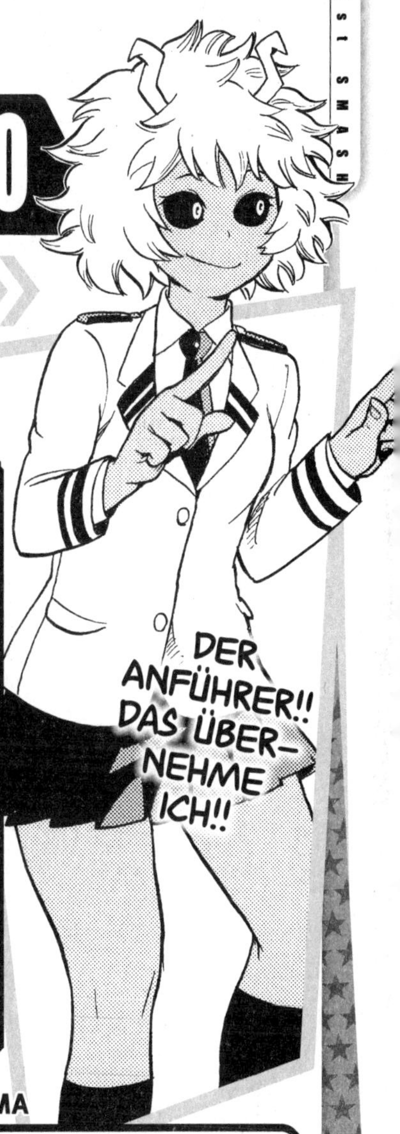

Alien-Mädchen, das über seinen Körper Säure ausstoßen kann.

Ist immer gut gelaunt und mit rosafarben leuchtender Haut. Ihre Macke »Säure«, mit der sie ein ätzendes Gemisch ausstoßen kann, weiß sie neben Angriffen auch zur Fortbewegung einzusetzen.

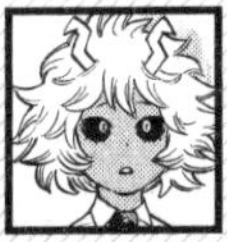

PERSONAL DATA

★★★ NEW HEROES

Zugehörigkeit: **U.A. Highschool, Helden-Fakultät, Klasse 1-A**

Alte Schule: **Musutafu-Mittelschule**

Geburtstag: **30. Juni**

Körpergröße: **1,59 m**

Blutgruppe: **AB**

Heimat: **Präfektur Chiba**

Mag: **Tanzen, vergorene Sojabohnen, Okra**

Kampfstil: **Unterstützung auf mittlere Distanz**

AMTLICH ANERKANNT

HERO'S STATUS

KRAFT (POWER)	C
TEMPO (SPEED)	B
TECHNIK (TECHNIQUE)	A
INTELLIGENZ (INTELLIGENCE)	E
KOOPERATION (COOPERATIVENESS)	B

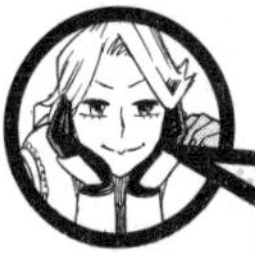

▶ Dazu sagt **YUGA AOYAMA**

Als ich mir beim Sportfest ein Duell mit diesem Fräulein lieferte, wich sie meinem superben Laserstrahl aus. Doch in Sachen Anmut habe ich die Nase vorn!

MACKE SÄURE

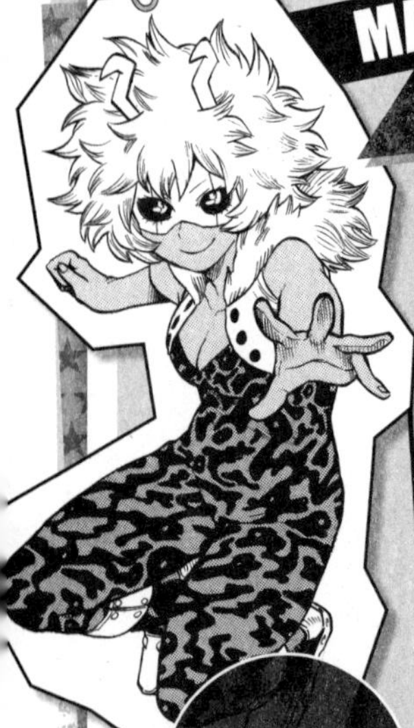

•HELDENNAME•
PINKY

Die Konzentration ihrer Säure passt sie eigenständig an, wodurch sie Gegenstände rückstandslos auflösen oder sie aber nur ein bisschen anätzen und sie zu Schmierflüssigkeit verwandeln kann.

IHRE SÄURE IST REGULIERBAR!

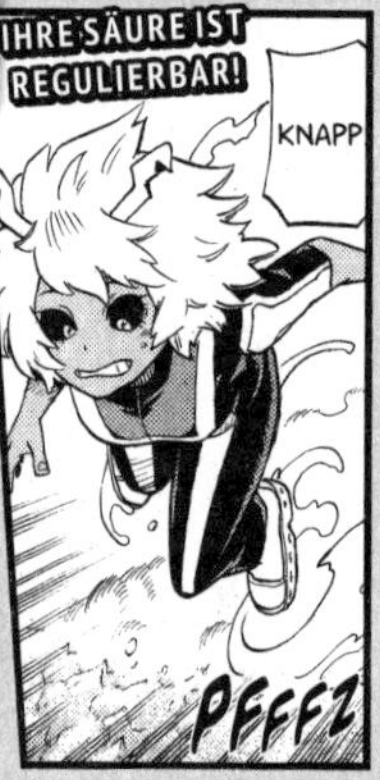

AUCH DAS VERÄTZEN VON WÄNDEN HAT SEINE VORTEILE!!

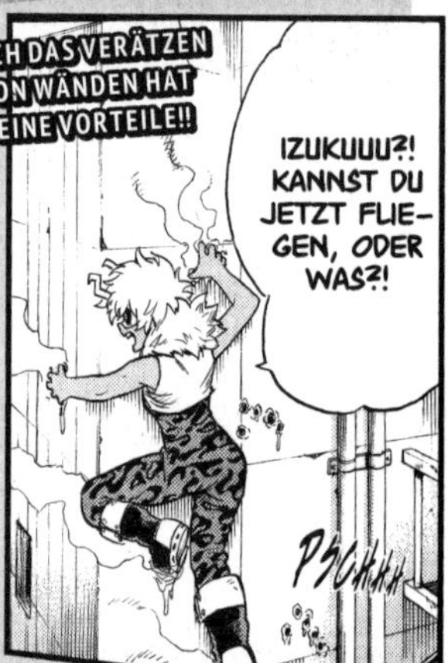

Ihre beißende Macke hilft ihr auf verschiedenste Weise weiter. Beispielsweise kann sie Grifflöcher in Wände ätzen und dann daran hochklettern.

MINAS EIGNUNG ALS HELDIN

Auch im Austeilen von Schlägen ist sie gut!

Sie schlägt schon mal einen Kerl k. o. und zählt zu den Sportlichsten der A-Klasse.

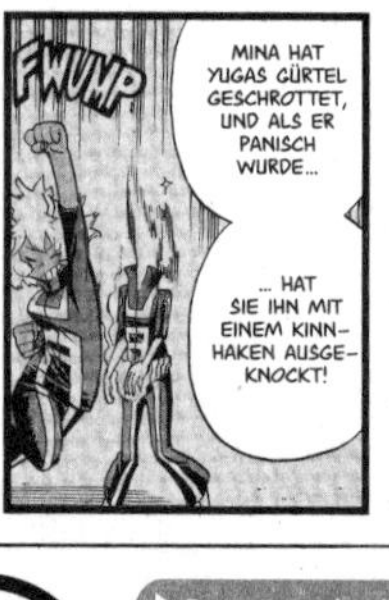

Mina ist auch eine Stimmungskanone und wird in Zukunft als Heldin viele Menschen zum Lachen bringen.

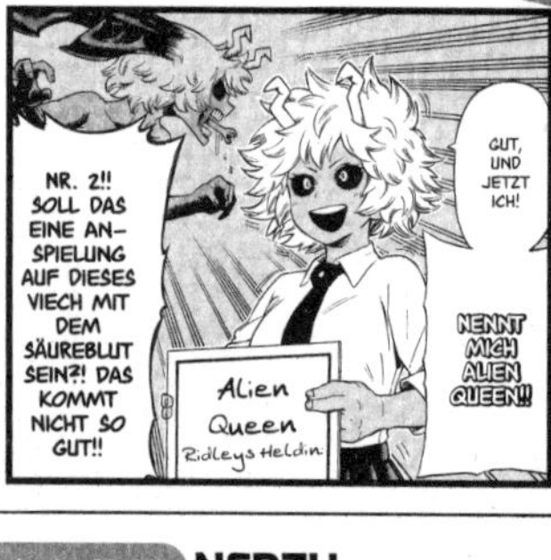

Hat einen guten Humor und erntet von der Klasse den ein oder anderen Lacher!!

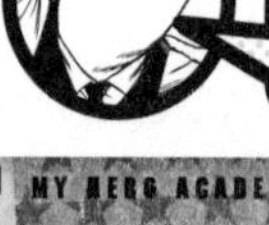

▶ Bewertung durch den Profihelden **NEDZU**

Sie besitzt hervorragende körperliche Fähigkeiten, doch ihre Lernbegabung lässt zu wünschen übrig... Ich denke, ich muss den Kids mal etwas von meinem Verstand abgeben, hahahahaha!

File 16

1st SMASH

YUGA AOYAMA

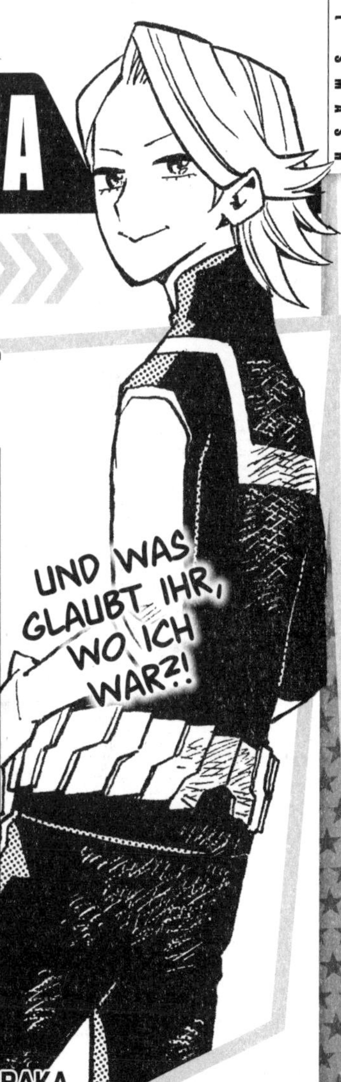

Selbstverliebter Narzisst, dem nichts und niemand das Lächeln aus dem Gesicht wischen kann!

Wie der Name* erahnen lässt, gibt er sich stets anmutig. Er ergeht sich gern in Andeutungen, und es ist nicht leicht, ihn einzuschätzen. Hält sich selbst gern für die Hauptperson.

* Yuga steht im Japanischen für Anmut, Eleganz, Grazie

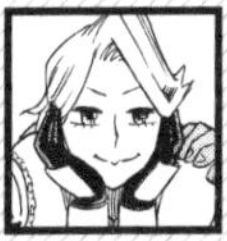

PERSONAL DATA

★★★ NEW HEROES

Zugehörigkeit: **U.A. Highschool, Helden-Fakultät, Klasse 1-A**

Alte Schule: **St.-Kamiino-Mittelschule**

Geburtstag: **30. Mai**

Körpergröße: **1,68 m**

Blutgruppe: **0**

Heimat: **Frankreich (behauptet er)**

Mag: **sich selbst**

Kampfstil: **Fernangriffe**

AMTLICH ANERKANNT

HERO'S STATUS

KRAFT	D
TEMPO	C
TECHNIK	C
INTELLIGENZ	C
KOOPERATION	E

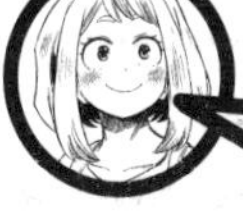

Dazu sagt **OCHACO URARAKA**

Yuga, diesen merkwürdige Kauz, werde ich wohl nie ganz verstehen. Bei der Prüfung hat er mich wirklich aus dem Konzept gebracht... Ich konnte gar nicht anders, als seine lächerlichen Behauptungen abzuwehren!

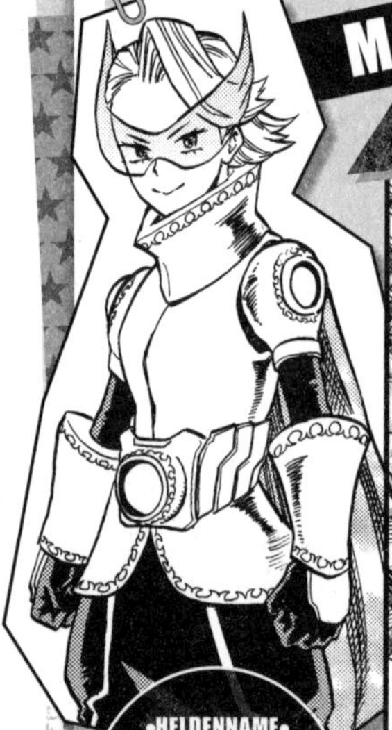

MACKE
NABEL-LASER

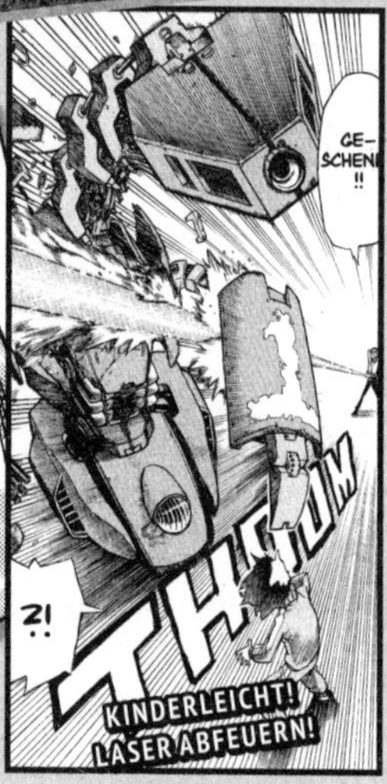

ALLZU LANGE KANN ER SEINE MACKE LEIDER NICHT EINSETZEN ...

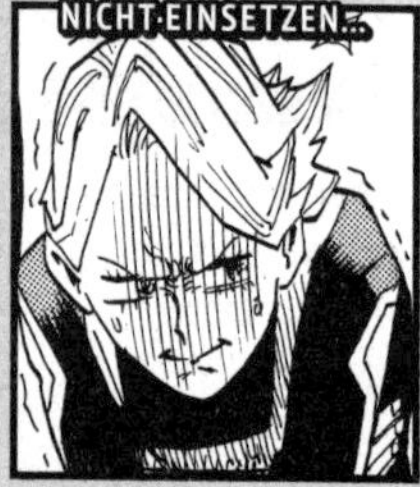

Feuert er seinen Laser länger als eine Sekunde ab, bekommt er Bauchkrämpfe. Da ist noch Luft nach oben!

Sein Nabel-Laser ist so stark, dass er ganze Roboter im Handumdrehen in Stücke reißt!

•HELDENNAME•

CAN'T STOP TWINKLING

Funkelnder Held

Erledigt alles in seinem eigenen Tempo!

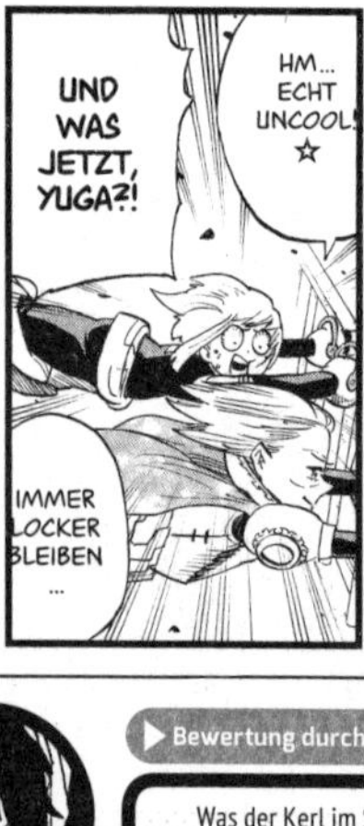

Gibt sich auch unter größtem Druck stets gelassen. Damit macht er sich keine Freunde, aber Ruhe bewahren ist sein oberstes Gebot.

YUGAS EIGNUNG ALS HELD

Gute Auffassungsgabe!

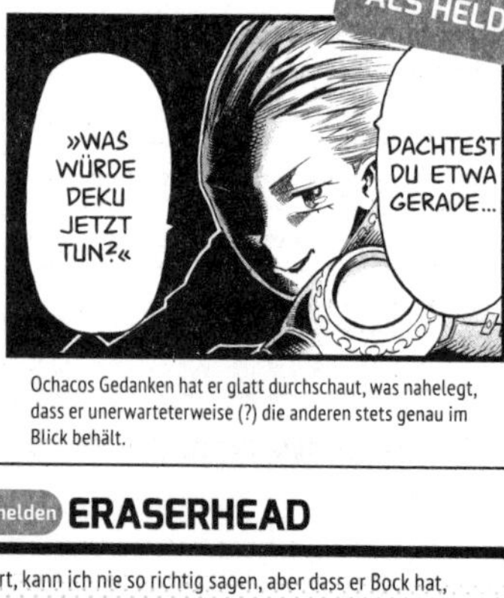

Ochacos Gedanken hat er glatt durchschaut, was nahelegt, dass er unerwarteterweise (?) die anderen stets genau im Blick behält.

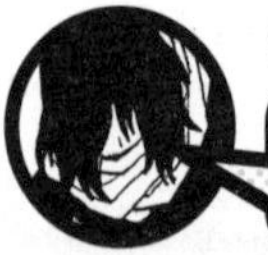

Bewertung durch den Profihelden **ERASERHEAD**

Was der Kerl im Schilde führt, kann ich nie so richtig sagen, aber dass er Bock hat, das spüre ich. Durch die Semesterabschlussprüfung ist er haarscharf durchgeschlittert, also muss er ab jetzt Vollgas geben!

MASHIRAO OJIRO

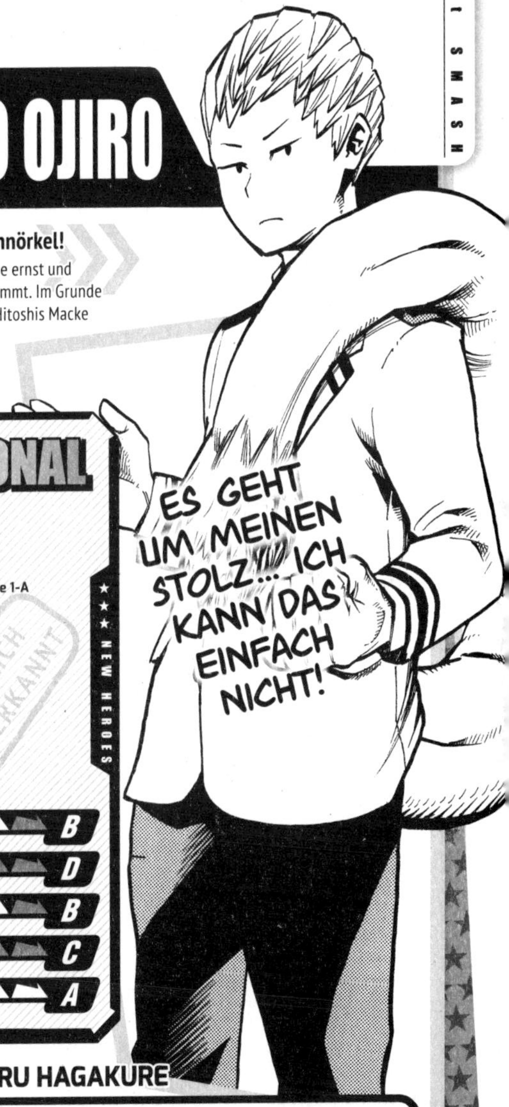

Hartgesottener Held ohne Schnörkel!

Ein ausgeglichener Bursche, der die Dinge ernst und vernünftig angeht und gutmütig rüberkommt. Im Grunde ist er auch kollegial, so hat er Izuku vor Hitoshis Macke gewarnt.

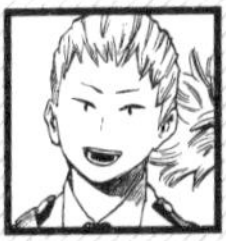

PERSONAL DATA

Zugehörigkeit: **U.A. Highschool, Helden-Fakultät, Klasse 1-A**

Alte Schule: **Maikido-Mittelschule**

Geburtstag: **28. Mai**

Körpergröße: **1,69 m**

Blutgruppe: **0**

Heimat: **Tokyo**

Mag: **Kampfkünste**

Kampfstil: **Nahkampf**

AMTLICH ANERKANNT

★★★ NEW HEROES

HERO'S STATUS

KRAFT (POWER)	B
TEMPO (SPEED)	D
TECHNIK (TECHNIQUE)	B
INTELLIGENZ (INTELLIGENCE)	C
KOOPERATION (COOPERATIVENESS)	A

Dazu sagt **TORU HAGAKURE**

Mashirao ist ein guter Freund von mir, mit dem ich über alles reden kann! Beim Sportfest war ich überrascht, wie ernst er wurde, als er seine Teilnahme am Turnier abgelehnt hat... Ach, aber genau das macht ihn auch so liebenswert!!

MACKE TAIL

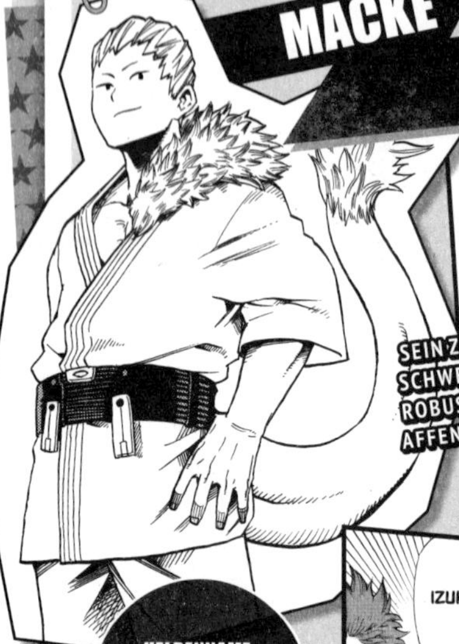

Seine unkomplizierte Macke ist erstaunlich stark! Mit seinem Schweif kann er sich mühelos überall einhaken.

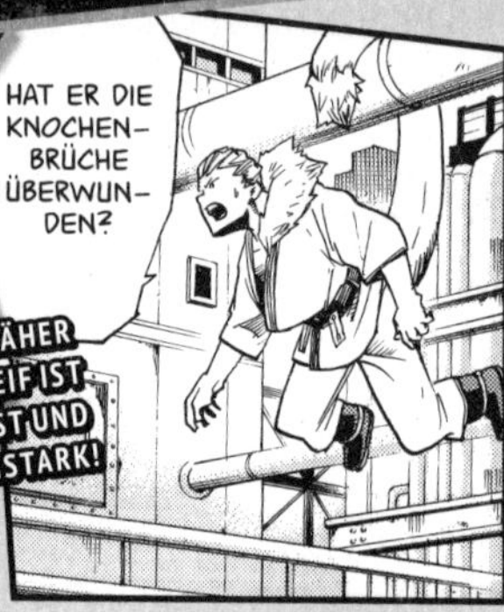

SEIN ZÄHER SCHWEIF IST ROBUST UND AFFENSTARK!

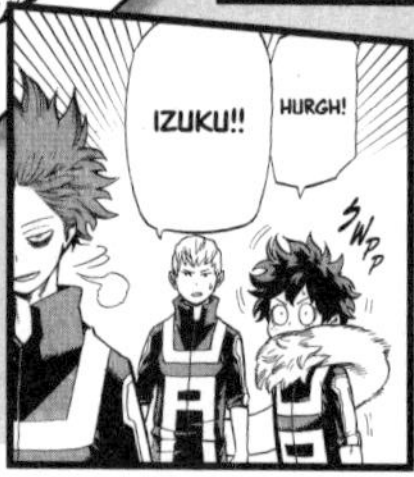

ER SETZT IHN SPIELEND EIN WIE EINE DRITTE HAND!

Seinen Schweif steuert er unbewusst wie eine dritte Hand. Vom Bewegen von Gegenständen über das Angreifen von Gegnern beherrscht er zahlreiche Anwendungsoptionen.

•HELDENNAME•
TAIL MAN
Kampfkunst-Held

MASHIRAOS EIGNUNG ALS HELD

Legt Wert auf Fairness!

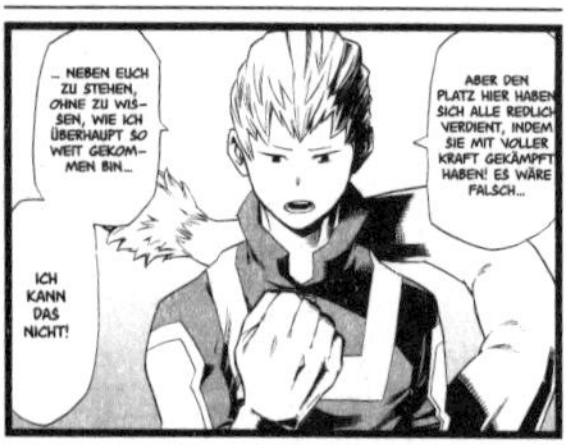

Lehnt beim Sportfest die Teilnahme am finalen Turnier ab, weil er sich beim Reiterkampf zuvor nicht beteiligt hat. Seine Aufrichtigkeit wird ihm bei den Menschen noch großes Ansehen einbringen.

Mashirao ist der geborene Kampfkünstler. Beim Angriff auf die U.S.J. hat er mit seinem Kampfgeschick im Alleingang eine ganze Horde Schurken verdroschen.

Stark genug, um allein zu kämpfen!

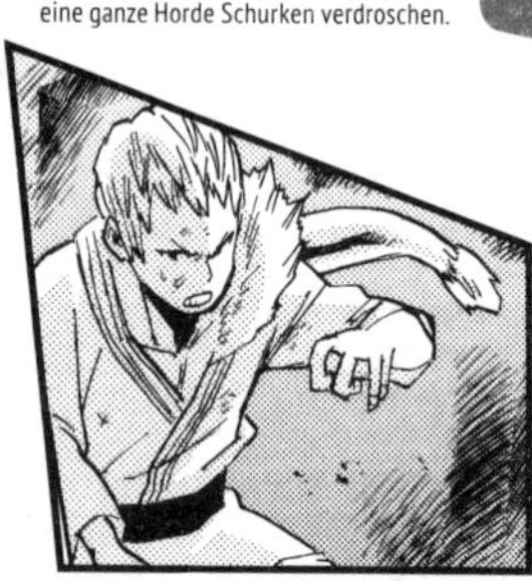

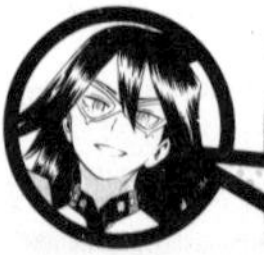

▶ Bewertung durch den Profihelden **MIDNIGHT**

Das ist der, der beim Sportfest nicht am Abschlussturnier teilnehmen wollte, oder? So was kann nur einer tun, der noch nicht trocken hinter den Ohren ist! Herrlich! Nächstes Mal soll er sich mit seiner Kampfkraft durchboxen!

File 18

TORU HAGAKURE

Eine unglaubliche Macke im Dauereinsatz!
Mit ihrer Lebhaftigkeit der Stolz der A-Klasse!!

Aufgewecktes Energiebündel. Ihr Gesicht hat niemand mehr gesehen, seit sie unsichtbar wurde. Es sind natürlich nur Mutmaßungen, aber offenbar besitzt sie einen fantastischen Körper.

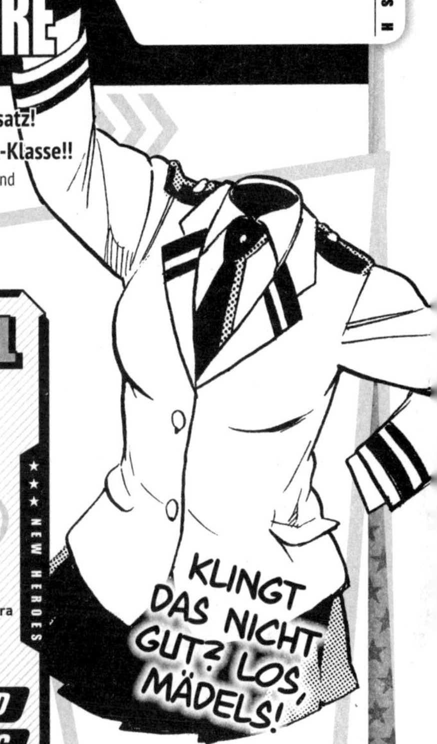

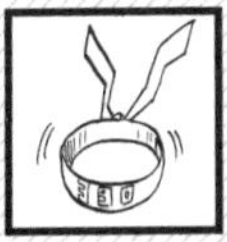

PERSONAL DATA

Zugehörigkeit: **U.A. Highschool, Helden-Fakultät, Klasse 1-A**
Alte Schule: **Keito-Mittelschule**
Geburtstag: **16. Juni**
Körpergröße: **1,52 m**
Blutgruppe: **A**
Heimat: **Tokyo**
Mag: **Karamell, Sendungen mit versteckter Kamera**
Kampfstil: **Aufklärer**

AMTLICH ANERKANNT

★★★ NEW HEROES

HERO'S STATUS

KRAFT (POWER)	D
TEMPO (SPEED)	C
TECHNIK (TECHNIQUE)	B
INTELLIGENZ (INTELLIGENCE)	B
KOOPERATION (COOPERATIVENESS)	A

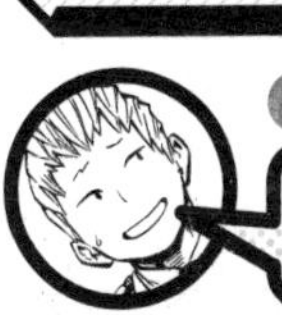

▶Dazu sagt **MASHIRAO OJIRO**

Seit dem Kampftraining plaudere ich ab und zu mal mit Toru. Etwas, das nur ich über sie weiß? Ach ja, während ihres Auftritts beim Sportfest als Cheerleader hat sie eine akrobatische Meisterleistung vollbracht!

MACKE UNSICHTBARKEIT

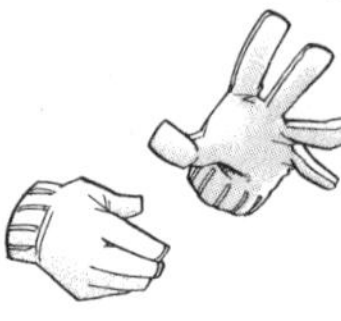

KAMERADSCHAFTLICH UND HERZLICH...

Durch ihre Macke ist sie permanent unsichtbar, was jedoch nicht für ihre Kleidung gilt sowie alles, was sie in ihren Händen hält. Vielleicht liegt es daran, dass sie niemand sieht, aber sie mischt sich für ihr Leben gern in die Angelegenheiten ihrer Klassenkameraden ein.

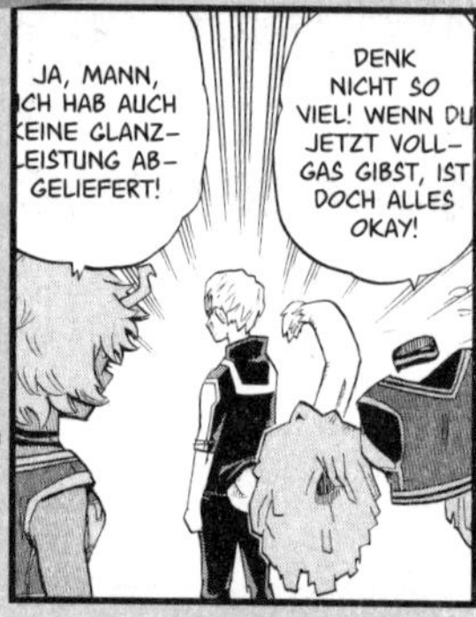

•HELDENNAME•
INVISIBLE GIRL
Stealth-Heldin

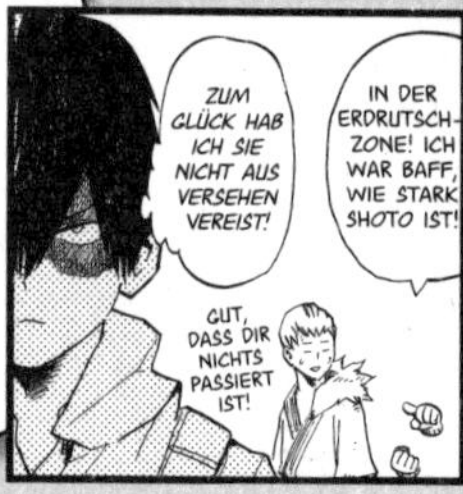

...DOCH NIEMAND IHRER FREUNDE KANN SIE SEHEN...

Sie läuft aufgrund ihrer Unsichtbarkeit Gefahr, ungewollt den Macken ihrer Freunde zum Opfer zu fallen. Als Shoto die Bösewichte vereist hat, hätte er auch beinahe Toru schockgefrostet.

TORUS EIGNUNG ALS HELDIN

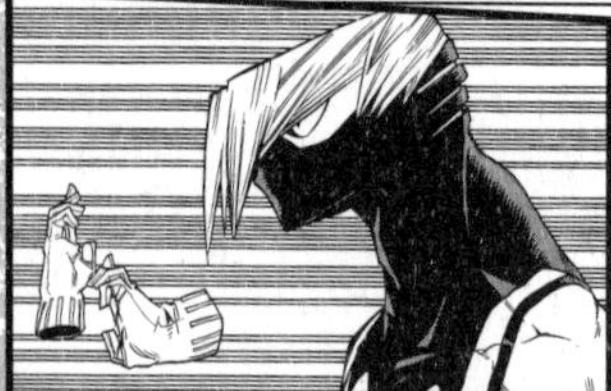

Sucht beim Ausspähen ihresgleichen!

Ihre Macke prädestiniert sie dazu, den Feind auszuspionieren. Beim Praxistest der Semesterabschlussprüfung ist sie mit ihrer Unsichtbarkeit sogar Snipe durch die Finger geschlüpft.

Sobald sie nichts mehr am Körper trägt, ist sie die perfekte Geheimagentin! Wenn auch eine splitterfasernackte...

I

Kühn und verwegen...

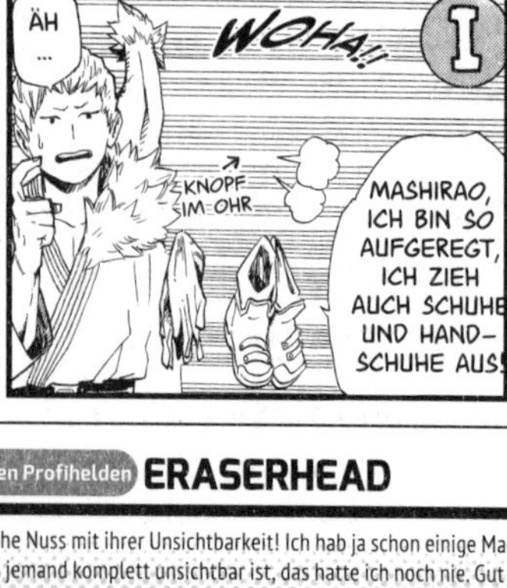

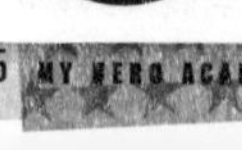

Bewertung durch den Profihelden **ERASERHEAD**

Eine ganz schön zähe Nuss mit ihrer Unsichtbarkeit! Ich hab ja schon einige Macken gesehen, aber dass jemand komplett unsichtbar ist, das hatte ich noch nie. Gut für uns, dass sie auf der aufrichtigen Seite steht.

File 19

RIKIDO SATO

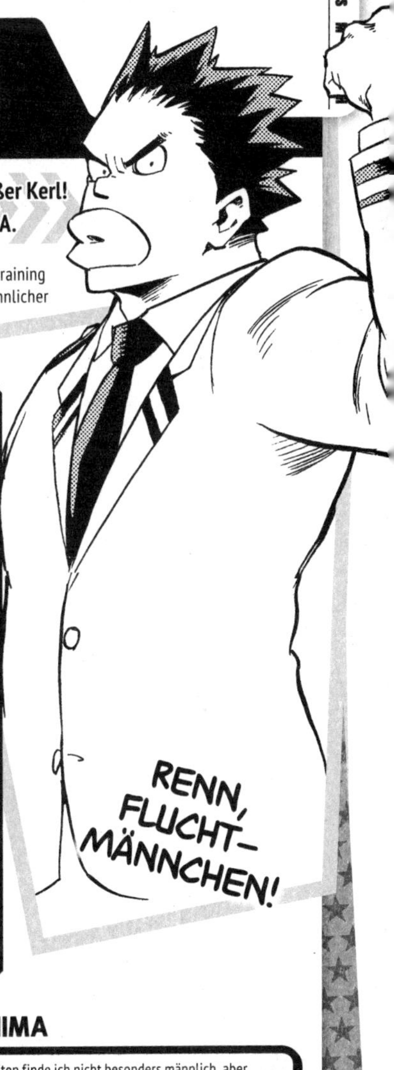

Seiner Erscheinung zum Trotz ein zuckersüßer Kerl! Besitzt die schnellsten Reaktionen in der 1-A.

Obwohl er selten auftritt, treffen seine Bemerkungen und Zwischenrufe immer ins Schwarze. Als er nach dem Kampftraining ab und an mit Izuku redet, wird klar, dass er ein ganz gewöhnlicher Junge ist.

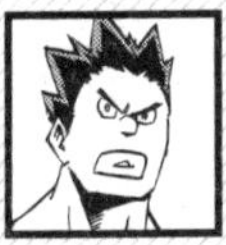

PERSONAL DATA

Zugehörigkeit: **U.A. Highschool, Helden-Fakultät, Klasse 1-A**

Alte Schule: **Eko-Mittelschule**

Geburtstag: **19. Juni**

Körpergröße: **1,85 cm**

Blutgruppe: **0**

Heimat: **Präfektur Tottori**

Mag: **Kuchen**

Kampfstil: **Nahkampf**

AMTLICH ANERKANNT

★★★ NEW HEROES

HERO'S STATUS

KRAFT	B
TEMPO	E
TECHNIK	D
INTELLIGENZ	C
KOOPERATION	B

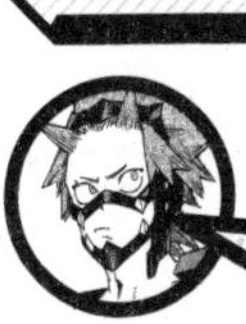

Dazu sagt **EIJIRO KIRISHIMA**

Seine abnorme Vorliebe für Süßigkeiten finde ich nicht besonders männlich, aber angesichts der Stärke seiner Macke geht das schon in Ordnung! Ich würde mich gern mal mit ihm messen und sehen, wer der Härtere von uns beiden ist!

MACKE ZUCKERRAUSCH

Eine bestimmte Menge Zucker verleiht ihm zeitweise Bärenkräfte.

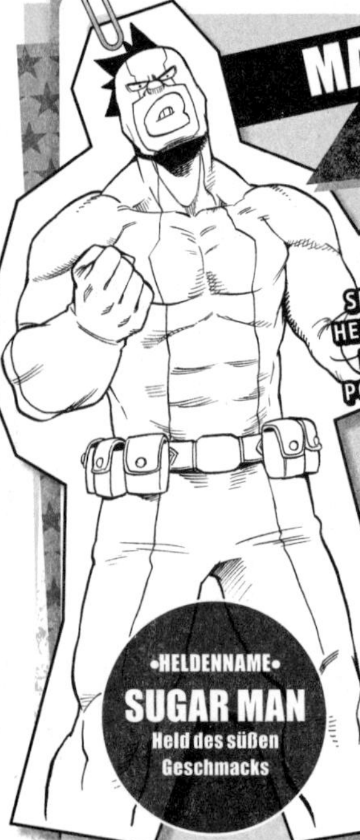

SEIN DOPING HEISST ZUCKER! EINE ECHTE POWER-MACKE!

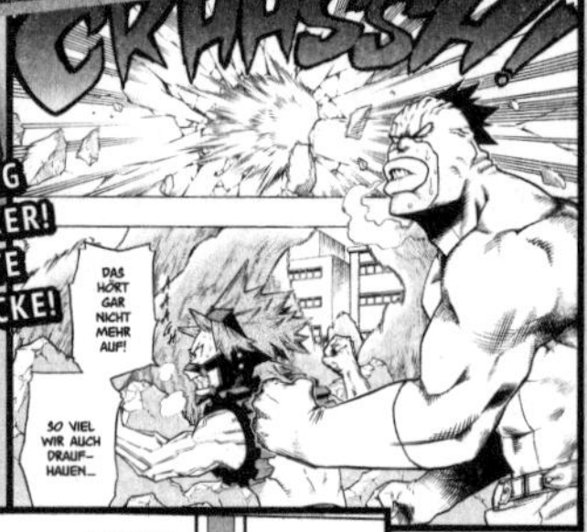

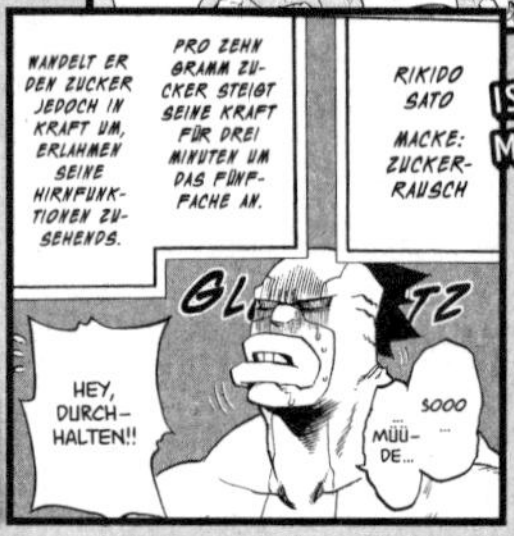

IST DER ZUCKER EINMAL AUFGEBRAUCHT, ERLAHMEN SEINE HIRNFUNKTIONEN!

Hat er den Zucker in Energie umgewandelt, läuft sein Gehirn für eine Weile auf Sparflamme. Er muss also ständig Zucker nachlegen und ist somit nicht für Zermürbungsangriffe geschaffen.

RIKIDOS EIGNUNG ALS HELD

Exzellente Entscheidungskraft in Notsituationen!

Ob es sich um einen Notfall handelt oder ob die Regeln eines Wettkampfs erklärt werden, mit seiner Auffassungsgabe überblickt er die Situation im Nu!

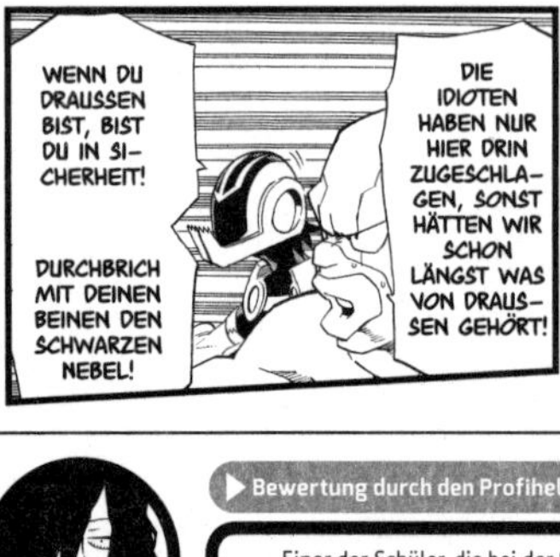

Macht seinen Freunden Dampf!

Wenn seine Freunde zögern, motiviert er sie mit seiner objektiven Einschätzung der Lage.

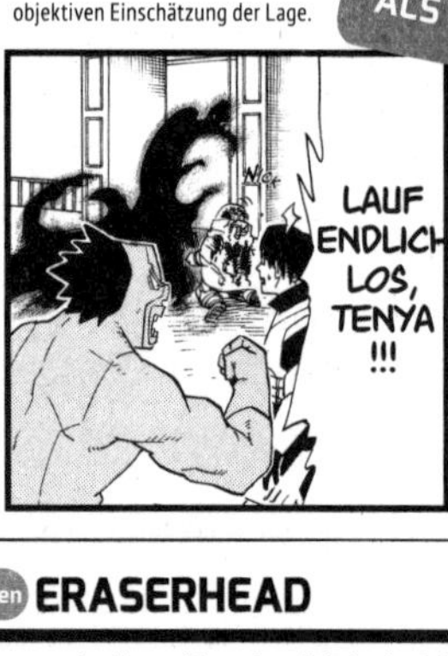

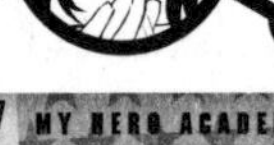

▶ Bewertung durch den Profihelden **ERASERHEAD**

Einer der Schüler, die bei der Semesterabschlussprüfung eigentlich durchgefallen wären. Im Grunde ist seine Macke richtig stark, er muss nur den Einsatz richtig planen, dann könnte er sie auch länger aufrechterhalten!

File 20

KOJI KODA

So riesig er ist, so schüchtern und wortkarg verhält er sich.

Groß gewachsener Junge, der seit der Immatrikulation so gut wie kein Wort mehr verloren hat. Was nicht heißt, dass er mies drauf wäre oder so. Auch er liebt Helden über alles.

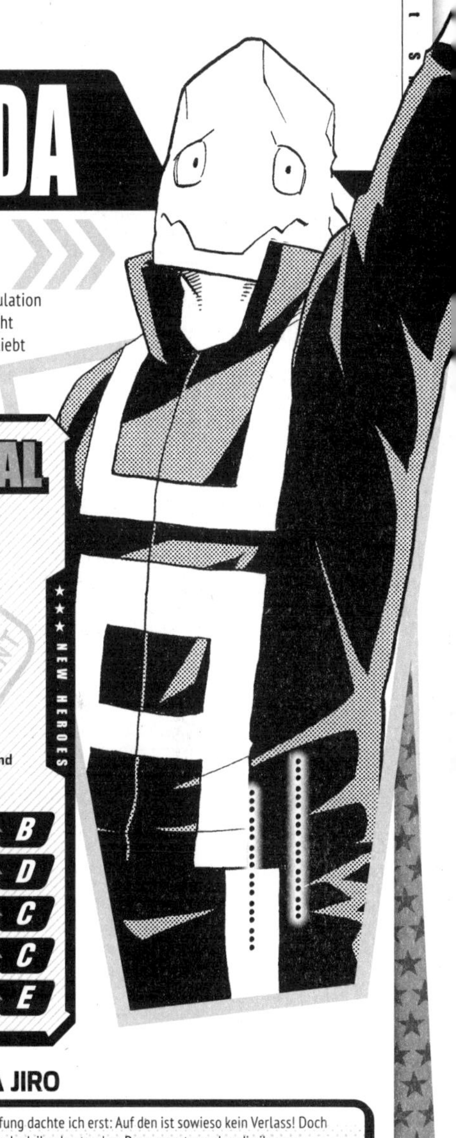

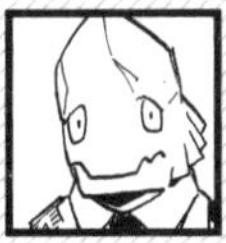

PERSONAL DATA

Zugehörigkeit: **U.A. Highschool, Helden-Fakultät, Klasse 1-A**

Alte Schule: **Fueshia-Mittelschule**

Geburtstag: **1. Februar**

Körpergröße: **1,86 m**

Blutgruppe: **A**

Heimat: **Präfektur Iwate**

Mag: **die Natur**

Kampfstil: **Unterstützung aus dem Hintergrund**

AMTLICH ANERKANNT

★★★ NEW HEROES

HERO'S STATUS

KRAFT (POWER)	B
TEMPO (SPEED)	D
TECHNIK (TECHNIQUE)	C
INTELLIGENZ (INTELLIGENCE)	C
KOOPERATION (COOPERATIVENESS)	E

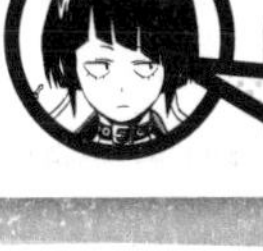

Dazu sagt **KYOKA JIRO**

Bei der praktischen Prüfung dachte ich erst: Auf den ist sowieso kein Verlass! Doch letzten Endes haben wir dank ihm bestanden. Dazu musste er aber die ihm so verhassten Insekten... Ach, das tut mir immer noch leid!

MACKE
ANIMAL VOICE

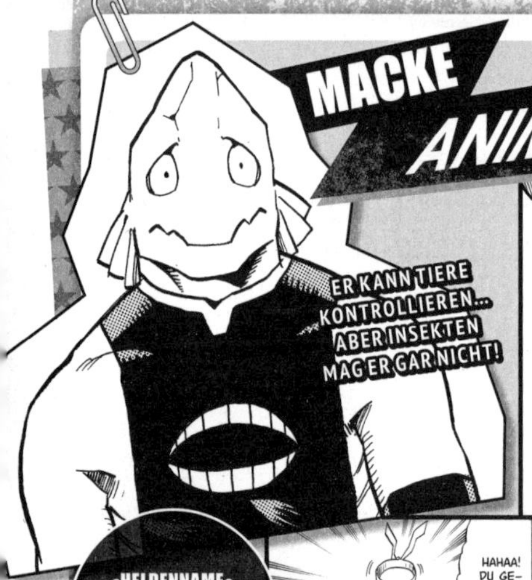

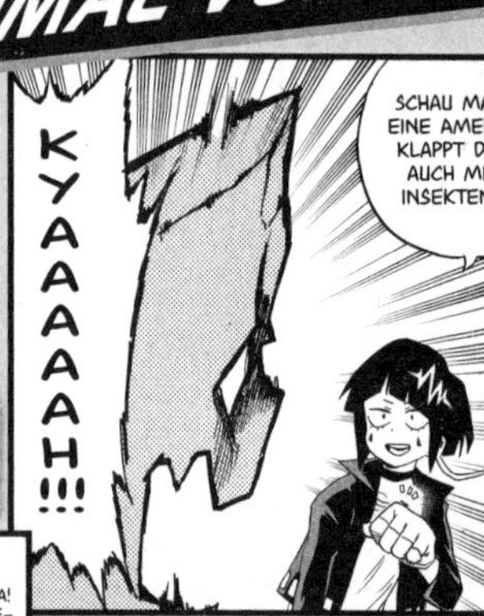

•HELDENNAME•
ANIMA
Streichelheld

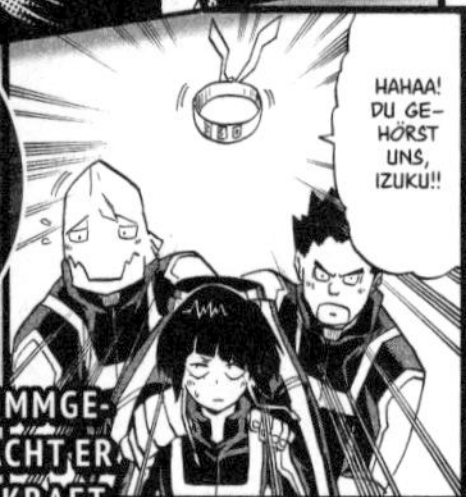

WAS IHM AN STIMMGEWALT FEHLT, MACHT ER DURCH KÖRPERKRAFT WIEDER WETT!!

Seine Macke erlaubt es ihm, Lebewesen mittels seiner Stimme seinen Willen aufzuzwingen, doch mit Insekten kommt er gar nicht klar. Allein das Wort lässt ihm alle Haare zu Berge stehen!

Hat beim Reiterkampf geholfen, Toru zu tragen, da er als Klotz von einem Kerl mehr Kraft besitzt als die meisten anderen. Nur seine Stimme fällt sanfter aus als gewöhnlich.

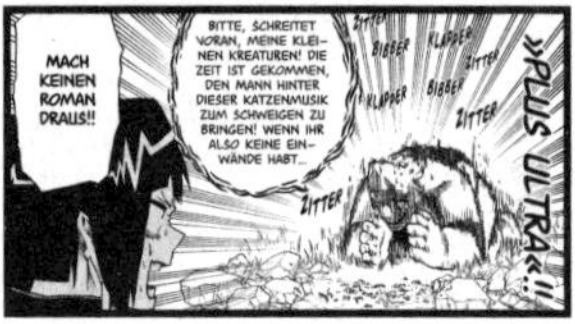

Schritt für Schritt meistert er seine Ängste!

Am Schluss hat er sich doch getraut, den Insekten gut zuzureden. Als er sah, dass Kyoka verwundet wurde, konnte er doch noch den nötigen Mut aufbringen. Der Wille, in seinem eigenen Tempo seine Ängste zu bezwingen, ist für einen Helden unerlässlich!

KOJIS EIGNUNG ALS HELD

Manchmal beteiligt er sich aktiv am Geschehen, wie zum Beispiel bei der Wahl zum Klassensprecher. Dialogarme Rollen sind für ihn am besten geeignet.

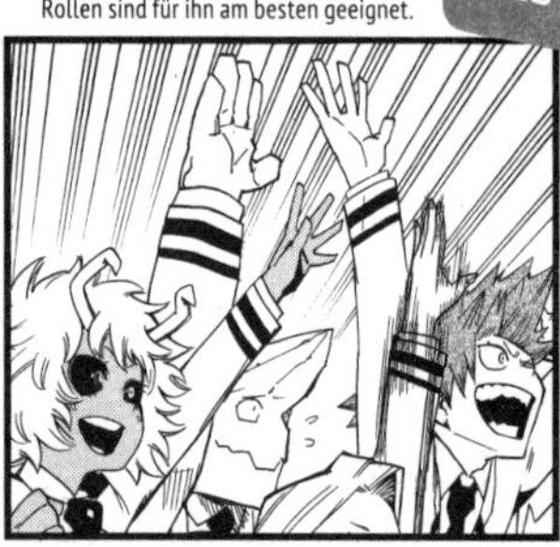

Wortkarg, aber energisch?!

Bewertung durch den Profihelden **PRESENT MIC**

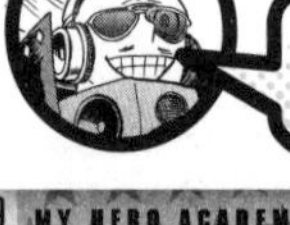

Ich war ja Teil des Probetrainings, aber der Silent Boy hat mich geknackt! Dass er so viel Krabbelzeug auf einmal befehligen kann... Himmel noch mal! Ich litt eine Woche lang an Nesselsucht!

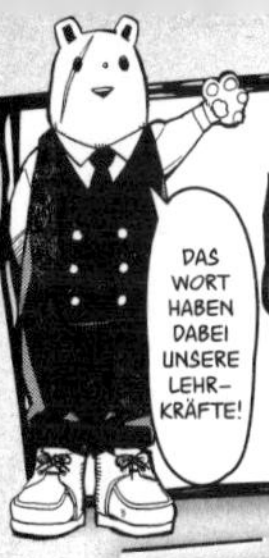

A-KLASSE PLAYBACK

Lasst uns anhand der A-Klasse noch mal Revue passieren, was die Erstis bisher so alles erlebt haben!

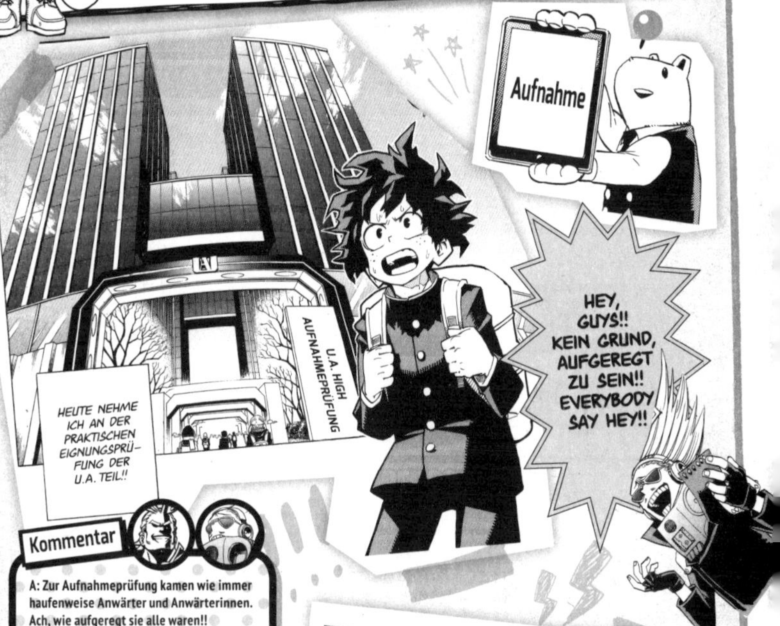

Kommentar

A: Zur Aufnahmeprüfung kamen wie immer haufenweise Anwärter und Anwärterinnen. Ach, wie aufgeregt sie alle waren!!
P: Thank you, All Might!! Okay, irgendwann müssen sie ja mit der knallharten Praxis in Berührung kommen...
A: Aber vorerst die Info-Veranstaltung, richtig?
P: Yes! Der Beginn meines Auftritts...

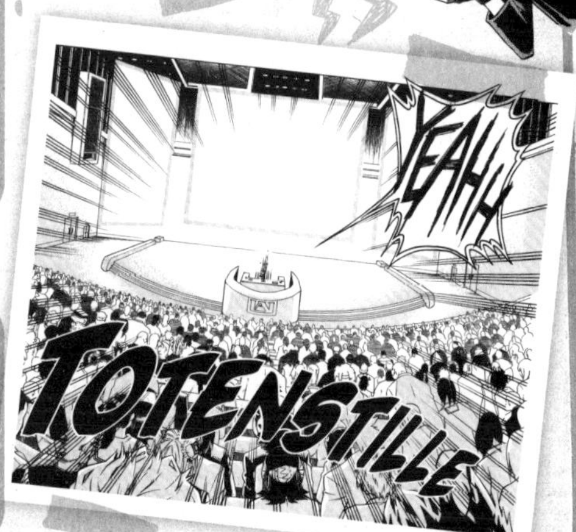

Kommentar

P: What's the deal?! Warum waren die alle so leise?!
E: Nerv nicht! Ist doch klar, dass sie vor der Prüfung total angespannt waren!
P: Guys, bei der Totengräberstimmung fallen ja selbst die durch, die es sonst geschafft hätten!

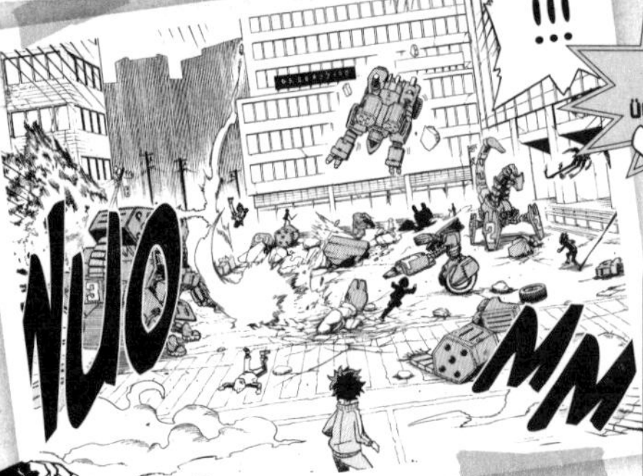

DIE U.A. WÄRE NICHT DIE U.A. OHNE ÜBERRASCHUNGSKÄMPFE!

Kommentar

P: Der Schlüssel lag darin, wie sie die fiktiven Gegner auf dem Trainingsareal angehen!
Z: Stimmt. Bei der Praxisprüfung standen nicht allein ihre Basisfähigkeiten auf dem Prüfstand...
P: That's right! Wir wollten wissen, wer bereit ist, sich selbst aufzuopfern, denn das ist die Hauptprämisse eines Helden!!

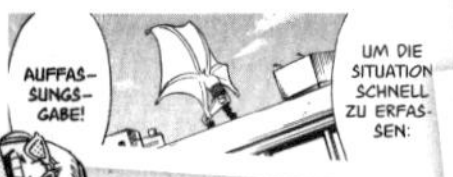

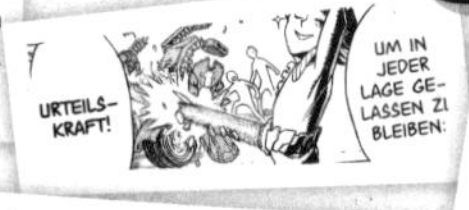

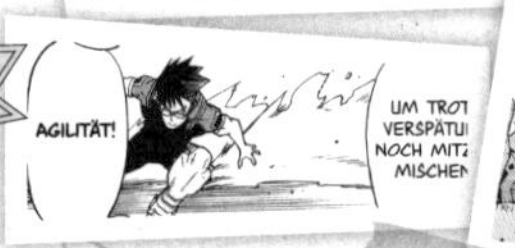

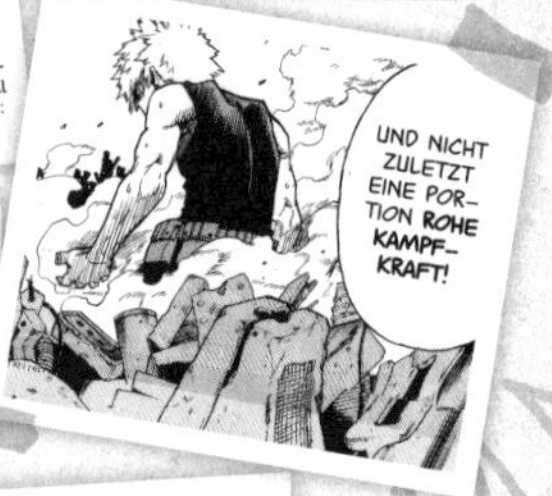

WER ÜBERSTEHT WOHL DAS AUSSIEBEN?

Shoto und Momo haben übrigens ein Empfehlungsschreiben, also hatten sie den Praxistest schon bestanden!!

Kommentar

M: Der Junge ging direkt in die Vollen, was?
13: Zu dem Zeitpunkt hatte er aber noch null Punkte.
M: Ufufu, er zögerte nicht eine Sekunde, obwohl keinerlei Belohnung in Aussicht stand!
13: Wie heldenhaft, seine Macke zum Schutz der anderen einzusetzen!

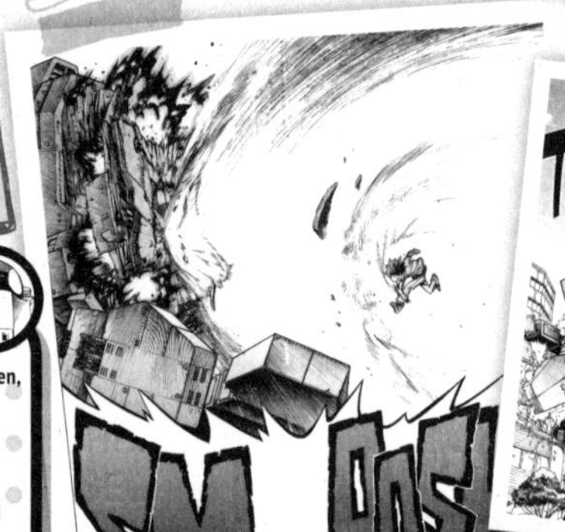

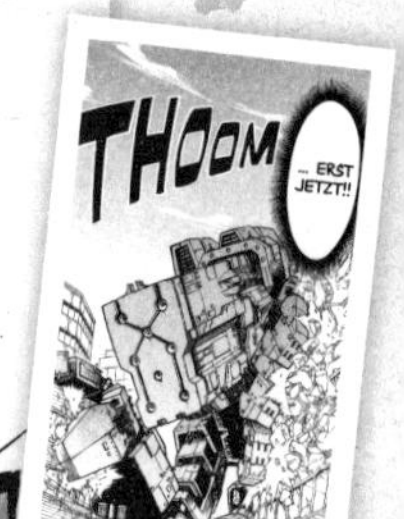

ALS NÄCHSTES SCHAUEN WIR, WAS BEIM MACKEN-ERFASSUNGSTEST PASSIERT IST!

Kommentar

P: Everybody, die Prüfung ist beendet!! Izuku hat einen Haufen Rettungspunkte erhalten und bestanden!!
R: Dass einer, der weder seinen Körper noch seine Macke beherrscht, es geschafft hat... Der muss ab jetzt Vollgas geben!!

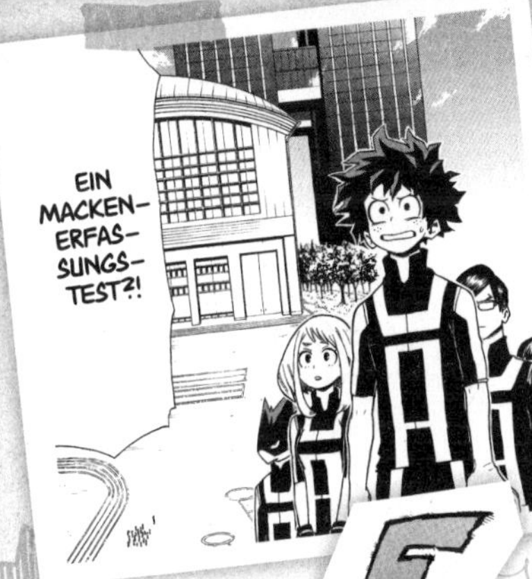

Am ersten Schultag fand die Erfassung der Macken statt. Hier an der U.A. vergeuden wir keine Sekunde!

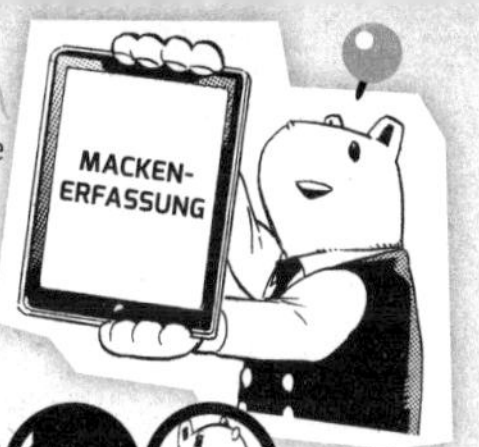

Kommentar

N: Ein körperlicher Test gleich am ersten Tag? Nicht übel…
E: Die U.A. ist eine liberale Schule, die Lehrmethoden eingeschlossen. Was ich den Schülern beibringe und wie ich das tue, bestimme ich.
N: Wie war das noch? Letztes Jahr hast du einige der Schule verwiesen…

Kommentar

Die drei Jahre auf unserer Schule sind auf dem Weg zum Heldentum enorm wichtig, also denkt bloß nicht, das wird eine Kaffeefahrt! Sonst wird es euch noch leidtun!

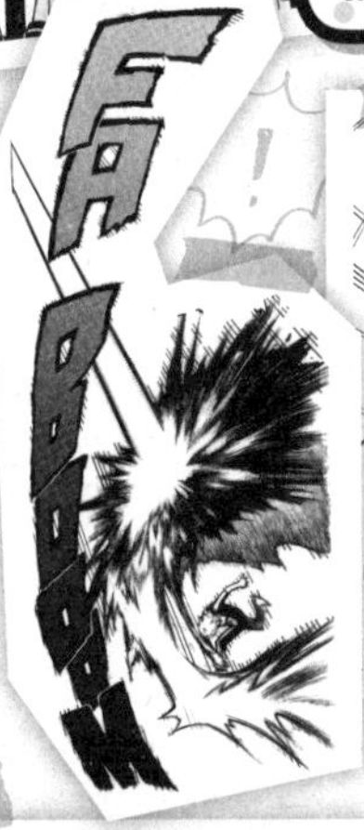

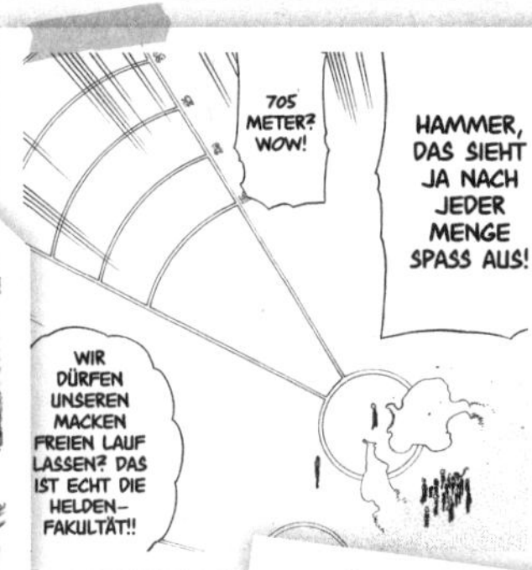

Die mackengestützten Tests sollten ihnen am eigenen Körper verdeutlichen, wie sie sich entwickelt haben.

In dem Moment, als die Schulklasse anfing Spaß zu haben, holte ihr Lehrer sie mit einer gnadenlosen Bedingung zurück auf den Boden.

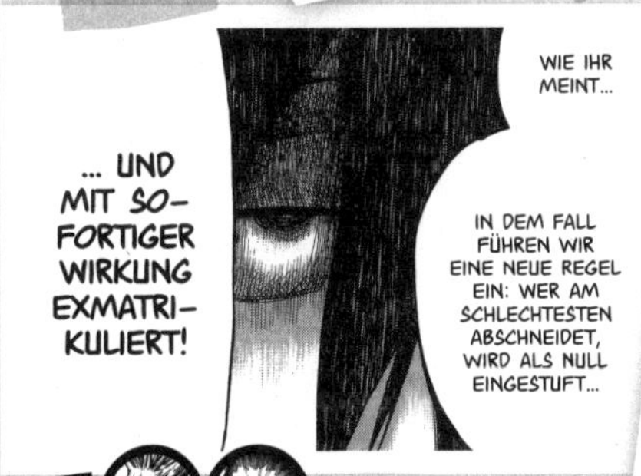

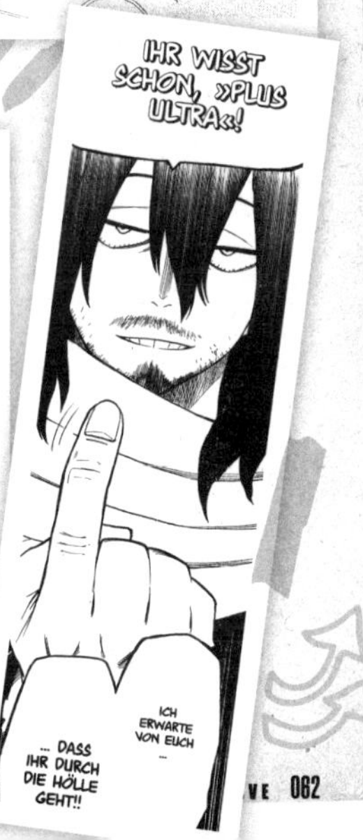

Kommentar

A: Du meinst, das war ein guter Trick, ihnen mit dem Schulverweis zu drohen? Du hast in dem Jungen auch sein enormes Potenzial entdeckt, oder?
E: Er ist keine komplette Null. Das ist alles.

MACKEN-ERFASSUNGSTEST – DIE DISZIPLINEN IM ÜBERBLIC

Kommentar

A: Wie sie ihre Macken präsentieren! Nr. 13, verrate uns die Spitzenreiter!
13: Da gibt es einige. Momo beim Griffstärke-Test, Mashirao bei den Sit-ups und Tsuyu beim Stretching.

50-Meter-Lauf: Mit etwas mehr als drei Sekunden war Tenya nicht zu toppen, gefolgt von Shoto, Fumikage, Katsuki, Momo, Eijiro, die alle unter fünf Sekunden lagen. Rikido war übrigens das Schlusslicht.

2. Disziplin: Griffstärke

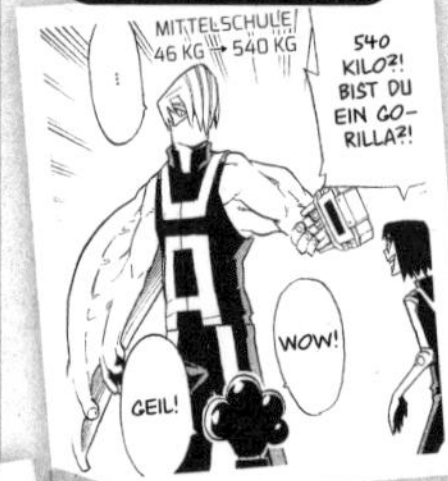

1. Disziplin: 50-Meter-Lauf

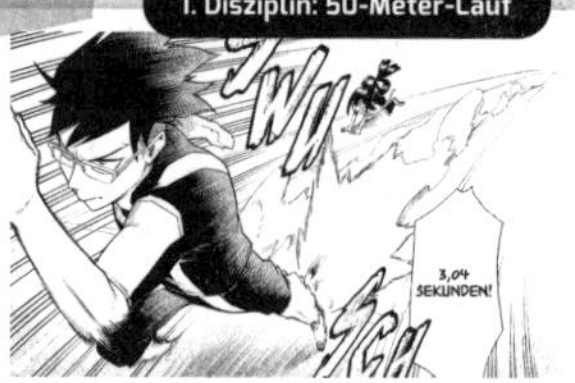

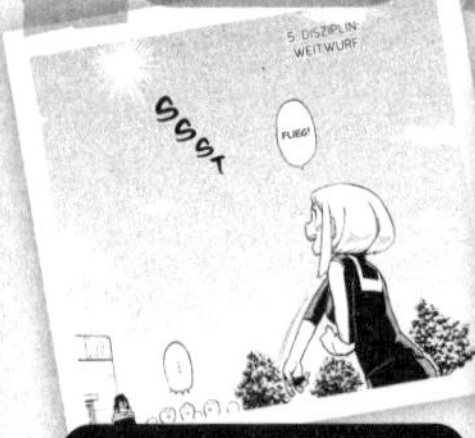

5. Disziplin: Weitwurf

4. Disziplin: Seitwärtslauf

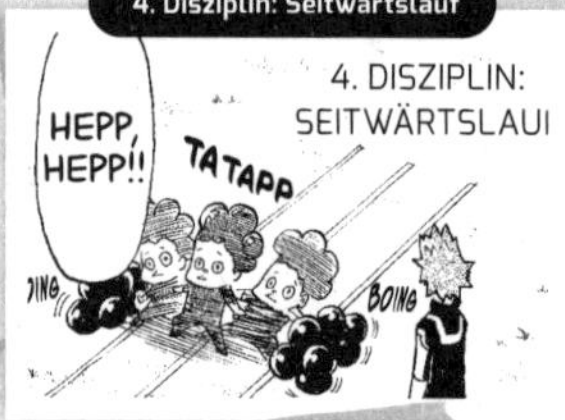

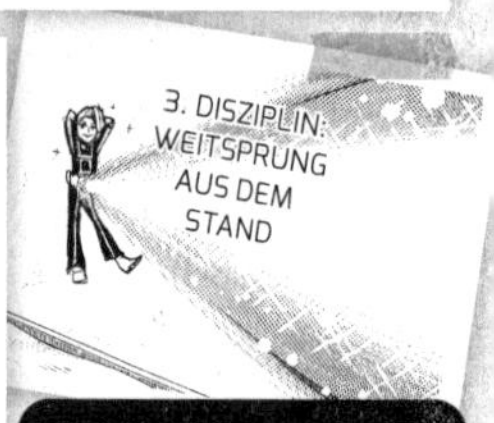

3. Disziplin: Weitsprung aus dem Stand

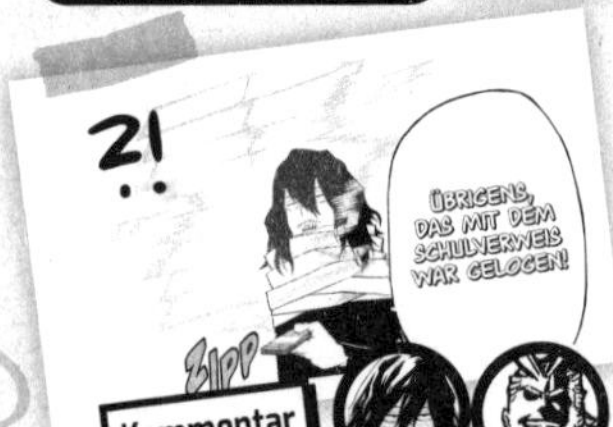

ERGEBNISSE DES MACKEN-ERFASSUNGSTEST

1 Momo Yaoyorozu	
2 Shoto Todoroki	
3 Katsuki Bakugo	
4 Tenya Iida	13 Tsuyu Asui
5 Fumikage Tokoyami	14 Yuga Aoyama
6 Mezo Shoji	15 Hanta Sero
7 Mashirao Ojiro	16 Denki Kaminari
8 Eijiro Kirishima	17 Kyoka Jiro
9 Mina Ashido	18 Toru Hagakure
10 Ochaco Uraraka	19 Minoru Mineta
11 Koji Koda	20 Izuku Midoriya
12 Rikido Sato	

Kommentar

E: Die zusammengefassten Ergebnisse seht ihr rechts. Momo wusste ihre Macke ganz genau einzusetzen. Sie hat einen Schraubstock erschaffen und sich so beim Griffstärke-Test eine Menge Punkte gesichert!
A: War ja alles easy, was, Aizawa?
(Izuku, mein Kurzer, du hast bei minimaler Verletzung dein Maximum herausgeholt... Prima!)

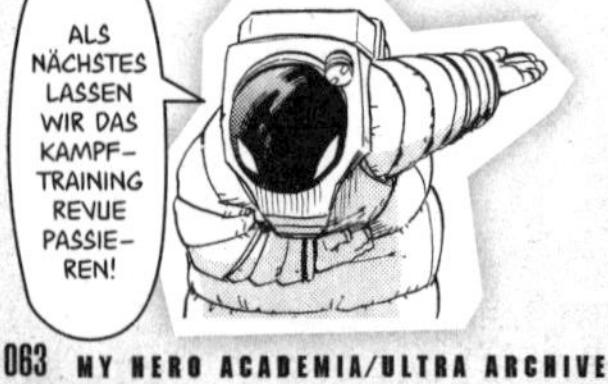

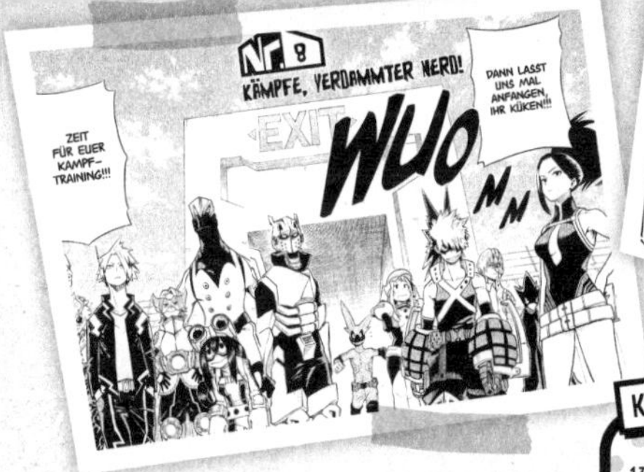

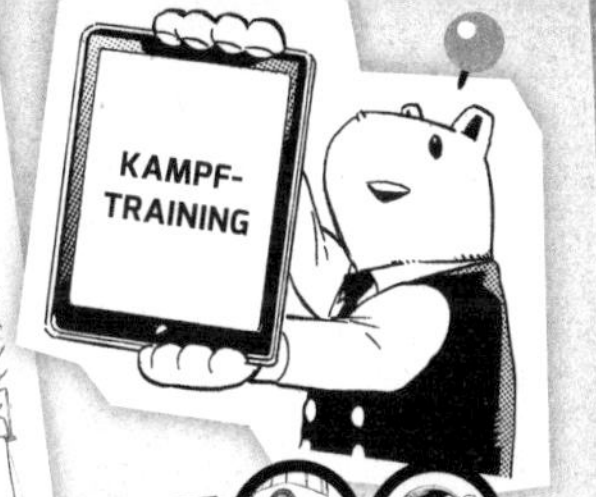

Kommentar

13: Die Schülerinnen und Schüler trugen zum ersten Mal ihre Kostüme. Sie haben noch geglänzt wie neu!
L: Die Helden gewinnen, wenn sie zur Atomwaffe gelangen oder die Schurken schnappen. Die Schurken gewinnen, wenn sie die Bombe verteidigen oder die Helden schnappen.
13: So sah der erste Kampf aus… Aber Katsuki dachte nicht mal daran, zu kooperieren, oder?!

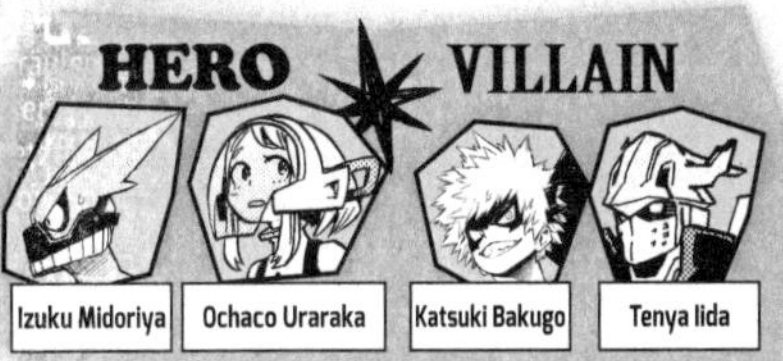

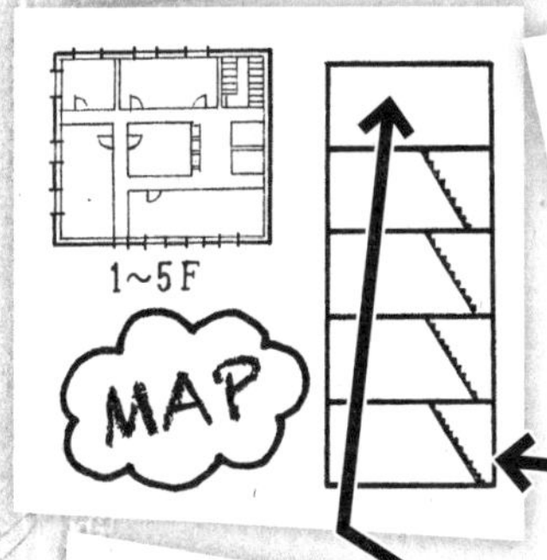

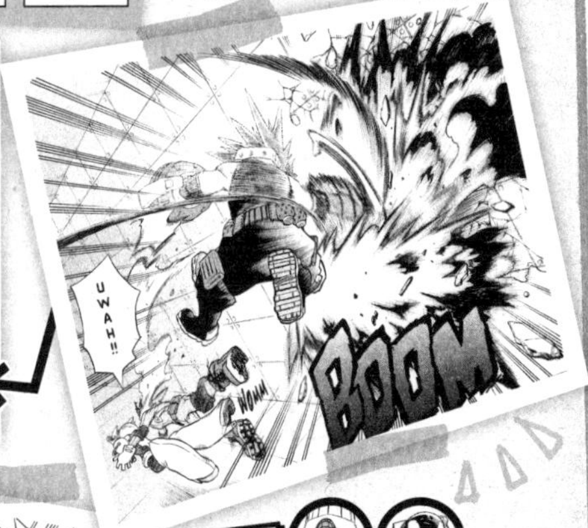

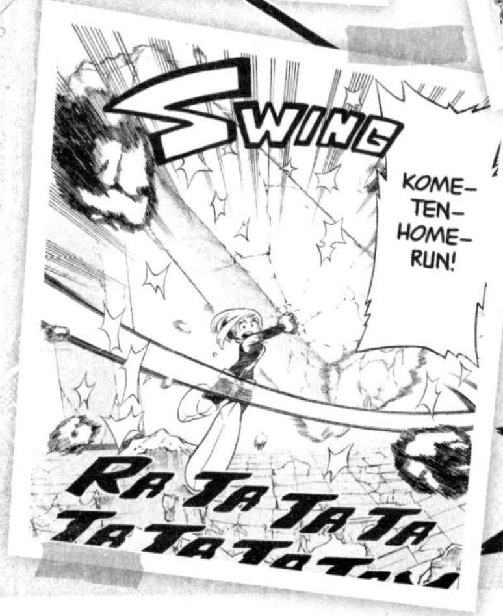

Kommentar

L: Katsuki war so sauer, dass er Izuku nur in der Gegend rumgeschubst hat. Und dieser Angriff erst! Konnte Izuku dieser gewaltigen Explosion ausweichen?
13: Ochaco improvisierte und schaffte es mithilfe der Trümmer auf dem Boden bis zur Atomwaffe!
L: Die Helden haben das Blatt gewendet!

DER SIEG GING WIDER ERWARTEN AN DAS HELDENTEAM!

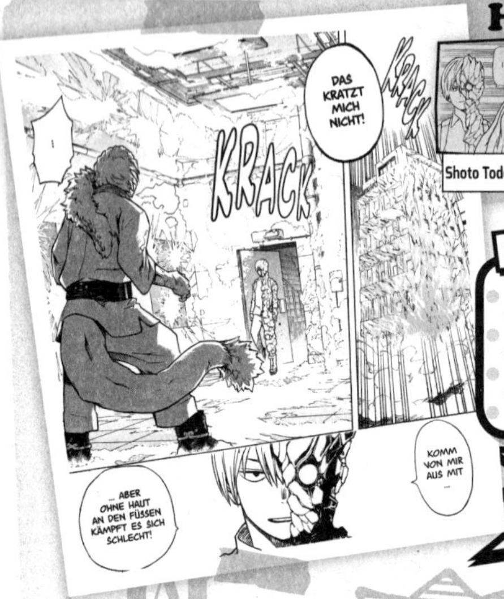

HERO **VILLAIN**

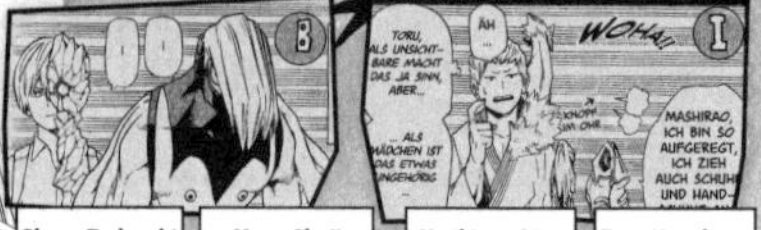

Shoto Todoroki	Mezo Shoji	Mashirao Ojiro	Toru Hagakure

Kommentar

L: Als Nächstes traten Mashirao und Toru als Schurken auf.
13: Shoto schaute so ernst drein…
L: Ohne die Schurken auch nur zu suchen, vereiste er kurzerhand das komplette Gebäude und sicherte seinem Team so den Sieg!
13: Mashirao und Toru hatten einfach Pech, gegen ihn antreten zu müssen…

HAUSHOHER SIEG DES HELDENTEAMS!

Was sonst noch los war

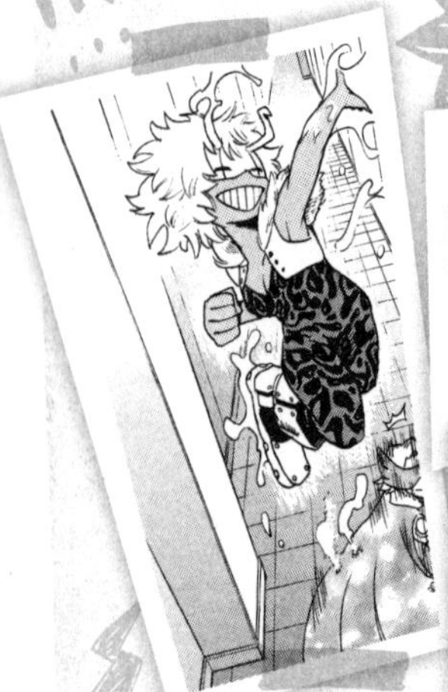

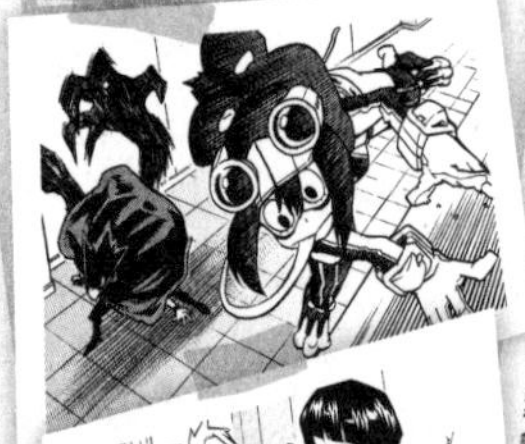

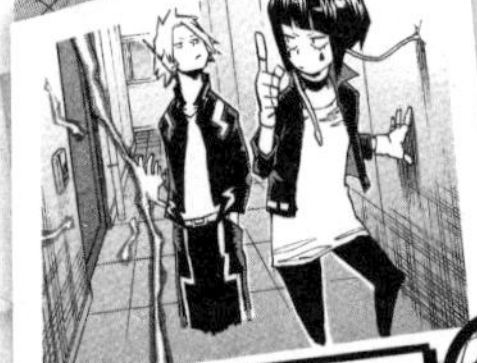

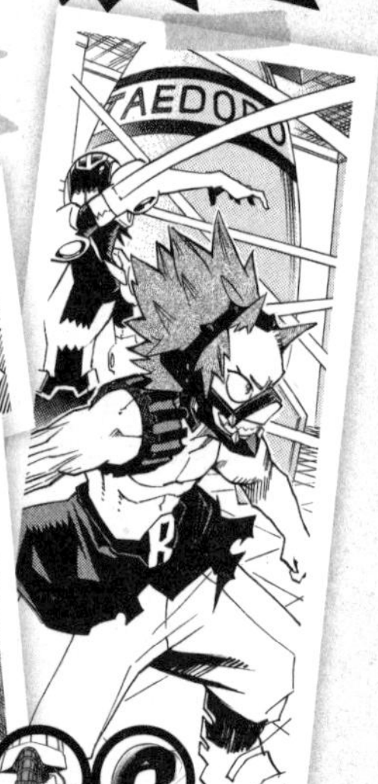

Kommentar

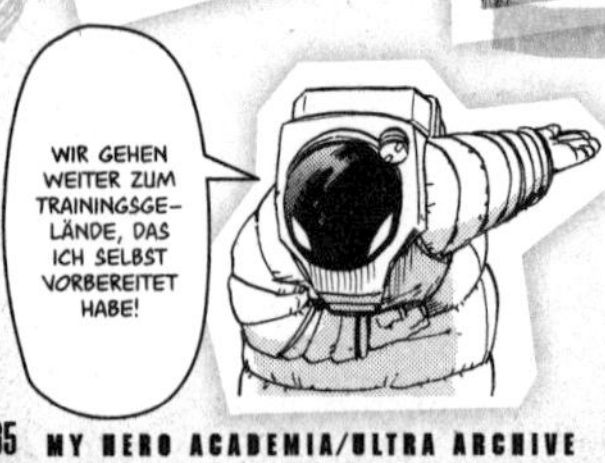

L: Ach, alle haben wirklich ihr Bestes gegeben, oder?
13: Stimmt! Ich wünsche mir, dass sie alle tolle Helden werden, die jeder mag…
L: Ja, und wir unterstützen sie dabei! (Morgen bekommen die Erstis in meiner Cafeteria eine Beilage umsonst!)
13: Cool! (Und ich empfange sie in den U.S.J. mit einem tollen Gimmick!)

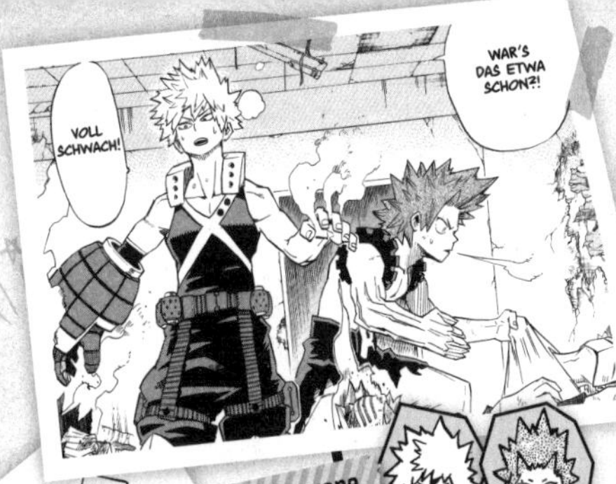

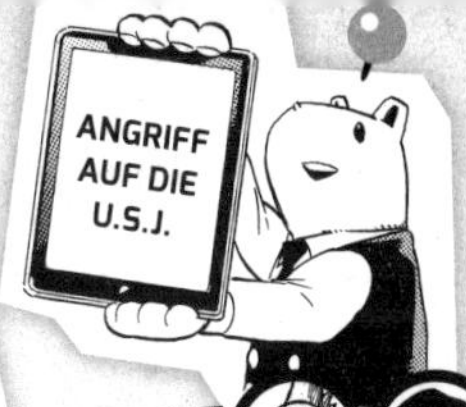

Kommentar

P: Hey! Katsuki und Eijiro haben nicht mal geschwitzt?! Was ist mit den Erstis dieses Jahr nur los?
M: Die Schurken waren wohl verdammt lasch. Vielleicht lag's daran.
P: Na ja, aber es war keine Kleinigkeit!

Einsturzzone

Erdrutschzone

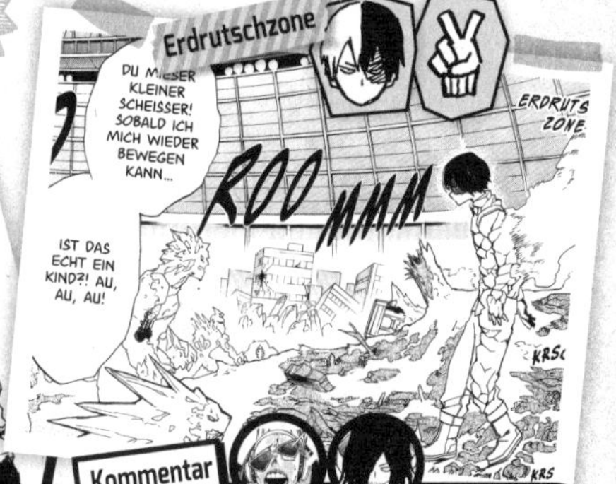

Kommentar

P: Ich hatte auch echt alle Hände voll zu tun!
E: Mach mich nicht schwach! Es steht doch im Bericht, dass die größte Gefahr von den Typen ausging, die mich auf dem Hauptplatz attackiert haben!

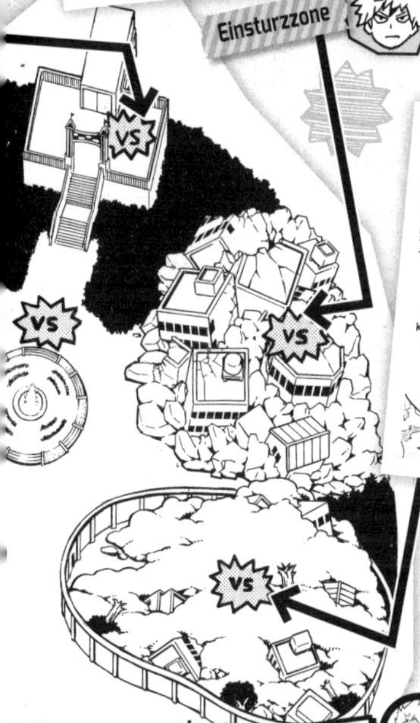

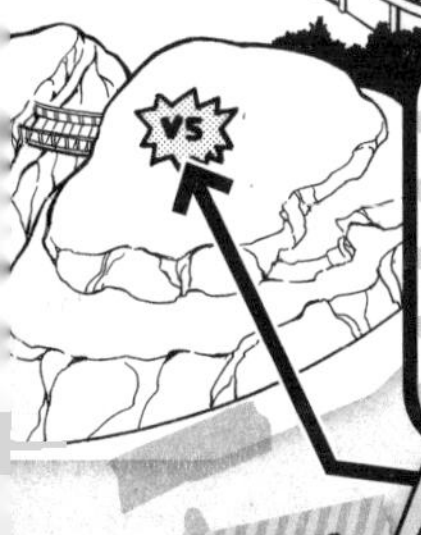

Kommentar

B: Ich dachte, wer nicht auf dem Platz im Zentrum ist, wäre in Sicherheit, aber die Schurken waren in der Überzahl!
E: Ja, es wimmelte nur so von denen!
B: Die Schüsse von Snipe haben gesessen! Der hat auch hier ein paar Schurken getroffen!

Bergzone

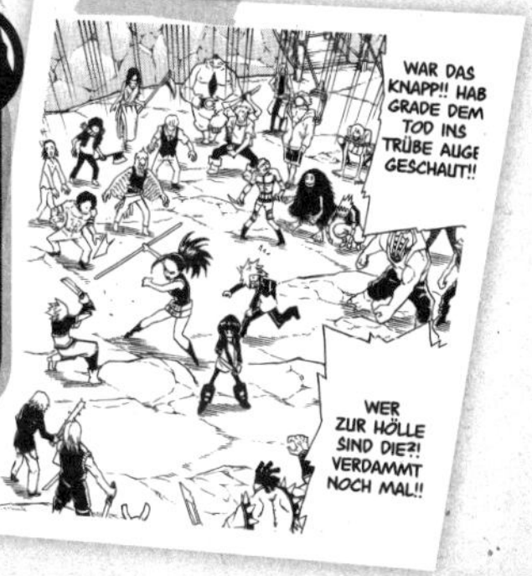

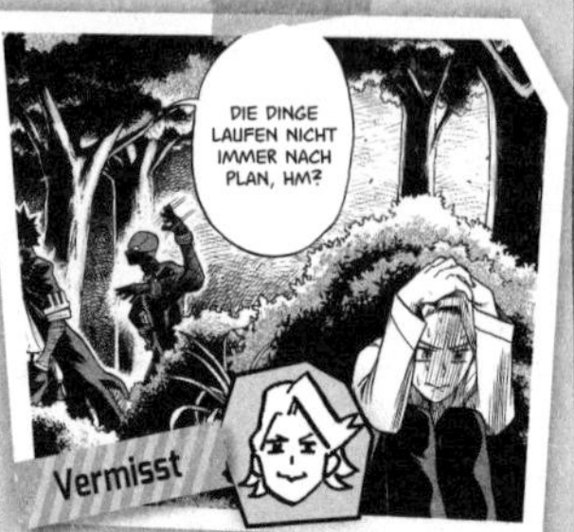

Nur von Yuga wusste niemand, wo er sich aufhielt. Nach dem Vorfall beim Ferienlager im Wald zu urteilen, hat er sich wohl irgendwo versteckt!

Hauptplatz

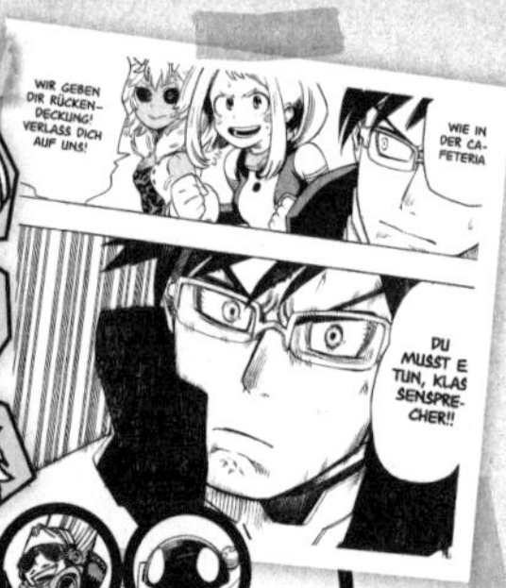

Kommentar

P: Das war die Hauptgefahrenzone mit den schlimmsten Burschen! Du warst auch in Gefahr, oder, Nr. 13?
13: Eraserhead hat sie noch aufgehalten, aber meine fehlende Kampferfahrung... Ugh!!

Regen-/Sturmzone

Kommentar

A: In der Regen- und Sturmzone stellten sich Fumikage und Koji den Schurken!
P: Yes! Sie haben sich im Dunkeln gehalten und die stümperhaften Angriffe meisterhaft gekontert!

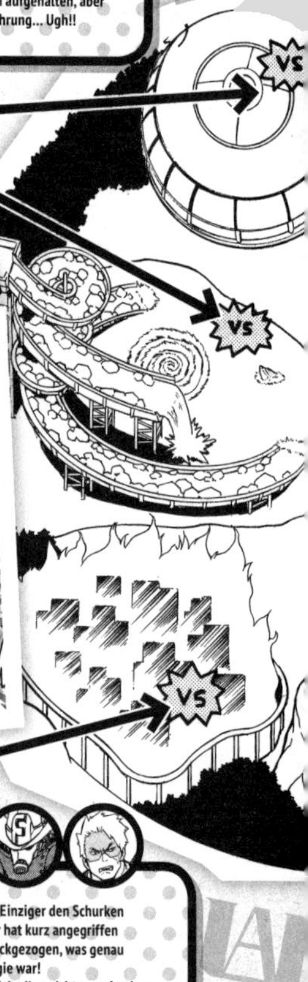

Flutzone

Kommentar

A: In der schwer zugänglichen Flutzone haben sie sich formidabel geschlagen!
M: Ja! Im Wasser kann ich meine Macke nicht einsetzen und konnte ihnen somit nicht zur Hand gehen...
A: Der Manga ist für Jugendliche, da wäre eine Badeszene mit dir unangebracht!

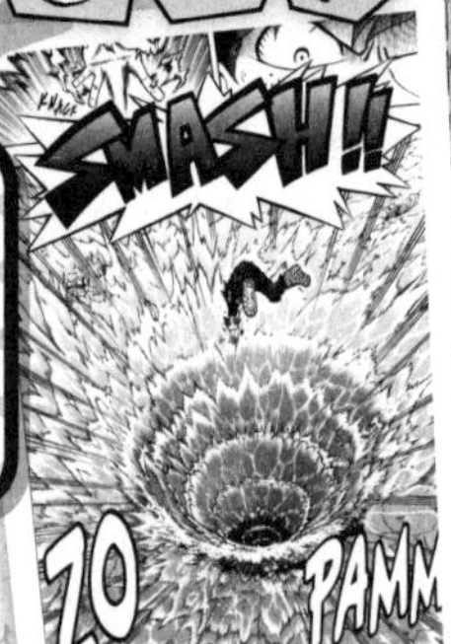

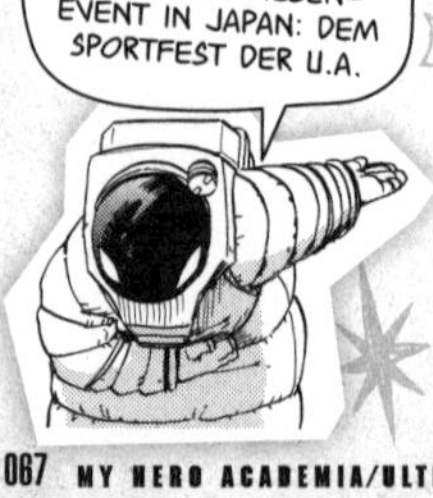

Brandzone

Kommentar

S: Mashirao ist als Einziger den Schurken allein begegnet. Er hat kurz angegriffen und sich dann zurückgezogen, was genau die richtige Strategie war!
B: Krass. Zum Glück ist ihm nichts passiert!

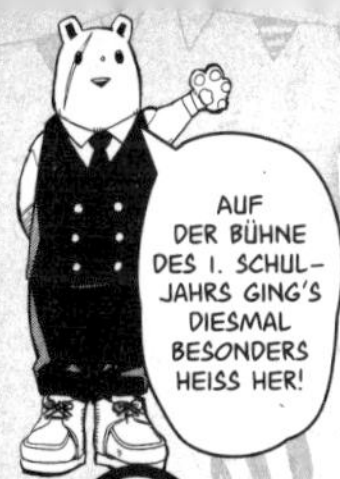

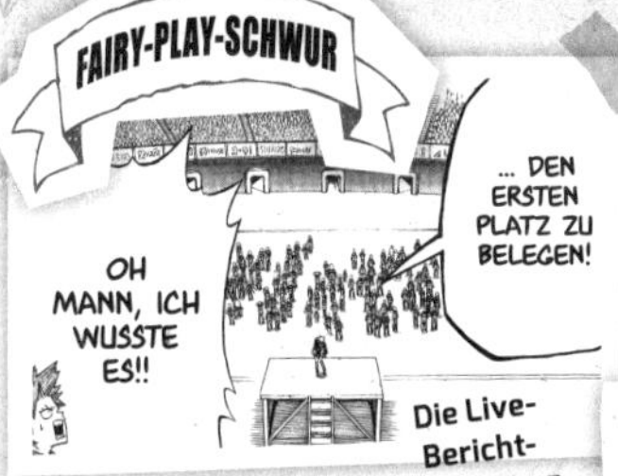

Die Live-Berichterstattung übernahmen die beiden!!

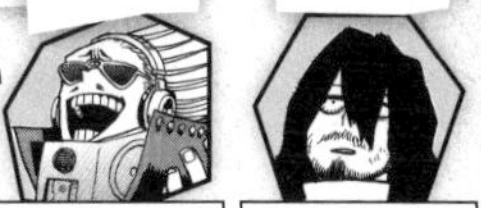

Live | Kommentator

Present Mic | Eraserhead

Yaaay!! Das Spektakel der U.A. Highschool, auf das ihr alle gewartet habt: Das Sportfest beginnt!! Mit dem Fair-Play-Schwur hat Katsuki mal wieder gezeigt, wie man's eigentlich nicht machen sollte, Party People!!

1. Disziplin: Hindernisrennen

Der Wettstreit ist eröffnet!!

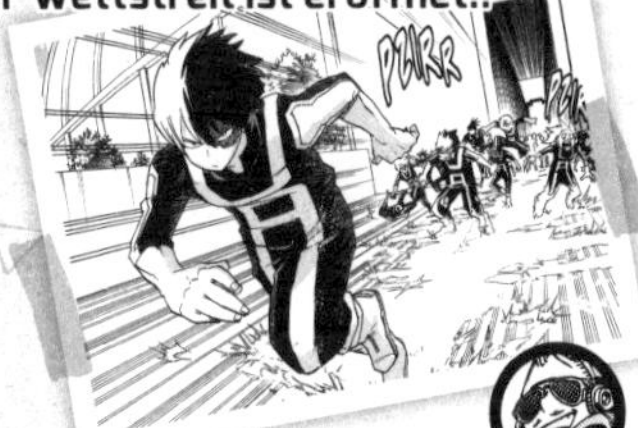

Wer ist schon an der Startlinie allen vorausgerannt? Shoto!! Im Nu hatte er seine Mitstreiter vereist und sauste davon, doch wie ging es weiter?

1. Hürde: Robo-Inferno

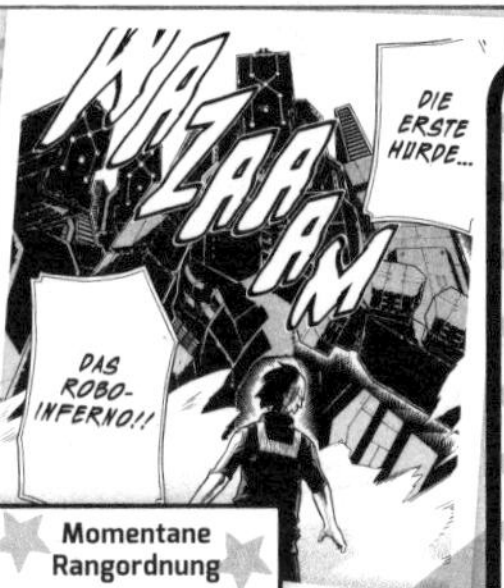

Momentane Rangordnung

1. Shoto
2. Katsuki
3. Fumikage & Hanta

Wir hatten auf der Rennbahn die eine oder andere Überraschung vorbereitet. Zuerst die Roboter, die schon bei der Aufnahmeprüfung zum Einsatz kamen. Dabei war es egal, ob sie die Robos vernichtet haben oder ihnen einfach nur ausgewichen sind.

2. Hürde: The Fall

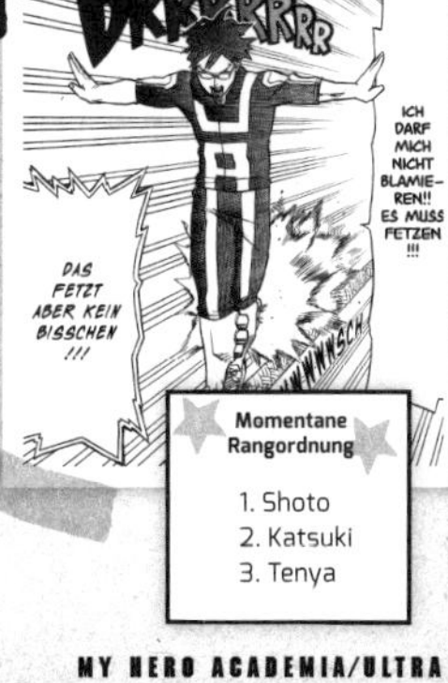

Momentane Rangordnung

1. Shoto
2. Katsuki
3. Tenya

What?! Das sah erst nach 'ner coolen Nummer aus, fetzte dann aber doch nicht so richtig, Tenya!! Trotzdem konnte er bei der 2. Hürde knapp zum Zweitplatzierten aufschließen!! Und den Rest haben sie weit zurückgelassen…

3. Hürde: Minenfeld

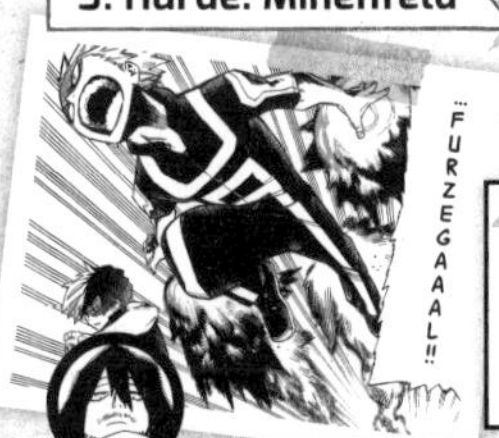

Momentane Rangordnung

1. Katsuki
2. Shoto
3. Tenya

Während sich Shoto und Katsuki um den ersten Platz stritten, näherte sich Izuku von hinten. Mithilfe der Minen hat er sie kurzerhand überholt und ihnen eins ausgewischt! Also echt, lässt der einfach die Minen hochgehen...

Das Rennen blieb bis zuletzt spannend...

Momentane Rangordnung

1 Izuku Midoriya
2 Shoto Todoroki
3 Katsuki Bakugo

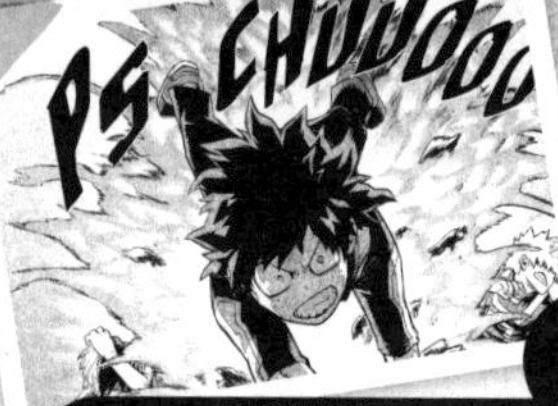

Wer hat das kommen sehen?!

Izuku an der Spitze? Das Minenfeld hat er meisterlich überquert, was? Nun gut, ans Eingemachte ging's aber erst noch... und dann hast du dein Fett abbekommen, Izuku!

2. Disziplin: Reiterkampf

Wohlan, meine Freunde, die nächste Disziplin war für den Erstplatzierten kein Zuckerschlecken! Möge Blut durch noch mehr Blut hinweggespült werden! Die große Schlacht der U.A. der Reiterkampf beginnt!!

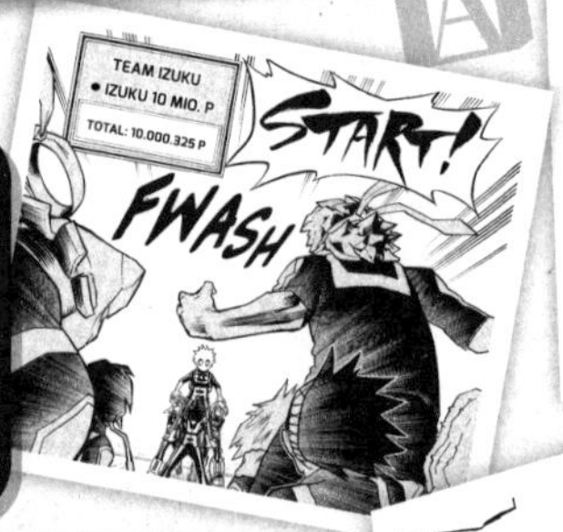

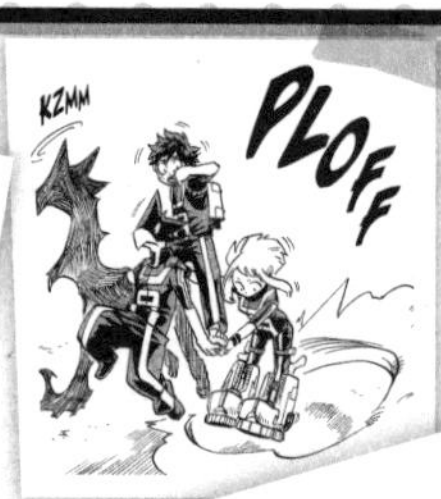

War ja klar, dass es alle auf Izukus Reittrupp abgesehen hatten... Neitos Strategie der B-Klasse war recht vernünftig... nicht übel!

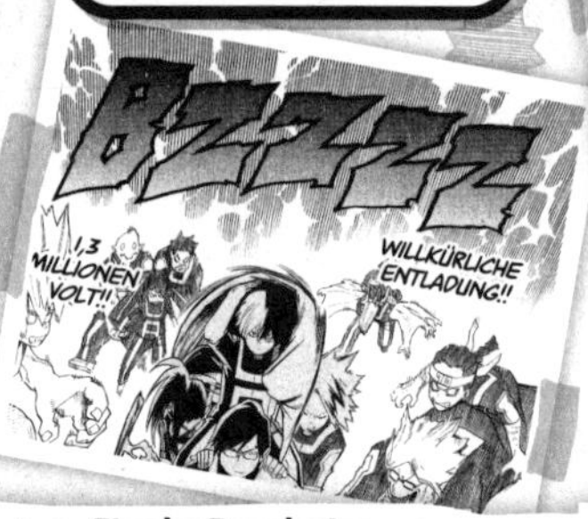

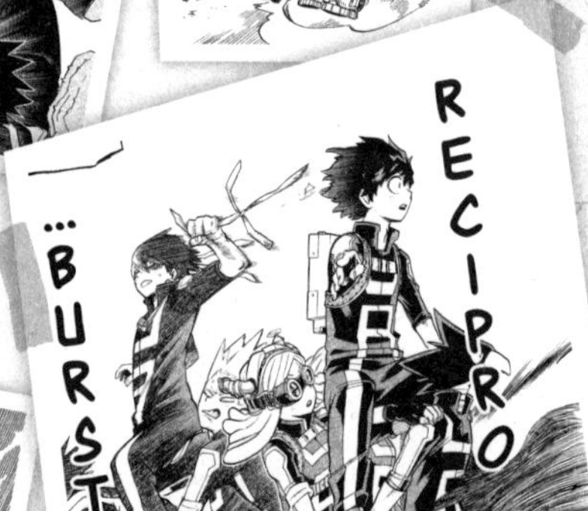

Irgendwann konnte Izukus Team nicht länger davonlaufen, und die bis dahin eher schleppende Darbietung entwickelte sich zu einem wilden Gerangel, bei dem die zehn Millionen Punkte nur so hin und her geflogen sind!! Den Sieg trug schließlich Shotos Team davon!!

Finale Ergebnisse des Reitkampfs!!

1 Shoto Todoroki & Tenye Iida & Denki Kaminari & Momo Yaoyorozu

2 Katsuki Bakugo & Eijiro Kirishima & Hanta Sero & Mina Ashido

3 Hitoshi Shinso & Nirengeki Shoda & Yuga Aoyama & Mashirao Ojiro

4 Izuku Midoriya & Fumikage Tokoyami & Ochaco Uraraka & Mei Hatsume

Alle 16, die jetzt noch übrig blieben, zogen ins Final-Turnier ein!!

Letzte Disziplin: Finales Rundenturnier

Aufstellung

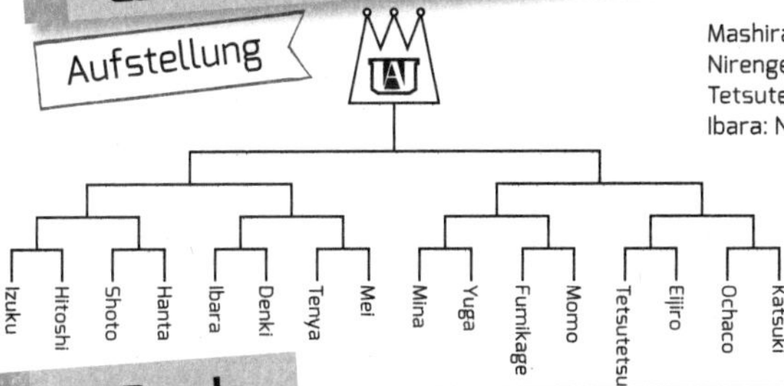

Mashirao: Verzicht
Nirengeki: Verzicht
Tetsutetsu: Nachgerückt
Ibara: Nachgerückt

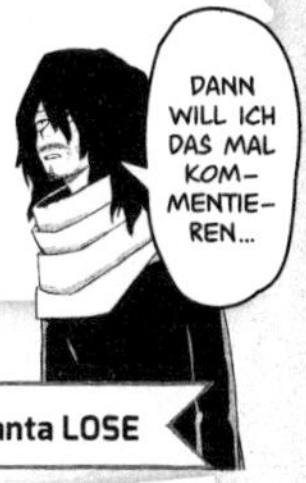

1. Runde

1. Duell: ★ Izuku WIN, Hitoshi LOSE

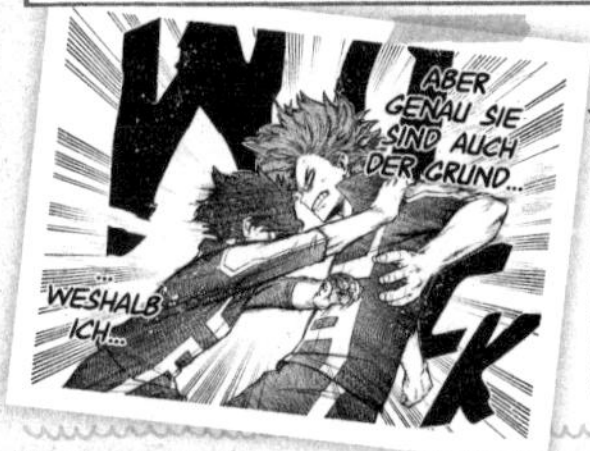

Mit seiner Fingerspitze hat er Hitoshis Macke durchbrochen? Okay, Izuku hat's einfach drauf!

2. Duell: ★ Shoto WIN, Hanta LOSE

Hanta wollte seinen Gegner mit einer Ladung Tape aus dem Ring befördern, doch Shoto konterte und hat ihn glatt vereist.

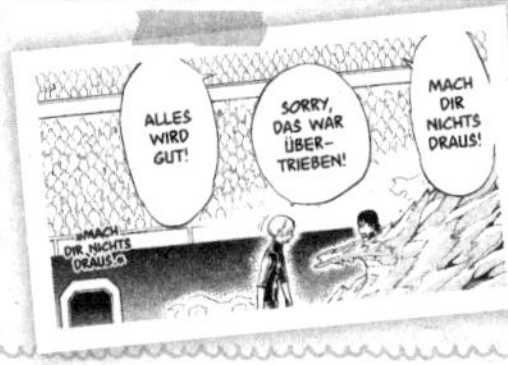

3. Duell: ★ Ibara WIN, Denki LOSE

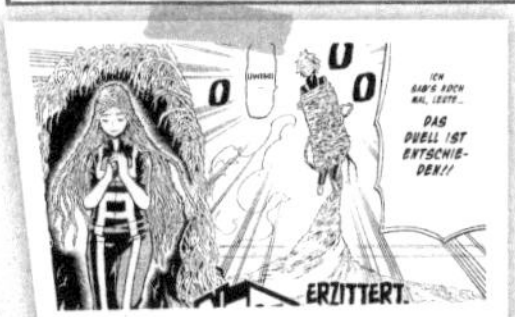

Ibara hat Denki getäuscht und einfach so um den Finger gewickelt. Viel zu einfach!

4. Duell: ★ Tenya WIN, Mei LOSE

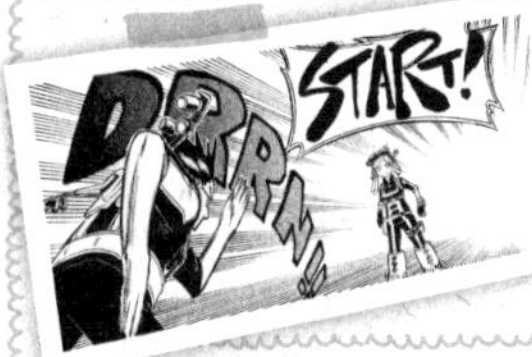

Sie wollte Werbung für ihre Items machen, doch nach einigem Hin und Her landete sie im Aus.

5. Duell: ★ Fumikage WIN, Momo LOSE

Momo hatte so einiges für das Duell vorbereitet, doch sie unterlag, noch bevor sie ihre Macke einsetzen konnte. Hier führte die bessere Strategie zum Sieg.

6. Duell: ★ Mina WIN, Yuga LOSE

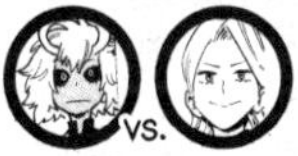

Mehrmaliges Abfeuern seines Lasers konnte Yuga nicht vor Mina schützen, die seinen Gürtel zertrümmerte und ihm einen aalglatten Kinnhaken verpasste.

7. Duell: ★ Eijiro WIN, Tetsutetsu LOSE

Eine simple Prügelei brachte ein Unentschieden, woraufhin es zum Armdrücken kam, das Eijiro für sich entscheiden konnte.

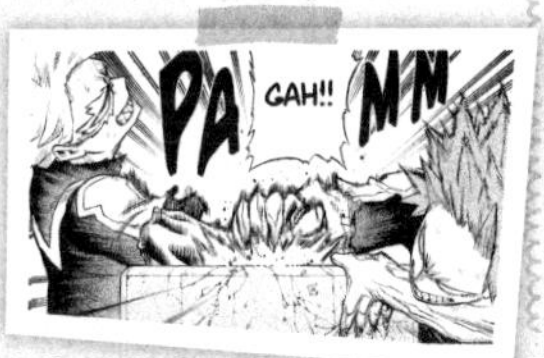

8. Duell: ★ Katsuki WIN, Ochaco LOSE

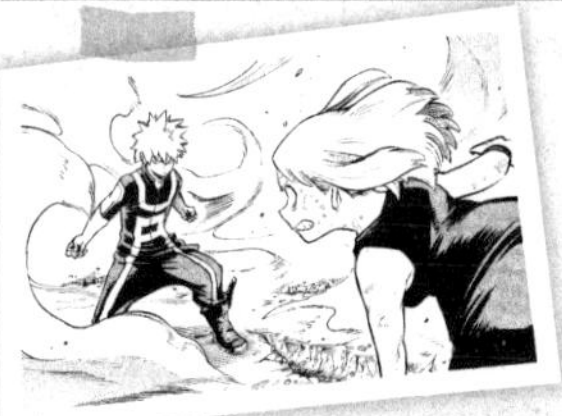

Ochaco hielt Katsukis Attacken wieder und wieder stand, doch am Ende ging ihr die Puste aus.

2. Runde

1. Duell: Shoto WIN, Izuku LOSE

Izuku ging dieses chaotische Match genau richtig an, doch Shotos gewaltige Explosion aus Feuer und Eis katapultierte ihn schließlich aus dem Ring.

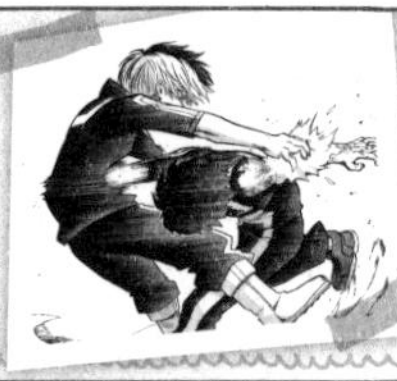

2. Duell: Tenya WIN, Ibara LOSE

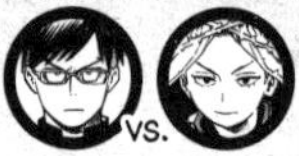

Ibara zielte auf eine Fesselung ab, doch Tenya beförderte sie von hinten ins Aus. Schon wieder eine verdammt schnelle Runde!

3. Duell: Fumikage WIN, Mina LOSE

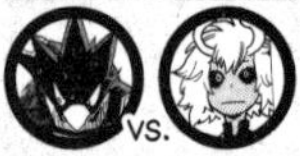

Mina versuchte, mit Unmengen an Säure weiterzukommen, aber Dark Shadow verwies sie in ihre Schranken.

4. Duell: Katsuki WIN, Eijiro LOSE

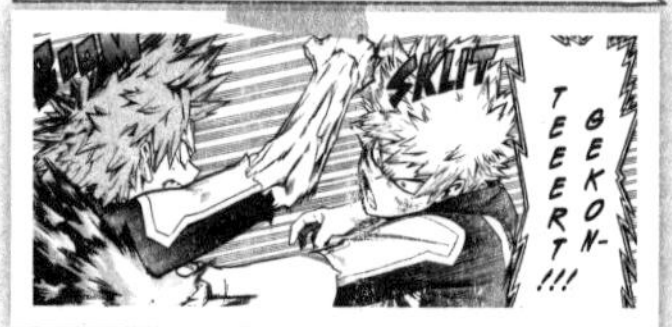

Zunächst konterte Eijiro noch mit seiner Verhärtung, am Schluss ging ihm aber gegen Katsukis Dauerexplosionen die Luft aus. War ganz schön knapp!

Halbfinale

1. Duell: Shoto WIN, Tenya LOSE

Shotos Idee, Tenyas Auspuff zu vereisen und ihn so lahmzulegen, führte zum Sieg. Seine Flammen kamen nicht zum Einsatz.

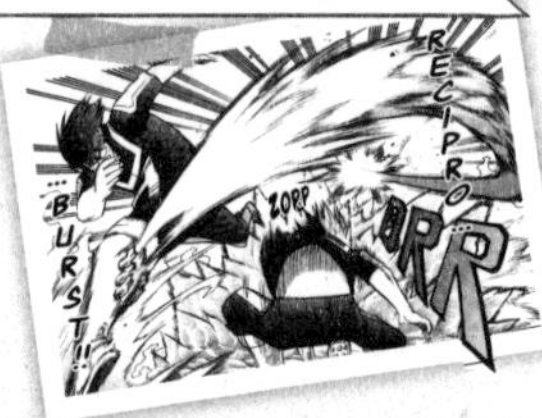

2. Duell: Katsuki WIN, Fumikage LOSE

Katsukis Gespür für Kämpfe ist der Wahnsinn! Er kannte Fumikages Schwachpunkt und besiegte ihn vor allem durch den Einsatz von Licht.

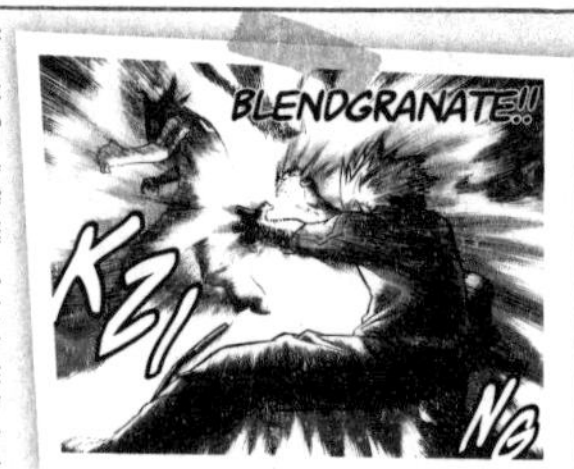

Finale

Katsuki WIN, Shoto LOSE

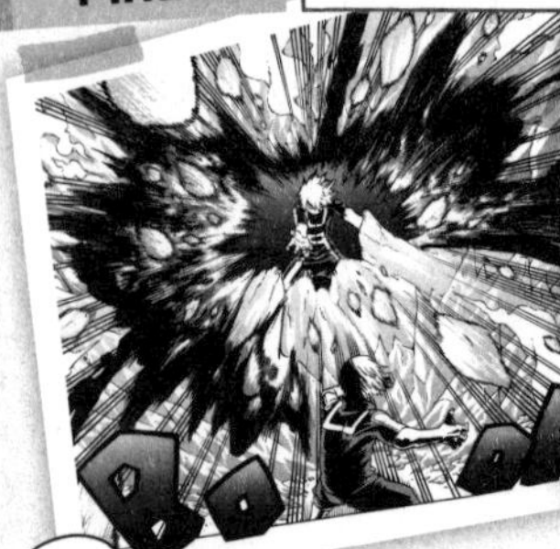

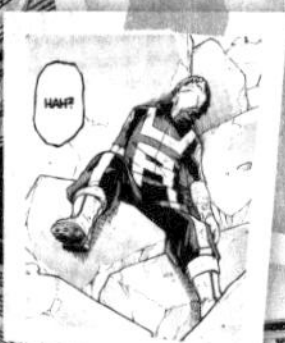

Von dem Duell gegen Izuku abgesehen, hat Shoto seine Flammenseite nicht mehr eingesetzt. Zuletzt konnte ihn Katsuki aus dem Ring befördern, was ihm aber offenbar keinerlei Genugtuung verschaffte.

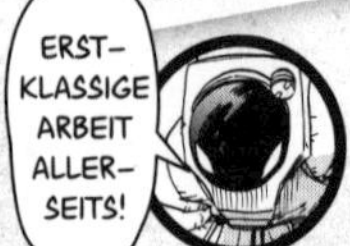

Endergebnisse des U.A. Sportfests!!

1. Katsuki Bakugo
2. Shoto Todoroki
3. Tenya Iida & Fumikage Tokoyami

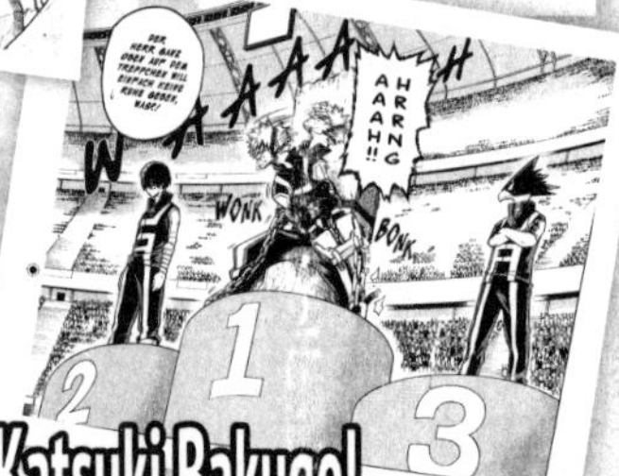

Und der Sieger ist Katsuki Bakugo!

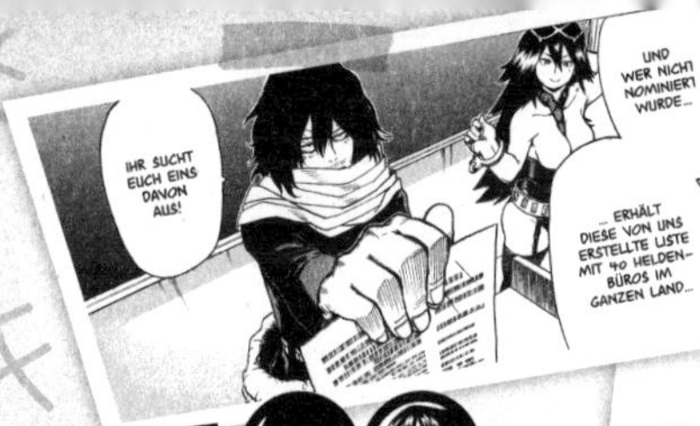

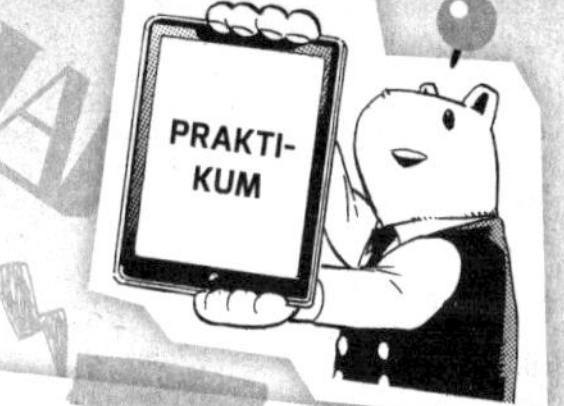

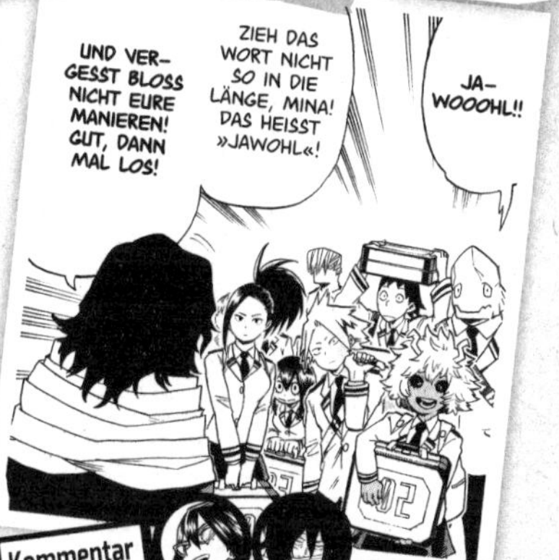

Kommentar

E: Selbst erfahren, wie die Arbeit als Profi-Held so ist... Unser Praktikum hat sie einen Schritt weitergebracht.
M: Wer nominiert wurde, erhielt eine maßgeschneiderte Aufstellung, diejenigen ohne Nominierung suchten sich eine Stelle aus der von der Schule zusammengestellten Liste aus.
E: Eine wichtige Entscheidung, hoffentlich haben sie ihre Wahl gut überdacht!

U.A. Memo

A-Klasse: Summe der Nominierungen

1.	Todoroki	4.123
2.	Bakugo	3.556
3.	Tokoyami	360
4.	Iida	301
5.	Kaminari	272
6.	Yaoyorozu	108
7.	Kirishima	68
8.	Uraraka	20
9.	Sero	14
10.	Izuku	1

Kommentar

E: Sonst waren die Ergebnisse immer ausbalancierter... Mensch!
M: Ja, die Nominierungen waren wirklich einseitig verteilt! Das muss am Finale des Sportfests gelegen haben, oder?
E: (Und diese eine Nominierung für Izuku erst...)

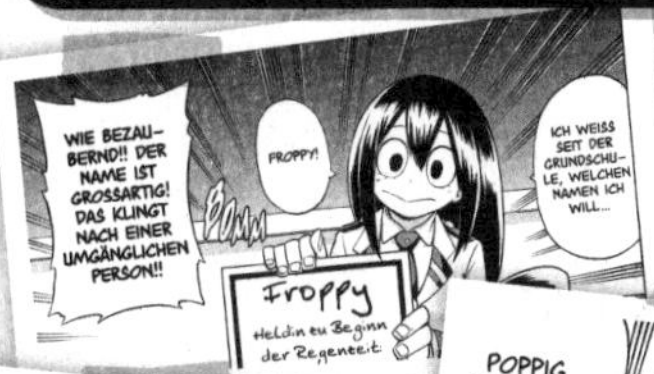

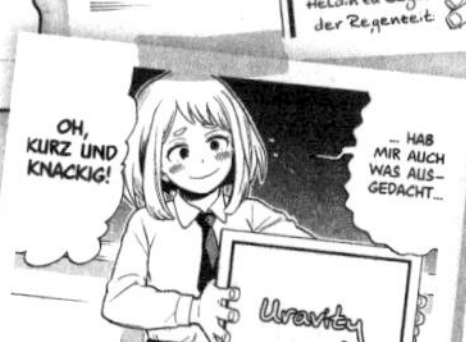

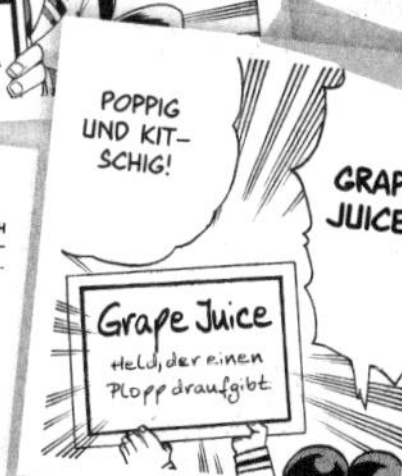

Kommentar

E: Okay, bevor unsere Schützlinge zum Praktikum gingen, ließen wir sie noch ihre Heldennamen aussuchen.
M: Manche dieser Namen wird man sich merken, also mussten es einprägsame sein!
E: Genug über Namen geredet! Lass uns nachsehen, was sie beim Praktikum alles erlebt haben!

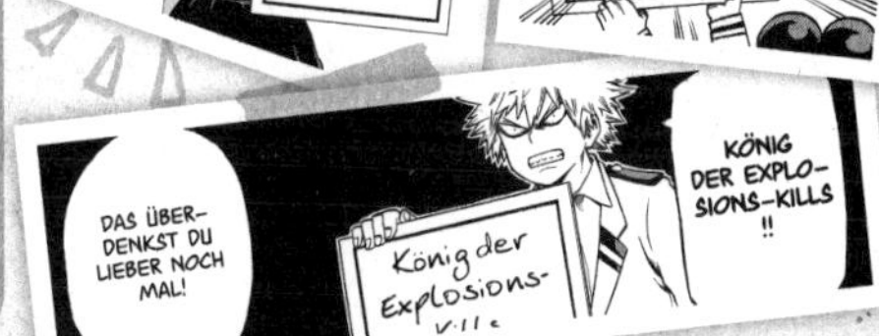

Katsuki Bakugo als Bubi

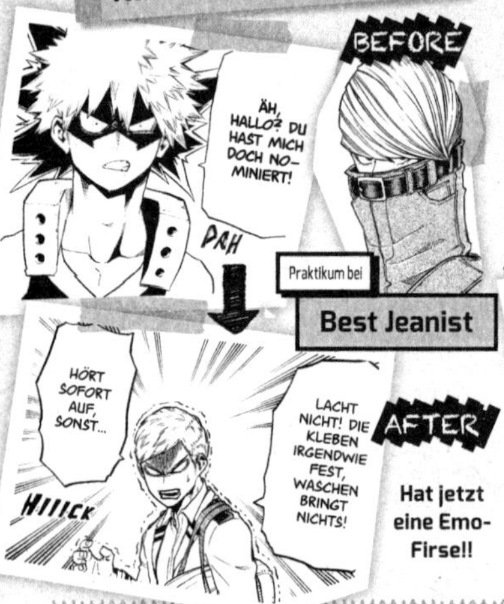

Minoru Minetas Trauma

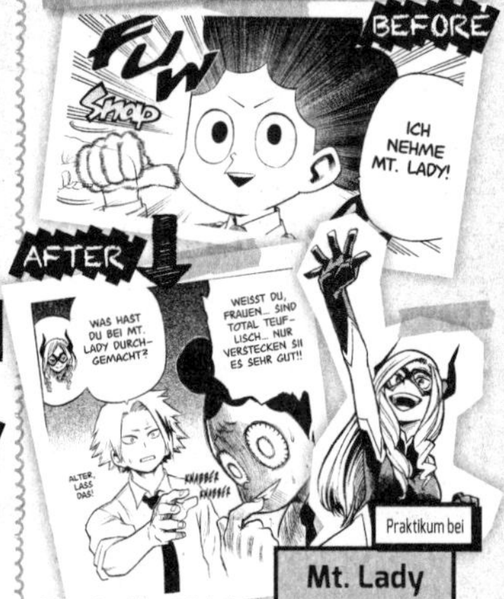

Was in aller Welt hat Minoru bloß erlebt?!

Momo Yaoyorozus Debüt

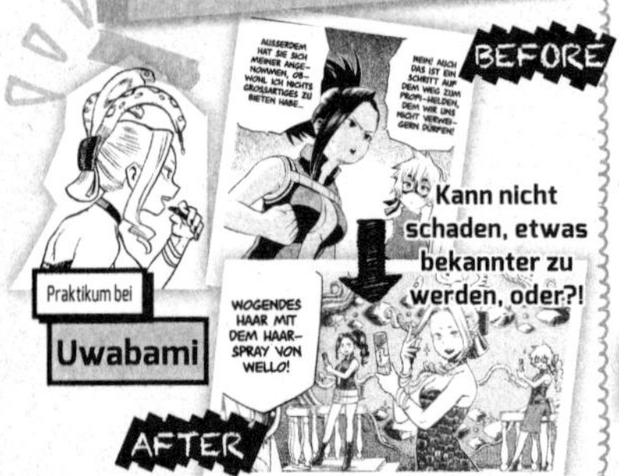

Ochaco Urarakas Training

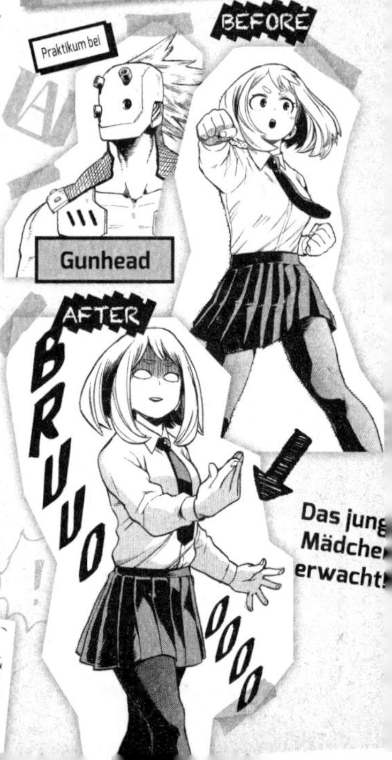

Eijiro Kirishima übersät mit Schrammen

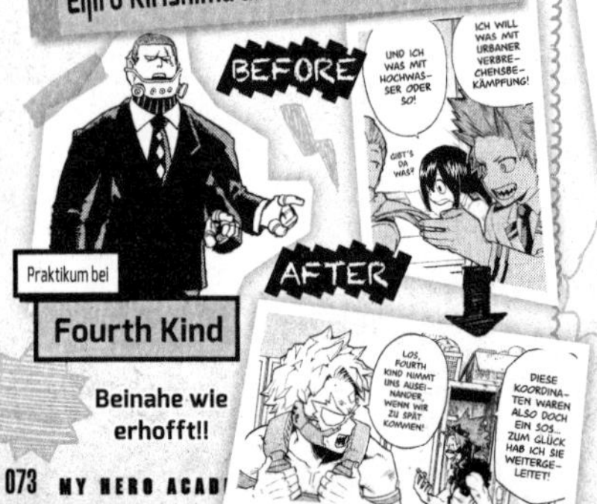

Izuku Midoriyas Fortschritt

BEFORE

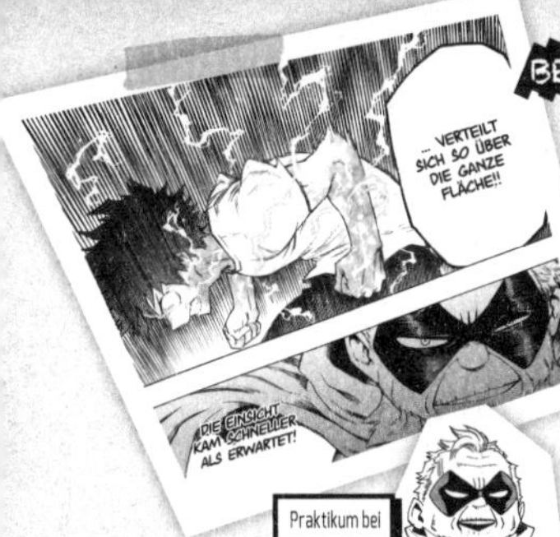

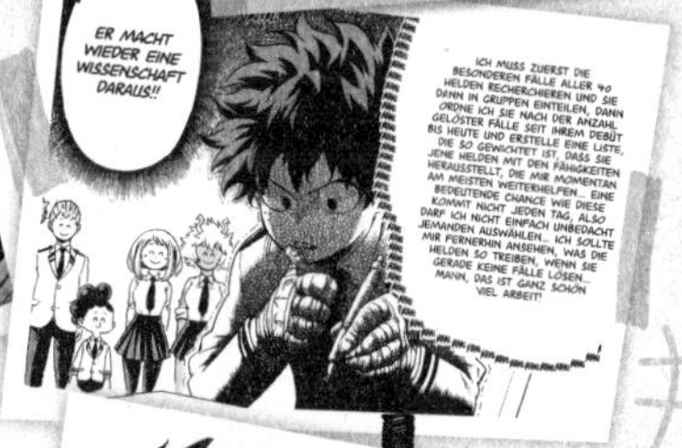

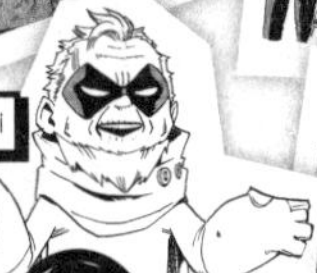

Praktikum bei

Gran Torino

AFTER

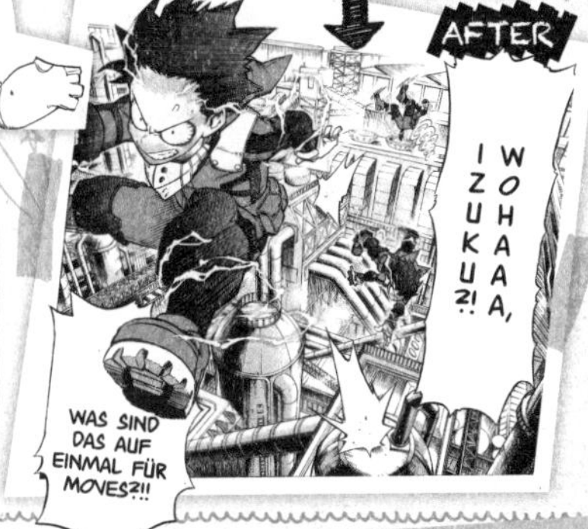

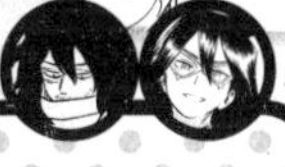

Kommentar

M: Izuku hatte eine Nominierung?
E: Offenbar schon, ja.
M: Und von wem kam die, von diesem Opa? Geht das in Ordnung? Am Schluss muss er ihn noch pflegen!
E: Übertreib nicht so! Irgendwas wird er dabei schon gelernt haben, oder?

Tenya Iidas Reflexion

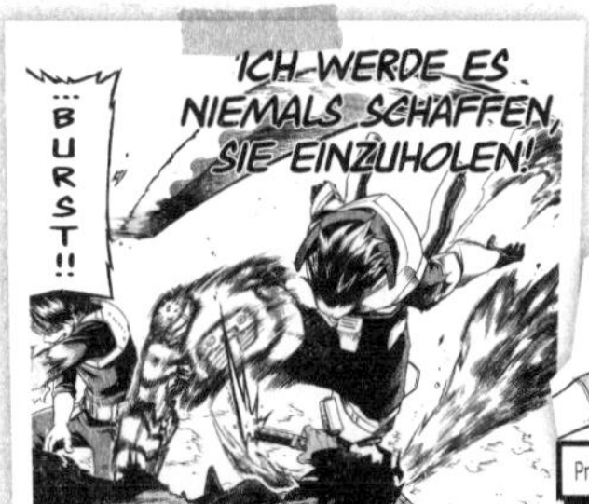

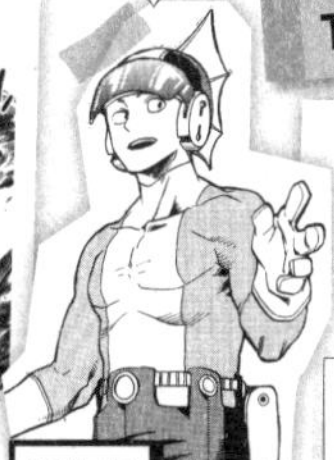

Praktikum bei

Manual

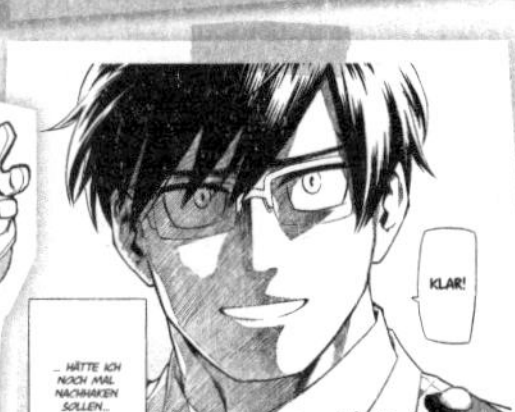

BEFORE

AFTER

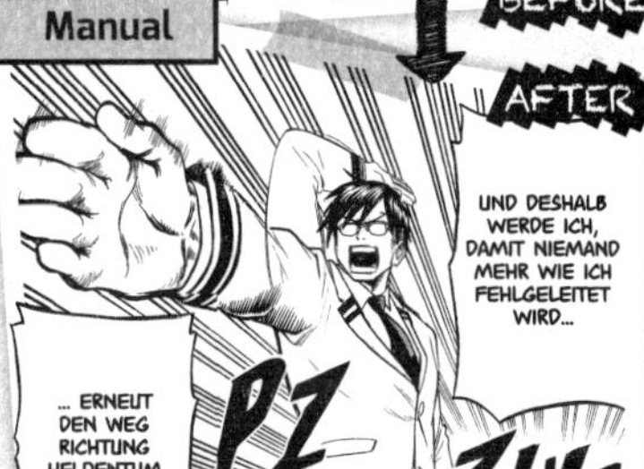

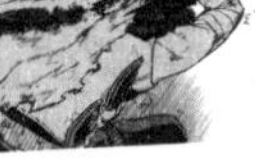

Kommentar

M: Das war wirklich saubere Arbeit, lieber Teny... Ups?! Wollten wir das nicht vertuschen?
E: Ja, also sagst du besser nichts mehr dazu! Ich hätte intervenieren sollen, als ich gesehen habe, wo Tenya sein Praktikum ablegen will...
M: Was, du hast es kommen sehen? Los, sag schon!

Shoto Todorokis Entwicklung

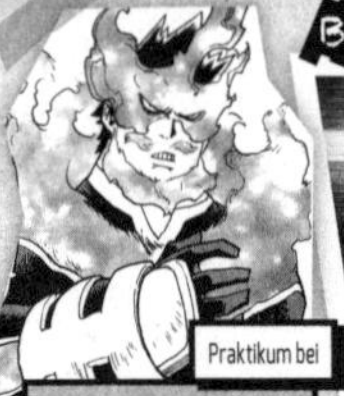

Praktikum bei

Endeavor

BEFORE

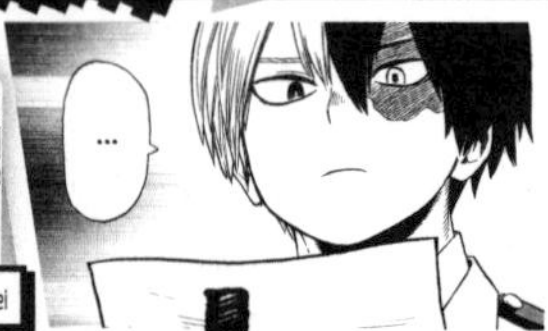

AFTER

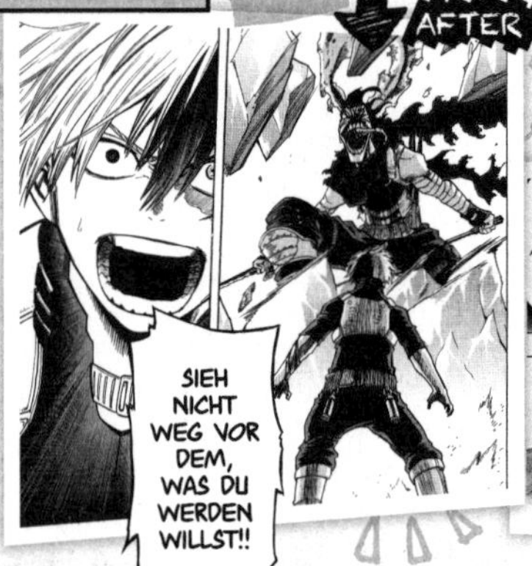

Kommentar

M: Dein Ernst, Shoto? Praktikum in der Agentur deines Vaters? Ein Familien-Duett?
E: Shoto folgte Endeavor nach Hosu, wo er zusammen mit Tenya auf den Heldentöter traf...
M: Unglaublich! Wie sagst du immer so schön? Das war ein vernünftiger Fortgang...

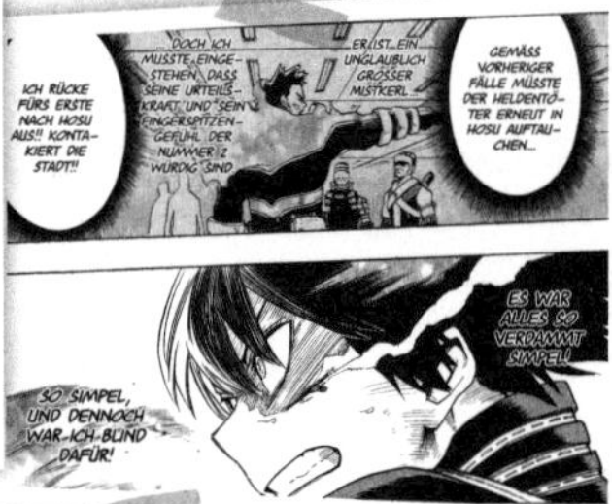

Kommentar

E: Mal wurde einer mit vollem Karacho in einen Vorfall verwickelt, ein anderer erfuhr, wie teuflisch Frauen sein können, und wieder andere kehrten mit mehr Problemen heim, als sie davor hatten. Ich würde sagen, im Großen und Ganzen war das Praktikum für alle eine bedeutende Erfahrung, oder nicht? Für die drei Helden tut's mir allerdings etwas leid...
M: Boah, da war mal wieder viel zu viel los! Deine Klasse ist und bleibt unglaublich...

Unten stehende Personen erhalten eine Disziplinarstrafe!

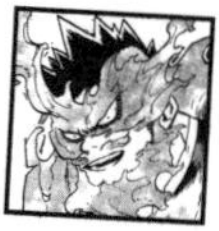

Endeavor
Heldenagentur Endeavor

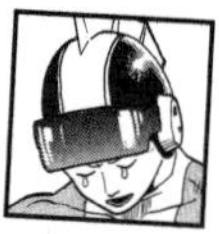

Manual
Heldenagentur des normalen Helden Manual

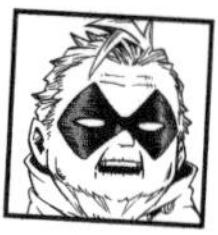

Gran Torino
Freiberuflich

Anlass: Verletzung ihrer Aufsichtspflicht
Strafe: Gehaltskürzung oder halbjähriger Entzug der Lehrlizenz

STRAFBESCHEID

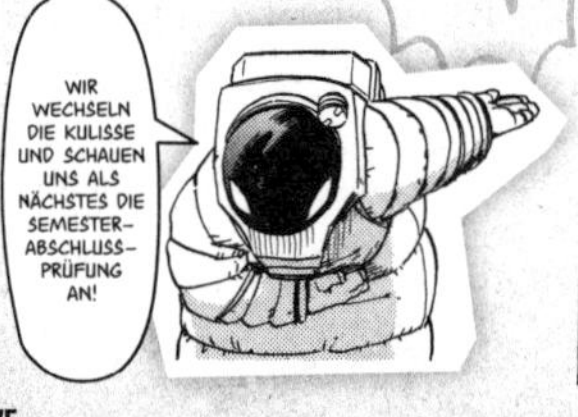

Kommentar

Und schon war es Zeit für die diesjährige Abschlussprüfung am Ende des Semesters. Das Kollegium hatte beschlossen, dass die übliche Kampfprüfung gegen Roboter nicht mehr angemessen sei, und so haben wir uns lieber auf die Simulation verschiedener Bösewichte konzentriert. Um die Prüfung praxistauglicher zu machen, beschlossen wir, dass die Schüler paarweise gegen uns Lehrer antreten sollten!

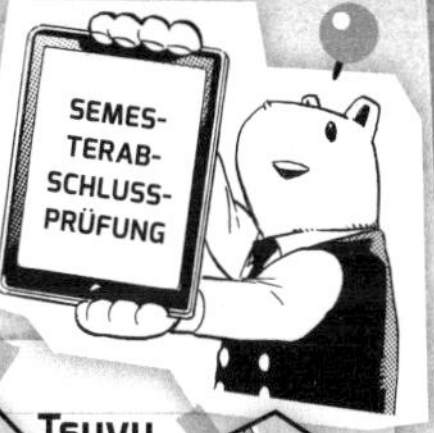

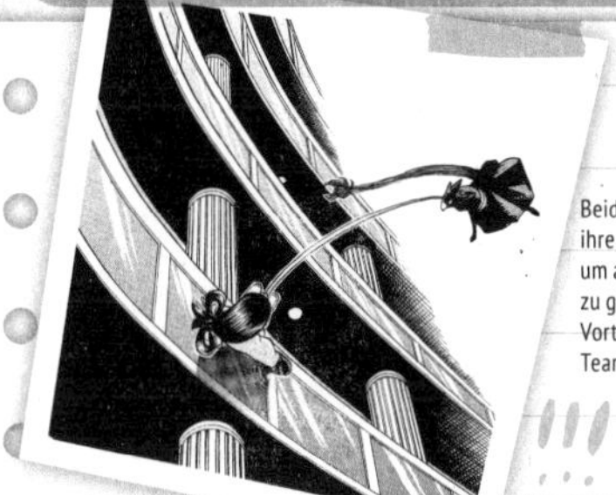

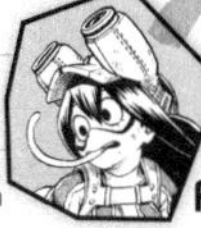

Tsuyu

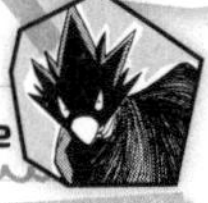

Fumikage

Beide nutzten ihre Macken, um auf Distanz zu gehen. Vortreffliche Teamarbeit!

Bemerkung zum schriftlichen Test

Tsuyu und Fumikage erzielten beim schriftlichen Teil durchschnittliche Ergebnisse. Nicht besonders herausragend, nicht besonders schlecht. Beide halbwegs begabt.

Sie haben es geschafft, ihrem Lehrer Handschellen anzulegen, was ihnen den Sieg brachte!

BESTANDEN

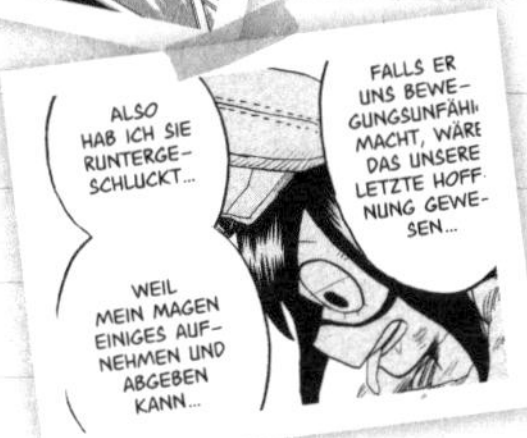

Trainingsgegner:
Ektoplasma

Anhand meiner plötzlich in Erscheinung tretenden und wieder verschwindenden Klone konnte ich mich aus nächster Nähe von Fumikages Kampfeignung und Tsuyus unterstützendem Eingreifen überzeugen. Sie haben alle Erwartungen erfüllt!

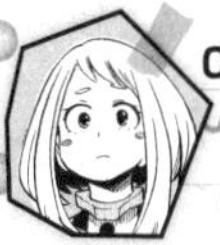

Ochaco

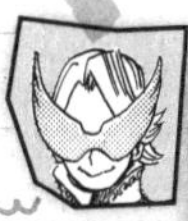

Yuga

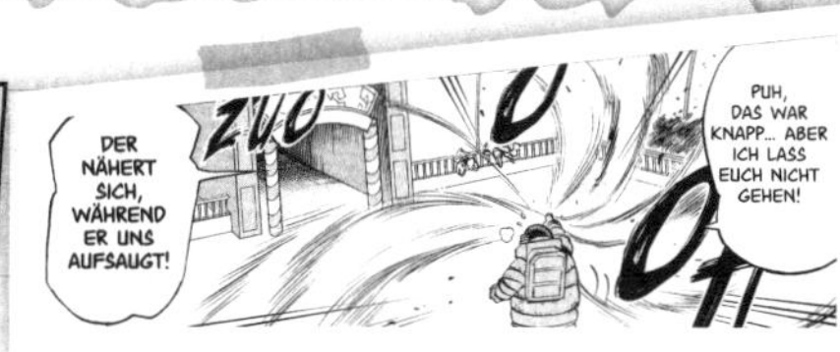

Bemerkung zum schriftlichen Test

Waren beide schon bei der Zwischenprüfung nicht unter den Top 9, hat sich daran auch bei der Semesterabschlussprüfung nichts geändert. Noch mehr pauken!

Das Ziel war zum Greifen nah, doch dann aktivierte Nr. 13 sein Schwarzes Loch!

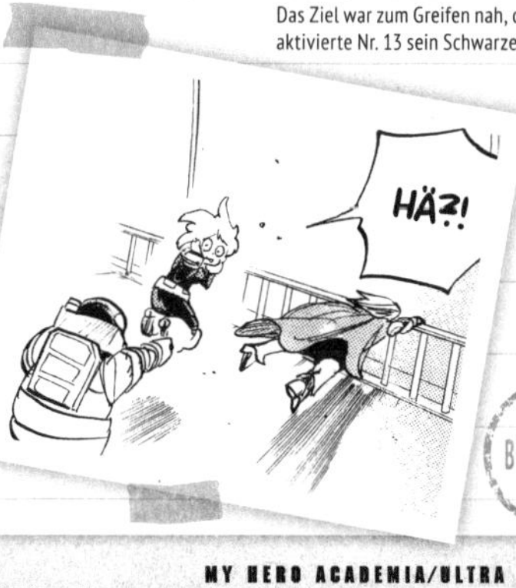

Eine Bemerkung von Yuga reichte aus, um Ochaco völlig aus dem Konzept zu bringen. Kurioserweise war das aber auch der erste Schritt auf dem Weg zum Ziel!

Trainingsgegner:
Nr. 13

Ich hatte schon viel von Gunhead gehört, der Ochaco beim Praktikum betreut hatte. Sie haben die Lage vortrefflich zu ihrem eigenen Vorteil gewendet!

BESTANDEN

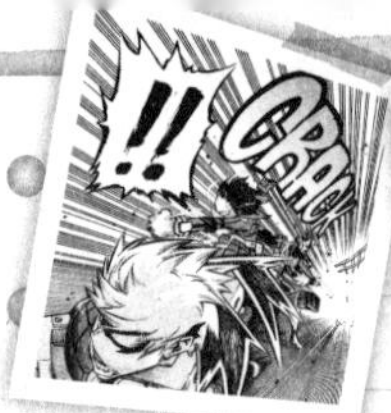

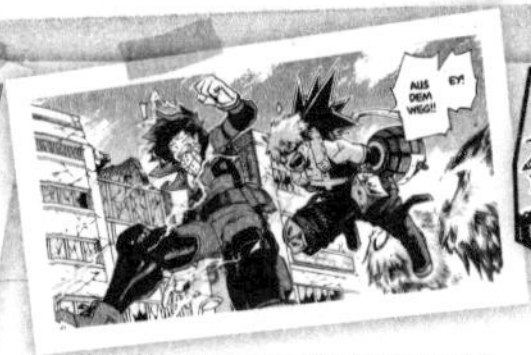

Izuku

Katsuki

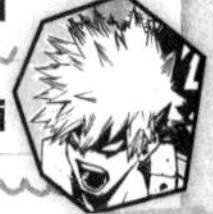

Katsuki tat, was er wollte, und Izuku ließ sich unterbuttern… Gute Zusammenarbeit sieht anders aus!

Bemerkung zum schriftlichen Test

Beim schriftlichen Teil der Zwischenprüfung landete Katsuki auf Platz 3 und Izuku auf Platz 4! Die Semesterabschlussprüfung war für dieses begabte Duo auch kein Problem, sie schnitten ähnlich gut ab.

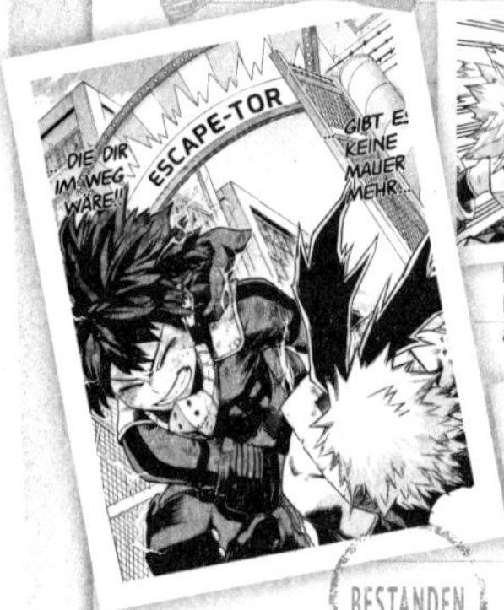

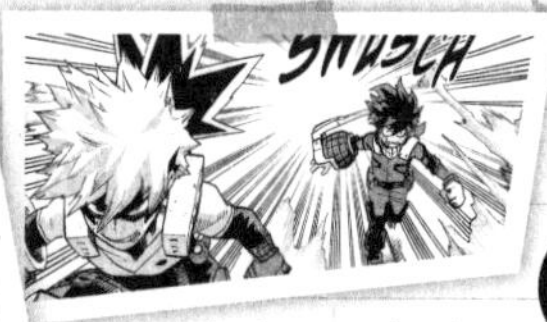

Endlich arbeiten sie zusammen! Izuku hat sich Katsukis Handschuh ausgeliehen…

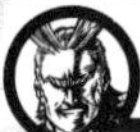

Trainingsgegner:
All Might

Offen gesagt, habe ich sie zusammengepackt, weil sie sich nicht riechen können! Ohne Zusammenarbeit hätten sie es nicht geschafft, aber wenn ihr nur wollt, klappt's doch!!

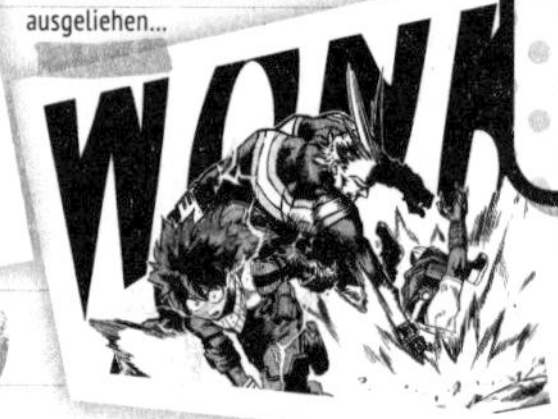

Katsuki hat sich geopfert, und Izuku bot für den Angriff all seine Kräfte auf. Nur so konnten sie All Might schlagen!

BESTANDEN

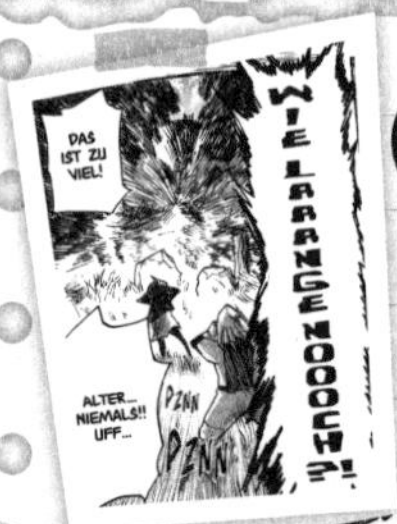

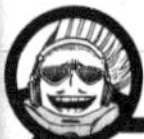

Trainingsgegner:
Present Mic

Koji Boy und Kyoka Girl besitzen Macken, die mit meiner verwandt sind, weshalb sie als Team gegen mich antraten. Sie haben mich überwunden? Very strong!!

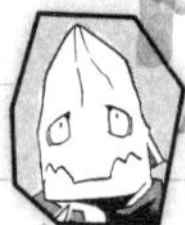

Koji

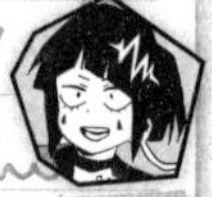

Kyoka

Bemerkung zum schriftlichen Test

Bei der Zwischenprüfung schnitten beide durchschnittlich ab. Vielleicht lag es an Momos Lernzirkel, aber Kyoka konnte ihre Noten gegen Ende des Semesters erheblich steigern. Viva Momo!!

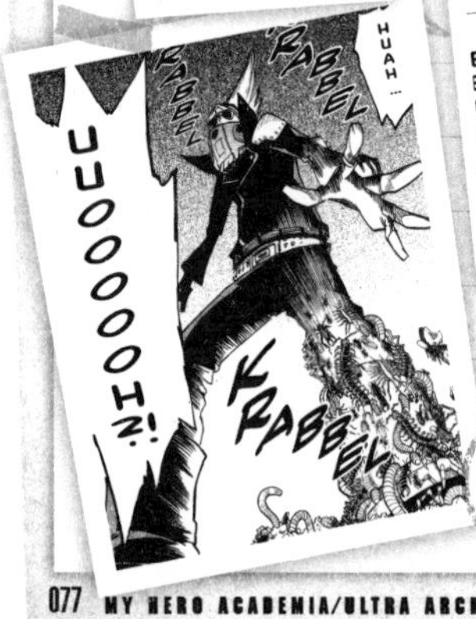

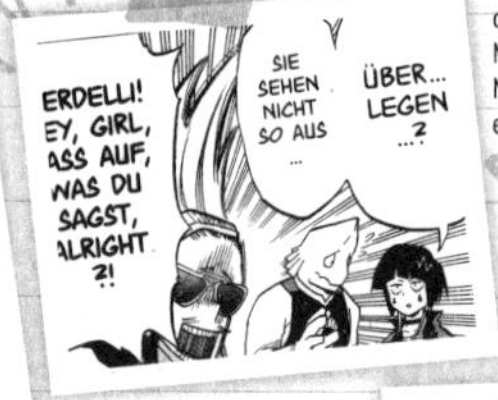

Womöglich lag es an der Situation, aber Present Mic wurde noch nie so respektlos behandelt. Wirklich bitter!

Koji nahm seinen Mut zusammen und hetzte Present Mic eine Insektenarmee auf den Hals, was ihnen den Sieg brachte!

BESTANDEN

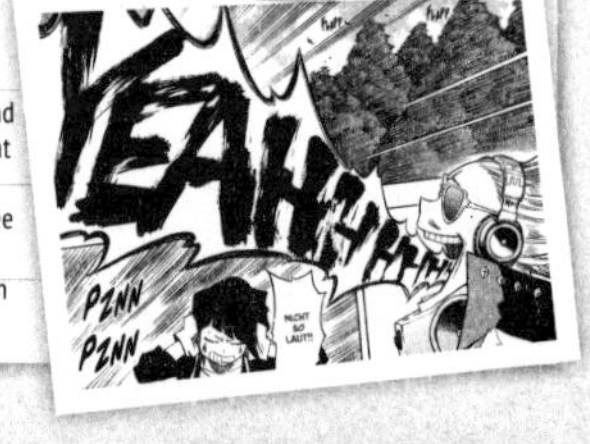

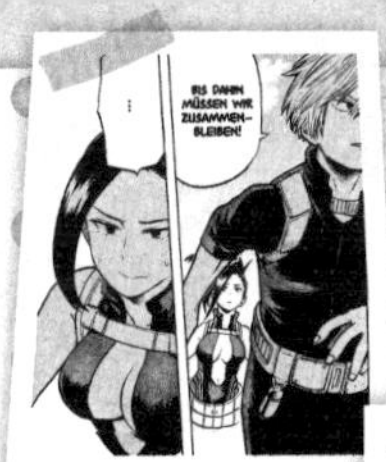

Bemerkung zum schriftlichen Test

Ihre Ergebnisse der schriftlichen Zwischenprüfung ließen schon nichts zu wünschen übrig. Auch bei der Semesterabschlussprüfung fuhren sie Bestnoten ein. Momo ist die geborene Lehrerin!

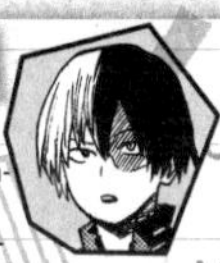

Shoto

Momo

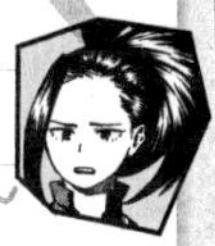

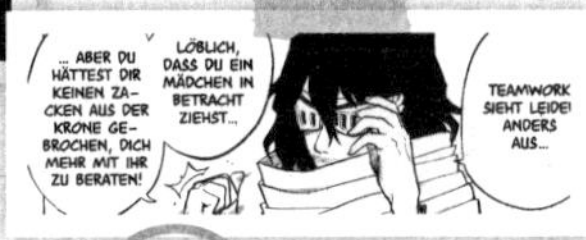

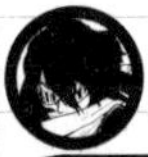

Trainingsgegner:
Eraserhead

Ohne einen Funken Selbstvertrauen tat Momo alles, was Shoto ihr befahl!

Shoto schlägt einfältig drauflos und fällt voreilige Entscheidungen, Momo fehlt es an Tatendrang. Mit meiner Macke wollte ich ihnen ihre Schwachstellen vorhalten, doch was dann geschah, war filmreif!

BESTANDEN

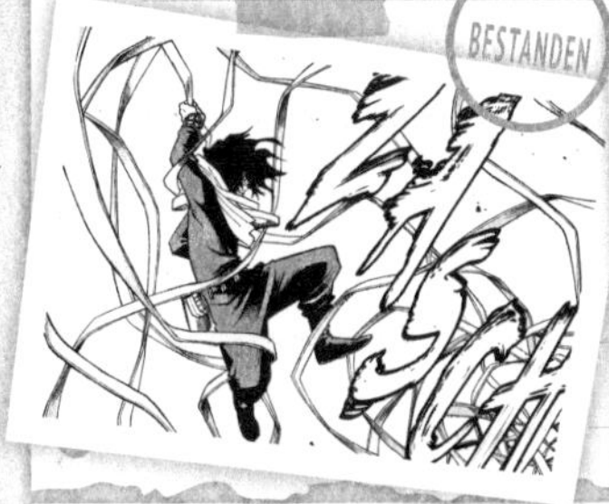

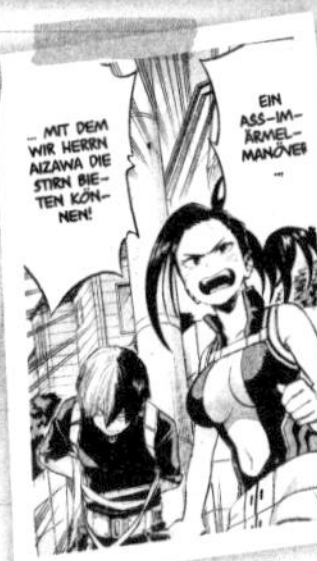

Als Shoto in der Klemme saß, vertraute Momo wieder ihrem eigenen Urteilsvermögen und überwand die Krise auf ihre eigene Weise. Bestanden!

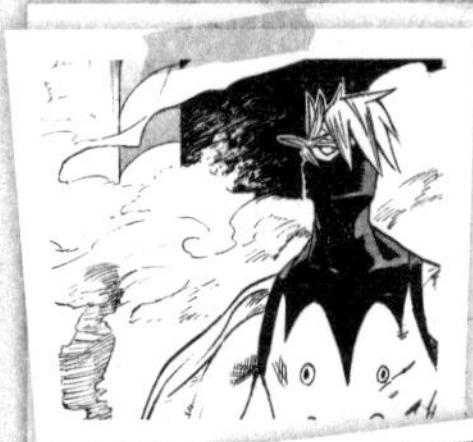

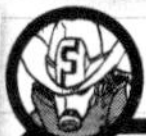

Trainingsgegner:
Snipe

Den Test konnte man auch ohne kämpferische Auseinandersetzung bestehen, indem man erfolgreich floh.

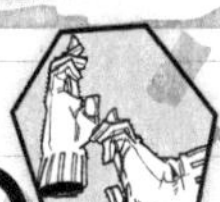

Toru

Mezo

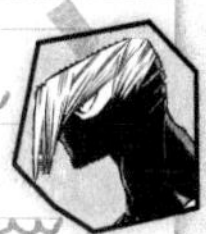

Bemerkung zum schriftlichen Test

Beide eher durchschnittlich bei der Zwischenprüfung, aber gegen Ende des Semesters konnten sie ihre Noten erheblich verbessern und mühelos die Abschlussprüfung bestehen.

BESTANDEN

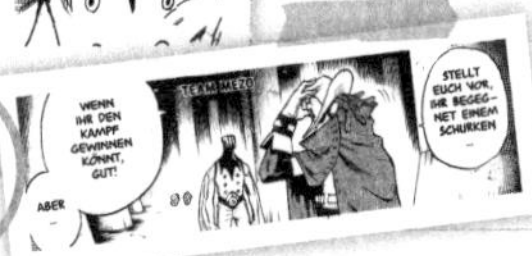

Mezo und Toru gelang der Sieg, indem sie Snipes Angriffen auswichen und bis zum Ziel flüchteten!

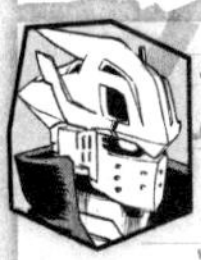

Tenya

Mashirao

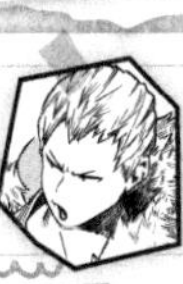

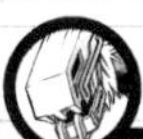

Trainingsgegner:
Power Loader

Mit meiner Macke pflügte ich einmal das ganze Feld um, weil ich sehen wollte, wie sie sich auf schlecht gangbarem Terrain schlagen!

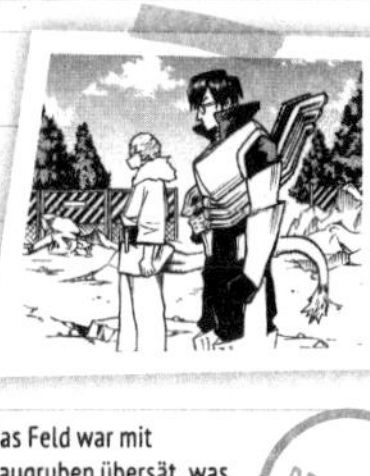

Bemerkung zum schriftlichen Test

Beide waren bei der Zwischenprüfung unter den Klassenbesten. Tenyas Noten fielen bei der Semesterabschlussprüfung jedoch ein wenig ab, was vermutlich an seinen Erfahrungen während des Praktikums lag…

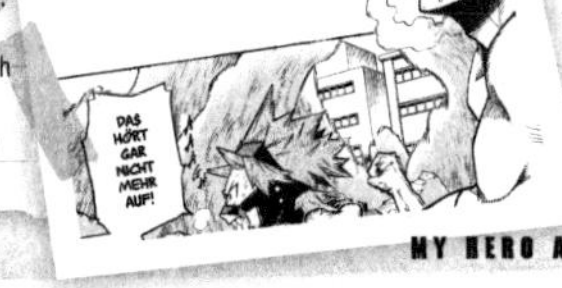

Das Feld war mit Baugruben übersät, was sie jedoch nicht daran hinderte, das Ziel zu erreichen und zu bestehen!

BESTANDEN

Minoru
Hanta

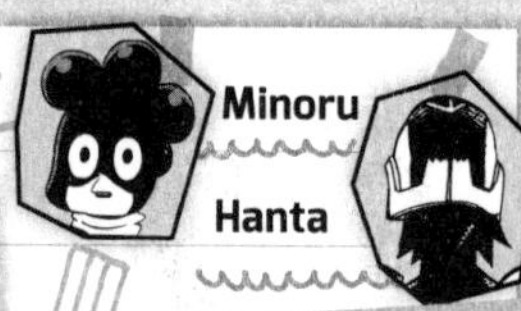

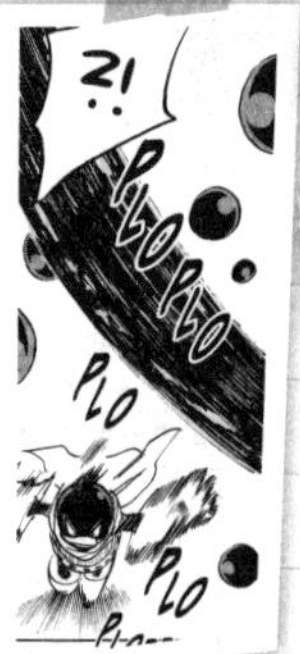

Mit Hantas Tape schützte er sich vor Midnights Duft und mit seinen Klebkugeln fesselte er sie, um dann über die Ziellinie zu schießen!

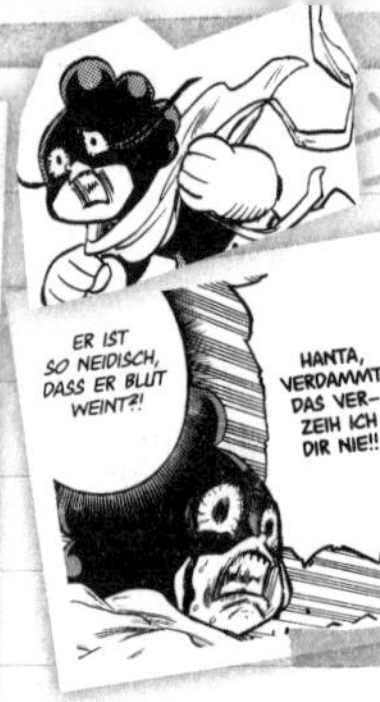

Bemerkung zum schriftlichen Test

Ihre Noten bei der Zwischenprüfung waren schon erstaunlich gut, und auch die Semesterabschlussprüfung meisterten beide mit Bravour… Vor allem Minoru!

Midnight schickte mit ihrer Macke Hanta schlafen und Minoru kochte vor Eifersucht…

Trainingsgegner: **Midnight**

BESTANDEN

Die Stärken ihrer Macken liegen jeweils im Fesseln, aber ob sie damit für die Zukunft gewappnet sind?

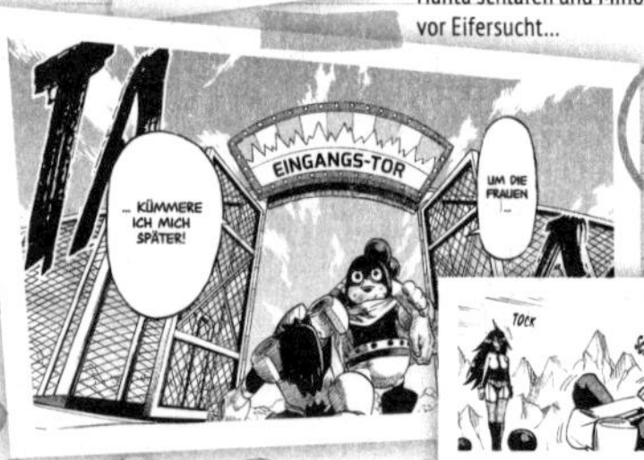

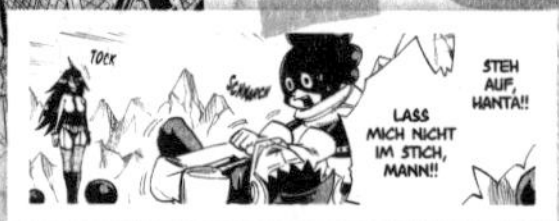

Von Midnight in die Enge getrieben, fiel Hanta bereits an der Frontlinie!

Die Durchgefallenen der Praxisprüfung

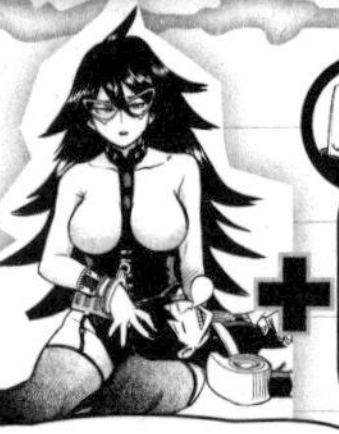

Zementos' Kritik

Kämpfen heißt auszuloten, wie weit man die eigenen Stärken ausschöpfen kann! Wenn davor schon die Puste ausgeht, wird das garantiert nichts!

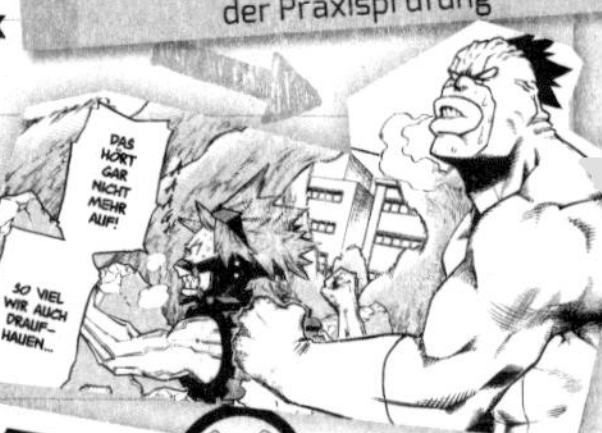

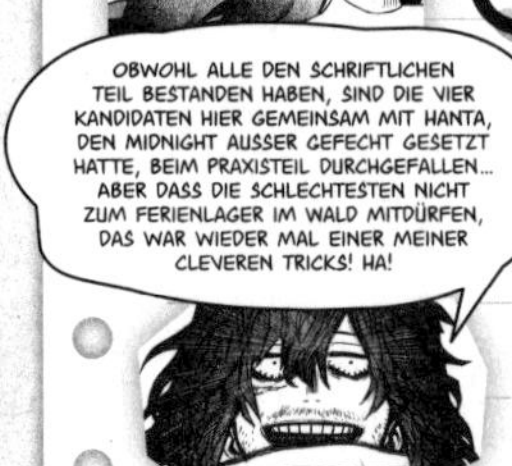

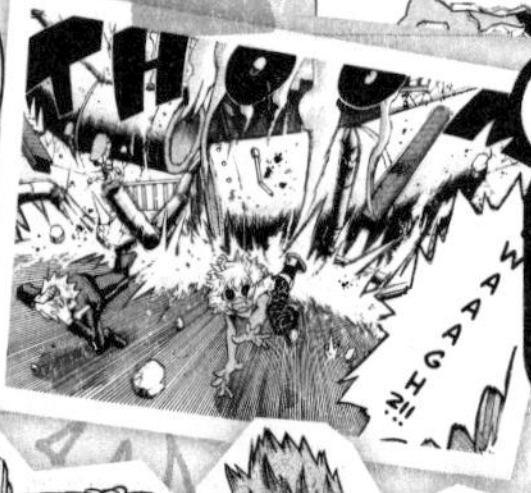

Nedzus Kritik

Im Kampf sind auch eure grauen Zellen gefragt! Wer sich nur auf seine Macke stützt, hat schon verloren!

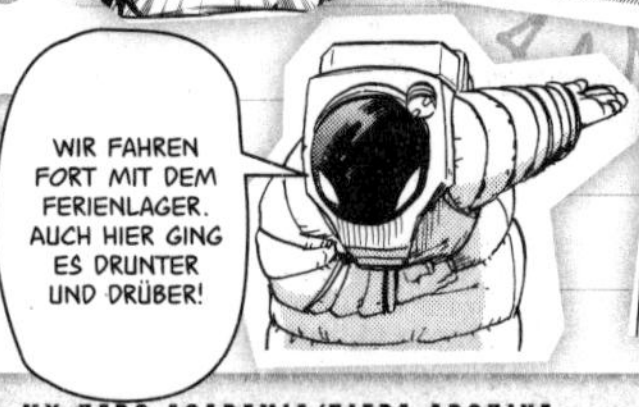

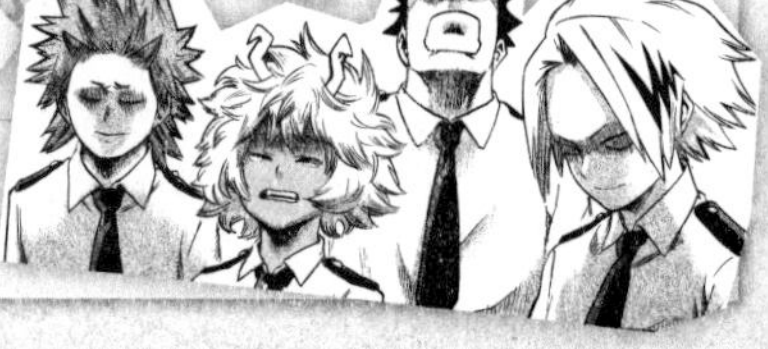

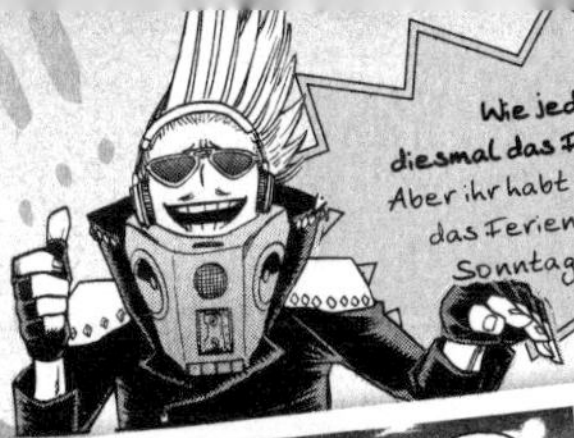

Wie jedes Jahr darf auch diesmal das Ferienlager nicht fehlen!
Aber ihr habt doch nicht geglaubt, dass das Ferienlager der U.A. mit einer Sonntagsfahrt beginnt, oder?!

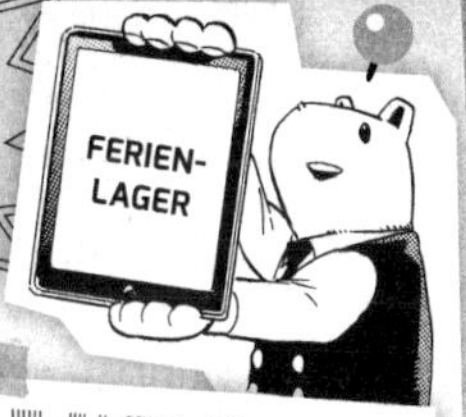

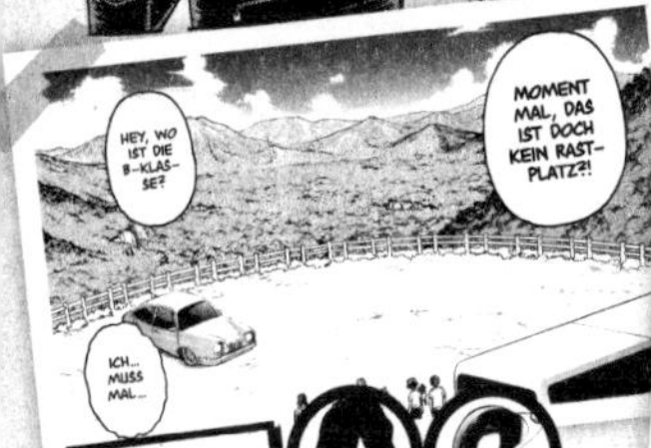

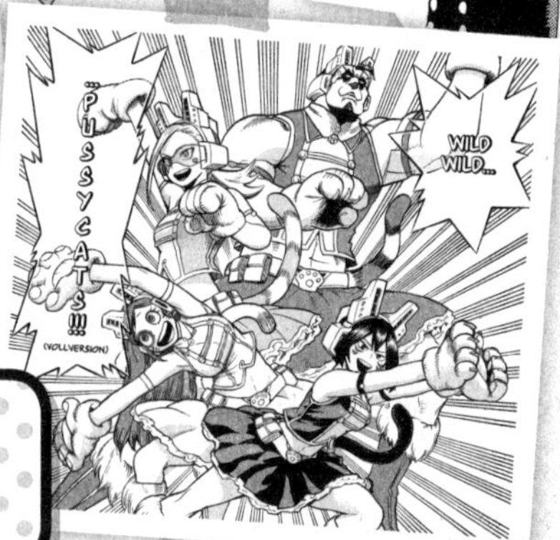

Kommentar

13: Aufgrund der Aktivität der Liga der Bösen sowie des Vorfalls mit Tomura Shigaraki fand das Ferienlager dieses Jahr in abgewandelter Form statt.
E: Jupp! Um die Schüler in noch kürzerer Zeit stärker zu machen, baten wir die Pussycats um Hilfe.

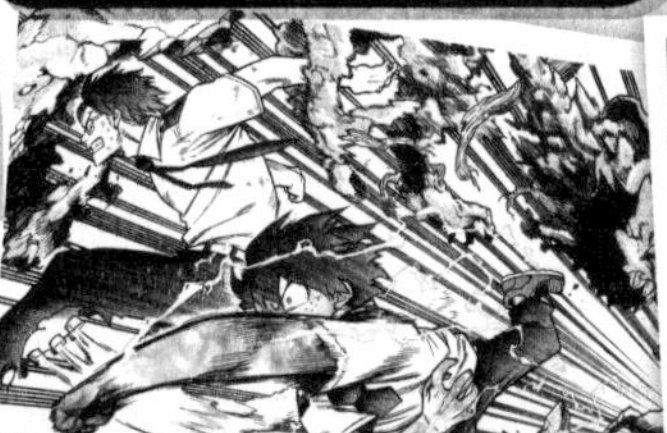

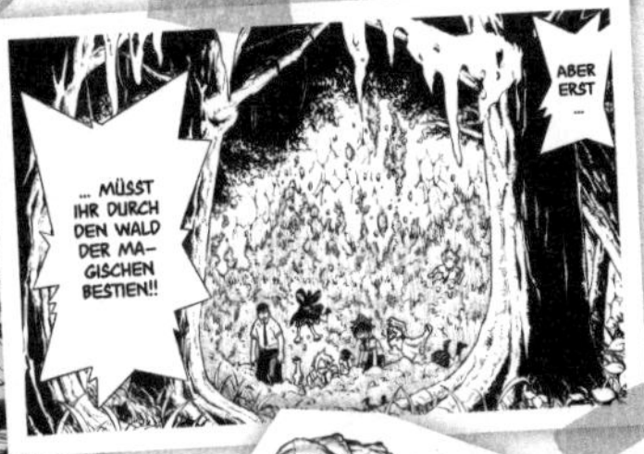

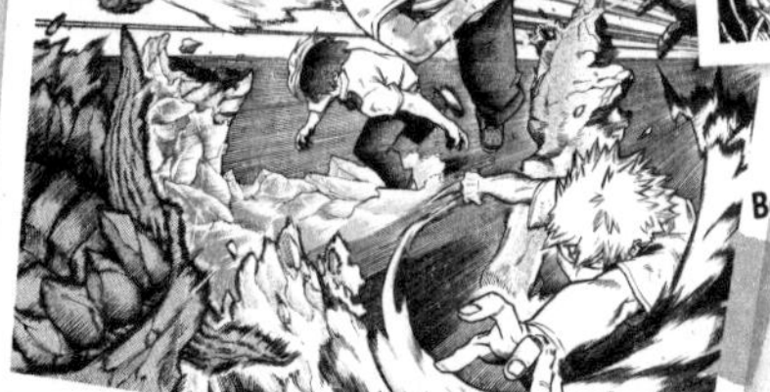

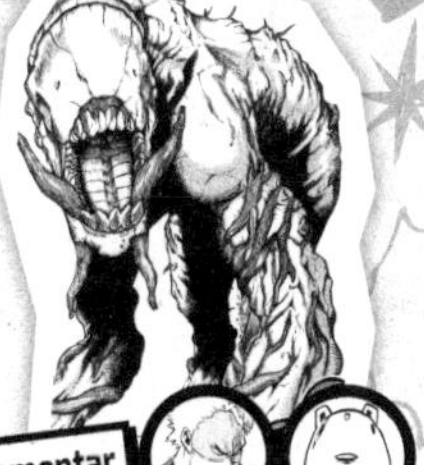

Diese Bestie wurde mit einer Erd-Macke geformt!

Attacke Abendessen im Lager

1. Abend

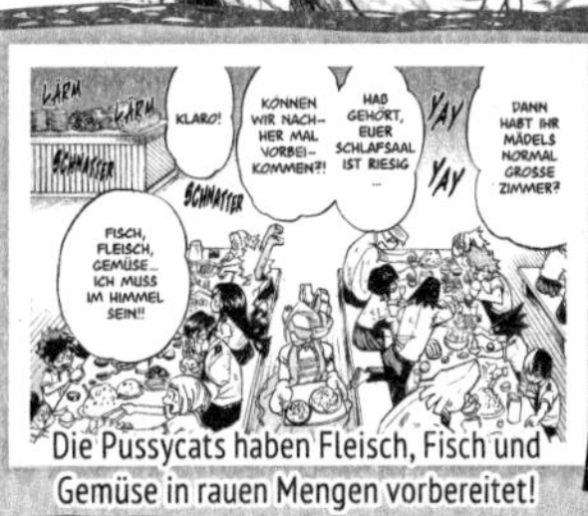

Die Pussycats haben Fleisch, Fisch und Gemüse in rauen Mengen vorbereitet!

Kommentar

N: Auf halbem Weg wurde die A-Klasse in einen Wald hinabgestürzt, aber sie haben sich durchgebissen. Izuku und die anderen waren einsame Spitze!
B: Typisch A-Klasse! Die Bestien hatten nichts zu lachen. Aber auch die B-Klasse war nicht ohne!!
N: Ich erhoffe mir viel von beiden Klassen!

Der 2. Tag im Ferienlager!
Das war doch erst der Anfang

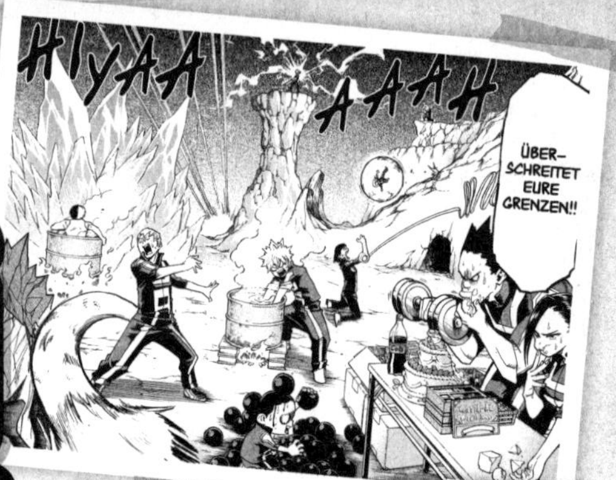

Kommentar

P: Es mag wie ein Abbild der Hölle aussehen, doch ohne Fleiß ist noch keine Macke gewachsen!
Z: Ich musste da früher auch mal durch!
P: Nun ja, normalerweise wird das zuvor aber an das Level der Schüler angepasst...

Attacke
Abendessen im Lager
2. Abend

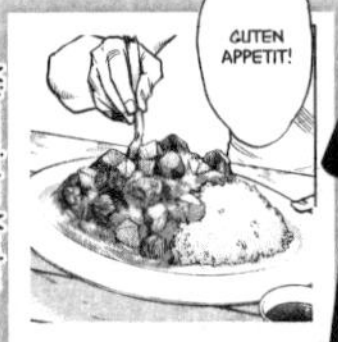

Mit vereinten Macken gekochtes Curry!

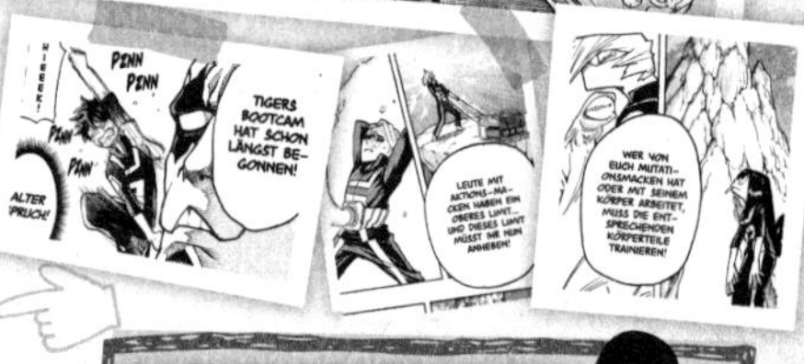

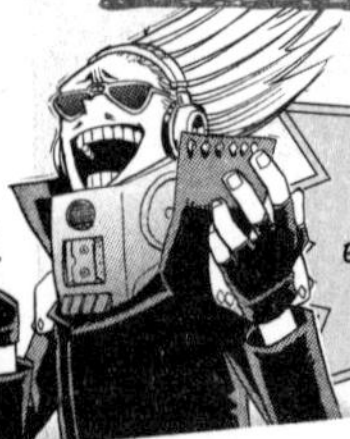

Der 3. Tag im Ferienlager!
Erste Ermüdungserscheinungen, it's break time!

Attacke
Abendessen im Lager
3. Abend

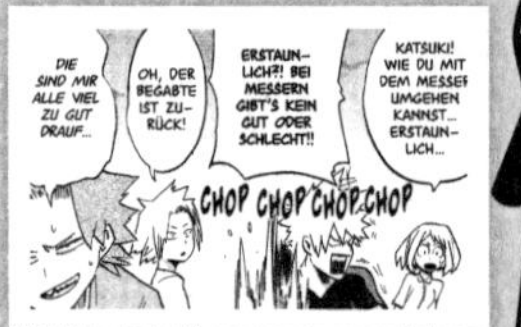

Wie Katsuki das Messer geschwungen hat, als die Klasse Fleischeintopf gekocht hat!

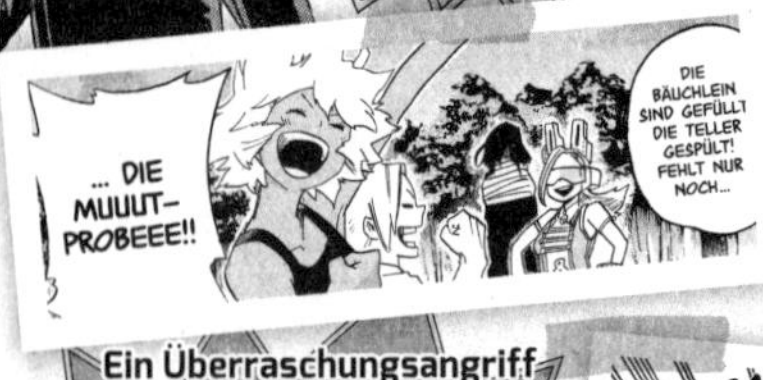

Kommentar

M: Mutproben sind toll, weil einem dabei so die Düse geht!
R: Die Regel war, dass die Schüler mit ihren Macken die Leute aus der Parallelklasse eschrecken sollten, stimmt's?
M: Ja, mich hätten sie ja auch nur schwer erschrecken können!

Ein Überraschungsangriff der Schurken mitten während der Mutprobe?!!

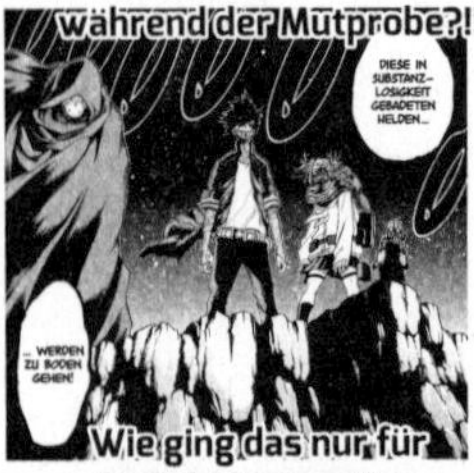

Wie ging das nur für die Schüler aus?!

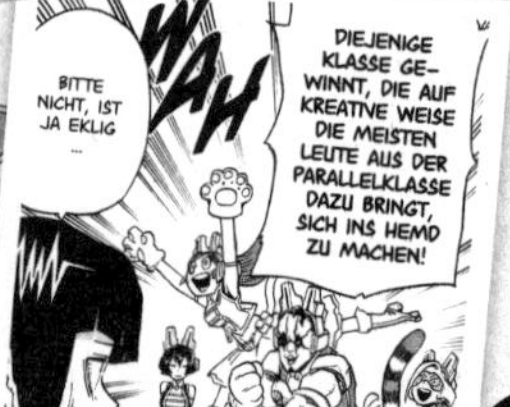

Nachsitz-Team

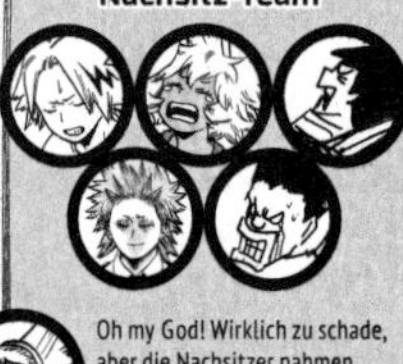

Oh my God! Wirklich zu schade, aber die Nachsitzer nahmen nicht an der Mutprobe teil, weil sie, na ja... nachsitzen mussten!

File 21

1st SMASH

NEITO MONOMA

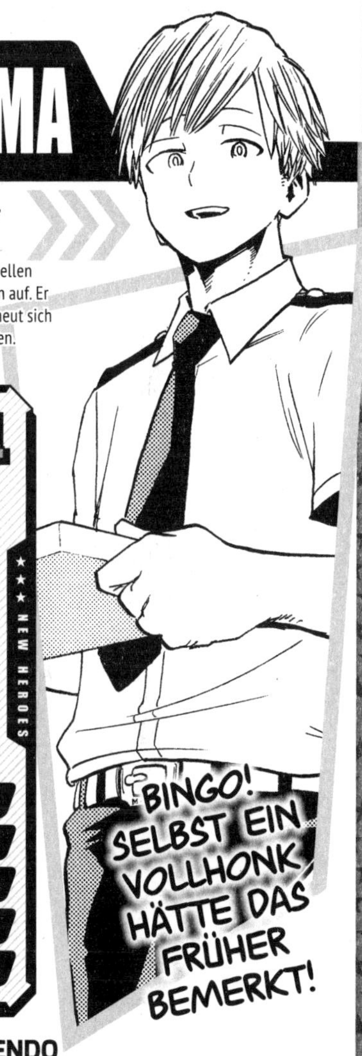

Macht sich im Kampf die Kräfte anderer zunutze. Stolzer Anführer der B-Klasse.

Mit seinem Stolz setzt er der ohnehin mit vielen speziellen Charakteren gesegneten B-Klasse das Sahnehäubchen auf. Er hegt eine tiefe Abneigung gegen die A-Klasse und scheut sich nicht, diese gelegentlich auch zum Ausdruck zu bringen.

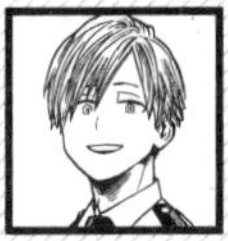

PERSONAL DATA

★★★ NEW HEROES

Zugehörigkeit: **U.A. Highschool, Helden-Fakultät, Klasse 1-B**

Alte Schule: **Aiso-Mittelschule**

Geburtstag: **13. Mai**

Körpergröße: **1,70 m**

Blutgruppe: **A**

Heimat: **Präfektur Kanagawa**

Mag: **französische Küche, frankobelgische Comics**

Kampfstil: **Überraschungsangriffe**

AMTLICH ANERKANNT

HERO'S STATUS

KRAFT (POWER)	E
TEMPO (SPEED)	E
TECHNIK (TECHNIQUE)	A
INTELLIGENZ (INTELLIGENCE)	A
KOOPERATION (COOPERATIVENESS)	D

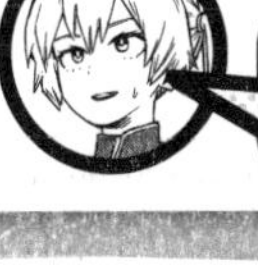

Dazu sagt **ITSUKA KENDO**

Wie er erst neulich wieder grundlos die A-Klasse blöd angemacht hat! Komischer Kerl ... Aber im Grunde hängt er ja nur an der B-Klasse, und selbst er hat gute Seiten.

•HELDENNAME•
PHANTOM THIEF

MACKE
COPYCAT

SCOOP

EXKLUSIVE INFOS ÜBER DIE B-KLÄSSLER!!

KOPIERT FÜNF MINUTEN LANG DIE MACKE ANDERER!

Nachdem er jemanden berührt hat, kann er dessen Macke fünf Minuten lang beliebig oft einsetzen. Erschreckend starke Fähigkeit!

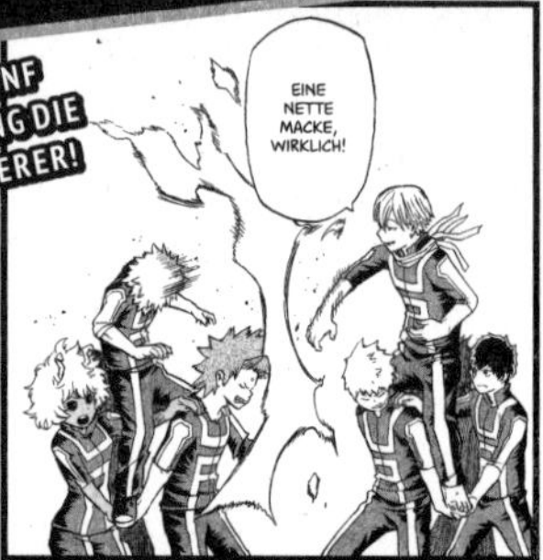

Der Einzige in der B-Klasse, der durchgefallen ist?!

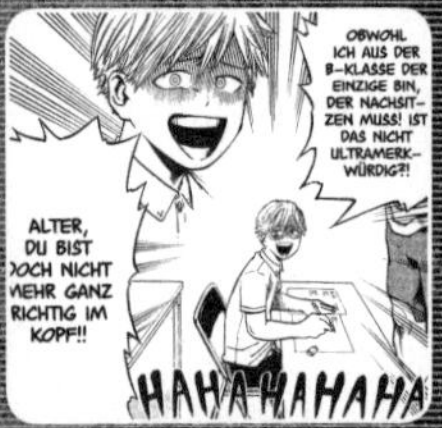

Obwohl er wie ein Musterschüler aussieht, ist er der Einzige in der B-Klasse, der die schriftliche Prüfung vermasselt hat und deshalb nachsitzen musste.

GEHT SEINE GEGNER MIT UNTERSCHIEDLICHEN METHODEN AN!

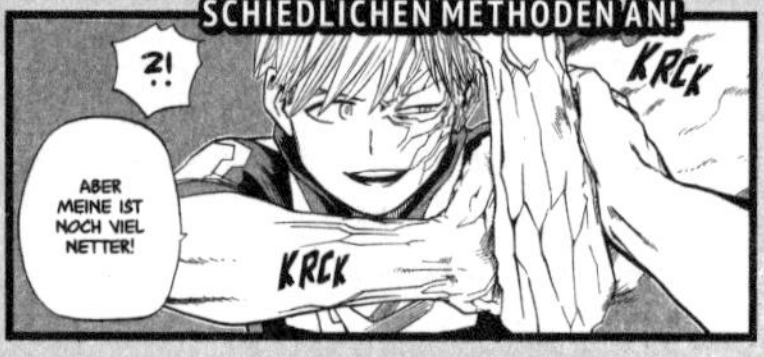

Beim Reiterkampf versäumte er es nie, sich für den jeweiligen Gegner passende Macken zu besorgen, um sich selbst einen Vorteil zu verschaffen.

NEITOS EIGNUNG ALS HELD

Verteilt präzise Anweisungen an Kameraden!

Nachdem er die Gewohnheiten und Macken seiner Gegner exakt bestimmt hat, sagt er seinen Kameraden, was zu tun ist.

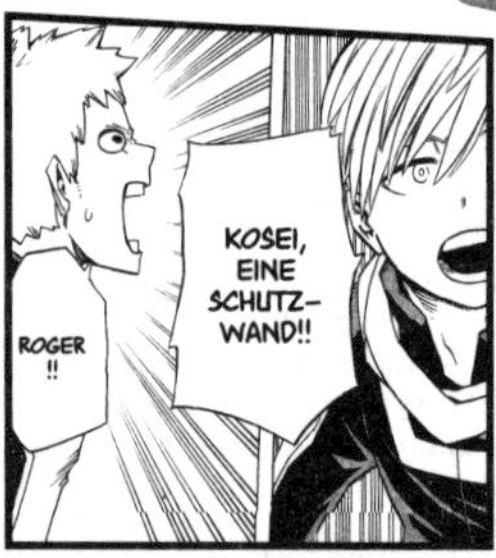

Weiß, wie er mit Worten andere manipuliert!

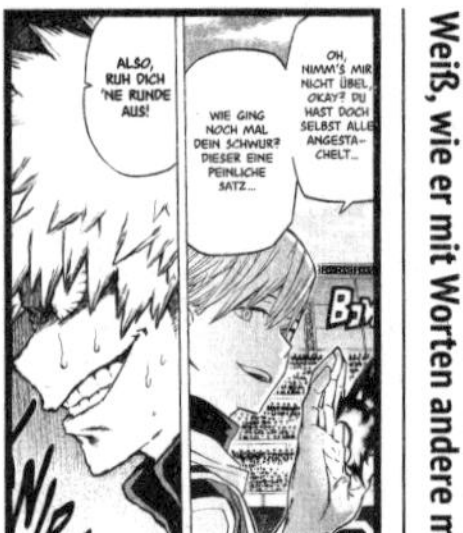

Verschafft sich im Kampf einen psychischen Vorteil, indem er seine Gegner anstachelt und manipuliert.

▶ Bewertung durch den Profihelden **BLOOD KING**

Mit seiner übermächtigen Macke wäre er ein vielversprechender Held, wenn er nur irgendwie seinen Sarkasmus in den Griff bekäme! Wie soll man ihm den nur abgewöhnen?!

ITSUKA KENDO

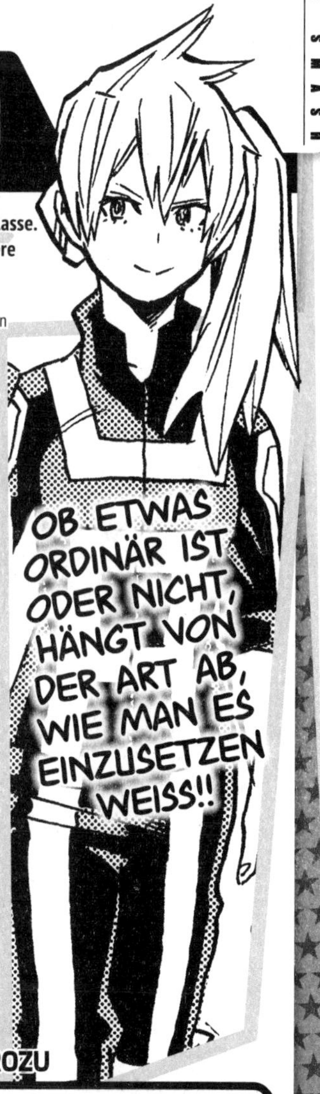

Kümmert sich mit einem großen Herzen um die B-Klasse. Als Klassensprecherin so etwas wie jedermanns ältere Schwester.

Hält wie eine ältere Schwester die anspruchsvolle B-Klasse im Zaum. Ist der A-Klasse gegenüber freundschaftlich gesonnen und gibt sogar den ein oder anderen Tipp an sie weiter.

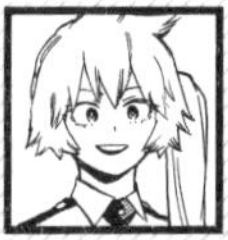

PERSONAL DATA

Zugehörigkeit: **U.A. Highschool, Helden-Fakultät, Klasse 1-B**

Alte Schule: **Ueran-Mittelschule**

Geburtstag: **9. September**

Körpergröße: **1,66 m**

Blutgruppe: **0**

Heimat: **Präfektur Chiba**

Mag: **Motorräder, schwarzen Kaffee**

Kampfstil: **Nahkampf**

AMTLICH ANERKANNT

★★★ NEW HEROES

HERO'S STATUS

KRAFT (POWER)	C
TEMPO (SPEED)	E
TECHNIK (TECHNIQUE)	C
INTELLIGENZ (INTELLIGENCE)	A
KOOPERATION (COOPERATIVENESS)	B

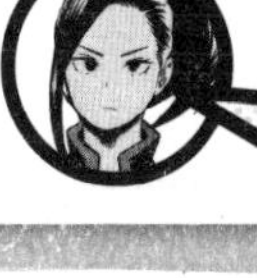

Dazu sagt **MOMO YAOYOROZU**

Als wir zusammen das Praktikum absolviert haben, wurde mir bewusst, dass sie es auch nicht leicht hat. Die B-Klasse zu bändigen, die im Dauerwettstreit mit der A-Klasse steht, muss schwer sein...

•HELDENNAME•
BATTLE FIST

MACKE RIESENFAUST

SCOOP

EXKLUSIVE INFOS ÜBER DIE B-KLÄSSLER!!

IN IHREN RIESENFÄUSTEN KANN SIE SELBST IHRE FREUNDE VERSTECKEN!

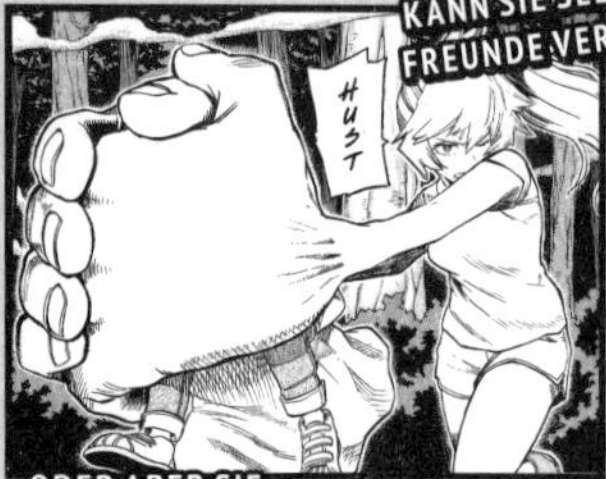

Mit ihrer Macke kann sie ihre Hände um ein Vielfaches wachsen lassen und mühelos andere Personen tragen.

Man beachte den Werbeclip!!

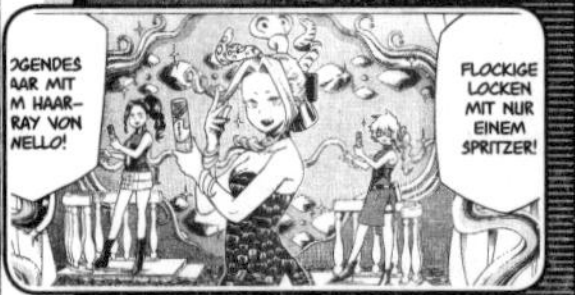

Für das Praktikum begab sich Itsuka gemeinsam mit Momo zur Agentur von Snake Hero Uwabami. Aus unerklärlichen Gründen spielte sie dann in einem Werbeclip mit… So schnell kann's gehen mit dem TV-Debüt!!

ODER ABER SIE BESCHWÖRT DAMIT EINEN KLEINEN STURM HERAUF!

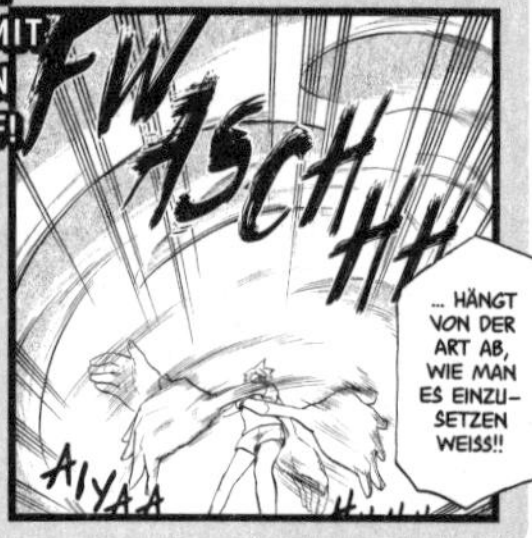

Setzt sie ihre Riesenhände wie einen Fächer ein, kann sie um sich herum die Luftmassen in Bewegung versetzen.

ITSUKAS EIGNUNG ALS HELDIN

Problemfälle bekommen eins auf die Rübe!!

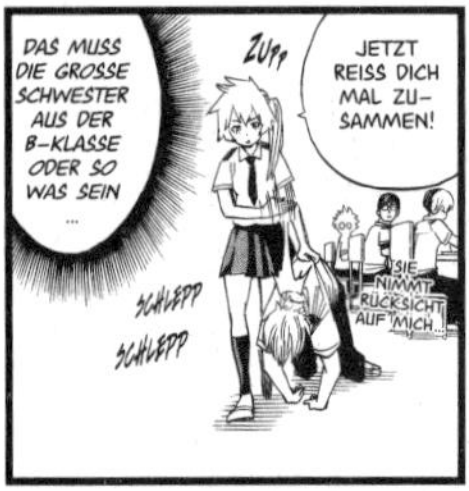

Als Klassensprecherin der B-Klasse duldet sie in ihren eigenen Reihen niemanden, der sich abfällig über Parallelklassen äußert. Wer es doch tut, bekommt ohne Vorwarnung ihre Handkante zu spüren.

Durchschaut durch ihre Empathie die Pläne ihrer Gegner!

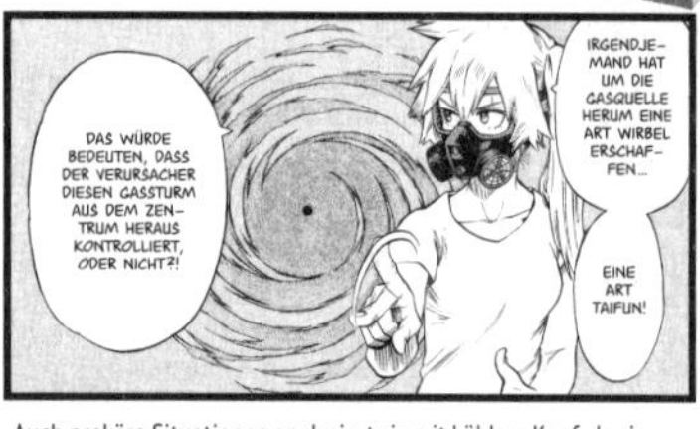

Auch prekäre Situationen analysiert sie mit kühlem Kopf, da sie daran gewöhnt ist, ihre oft übermotivierten Kameraden anzuleiten, die regelmäßig handeln, bevor sie zu denken anfangen.

▶ Bewertung durch den Profihelden **UWABAMI**

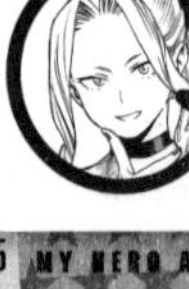

So ehrgeizig, wie Itsuka ist, und so leidenschaftlich, wie sie lernt, bin ich sicher, dass sie eine bezaubernde Heldin abgeben wird! An gutem Aussehen mangelt es ihr auch nicht. Ob sie in meinem neuen Werbeclip wieder mitspielt?!

File 23

TETSUTETSU TETSUTETSU

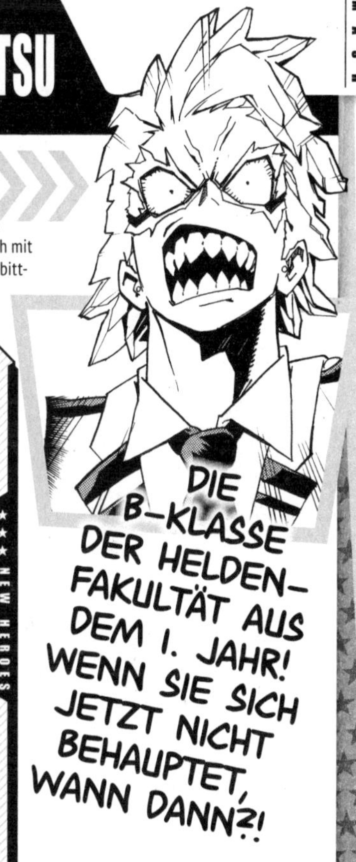

Besitzt einen eisernen Willen und gibt bei jeder Rauferei den Ton an.

Was die A-Klasse angeht, besitzt er einen fast so starken Konkurrenzgeist wie Neito. Beim Sportfest lieferte er sich mit Eijiro, dessen Macke seiner eigenen sehr ähnelt, ein unerbittliches Duell.

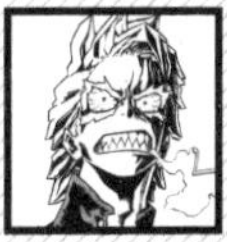

PERSONAL DATA

Zugehörigkeit: **U.A. Highschool, Helden-Fakultät, Klasse 1-B**

Alte Schule: **Anshio-Mittelschule**

Geburtstag: **16. Oktober**

Körpergröße: **1,74 m**

Blutgruppe: **B**

Heimat: **Präfektur Saitama**

Mag: **Fighting Games, Spinat**

Kampfstil: **Nahkampf**

AMTLICH ANERKANNT

★★★ NEW HEROES

HERO'S STATUS

KRAFT (POWER)	B
TEMPO (SPEED)	C
TECHNIK (TECHNIQUE)	C
INTELLIGENZ (INTELLIGENCE)	C
KOOPERATION (COOPERATIVENESS)	B

Dazu sagt **EIJIRO KIRISHIMA**

Ich hätte nie im Leben gedacht, dass es in meiner Nähe jemanden gibt, der fast die gleiche Macke wie ich besitzt! Beim Sportfest hatte ich um Haaresbreite die Nase vorn, aber wer weiß, wie das beim nächsten Mal aussieht...

•HELDENNAME•

REAL STEEL

MACKE STAHL

MIT STÄHLERNEM KÖRPER IN DEN NAHKAMPF!

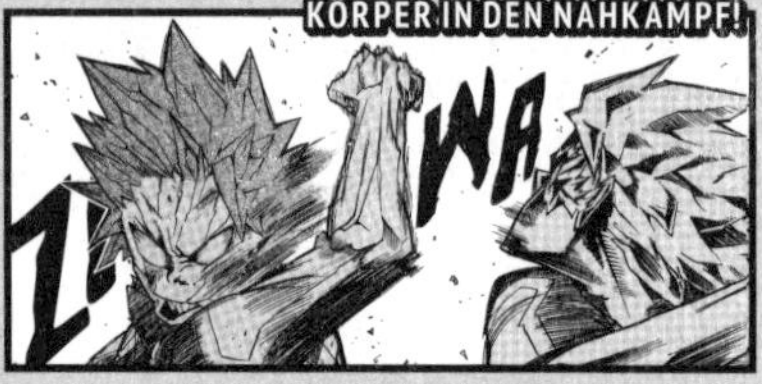

Bei seinem stahlharten Körper verwundert es nicht, dass er besonders im Zweikampf und in Schlägereien die Nase vorn hat.

SCOOP

EXKLUSIVE INFOS ÜBER DIE B-KLÄSSLER!!

Verbirgt sich hinter dem draufgängerischen Äußeren etwa echter Ehrgeiz?!

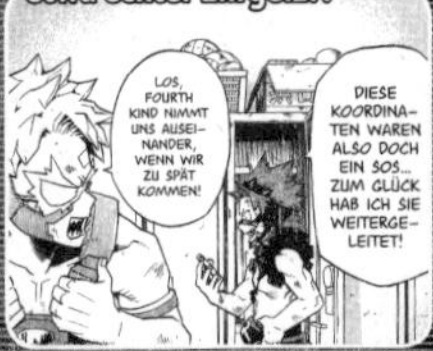

Er mag auf den ersten Blick wie der typische Problemschüler aussehen, doch beim Praktikum zeigte er auch seine ernste Seite: Er hat sogar versucht, nicht zu spät zu kommen!

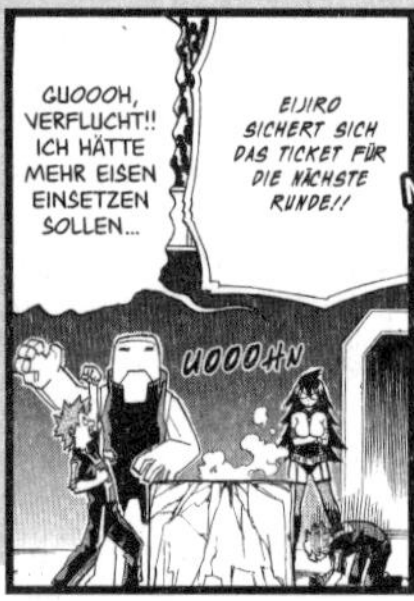

EISENMANGEL FÜHRT JEDOCH ZU METALLERMÜDUNG...

Längerer Gebrauch seiner Macke führt zu Eisenmangel und zehrt an seinen Kräften. Daher ist für ihn auch mitten im Kampf die Versorgung mit Eisen unerlässlich.

TETSUTETSUS EIGNUNG ALS HELD

Gehärteter Stahl, an dem sogar Kugeln abprallen!

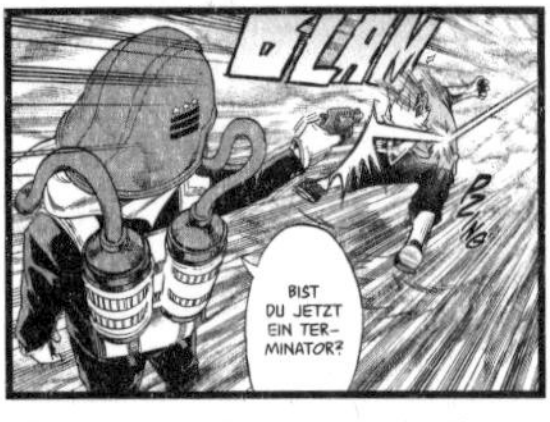

Da seine Macke einfache Kugeln von Handfeuerwaffen abprallen lässt, ist er wie gemacht für die Niederschlagung von Schießereien.

Folgt zielstrebig seiner Überzeugung!

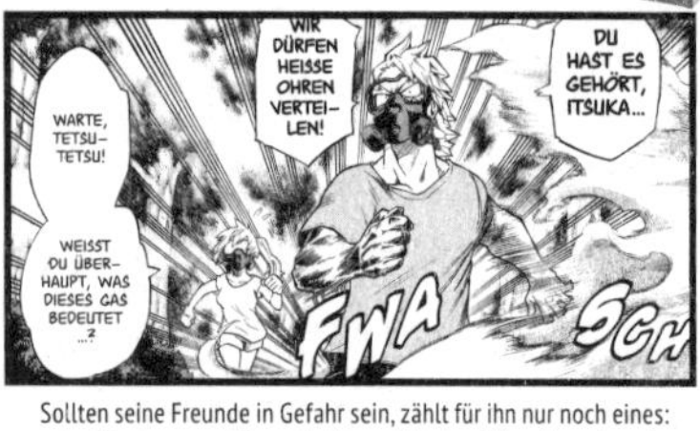

Sollten seine Freunde in Gefahr sein, zählt für ihn nur noch eines: seine Überzeugung! Dann denkt er nicht eine Sekunde nach und rennt einfach drauflos!

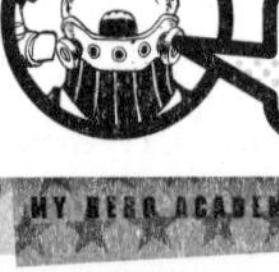

▶ Bewertung durch den Profihelden **FOURTH KIND**

Manche mögen die Macken von Tetsutetsu oder Eijiro als eindimensional abtun, aber in unserer Agentur, in der wir uns um die wirklich harten Fälle kümmern, halten wir sie in Ehren! Beim Praktikum hat er uns tatkräftig unterstützt.

File 24

1st SMASH

IBARA SHIOZAKI

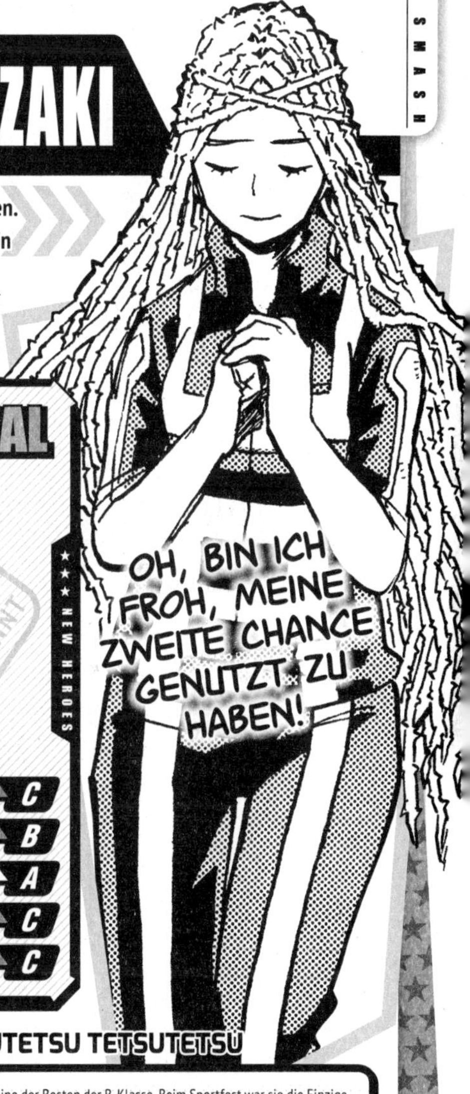

Tritt ihren Gegnern direkt entgegen. Unter ihrer harten Schale steckt ein weicher Kern.

Ein Mädchen aus der B-Klasse, deren Macke ihr statt Haaren dornige Ranken wachsen lässt. Extrem nervös und nicht leicht zu überzeugen.

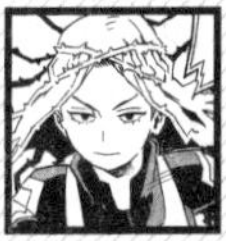

PERSONAL DATA

Zugehörigkeit: **U.A. Highschool, Helden-Fakultät, Klasse 1-B**

Alte Schule: **Karida-Mittelschule**

Geburtstag: **8. September**

Körpergröße: **1,67 m**

Blutgruppe: **AB**

Heimat: **Präfektur Kanagawa**

Mag: **Brot**

Kampfstil: **Unterstützung auf mittlere oder große Distanz**

AMTLICH ANERKANNT

★★★ NEW HEROES

HERO'S STATUS

KRAFT (POWER)	C
TEMPO (SPEED)	B
TECHNIK (TECHNIQUE)	A
INTELLIGENZ (INTELLIGENCE)	C
KOOPERATION (COOPERATIVENESS)	C

▶ Dazu sagt **TETSUTETSU TETSUTETSU**

Ibara war von Anfang an eine der Besten der B-Klasse. Beim Sportfest war sie die Einzige, die es überhaupt bis in die zweite Turnierrunde geschafft hat. Sie hat's echt drauf!

•HELDENNAME•

MARIA

MACKE RANKEN

Ihre Ranken kann sie auch steuern, wenn sie sie von ihrem Körper abgetrennt hat. Vom Angriff bis zum Fesseln des Gegners ist mit den Ranken alles drin, was sie zu einer mächtigen Macke macht.

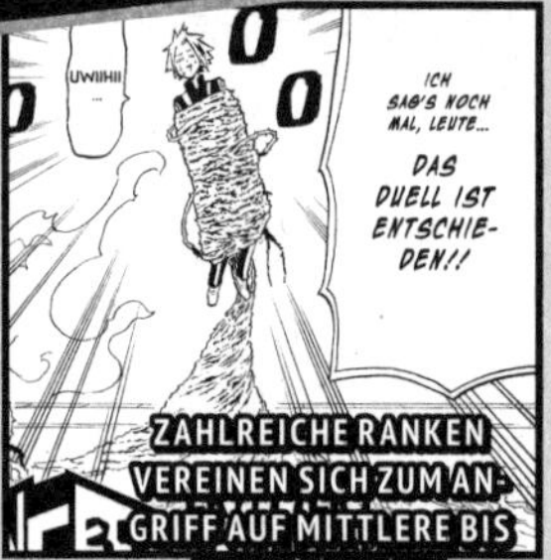

ZAHLREICHE RANKEN VEREINEN SICH ZUM ANGRIFF AUF MITTLERE BIS WEITE DISTANZ!

SCOOP

EXKLUSIVE INFOS ÜBER DIE B-KLÄSSLER!!

In Wirklichkeit ist sie unglaublich begabt?!

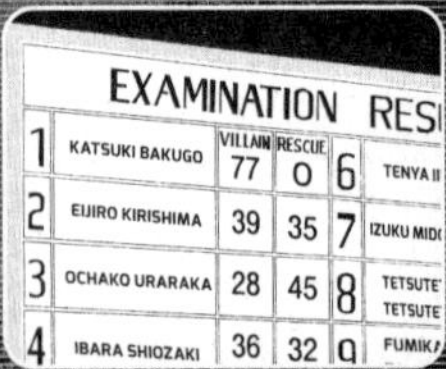

EXAMINATION RESI

		VILLAIN	RESCUE		
1	KATSUKI BAKUGO	77	0	6	TENYA II
2	EIJIRO KIRISHIMA	39	35	7	IZUKU MID(
3	OCHAKO URARAKA	28	45	8	TETSUTE' TETSUTE'
4	IBARA SHIOZAKI	36	32	9	FUMIK/

Bei der Aufnahmeprüfung der U.A. schaffte sie den 4. Platz, direkt hinter Katsuki, Eijiro und Ochaco aus der A-Klasse. In der 1. Jahrgangsstufe mischt sie also ganz oben mit!

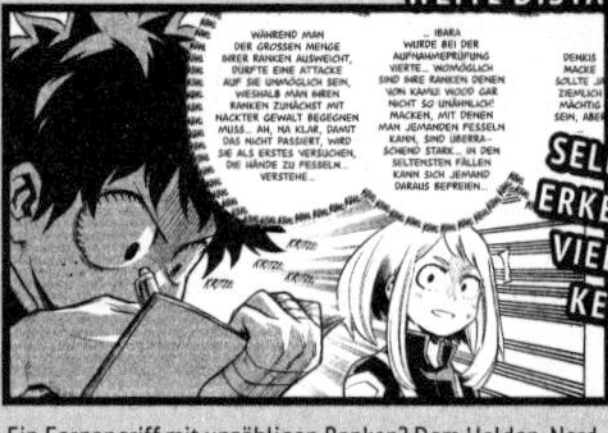

SELBST IZUKU ERKENNT IHRE VIELSEITIGKEIT AN!

Ein Fernangriff mit unzähligen Ranken? Dem Helden-Nerd Izuku fällt natürlich sofort auf, wie mächtig diese Fähigkeit ist.

IBARAS EIGNUNG ALS HELDIN

Wenn ihr etwas nicht passt, fragt sie sofort nach!

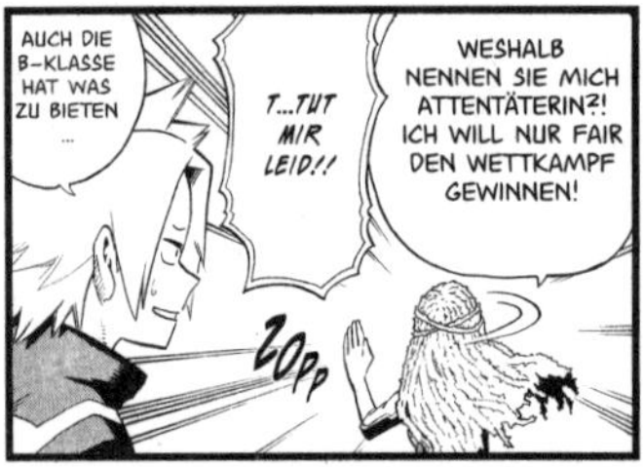

Sobald ihr etwas merkwürdig vorkommt, fragt sie nach. Minutiöse Aufgaben, die viel Konzentration erfordern, liegen ihr.

Auch feinmotorisch ganz weit vorn!

Da sie jede Ranke einzeln steuern kann, ist sie bestens für Präzisionseinsätze geeignet.

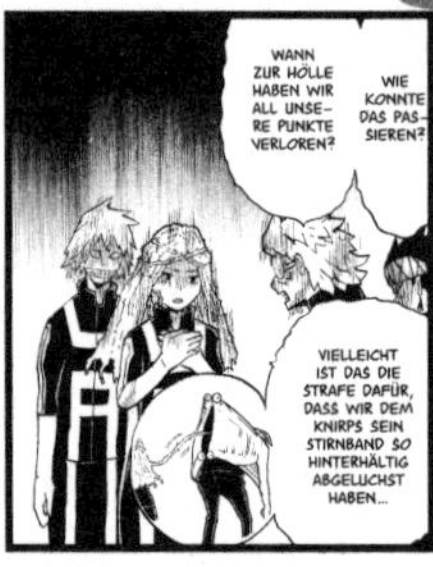

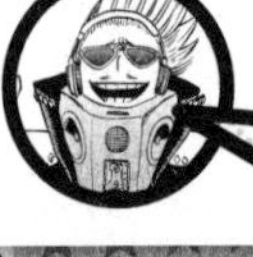

Bewertung durch den Profihelden **PRESENT MIC**

Ich hätte nie gedacht, dass sie beim Sportfest gleich so eingeschnappt sein würde, nur weil ich sie als »die Attentäterin der B-Klasse« vorgestellt habe... Da bin ich echt ins Schwitzen gekommen!

FILE 25

JUZO HONENUKI

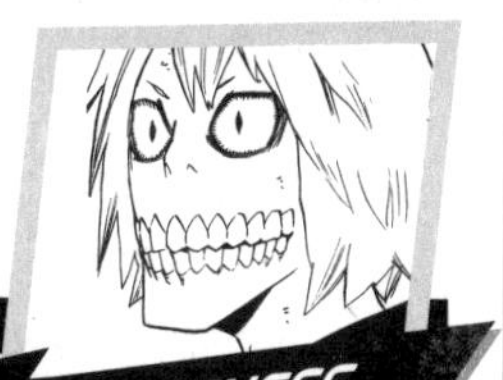

MACKE **SOFTNESS**

PERSONAL DATA

Zugehörigkeit: **U.A. Highschool, Helden-Fakultät, Klasse 1-B**
Alte Schule: **Kontora-Mittelschule**
Geburtstag: **20. Juni**
Körpergröße: **1,74 m**
Blutgruppe: **AB**
Heimat: **Präfektur Kanagawa**
Mag: **Massagen (sowohl aktiv als auch passiv)**
Kampfstil: **Unterstützung auf mittlere oder große Distanz**

AMTLICH ANERKANNT

★★★ NEW HEROES

Kampflustiger, finsterer Kerl, der durch eine Empfehlung in die B-Klasse kam.

Erkenntlich an seinen großen Augen und seinem Mund. Kam beim Sportfest nicht weiter als bis zum Reiterkampf, feuerte seine Klassenkameraden dann aber beim Turnier an.

Dazu sagt **ITSUKA KENDO**

Auf den ersten Blick wirkt er zwar gruselig, aber er ist in Wahrheit ein echt netter Kerl!

Juzos Eignung als Held

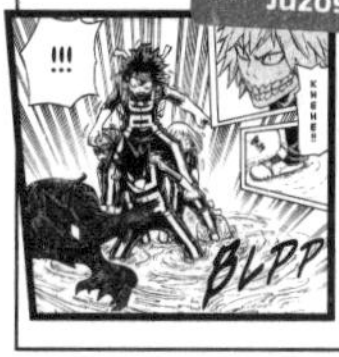

Verweichlicht alles, was er berührt!

Er setzt seine Gegner fest, indem er den Boden unter ihren Füßen zu Brei werden lässt.

FILE 26

NIRENGEKI SHODA

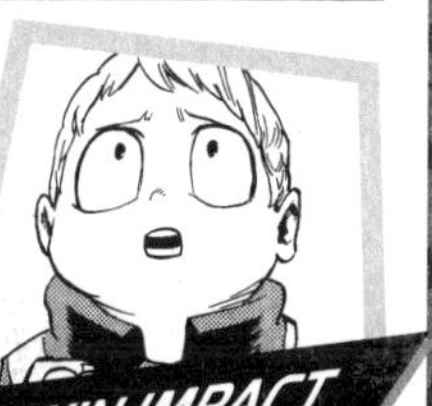

MACKE **TWIN IMPACT**

PERSONAL DATA

Zugehörigkeit: **U.A. Highschool, Helden-Fakultät, Klasse 1-B**
Alte Schule: **Yasuhei-Mittelschule**
Geburtstag: **2. Februar**
Körpergröße: **1,65 m**
Blutgruppe: **0**
Heimat: **Tokyo**
Mag: **beim Boxen zuschauen**
Kampfstil: **Mann gegen Mann**

AMTLICH ANERKANNT

★★★ NEW HEROES

Gewissermaßen das Gewissen der B-Klasse, das nur so vor Mut strotzt, auch wenn man es ihm nicht ansieht.

Beendete das Hindernisrennen beim Sportfest mit dem 35. Platz. Beim Reitkampf wurde er von Hitoshi hypnotisiert und an die Front gestellt.

Dazu sagt **EIJIRO KIRISHIMA**

Dass er verzichtet hat, weil er hypnotisiert wurde, zeigt, wie aufrichtig er es meint!

Nirengekis Eignung als Held

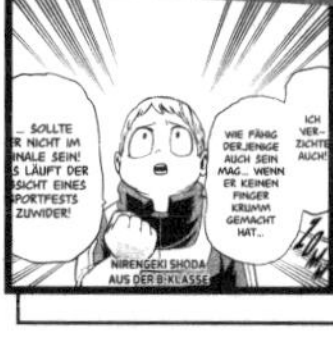

Unerschütterlich in seiner Überzeugung

Lässt sich von nichts und niemandem in seiner Überzeugung beirren.

FILE 27

YOSETSU AWASE

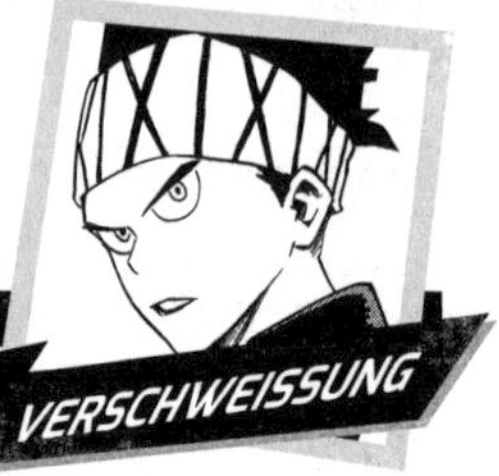

PERSONAL DATA

Zugehörigkeit: **U.A. Highschool, Helden-Fakultät, Klasse 1-B**
Alte Schule: **Shobei-Mittelschule**
Geburtstag: **7. November**
Körpergröße: **1,72 m**
Blutgruppe: **0**
Heimat: **Präfektur Niigata**
Mag: **Handy-Games**
Kampfstil: **Hit and away**

AMTLICH ANERKANNT

★★★ NEW HEROES

MACKE **VERSCHWEISSUNG**

Sein starkes Verantwortungsbewusstsein macht ihn auch in Notlagen zu einem verlässlichen Kameraden.

Hat seine schwarzen Haare mit einem Halstuch zusammengebunden und kann mit seiner Macke Gegenstände auf atomarer Ebene miteinander verschweißen.

Dazu sagt **TETSUTETSU TETSUTETSU**

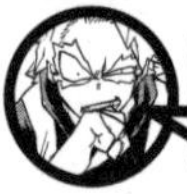

Sonst nicht immer der zuverlässigste Typ, aber wenn's drauf ankommt, kann man auf ihn zählen!!

Juzos Eignung als Held

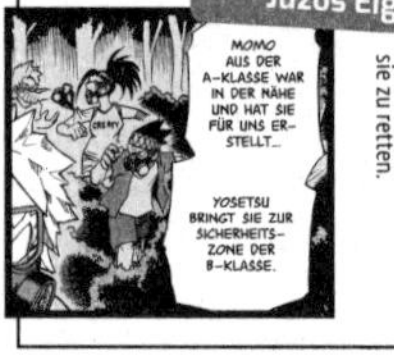

Tut alles, um seine Freunde zu schützen!

Sind seine Freunde in Gefahr, lässt er nichts unversucht, um sie zu retten.

FILE 28

KOSEI TSUBURABA

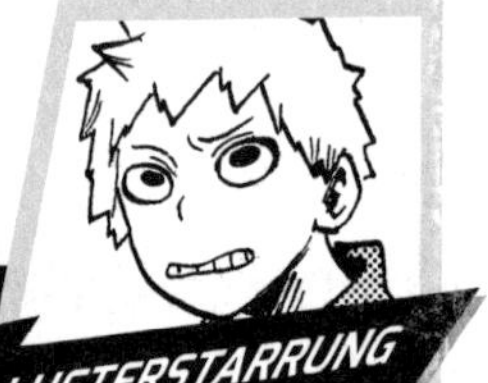

PERSONAL DATA

Zugehörigkeit: **U.A. Highschool, Helden-Fakultät, Klasse 1-B**
Alte Schule: **Hadoma-Mittelschule**
Geburtstag: **19. Mai**
Körpergröße: **1,70 m**
Blutgruppe: **0**
Heimat: **Präfektur Kagawa**
Mag: **Ballsport**
Kampfstil: **Verteidigung**

AMTLICH ANERKANNT

★★★ NEW HEROES

MACKE **LUFTERSTARRUNG**

Beschützer an der Front von Neitos Reittrupp!

Lustlos wirkender B-Klässler, der beim Reitkampf auf Neitos Befehl hin mit seiner Macke Katsukis Team dazwischengefunkt hat.

Dazu sagt **NEITO MONOMA**

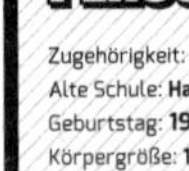

Koseis Wand hielt zwar nicht stand, aber nur weil Katsuki immer den Dicken markieren muss!

Koseis Eignung als Held

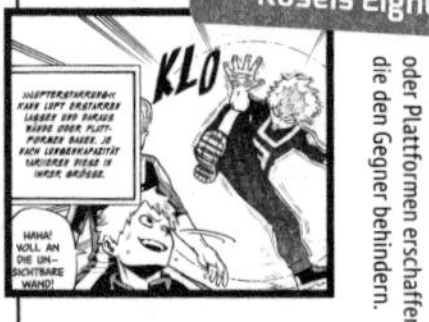

Kann seine Macke auch als Schild einsetzen!

Seine Macke lässt ihn Wände oder Plattformen erschaffen, die den Gegner behindern.

ALLE SCHÜLER DER B-KLASSE!!

File 29

SEN KAIBARA

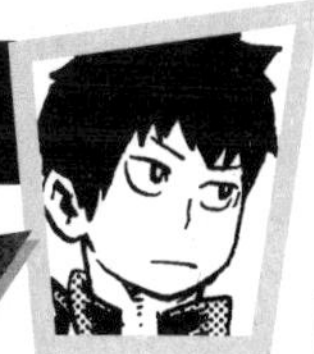

MACKE *SCHWENKUNG*

PERSONAL DATA

Zugehörigkeit: **U.A. Highschool, Helden-Fakultät, Klasse 1-B**
Geburtstag: **12. Juni**
Körpergröße: **1,72 m**
Blutgruppe: **B**
Heimat: **Tokyo**
Mag: **Kameras**

File 30

KOJIRO BONDO

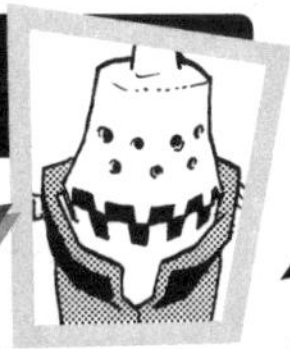

MACKE *KLEBER*

PERSONAL DATA

Zugehörigkeit: **U.A. Highschool, Helden-Fakultät, Klasse 1-B**
Geburtstag: **23. Dezember**
Körpergröße: **1,91 m**
Blutgruppe: **AB**
Heimat: **Tokyo**
Mag: **Plastikmodellbau**

File 31

REIKO YANAGI

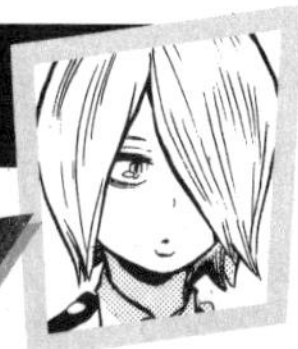

MACKE *POLTERGEIST*

PERSONAL DATA

Zugehörigkeit: **U.A. Highschool, Helden-Fakultät, Klasse 1-B**
Geburtstag: **11. Februar**
Körpergröße: **1,65 m**
Blutgruppe: **B**
Heimat: **Präfektur Aichi**
Mag: **im Netz surfen**

File 32

JUROTA SHISHIDA

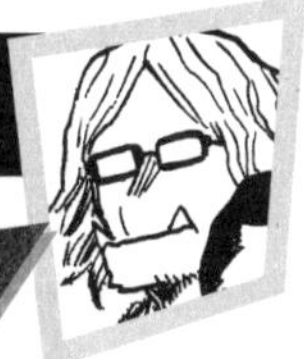

MACKE *BEAST*

PERSONAL DATA

Zugehörigkeit: **U.A. Highschool, Helden-Fakultät, Klasse 1-B**
Geburtstag: **26. März**
Körpergröße: **1,74 m**
Blutgruppe: **0**
Heimat: **Präfektur Akita**
Mag: **Mittagsschlaf**

File 33

SHIHAI KUROIRO

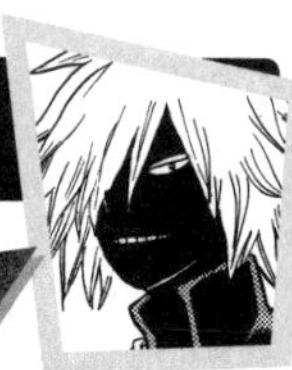

MACKE *BLACK*

PERSONAL DATA

Zugehörigkeit: **U.A. Highschool, Helden-Fakultät, Klasse 1-B**
Geburtstag: **1. November**
Körpergröße: **1,76 m**
Blutgruppe: **A**
Heimat: **Präfektur Fukushima**
Mag: **Spaghetti mit Tintenfischtinte**

File 34

YUI KODAI

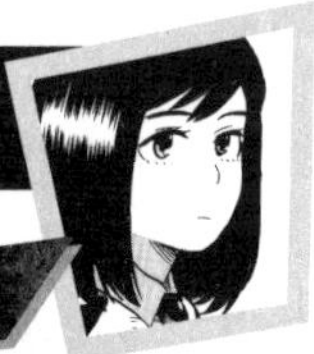

MACKE *SIZE*

PERSONAL DATA

Zugehörigkeit: **U.A. Highschool, Helden-Fakultät, Klasse 1-B**
Geburtstag: **19. Dezember**
Körpergröße: **1,60 m**
Blutgruppe: **B**
Heimat: **Präfektur Shimane**
Mag: **Matroschkas**

FILE 35 – HIRYU RIN

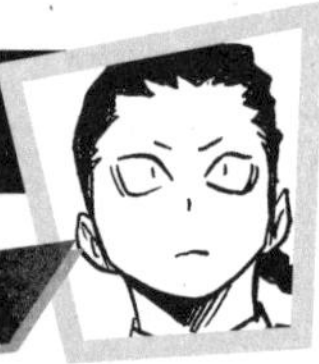

MACKE: SCHUPPEN

PERSONAL DATA

Zugehörigkeit: **U.A. Highschool, Helden-Fakultät, Klasse 1-B**
Geburtstag: **14. Juli**
Körpergröße: **1,70 m**
Blutgruppe: **A**
Heimat: **China**
Mag: **Sushi**

FILE 36 – KINOKO KOMORI

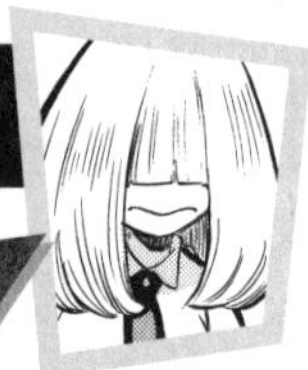

MACKE: PILZ

PERSONAL DATA

Zugehörigkeit: **U.A. Highschool, Helden-Fakultät, Klasse 1-B**
Geburtstag: **2. Dezember**
Körpergröße: **1,52 m**
Blutgruppe: **A**
Heimat: **Präfektur Gunma**
Mag: **Pilzgerichte**

FILE 37 – TOGARU KAMAKIRI

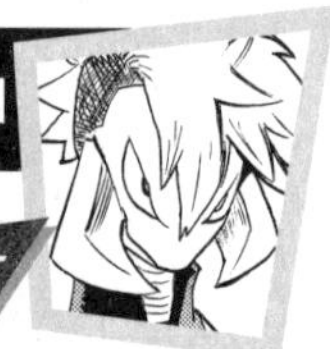

MACKE: SCHARFE KLINGE

PERSONAL DATA

Zugehörigkeit: **U.A. Highschool, Helden-Fakultät, Klasse 1-B**
Geburtstag: **7. Januar**
Körpergröße: **1,89 m**
Blutgruppe: **A**
Heimat: **Präfektur Nagasaki**
Mag: **Insekten sammeln**

FILE 38 – PONY TSUNOTORI

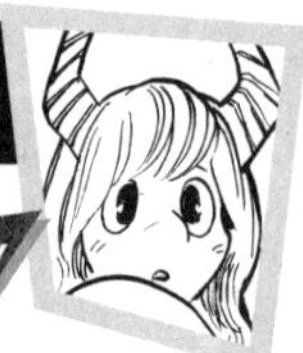

MACKE: KANONENHORN

PERSONAL DATA

Zugehörigkeit: **U.A. Highschool, Helden-Fakultät, Klasse 1-B**
Geburtstag: **21. April**
Körpergröße: **1,55 m**
Blutgruppe: **0**
Heimat: **USA**
Mag: **Äpfel**

FILE 39 – SETSUNA TOKAGE

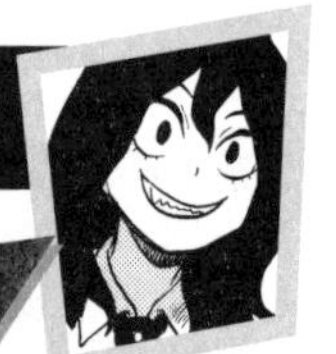

MACKE: AUTOTOMIE

PERSONAL DATA

Zugehörigkeit: **U.A. Highschool, Helden-Fakultät, Klasse 1-B**
Geburtstag: **13. Oktober**
Körpergröße: **1,58 m**
Blutgruppe: **B**
Heimat: **Präfektur Saitama**
Mag: **Dinosaurier**

FILE 40 – MANGA FUKIDASHI

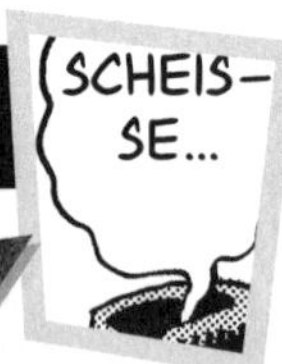

MACKE: COMIC

PERSONAL DATA

Zugehörigkeit: **U.A. Highschool, Helden-Fakultät, Klasse 1-B**
Geburtstag: **2. Februar**
Körpergröße: **1,40 m**
Blutgruppe: **A**
Heimat: **Präfektur Wakayama**
Mag: **Zeichnen**

HITOSHI SHINSO

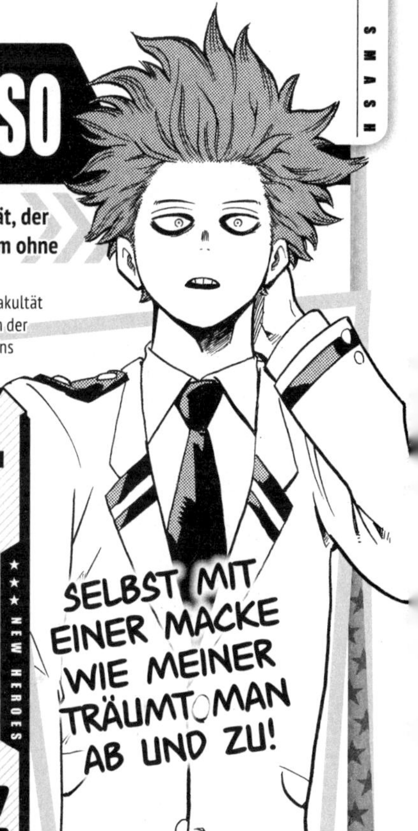

Hoffnungsstern der Allgemeinen Fakultät, der eine übermächtige Macke besitzt, die ihm ohne Kampf zum Sieg verhilft.

Plant schon lange den Wechsel von der Allgemeinen Fakultät zur Helden-Fakultät. Beim Sportfest hypnotisierte er in der ersten und zweiten Disziplin seine Gegner und zog so ins Endturnier ein.

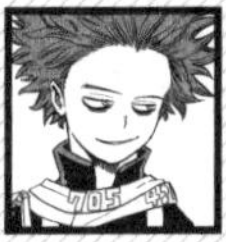

PERSONAL DATA

Zugehörigkeit: **U.A. Highschool, Allgemeine Fakultät, Klasse 1-C**

Alte Schule: **Nabu-Mittelschule**

Geburtstag: **1. Juli**

Körpergröße: **1,77 m**

Blutgruppe: **AB**

Heimat: **Präfektur Saitama**

Mag: **Katzen, Rad fahren**

Kampfstil: **Manipulation durch Gehirnwäsche**

AMTLICH ANERKANNT

HERO'S STATUS

KRAFT	E
TEMPO	E
TECHNIK	B
INTELLIGENZ	B
KOOPERATION	E

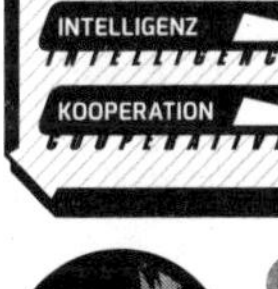

Dazu sagt **IZUKU MIDORIYA**

Mashirao hatte mich schon vor Hitoshis Macke gewarnt, aber irgendwann riss mir doch der Geduldsfaden ... Praktisch könnte ihm seine Macke von Nutzen sein, wenn er... murmel... murmel...

MACKE GEHIRNWÄSCHE

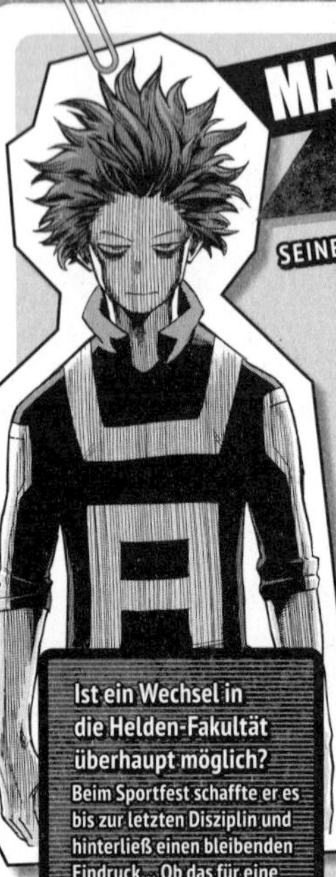

SEINE GEGNER GEHORCHEN IHM AUFS WORT!

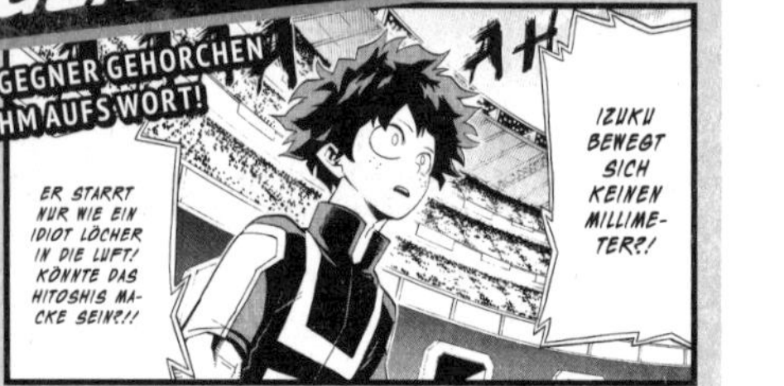

Sobald ein Gegner auf Hitoshis Fragen antwortet, wird er einer Gehirnwäsche unterzogen. Er verliert seinen freien Willen und steht unter Hitoshis Kontrolle.

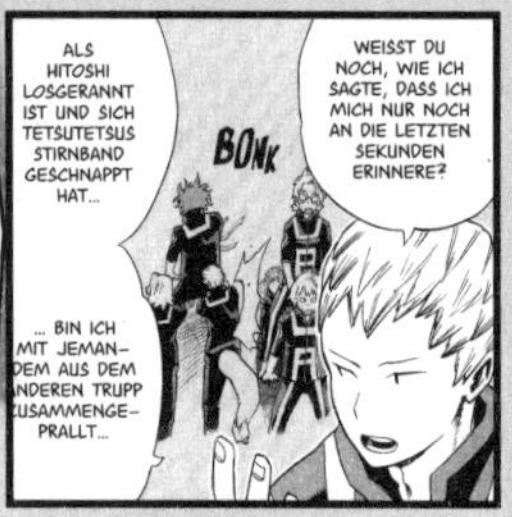

KANN DURCH PHYSISCHE KRAFT VON AUSSEN AUFGEHOBEN WERDEN!

Von selbst schafft es niemand, sich Hitoshis Einfluss zu entziehen. Aber wenn jemand in das Opfer hineinrennt oder es sich irgendwo stößt, wird die Gehirnwäsche aufgehoben.

Ist ein Wechsel in die Helden-Fakultät überhaupt möglich?

Beim Sportfest schaffte er es bis zur letzten Disziplin und hinterließ einen bleibenden Eindruck... Ob das für eine Qualifikation ausreicht...?!

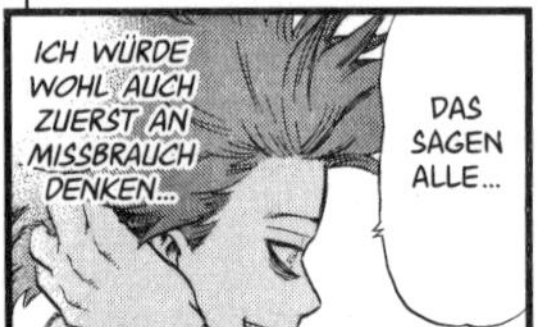

Mit seiner Fähigkeit wäre er gut als Held geeignet, genauso gut könnte er sie aber auch für böse Zwecke einsetzen. Ein zweischneidiges Schwert.

Er könnte aber auch den Weg der Schurken einschlagen...?!

HITOSHIS EIGNUNG ALS HELD

Selbst die Profis sahen ein, dass er seine Macke gut zur Bekämpfung von Schurken einsetzen könnte!

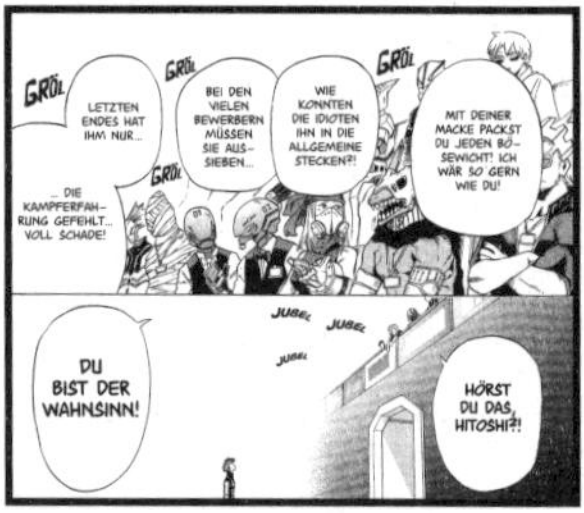

Es wurden Stimmen laut, die in ihm aufgrund seiner Macke den optimalen Helden zur Schurkenbekämpfung sehen.

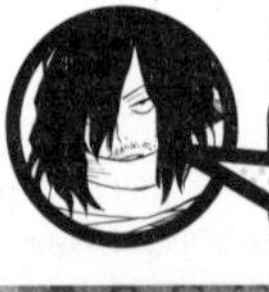

Bewertung durch den Profihelden **ERASERHEAD**

Bei Hitoshis Macke kommt's drauf an, wie er sie einsetzt. Für Verhöre festgenommener Schurken wäre sie irre praktisch. Treib damit bloß keinen Unfug, hörst du?!

File 42

MEI HATSUME

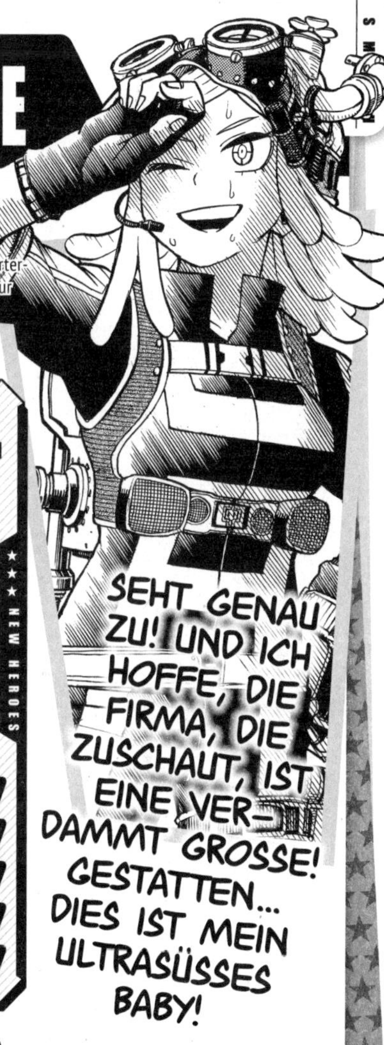

Mit ihren ultrasüßen Babys ist sie die ungebrochene Königin der Innovation!

Fräulein Düsentrieb, die Helden mit zahlreichen Supporter-Items unterstützt. Hat sich beim Sportfest wacker bis zur letzten Disziplin durchgeschlagen, obwohl sie »nur« von der Supporter-Fakultät stammt.

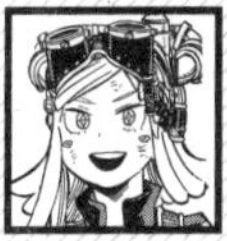

PERSONAL DATA

Zugehörigkeit: **U.A. Highschool, Helden-Fakultät, Klasse 1-H**

Alte Schule: **Hando-Mittelschule**

Geburtstag: **18. April**

Körpergröße: **1,57 m**

Blutgruppe: **0**

Heimat: **Tokyo**

Mag: **Steampunk-Zeugs und Schokolade**

Kampfstil: **Unterstützung mit Items**

AMTLICH ANERKANNT

★★★ NEW HEROES

HERO'S STATUS

KRAFT	E
TEMPO	E
TECHNIK	C
INTELLIGENZ	A
KOOPERATION	D

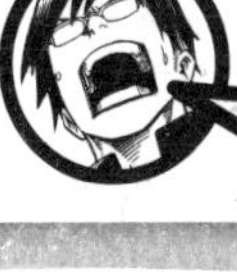

Dazu sagt TENYA IIDA

Ihre Aktion beim Turnier hab ich nicht vergessen!! Wobei ich selbst nicht ganz unschuldig bin, weil ich ihr blindlings vertraut habe...

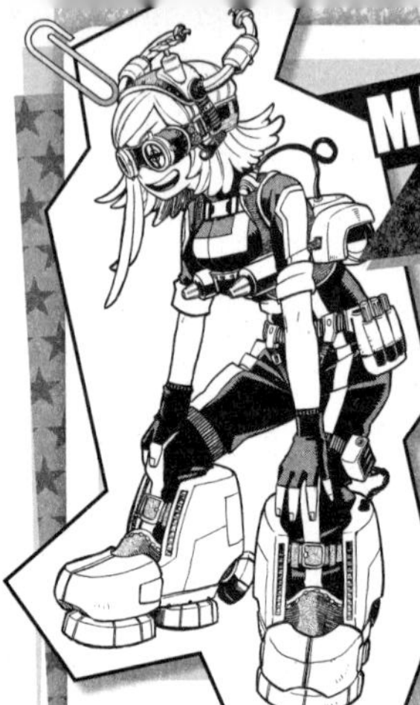

MACKE ZOOM

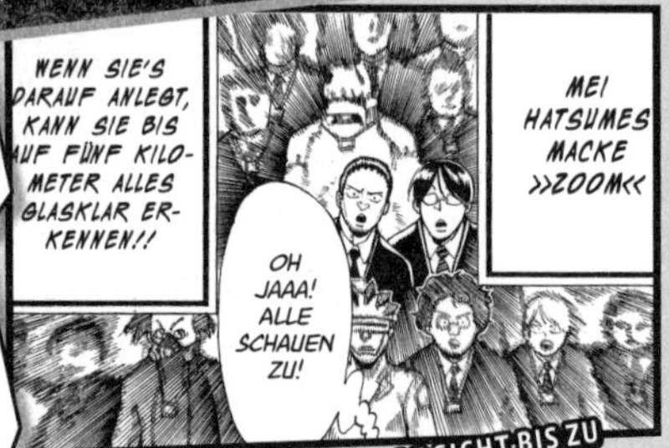

GLASKLARE SICHT BIS ZU FÜNF KILOMETER WEIT!

Mit dieser praktischen Macke kontrolliert sie stets, ob sie die Aufmerksamkeit bekommt, die sie gern hätte.

SCHAUEN WIR UNS MAL MEIS ZUCKERSÜSSE BABYS AN!!

① Seilgeschosse & Schwebesohlen

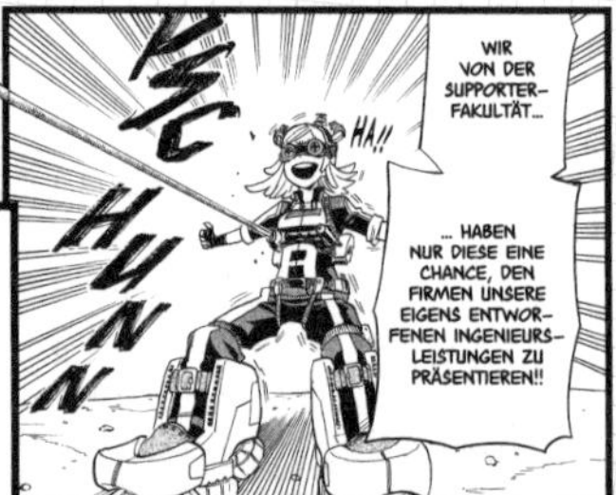

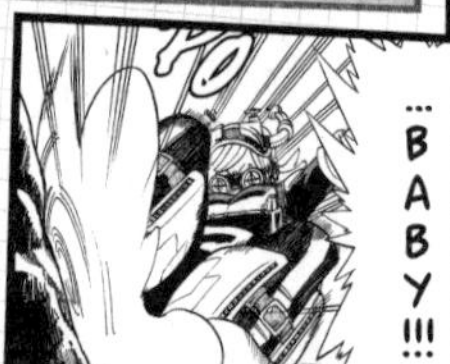

Ihr Gürtel schießt ein Seil ab, mit dem sie sich durch die Luft schwingen kann, während die Schwebesohlen ihre Landung abfedern.

② Hydraulische Anheftungs-Stange

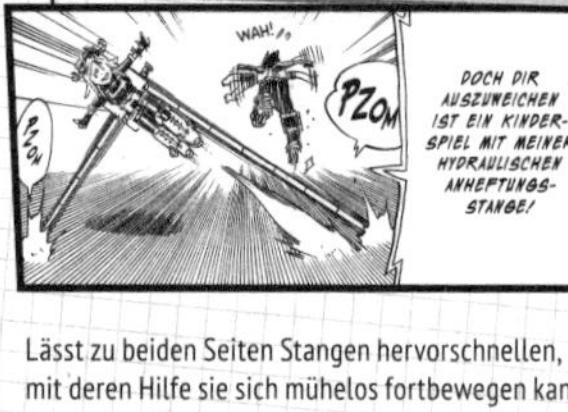

Lässt zu beiden Seiten Stangen hervorschnellen, mit deren Hilfe sie sich mühelos fortbewegen kann.

③ Jetpack

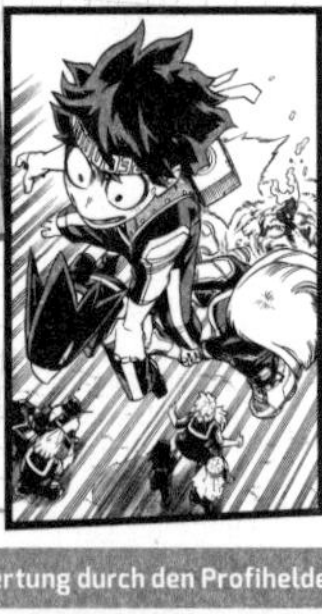

Hat den Jetpack denjenigen von Superhelden nachempfunden. In Leistung und Design fast wie das Original.

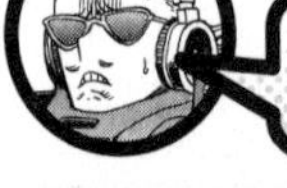

▶ Bewertung durch den Profihelden **PRESENT MIC**

Sie hat meine Berichterstattung vollkommen ignoriert und uuuuununterbrochen geredet! Schnatter, schnatter! Erstaunlich, wie gut die Leute aus der Supporter-Fakultät ihre Ideen pitchen!

TSUYUS SUCHE NACH NEUEN FREUNDEN!

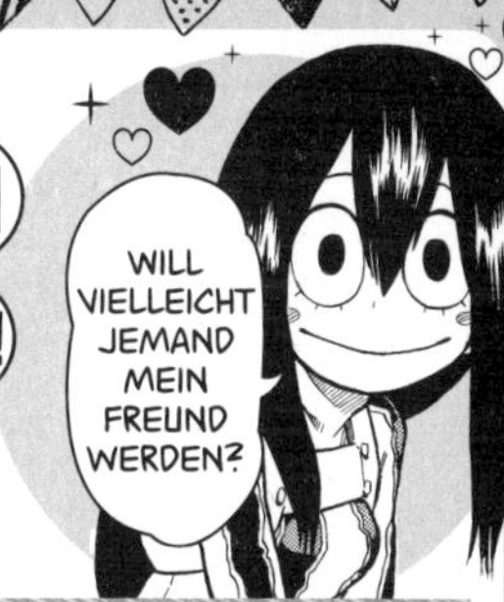

Tsuyu hat Schwierigkeiten, neue Freunde zu finden. Hier lest ihr ihren Bericht. Ob sie irgendwann die Hundertermarke knackt?!

1 GEBIET LUNCH RUSHS CAFETERIA

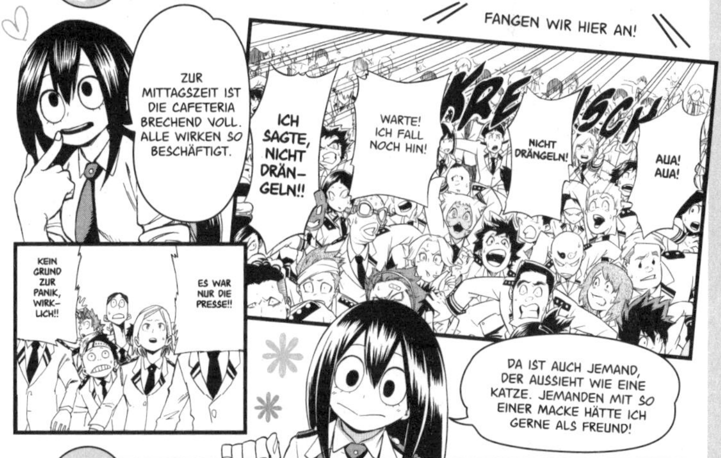

2 GEBIET VOR DEM KLASSENZIMMER DER 1-A

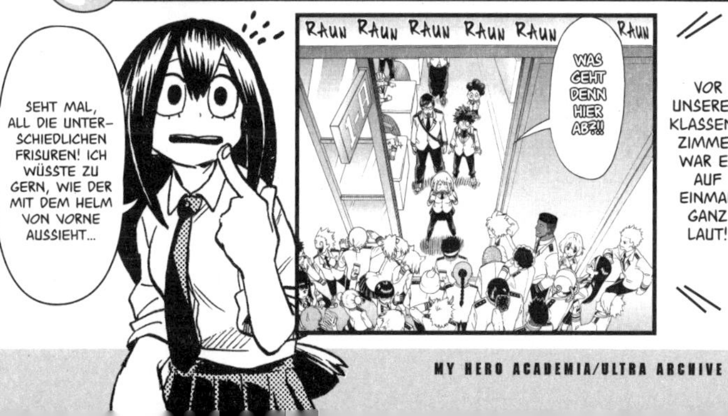

3 GEBIET — U.A. ARENA WÄHREND DES SPORTFESTS

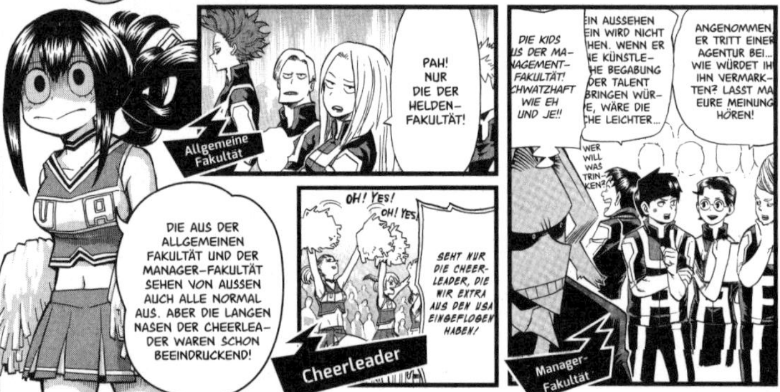

4 GEBIET — KIYASHI WARD SHOPPING MALL

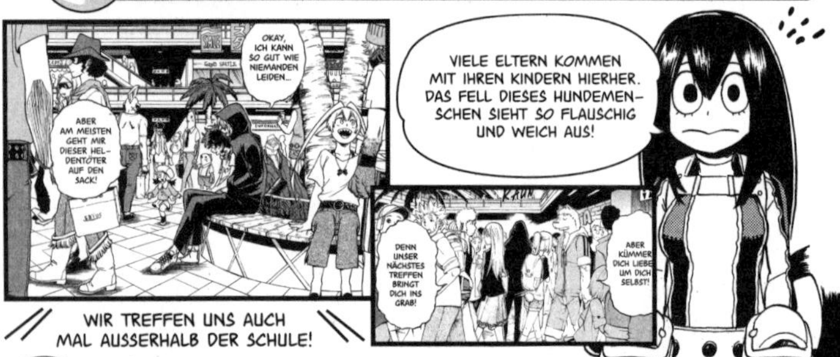

EXTRA GEBIET — KLASSENZIMMER DER 3. STUFE DER ÖFFENTLICHEN MITTELSCHULE ORUDERA

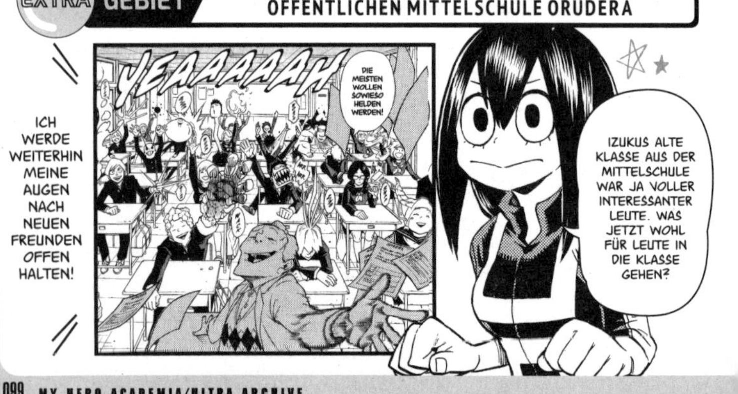

THE ÜBRIGE LEUTE

FAMILIENANGEHÖRIGE TEIL 1

In dieser Kolumne stellen wir euch die Familien der Schüler der U.A. und andere Personen vor, die irgendwie mit unseren Helden zu tun haben!

INKO MIDORIYA

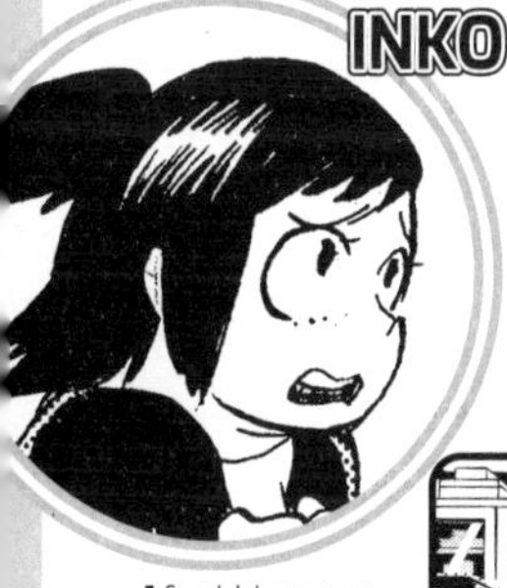

Als Izukus Mutter hat sie ein schlechtes Gewissen, ihren Sohn mackenlos zur Welt gebracht zu haben. Ihr Mann heißt übrigens Hisashi.

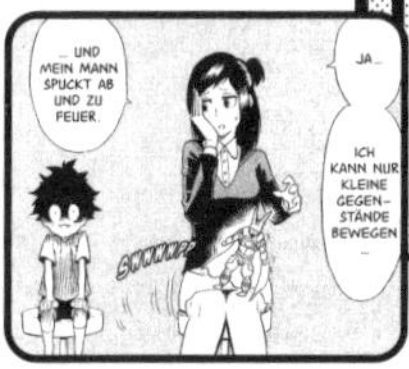

⬇ So sah Inko vor neun Jahren aus. Sie hat ziemlich zugenommen...

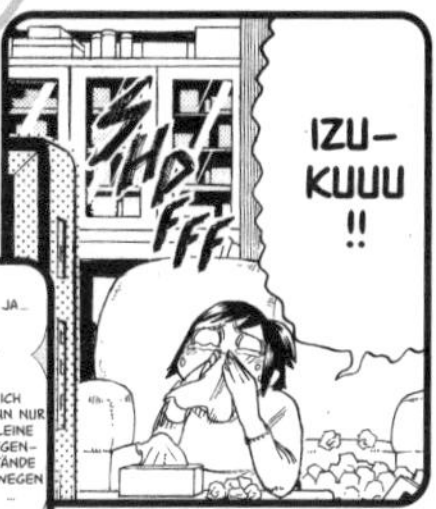

⬆ Bricht beim Anblick ihres tollkühnen Sohns schon mal in Tränen aus oder wird ohnmächtig.

TENYAS MUTTER

Tenyas Mutter hat in eine traditionsreiche Helden-Familie eingeheiratet. Einst war auch sie als Heldin tätig, doch inzwischen ist sie im Ruhestand.

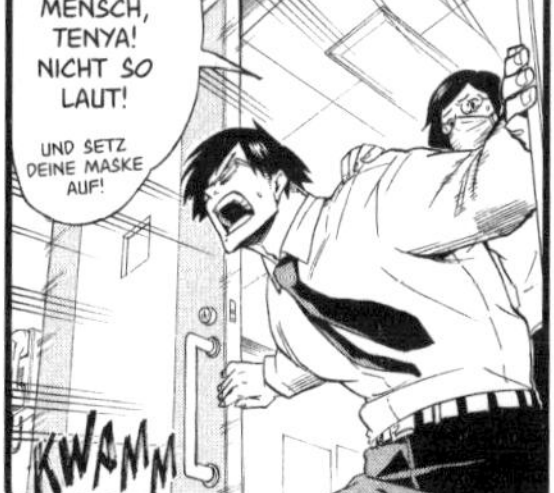

⬆ Als sein älterer Bruder Tensei nach dem Angriff durch Stain aus dem Koma erwachte, musste sie Tenya erst einmal zurechtweisen.

OCHACOS ELTERN

Besitzen ein Bauunternehmen, doch aufgrund der schlechten Auftragslage kommen sie kaum über die Runden. Niemand feuert Ochaco so an wie ihre Eltern, zum Sportfest reisten sie eigens mit dem Shinkansen an, um ihre Tochter zu trösten.

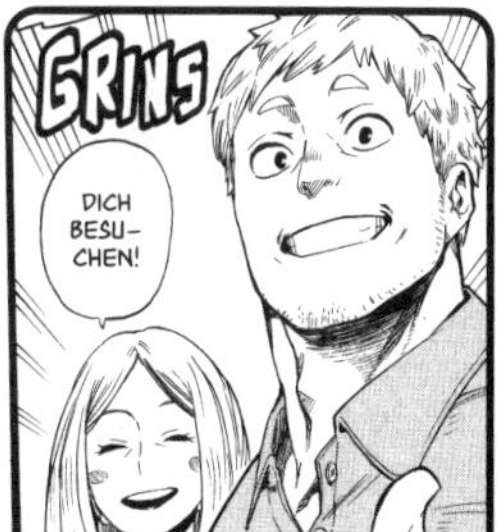

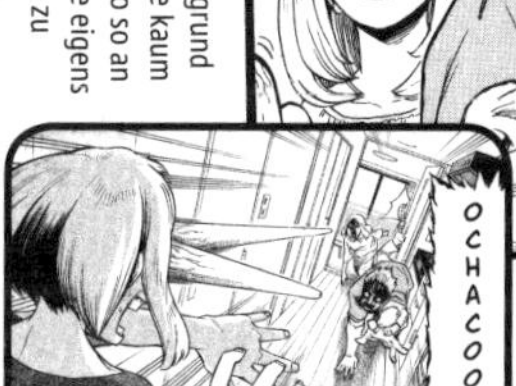

⬅ Haben ihrer Tochter in ihrer Wohnung aufgelauert. Spaßvögel!

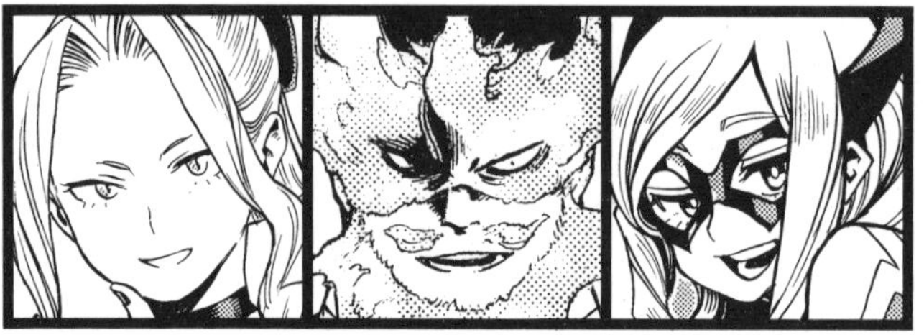

2nd SMASH

PROFESSIONAL HEROES

Hier veröffentlichen wir alle Details zu den lizenzierten Helden, die sich dem Schutz der Bevölkerung verschrieben haben!

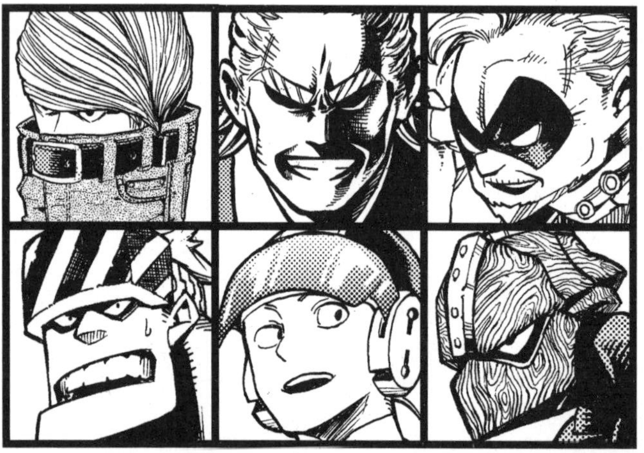

File 01

ALL MIGHT

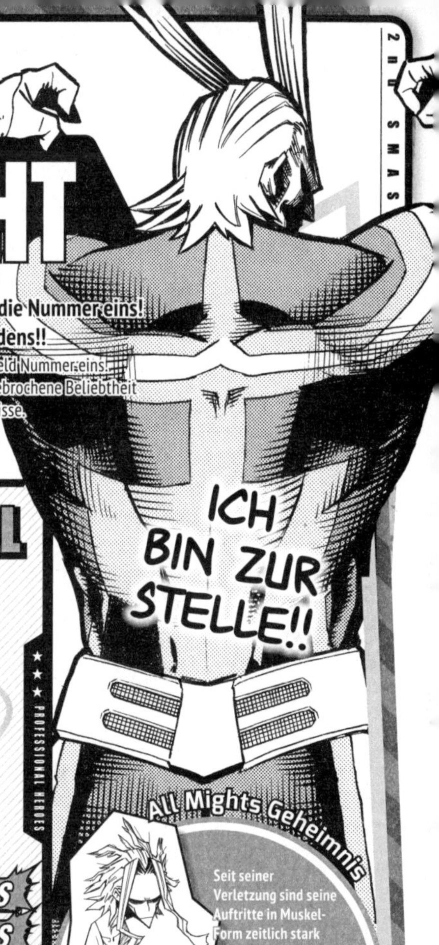

Dem Namen nach und in der Realität die Nummer eins!
Allseits anerkanntes Symbol des Friedens!!

Symbol des Friedens und allgemein akzeptierter Held Nummer eins. Genießt mit seinem nie versiegenden Lächeln ungebrochene Beliebtheit und hüllt seine wahre Gestalt dennoch in Geheimnisse.

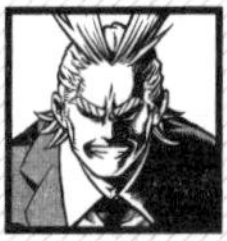

PERSONAL DATA

Richtiger Name: **Toshinori Yagi**
Zugehörigkeit: **U.A. Highschool, Helden-Fakultät**
Geburtstag: **10. Juni**
Körpergröße: **2,20 m**
Blutgruppe: **A**
Heimat: **Tokyo**
Mag: **die Zedern auf Yakushima, Filme**
Kampfstil: **Nahkampf**

AMTLICH ANERKANNT

★ ★ ★ PROFESSIONAL HEROES

HERO'S STATUS

KRAFT (POWER)	S
TEMPO (SPEED)	S
TECHNIK (TECHNIQUE)	S
INTELLIGENZ (INTELLIGENCE)	S
KOOPERATION (COOPERATIVENESS)	S

All Mights Geheimnis

Seit seiner Verletzung sind seine Auftritte in Muskel-Form zeitlich stark eingeschränkt.

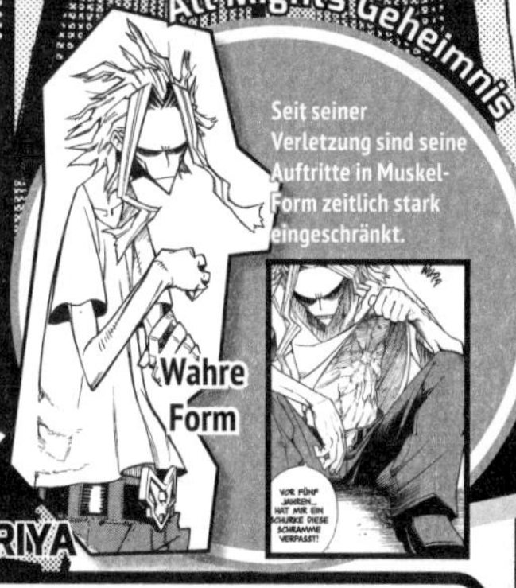

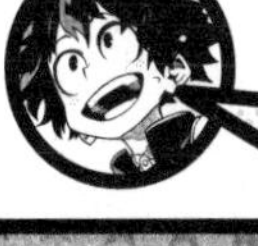

Dazu sagt IZUKU MIDORIYA

All Might ist der Wahnsinn! Immer, wenn er uns zu Hilfe eilt, lächelt er! Eines Tages werde auch ich so ein stattlicher Held wie er, das weiß ich!!

MACKE ONE FOR ALL

SEINE ÜBERMENSCHLICHE SPRUNGKRAFT LÄSST IHN WEITE DISTANZEN ÜBERBRÜCKEN!!

Die Intensivierung seiner Körperfähigkeiten führt zu geradezu normwidriger Stärke! Legt er all seine Kraft in seine Beine, ermöglicht sie ihm absurd weite Sprünge. So kommt er schneller als jeder Zug dieser Erde ans Ziel!

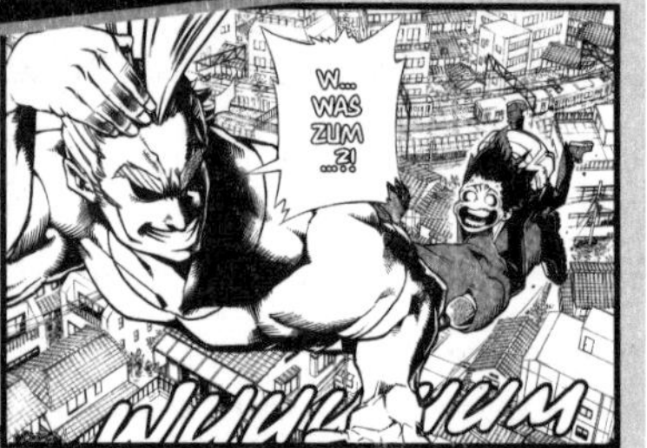

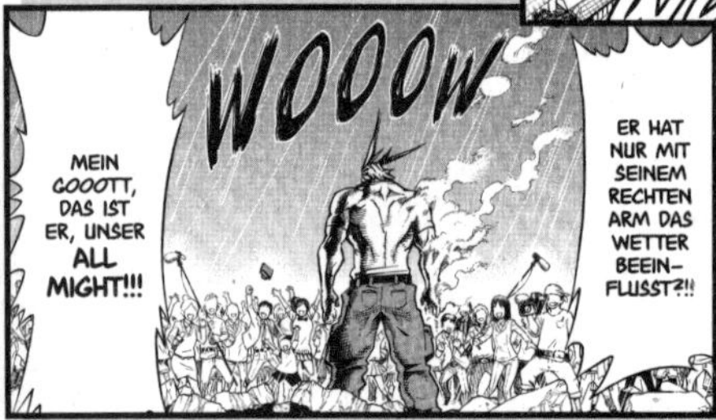

SEINE GRENZENLOSE KRAFT BEEINFLUSST SOGAR DAS WETTER!!

Schlägt er mehrmals nacheinander mit voller Kraft zu, schafft er einen aufsteigenden Luftstrom, der sogar das Wetter beeinflussen kann. Einem Gerücht zufolge rettete er auf diese Weise einmal ein von Dürre geplagtes Bauerndorf...

MAIASA ZEITUNG

AKTIVITÄT ALS HELD

MAIASA ZEITUNG

Sogar auf dem Weg zur Arbeit lässt er es sich nicht nehmen, Unschuldige zu retten!

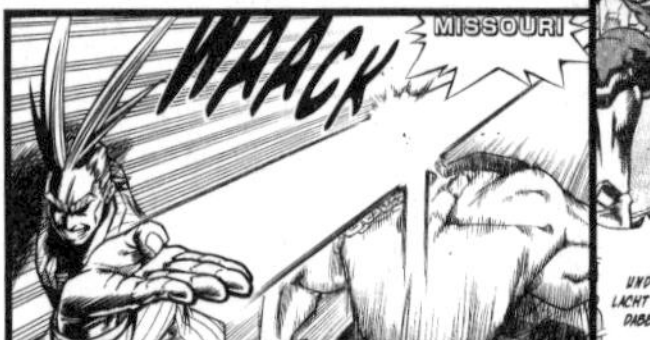

Inzwischen ist er an der U.A. angestellt, doch das hält ihn nicht davon ab, im Dienste der Schurkenbekämpfung einen kleinen Umweg zu machen. Auch wenn er dadurch zu spät kommt...

Schockierendes Debüt während ultimativer Katastrophe!

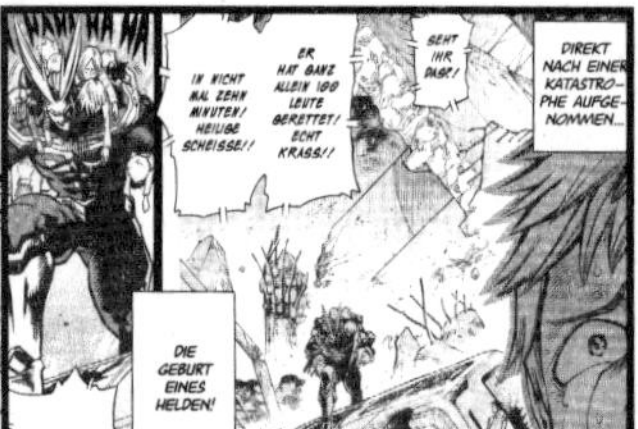

Dieses Video ist längst legendär. Es zeigt einen lächelnden Helden, der ohne Unterstützung mehr als 100 Menschen das Leben rettet.

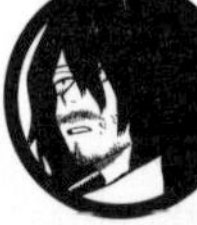

▶ Bewertung durch den Profihelden **ERASERHEAD**

Ich wünschte, All Might würde sich mal etwas mehr zusammenreißen... Dass er Menschen rettet, schön und gut, aber deswegen jedes Mal zu spät zu kommen... ist unvernünftig!

FILE 02

ERASERHEAD

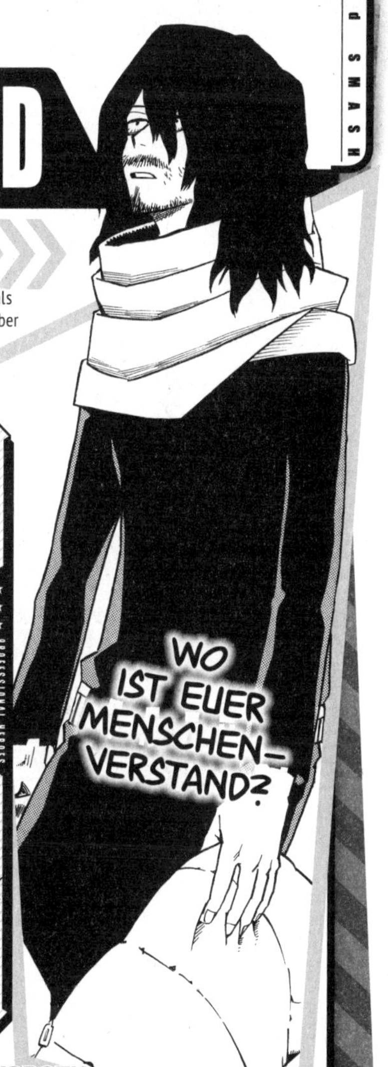

Besitzt eine geheime Supermacke!
Recht verbrauchter Klassenlehrer der 1-A.

Pragmatischer Lehrer an der U.A., der nichts mehr hasst als Unvernunft. So unbarmherzig er seinen Schülern gegenüber sein mag, so gewissenhaft passt er auch auf sie auf.

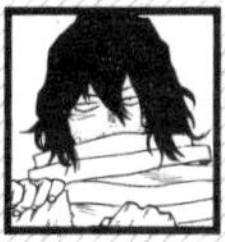

PERSONAL DATA

★★★ PROFESSIONAL HEROES

AMTLICH ANERKANNT

Richtiger Name: **Shota Aizawa**
Zugehörigkeit: **U.A. Highschool, Helden-Fakultät**
Geburtstag: **8. November**
Körpergröße: **1,83 m**
Blutgruppe: **B**
Heimat: **Tokyo**
Mag: **Katzen**
Kampfstil: **Überraschungsangriffe**

HERO'S STATUS

KRAFT (POWER)	C
TEMPO (SPEED)	B
TECHNIK (TECHNIQUE)	S
INTELLIGENZ (INTELLIGENCE)	B
KOOPERATION (COOPERATIVENESS)	C

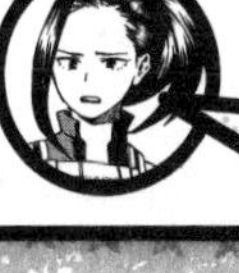

Dazu sagt **MOMO YAOYOROZU**

In der Schule kümmert er sich als Klassenlehrer um uns. Beim Praxistest der Semesterabschlussprüfung konnte ich mich gegen ihn durchsetzen. Das gab mir etwas Selbstvertrauen zurück.

MACKE LÖSCHUNG

VORÜBERGEHEND LÖSCHT ER DIE MACKEN SEINER GEGNER!!

Wer in Eraserheads Blickfeld gerät, muss damit rechnen, dass seine Macke unbrauchbar gemacht wird! Jedoch nur so lange, bis Eraserhead blinzelt. Im Kampf trägt er eine Brille, damit seine Blicke nicht analysiert werden können.

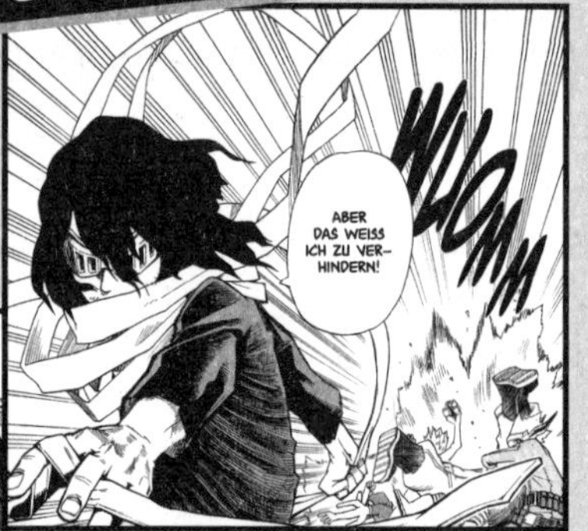

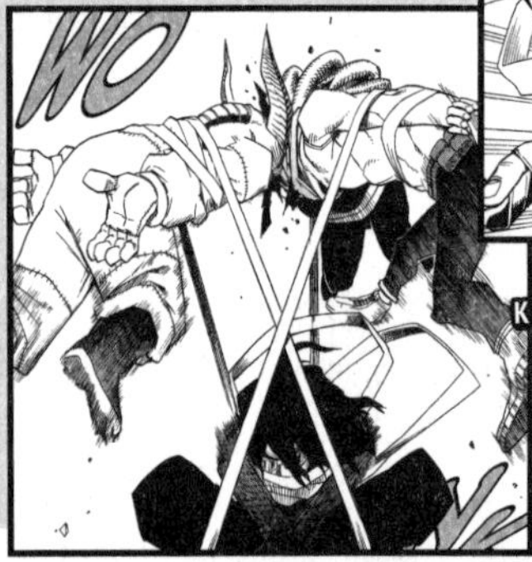

KAUM SIND DIE MACKEN GELÖSCHT, SCHLÄGT ER ZU!

Noch während sich sein Gegner über seine eigene Macke wundert, schlägt Eraserhead zum Angriff! Er nutzt seine Fesselungswaffe aus Carbonfasern mit speziell legiertem Stahldraht, um Schurken unschädlich zu machen.

MAIASA ZEITUNG

AKTIVITÄT ALS HELD

MAIASA ZEITUNG

Führt die Schüler der U.A. als Lehrer und als Profiheld an!

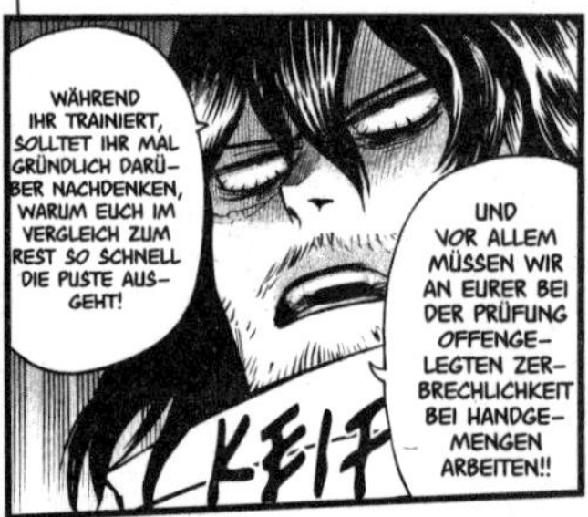

Er sagt seinen Schülern, wie sie sich zu verhalten und ihre Macken einzusetzen haben.

Untergrund-Held mit Aversion gegen die Medien!

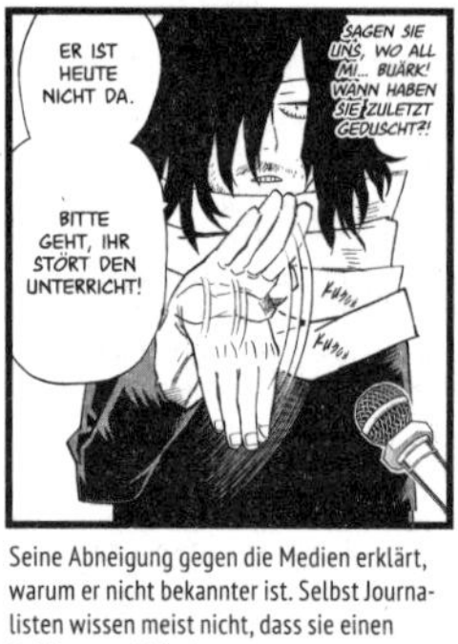

Seine Abneigung gegen die Medien erklärt, warum er nicht bekannter ist. Selbst Journalisten wissen meist nicht, dass sie einen Helden vor sich haben.

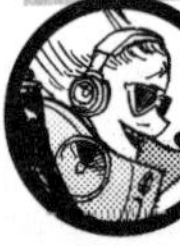

Bewertung durch den Profihelden **PRESENT MIC**

Wir sind aus demselben Jahrgang und irgendwie kleben wir uns schon ewig an der Backe. Und wisst ihr, wer sich den Namen »Eraserhead« ausgedacht hat? Ich natürlich, weil ich's kann!

File 03

MIDNIGHT

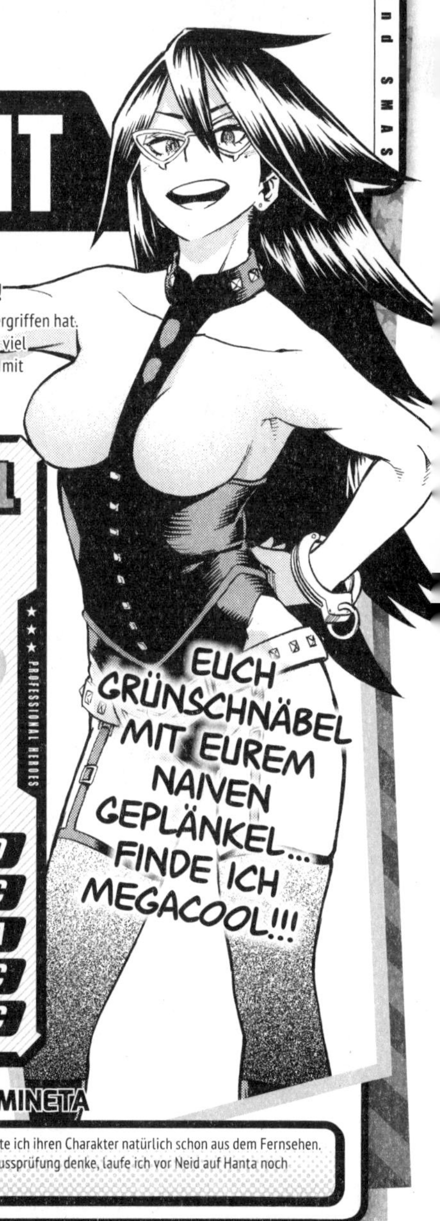

Liegt hier Gefahr in der Luft?!
Die Ab-18-Lehrerin an der Highschool!

Anzügliche Veteranen-Heldin, die den Lehrerberuf ergriffen hat. Mit ihrem feurigen Temperament lässt sie sich nicht viel vorschreiben und untermauert ihre Argumente gern mit einem Peitschenhieb.

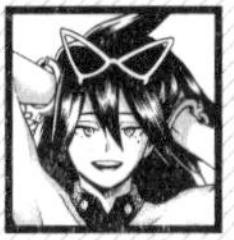

PERSONAL DATA

Richtiger Name: **Nemuri Kayama**
Zugehörigkeit: **U.A. Highschool, Helden-Fakultät**
Geburtstag: **9. März**
Körpergröße: **1,75 m**
Blutgruppe: **A**
Heimat: **Präfektur Saitama**
Mag: **Jugend, Nervenkitzel**
Kampfstil:

AMTLICH ANERKANNT

★★★ PROFESSIONAL HEROES

HERO'S STATUS

KRAFT (POWER)	D
TEMPO (SPEED)	C
TECHNIK (TECHNIQUE)	A
INTELLIGENZ (INTELLIGENCE)	C
KOOPERATION (COOPERATIVENESS)	C

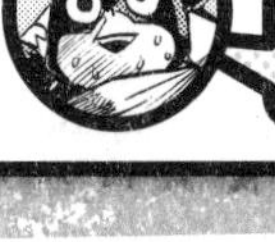

Dazu sagt **MINORU MINETA**

Was soll ich sagen? Als Fan kannte ich ihren Charakter natürlich schon aus dem Fernsehen. Wenn ich an die Semesterabschlussprüfung denke, laufe ich vor Neid auf Hanta noch immer grün an...

MACKE SOMNAMBULE

WER IHREN DUFT EINATMET, ENTSCHWEBT INS REICH DER TRÄUME!

Da sie einen Schlaf fördernden Duft ausströmt, hält sie ihre Haut normalerweise mit ultradünner Kleidung bedeckt. Manche behaupten jedoch, dass sie einfach nur darauf steht.

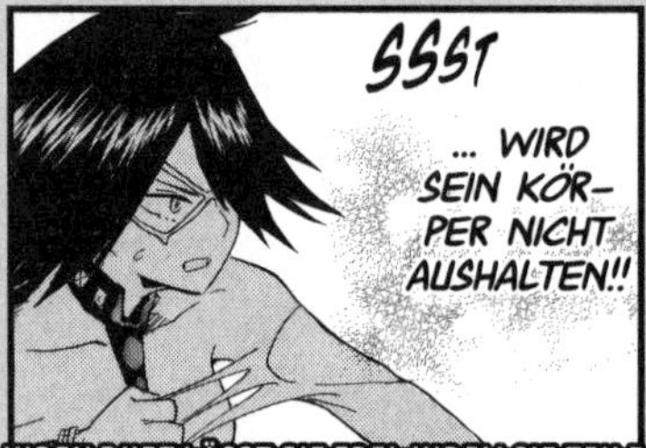

IHREN DUFT LÄSST SIE FREI, INDEM SIE TEILE IHRER ENG ANLIEGENDEN KLEIDUNG AUFREISST!

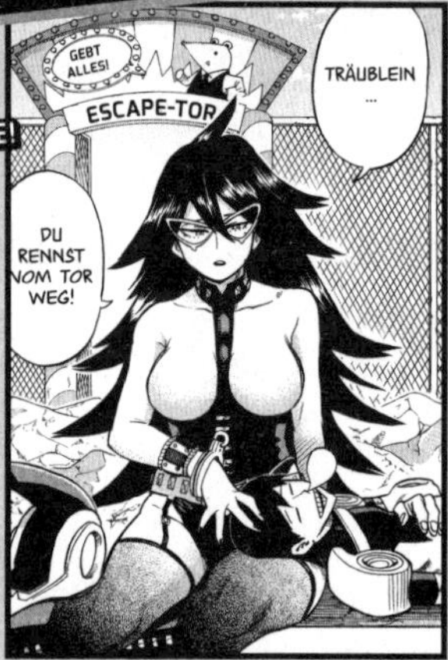

Riecht man Midnights Duft, kann man gar nicht anders, als in einen tiefen Schlaf zu fallen. Der Effekt ist bei Männern größer als bei Frauen.

MAIASA ZEITUNG

AKTIVITÄT ALS HELD

MAIASA ZEITUNG

Stellt sich bei der Semesterabschluss-prüfung ihren Zöglingen in den Weg!

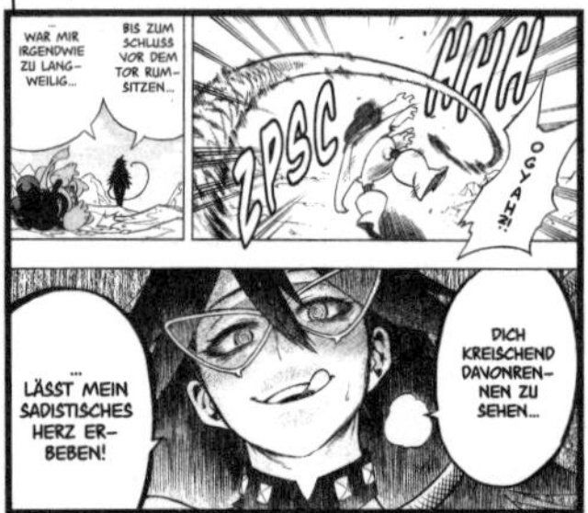

Ihren Beruf als Lehrerin nimmt sie sehr ernst. Mehr noch, sie genießt ihn regelrecht!

Ihr gewagtes Kostüm sorgte bei ihrem Debüt für Schlagzeilen!

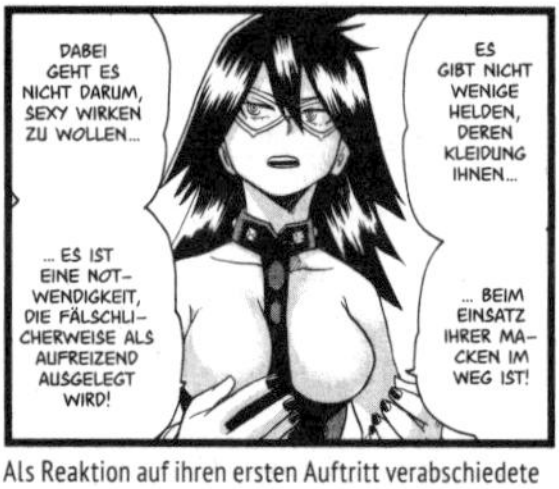

Als Reaktion auf ihren ersten Auftritt verabschiedete das Parlament Richtlinien für die Freizügigkeit von Kostümen. Bis dahin kannte man so etwas nicht.

▶ Bewertung durch den Profihelden **MT. LADY**

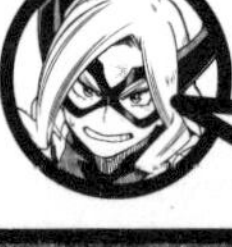

Sie ist schon länger als ich im Geschäft, aber für ihr Alter trägt sie sehr gewagte Kostüme... Offen gesagt empfinde ich das als Belästigung und nicht besonders hilfreich. Ich finde, sie sollte allmählich dem Nachwuchs Platz machen.

File 04

2nd SMASH

NR. 13

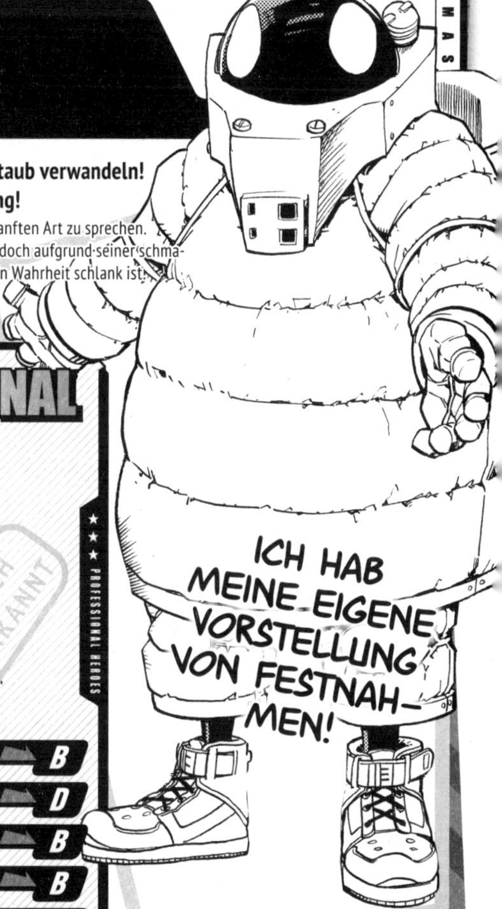

Kann alles aufsaugen und zu Staub verwandeln!
Der Spezialist für Lebensrettung!

Eigentümlicher Lehrer der U.A. mit einer sanften Art zu sprechen. Erinnert etwas an das Michelin-Männlein, doch aufgrund seiner schmalen Knöchel halten sich Gerüchte, dass er in Wahrheit schlank ist!

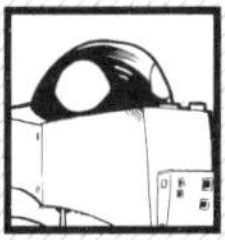

PERSONAL DATA

Zugehörigkeit: **U.A. Highschool, Helden-Fakultät**

Geburtstag: **3. Februar**

Körpergröße: **1,80 m**

Blutgruppe: **A**

Heimat: **Präfektur Kagoshima (Tanegashima)**

Mag: **Museen, Naturdokus**

Kampfstil: **Unterstützung aus der Ferne, Festnahmen**

AMTLICH ANERKANNT

★★★ PROFESSIONAL HEROES

HERO'S STATUS

KRAFT / POWER	B
TEMPO / SPEED	D
TECHNIK / TECHNIQUE	B
INTELLIGENZ / INTELLIGENCE	B
KOOPERATION / COOPERATIVENESS	A

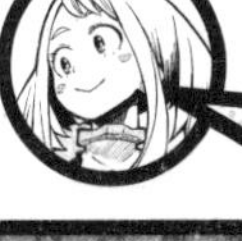

▶Dazu sagt **OCHACO URARAKA**

Ich bin ein großer Fan von Nr. 13 und freue mich riesig, dass wir von ihm lernen dürfen!! Irgendwann will ich als Heldin in der Lebensrettung auch so gut sein wie er...

MACKE SCHWARZES LOCH

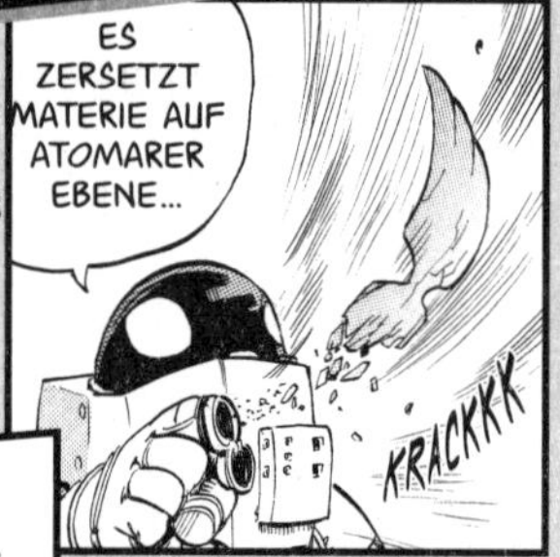

GEHÜLLT IN EIN SPEZIELLES KOSTÜM, FEUERT ER SEINE MACKE AUS DER FINGERSPITZE AB!

Die Macke von Nr. 13 verschlingt restlos alles! Was er auch damit aufsaugt, wird auf atomarer Ebene in seine Bestandteile zersetzt!

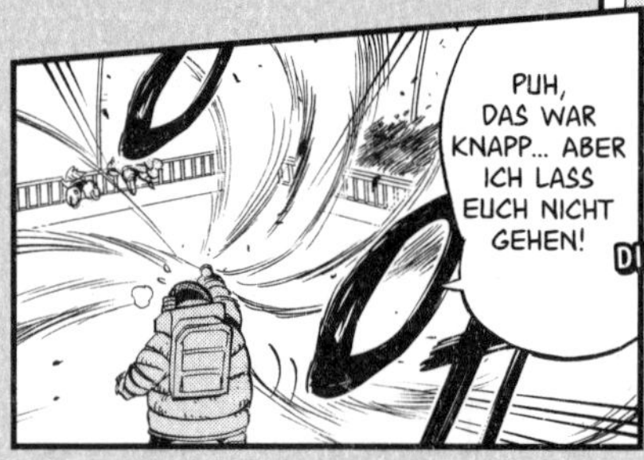

DIE SAUGKRAFT SEINER MACKE BLEIBT UNVERÄNDERT!

Die Saugwirkung seiner Macke entfaltet sich flächendeckend. Von dem erstaunlich starken Sog werden sogar Menschen mühelos angezogen.

MAIASA ZEITUNG

AKTIVITÄT ALS HELD

MAIASA ZEITUNG

Macken sind zur Lebensrettung da, lautet seine Lehre!

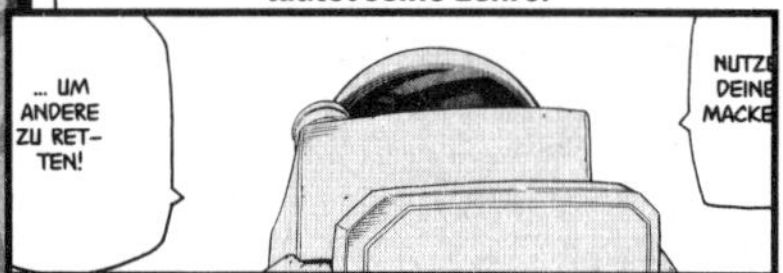

Spezialist der Katastrophenhilfe!

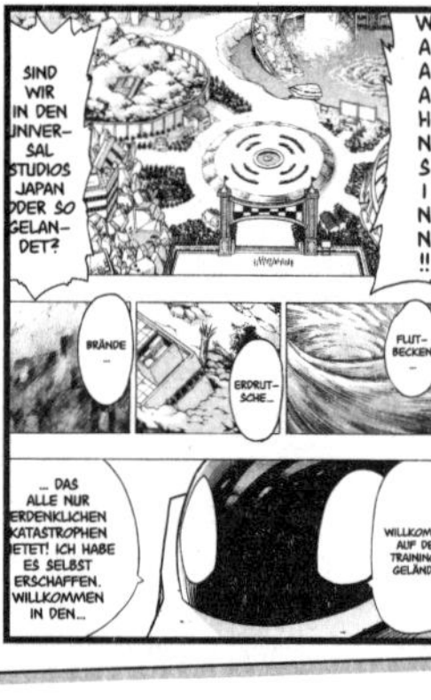

Nr. 13 hat sich nicht nur fest in der Katastrophenhilfe etabliert, er unterrichtet auch an der U.A. Highschool. Dort schwingt er glühende Reden, wie seine Schüler ihre Macken einzusetzen haben.

Um die unterschiedlichsten Katastrophen am eigenen Körper erfahrbar zu machen, erschuf Nr. 13 die Unheil Studios Japan (U.S.J.). Dort trainiert er junge Helden und versetzt sie in lebensnahe Katastrophensituationen.

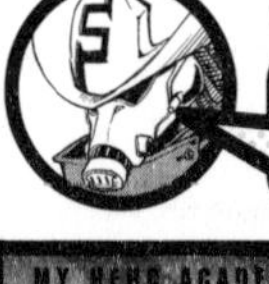

▶ Bewertung durch den Profihelden **SNIPE**

Als es in den U.S.J. zu einem Angriff durch die Schurken kam, hat er bis zu unserem Eintreffen tapfer durchgehalten! Dank ihm ist den Schülern nichts Schlimmeres passiert. Chapeau!

File 05

PRESENT MIC

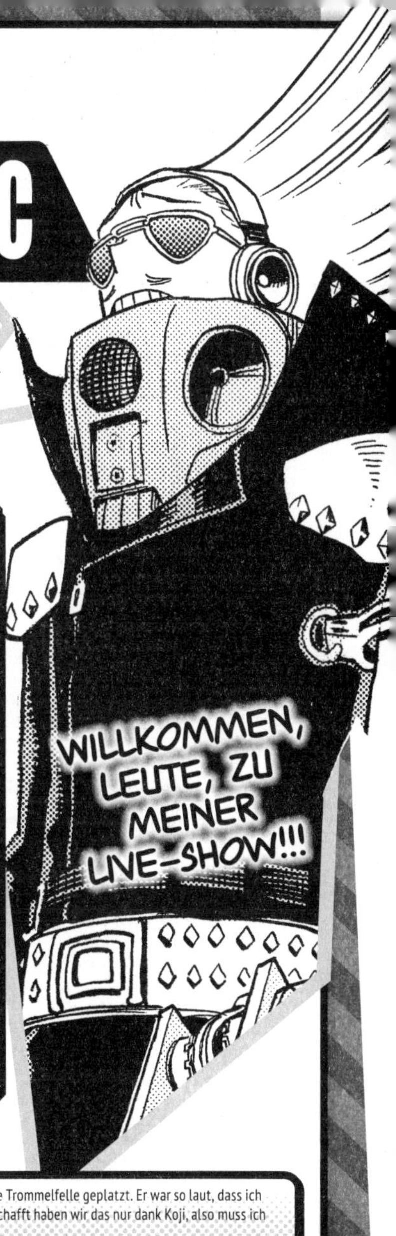

Wohl die aufgedrehteste Persönlichkeit an der U.A.

Neben seiner Arbeit als Lehrer frönt er auch seiner Leidenschaft als Radio-DJ. Seine Macke »Voice« ermöglicht ihm Schallwellenangriffe oder weiträumige Beschallung.

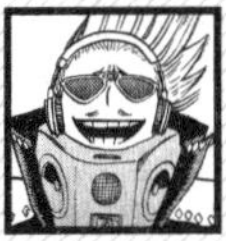

PERSONAL DATA

Zugehörigkeit: **U.A. Highschool, Helden-Fakultät**

Geburtstag: **7. Juli**

Körpergröße: **1,85 m**

Blutgruppe: **B**

Heimat: **Tokyo**

Mag: **Radio, Fernsehen**

Kampfstil: **Laute Geräusche aus der Ferne**

AMTLICH ANERKANNT

★★★ PROFESSIONAL HEROES

HERO'S STATUS

KRAFT (POWER)	C
TEMPO (SPEED)	D
TECHNIK (TECHNIQUE)	B
INTELLIGENZ (INTELLIGENCE)	A
KOOPERATION (COOPERATIVENESS)	A

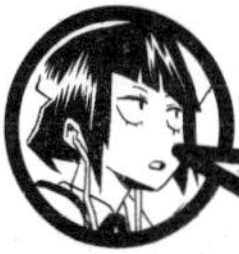

Dazu sagt **KYOKA JIRO**

Beim Duell gegen ihn wären mir fast die Trommelfelle geplatzt. Er war so laut, dass ich mich ihm nicht mal nähern konnte! Geschafft haben wir das nur dank Koji, also muss ich selbst noch härter ranklotzen!

MACKE VOICE

SEINE EXPLOSIVE STIMME KANN MENSCHLICHE ORGANE ZERREISSEN!!

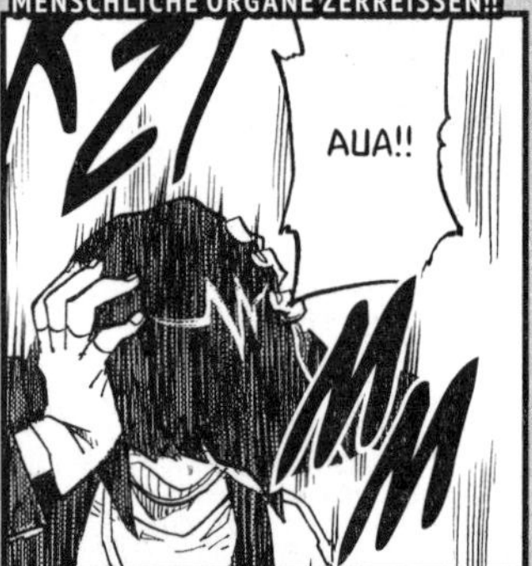

Angeblich brachte sein erster Schrei bei seiner Geburt die Ohren des entbindenden Arztes zum Bluten...

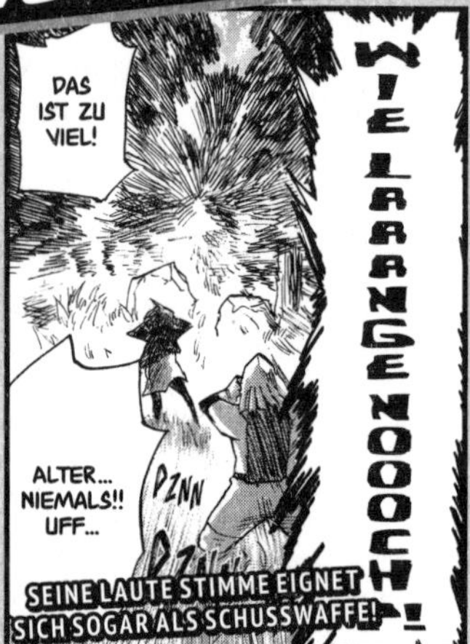

Selbst weit entfernte Gegner attackiert er, indem er seine Stimme in die Ferne schickt und ihre Trommelfelle drangsaliert.

MAIASA ZEITUNG

AKTIVITÄT ALS HELD

MAIASA ZEITUNG

Es gibt nur einen Moderator für Schulveranstaltungen!

Bei der Aufnahmeprüfung hielt er die Einführungsveranstaltung ab, und auch beim Sportfest war er natürlich als Kommentator am Start. Als waschechter Radio-DJ redet er alles und jeden in Grund und Boden!

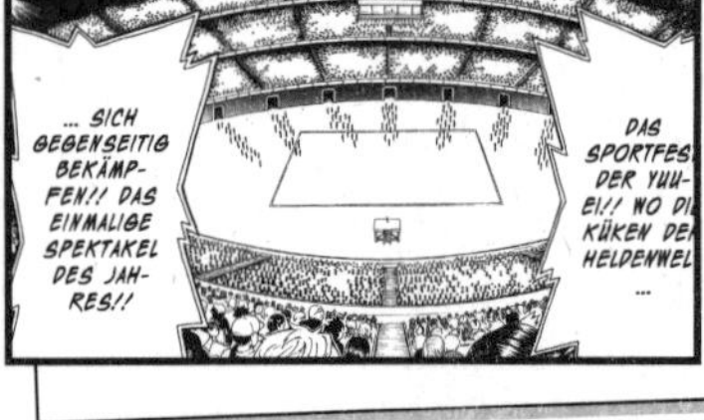

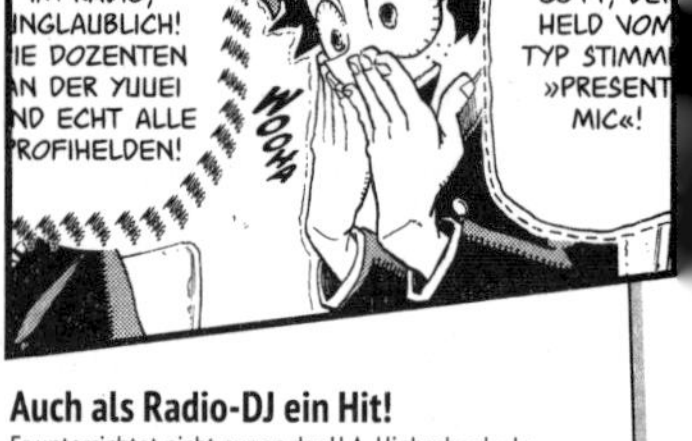

Auch als Radio-DJ ein Hit!

Er unterrichtet nicht nur an der U.A. Highschool, als Stimmen-Held hat er auch seine eigene Radiosendung. Zu seinen zahlreichen Fans zählt sich auch der heldenbesessene Izuku.

▶ Bewertung durch den Profihelden **ERASERHEAD**

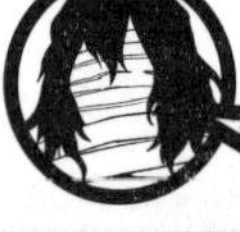

Der Idiot liegt mir tagtäglich mit seinem affektierten Geschrei in den Ohren, aber mit seiner Macke erweist er unserer Schule ja auch öfter mal einen Dienst... Bei seiner Macke wird deutlich, warum wir die Fähigkeiten »Macken« nennen!

ZEMENTOS

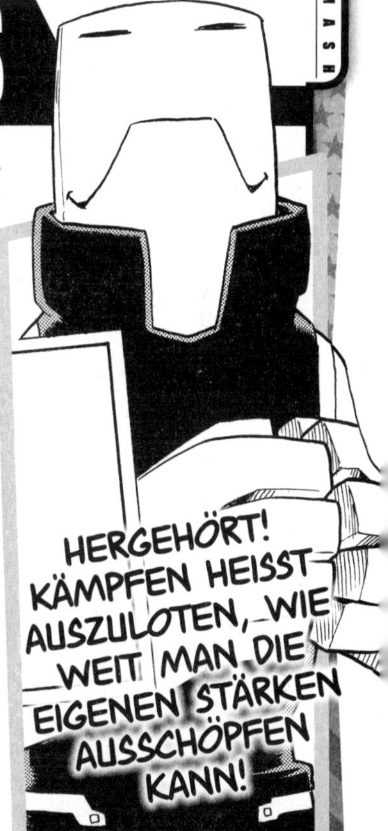

Mauern oder Plattformen? Kommt sofort!
Harter Lehrer mit einem weichen Kern.

Die viereckige Gestalt dieses Lehrers der U.A. fällt sofort ins Auge. Beim Sportfest erschuf er die Bühne für das Turnier und trat zudem als Schiedsrichter auf.

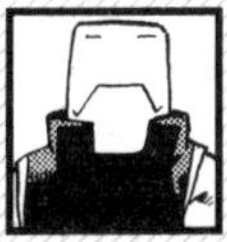

PERSONAL DATA

★★★ PROFESSIONAL HEROES

AMTLICH ANERKANNT

Richtiger Name: **Ken Ishiyama**
Zugehörigkeit: **U.A. Highschool, Helden-Fakultät**
Geburtstag: **22. März**
Körpergröße: **1,85 m**
Blutgruppe: **B**
Heimat: **Präfektur Yamagata**
Mag: **Rundungen, süße Hefeklöse**
Kampfstil: **Angriffswellen aus Zement**

HERO'S STATUS

KRAFT / POWER	C
TEMPO / SPEED	D
TECHNIK / TECHNIQUE	A
INTELLIGENZ / INTELLIGENCE	A
KOOPERATION / COOPERATIVENESS	B

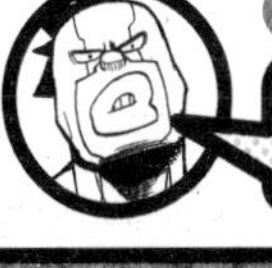

Dazu sagt RIKIDO SADO

Bei der Semesterabschlussprüfung mussten Eijiro und ich gegen ihn antreten, und wir haben uns an ihm übelst die Zähne ausgebissen! Seine Mauern sind immer wieder nachgewachsen... Es war zum Verzweifeln...

MACKE ZEMENT

BETON WIRD UNTER SEINEN FINGERN ZU KNETMASSE!

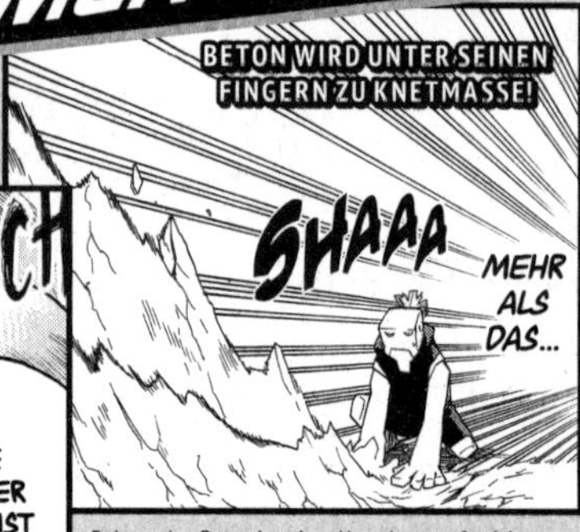

GESTAFFELTE MAUERN TREIBEN SEINE GEGNER IN DIE ENGE!

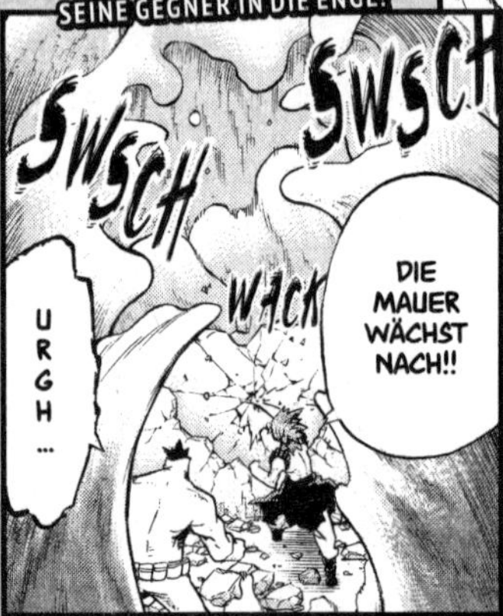

Er kann den Beton in seiner Umgebung aufweichen, beliebig formen und dann wieder zu Mauern und dergleichen aushärten lassen.

Solange er genügend Beton um sich hat, sind auch Wellenangriffe kein Problem, doch in der unberührten Natur geht seine Kampfkraft gegen null.

MAIASA ZEITUNG

AKTIVITÄT ALS HELD

MAIASA ZEITUNG

Geht es um die Sicherheit der Schüler, gibt er klare Anweisungen!

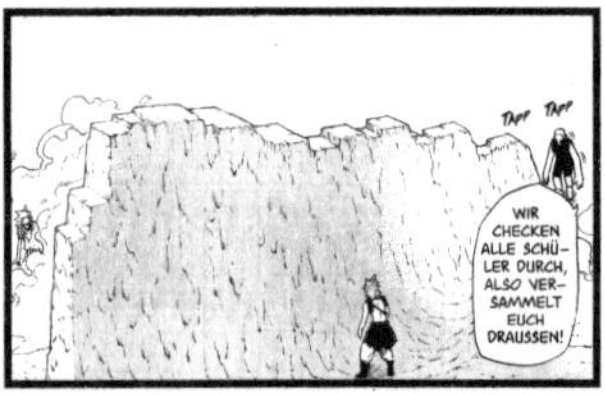

Nachdem der Schurkenangriff auf die U.S.J. zu Ende war, half er All Might, dessen wahre Gestalt zu verbergen, und kümmerte sich um die Verwundeten und die Evakuierung der restlichen Schüler.

Für die Ausbildung seiner Schüler wählt er lieb gemeinte, aber erbarmungslose Angriffe!

Bei der Semesterabschlussprüfung lehrte er zwei auf Stärke konzentrierte Schüler das Kämpfen.

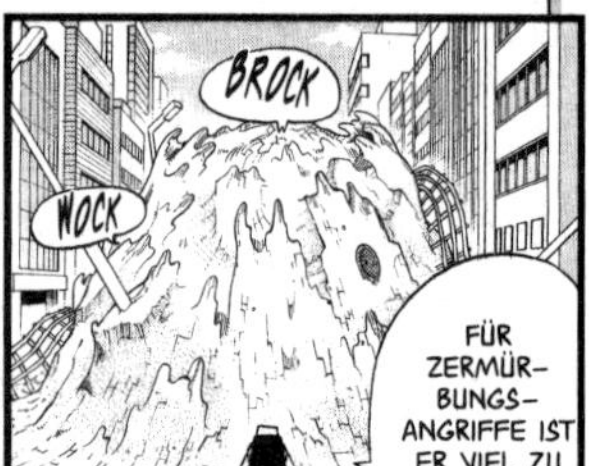

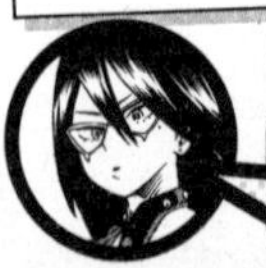

Bewertung durch die Profiheldin **MIDNIGHT**

Grundsätzlich ist Zementos ein liebenswerter Kerl, doch manchmal zeigt er auch seine dunkle Seite. Er bietet wenig Angriffsfläche, und ich kann ihn nur schwer greifen...

File 07

2nd SMASH

NEDZU

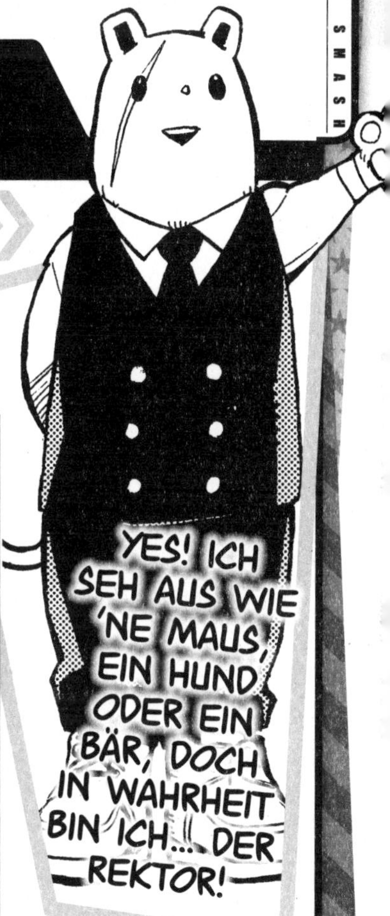

Bewegte All Might dazu, Lehrer zu werden.
Rektor der U.A. Highschool.

Sogar All Might gibt vor ihm klein bei, denn was ihm an Körpergröße fehlt, macht er durch seine große Präsenz wieder wett. Die Narbe über seinem rechten Auge stammt von einem Schurken?!

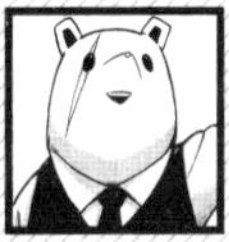

PERSONAL DATA

Richtiger Name: **Nedzu**
Zugehörigkeit: **U.A. Highschool, Rektor**
Geburtstag: **1. Januar**
Körpergröße: **0,85 m**
Blutgruppe: **A**
Heimat: **Tokyo**
Mag: **Striegeleinheiten**
Kampfstil: **Strategisches Kommando**

AMTLICH ANERKANNT

★★★ PROFESSIONAL HEROES

HERO'S STATUS

KRAFT (POWER)	D
TEMPO (SPEED)	D
TECHNIK (TECHNIQUE)	A
INTELLIGENZ (INTELLIGENCE)	S
KOOPERATION (COOPERATIVENESS)	C

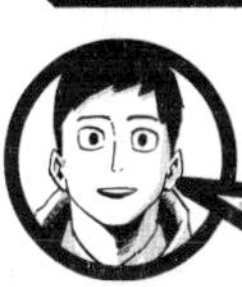

▶ Dazu sagt **NAOMASA TSUKAUCHI**

Wir von der Polizei können uns immer auf den Rektor verlassen. Ich glaube, er war es, der All Might damals vorgeschlagen hat, an der U.A. zu unterrichten.

MACKE HIGH SPEC

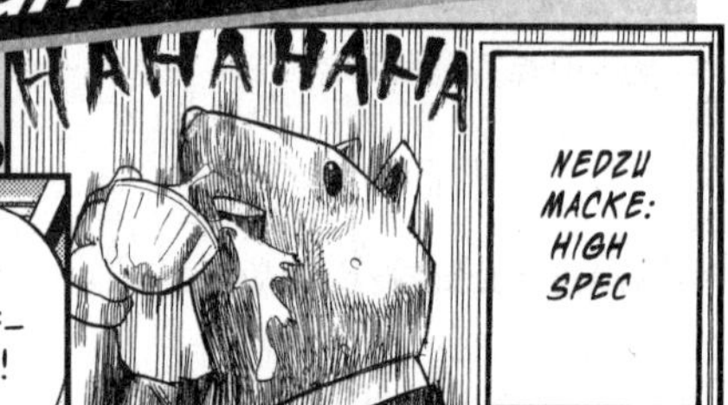

MIT EINEM SCHARFEN VERSTAND IST NICHTS UNMÖGLICH!!

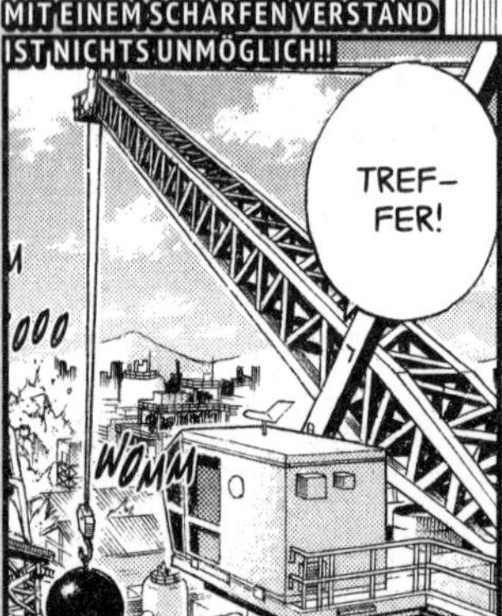

MANCHMAL LÄSST ER DURCHBLICKEN, DASS AUCH IN IHM EINE DUNKLE SEITE SCHLUMMERT!

Welcher Charakterzug kam denn da zum Vorschein, als er bei der Semesterabschlussprüfung seine Schüler in die Enge trieb? Sein sonst so friedliches Gesicht verzog sich zur hämischen Fratze. Bitte nicht weitersagen!

Seine Macke »High Spec« grenzt fast an einen Regelverstoß. Mit schwerem Baugerät hat er eigentlich nichts zu tun, doch mit seiner Macke bedient er jeden noch so großen Kran wie von Geisterhand.

MAIASA ZEITUNG

AKTIVITÄT ALS HELD

MAIASA ZEITUNG

Er passt den Lehrplan den Umständen an!

Von nun an fokussieren wir unsere Prüfungen auf den Kampf mit echten Menschen...

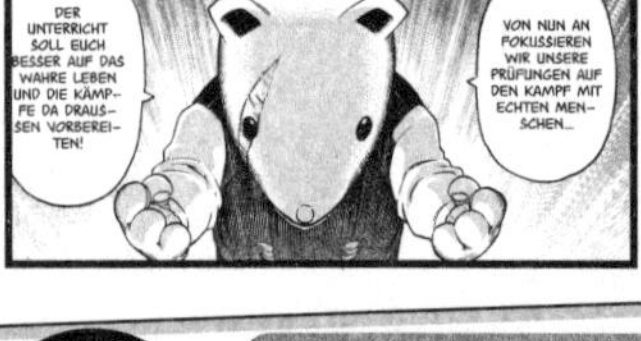

Arbeitet eng mit der Polizei zusammen!

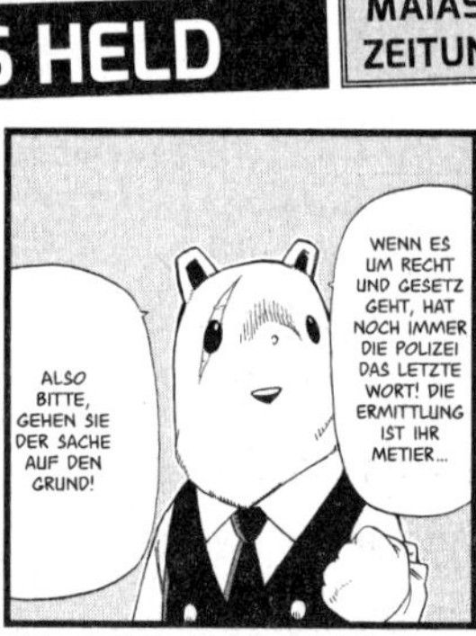

Neben den Helden fristet die Polizei eher ein Schattendasein, doch der Rektor weiß ihre Dienste nach wie vor zu schätzen.

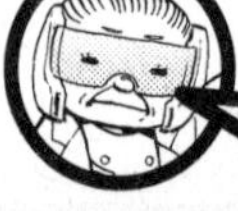

Bewertung durch die Profiheldin **RECOVERY GIRL**

In seiner Vergangenheit wurde er von den Menschen schlecht behandelt, was sein gelegentlich aggressives Verhalten erklärt. Aber das wissen nur wenige, und ich habe schon zu viel gesagt... Fragt ihn doch einfach selbst!

File 08

2nd MASH

ENDEAVOR

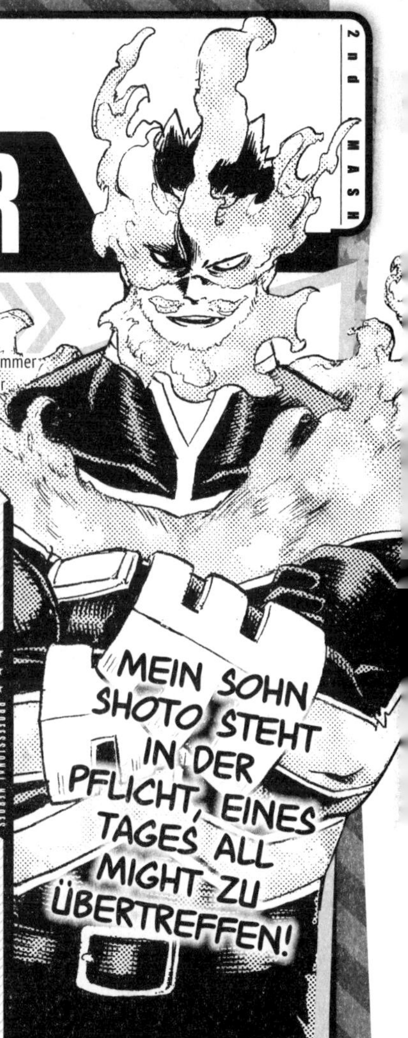

Nach All Might die ewige zweite Geige.
Der hasserfüllte Held Nummer zwei!

Nach All Might der zweitbeliebteste Held. Sieht in der Nummer eins seinen Erzrivalen, dem er den Thron an der Spitze der Heldenwelt streitig machen möchte.

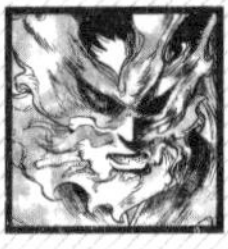

PERSONAL DATA

★★★ PROFESSIONAL HEROES

AMTLICH ANERKANNT

Richtiger Name: **Enji Todoroki**
Zugehörigkeit: **Heldenagentur Endeavor**
Geburtstag: **8. August**
Körpergröße: **1,95 m**
Blutgruppe: **AB**
Heimat: **nahe der Präfektur Shizuoka**
Mag: **Reiskuchen aus Pfeilwurzelmehl (Kuzumochi)**
Kampfstil: **Nahkampf**

HERO'S STATUS

KRAFT (POWER)	A
TEMPO (SPEED)	A
TECHNIK (TECHNIQUE)	A
INTELLIGENZ (INTELLIGENCE)	B
KOOPERATION (COOPERATIVENESS)	D

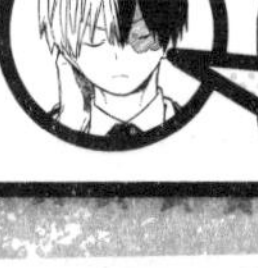

Dazu sagt **SHOTO TODOROKI**

Für meinen beknackten Vater hatte ich von Kindesbeinen an nur Hass übrig... Nachdem mir Izuku beim Sportfest gut zugeredet hatte, wurde mein Verhältnis zu meinem Vater besser... Ich mag ihn aber trotzdem noch nicht!

MACKE HELL FLAME

NEBEN SEINER MÄCHTIGEN MACKE IST ER AUCH ERSTKLASSIG DARIN, KÄMPFE ZU ANALYSIEREN.

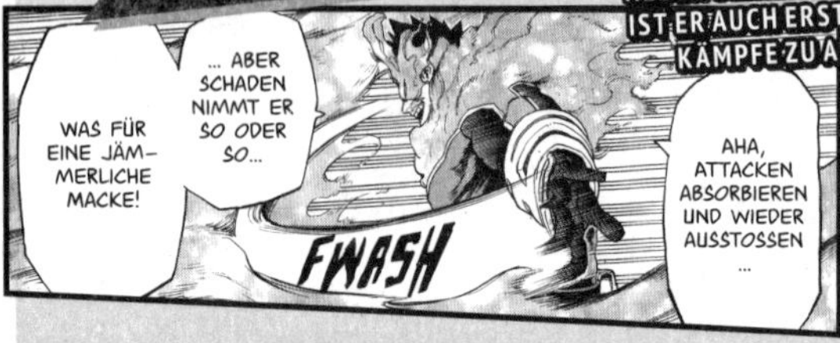

Die schiere Zahl seiner bisher gelösten Fälle zeugt von seinem enormen Selbstbewusstsein. Für ihn sind alle anderen Macken jämmerlich.

STETS IN PRÄCHTIGE FLAMMEN GEHÜLLT!

Unter all den Macken ist Endeavor zumindest auf dem Gebiet des Feuers ungeschlagen. Da sein Sohn zusätzlich mit einer Eis-Macke ausgestattet ist, könnte man Shoto als erweiterte Version von Endeavor bezeichnen.

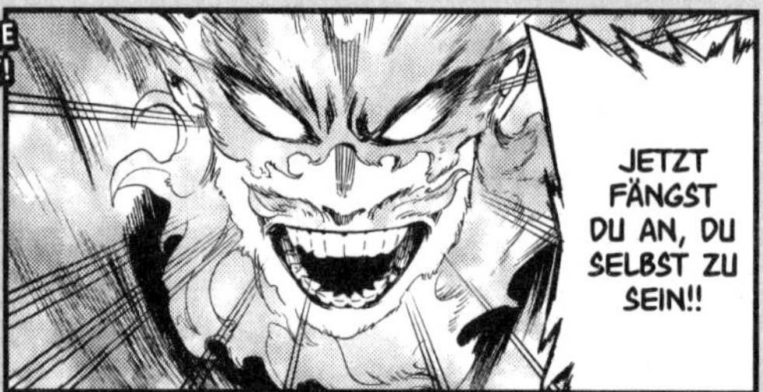

MAIASA ZEITUNG

AKTIVITÄT ALS HELD

MAIASA ZEITUNG

Kennt keinen Grund, nicht majestätisch aufzutreten!

Ob Überraschungsangriff der Noumus oder andere Hinterhalte, nichts raubt ihm seine Würde. Wahrlich majestätisch!

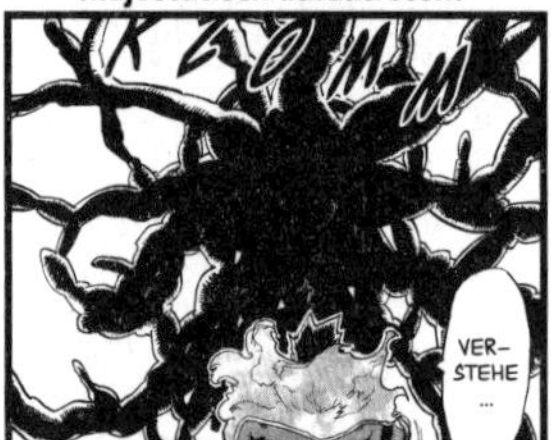

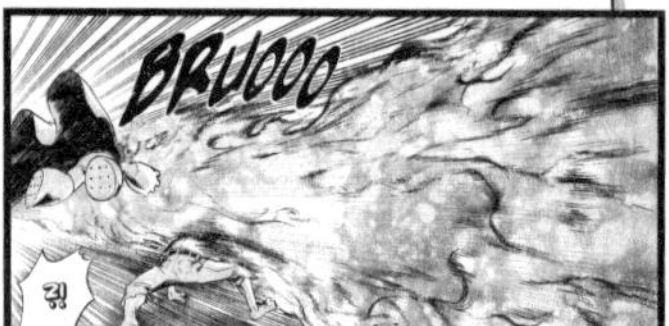

Niemand hat mehr Fälle gelöst als der stärkste Flammen-Held!!

Endeavor hat sogar mehr Fälle gelöst als All Might. Wo er nach dem Rechten sieht, bleibt außer einer Schneise aus Asche wenig übrig.

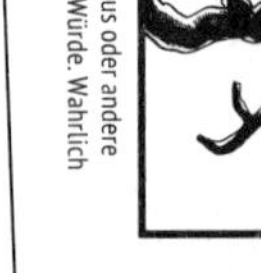

Bewertung durch den Profihelden **ALL MIGHT**

Beim Sportfest sah ich ihn zum ersten Mal seit zehn Jahren wieder! Aber er gibt sich noch immer so unbeteiligt, dieser Endeavor... Ein kleiner Plausch wäre ja wohl drin gewesen!

File 09

2nd SMASH

GRAN TORINO

All Mights Lehrer, der seine Gegner mit geschickten Tricks und Scharfsinn an der Nase herumführt.

Einst gab er ein Jahr lang Unterricht an der U.A. Highschool, doch inzwischen ist er im Ruhestand. Beim Praktikum brachte er Izuku bei, seine Macke besser einzusetzen.

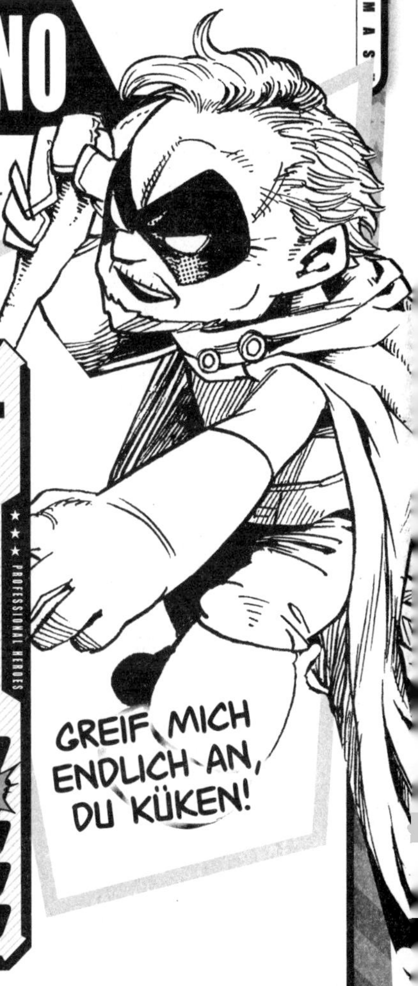

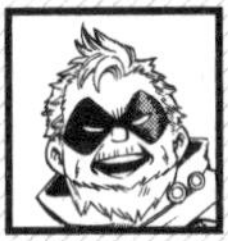

PERSONAL DATA

★★★ PROFESSIONAL HEROES

Zugehörigkeit: **ehemals U.A. Highschool, Helden-Fakultät**

Geburtstag: **28. Januar**

Körpergröße: **1,20 m**

Blutgruppe: **B**

Heimat: **Präfektur Yamanashi**

Mag: **Taiyaki, Faulenzen**

Kampfstil: **Hit and away**

AMTLICH ANERKANNT

HERO'S STATUS

KRAFT / POWER	D
TEMPO / SPEED	S
TECHNIK / TECHNIQUE	A
INTELLIGENZ / INTELLIGENCE	B
KOOPERATION / COOPERATIVENESS	C

Dazu sagt **IZUKU MIDORIYA**

Ich hab nicht schlecht gestaunt, als ich hörte, dass mich All Mights Lehrer trainieren sollte! Dank Gran Torino hab ich meine Macke nun etwas besser im Griff!!

MACKE JET

EIN LUFTSTROM LÄSST IHN DURCH DIE LUFT WIRBELN!

Zuvor eingeatmete Luft kann er schlagartig über seine Füße wieder freisetzen. Dabei rast er blitzschnell durch die Luft, was er zur Verwirrung seiner Gegner zu nutzen weiß.

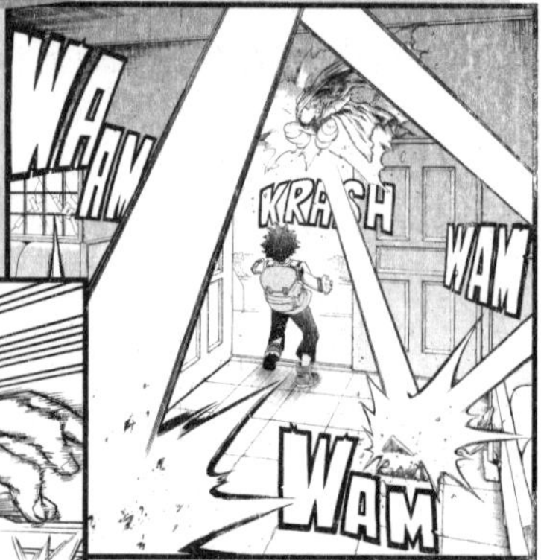

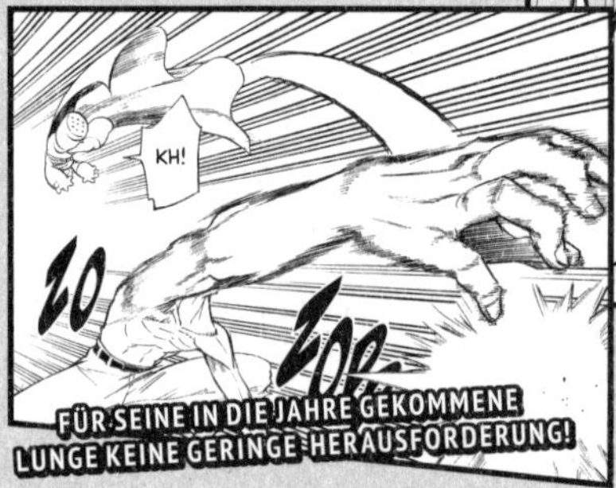

FÜR SEINE IN DIE JAHRE GEKOMMENE LUNGE KEINE GERINGE HERAUSFORDERUNG!

Auch als erfahrener Veteran macht ihm die Last der Jahre zu schaffen. Der kontinuierliche Einsatz seiner Macke stellt für seinen Körper eine enorme Last dar. Deshalb setzt er so wenig Kraft wie nötig ein, sobald er seine Gegner durchschaut hat.

MAIASA ZEITUNG

AKTIVITÄT ALS HELD

MAIASA ZEITUNG

Auch im Alter noch bestens in Schuss!

Trat freiwillig zurück, doch ab und an will auch der Heldennachwuchs ordentlich unterrichtet werden.

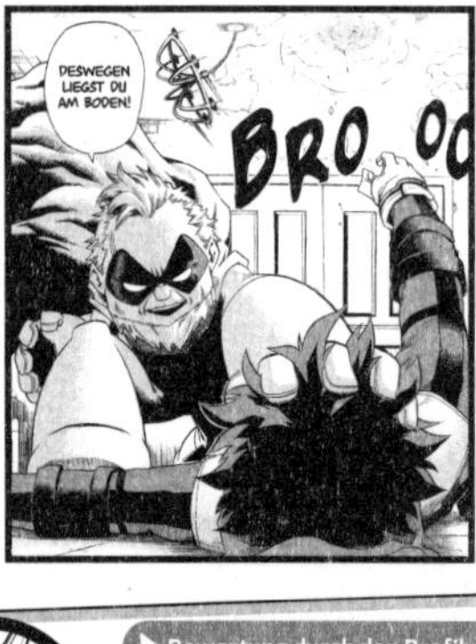

Großmeister, der schon All Might trainierte!

In seiner Lehrzeit nahm er sich All Mights an, der heute noch zittert wie Espenlaub, wenn er nur den Namen Gran Torino hört.

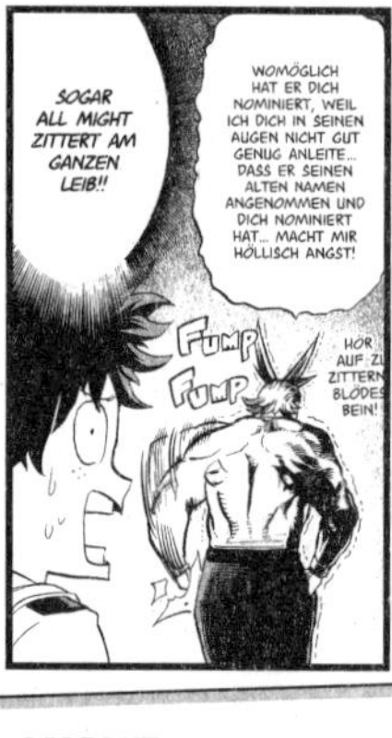

Bewertung durch den Profihelden **ALL MIGHT**

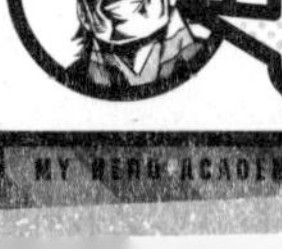

Dass er sich persönlich Izukus Training verschreiben würde, hätte ich niemals gedacht! Die Geschichten aus meiner Jugend hätte er aber nicht unbedingt ausplaudern müssen...

RECOVERY GIRL

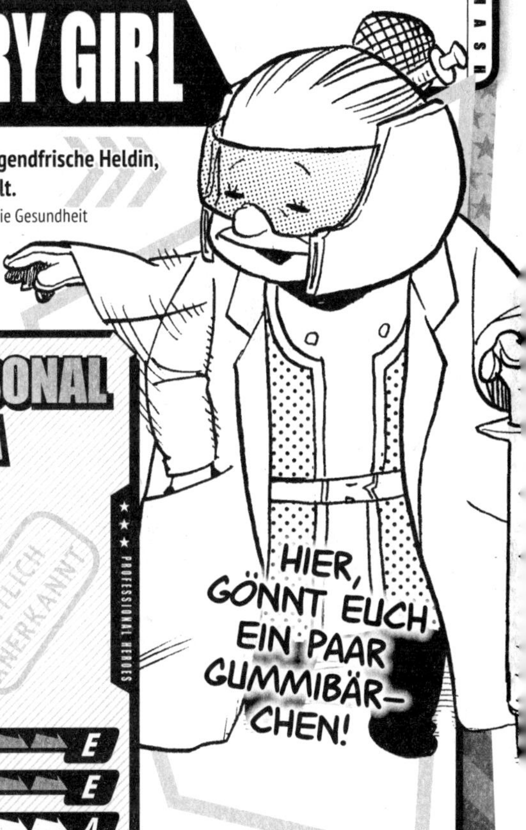

Süßigkeiten verteilende jugendfrische Heldin, die als Rückgrat der U.A. gilt.

Rüstige Heldin, die sich rührend um die Gesundheit der Schüler kümmert. Weiß um All Mights Macke und ist dank ihres fortgeschrittenen Alters die Weisheit in Person.

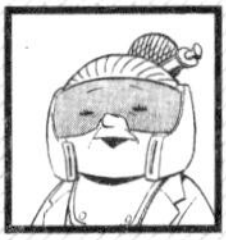

PERSONAL DATA

★★★ PROFESSIONAL HEROES

Richtiger Name: **Chiyo Shuzenji**
Zugehörigkeit: **U.A. Highschool**
Geburtstag: **4. April**
Körpergröße: **1,15 m**
Blutgruppe: **B**
Heimat: **Tokyo**
Mag: **Süßigkeiten**
Kampfstil: **Unterstützung aus dem Hintergrund**

AMTLICH ANERKANNT

HERO'S STATUS

Kategorie	Wertung
KRAFT (POWER)	E
TEMPO (SPEED)	E
TECHNIK (TECHNIQUE)	A
INTELLIGENZ (INTELLIGENCE)	A
KOOPERATION (COOPERATIVENESS)	B

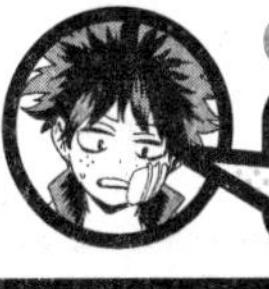

Dazu sagt **IZUKU MIDORIYA**

Recovery Girl hat sich schon so oft um mich gekümmert, dass ich nichts als Dankbarkeit für sie empfinde. Ich muss noch viel härter trainieren...

MACKE RECOVERY

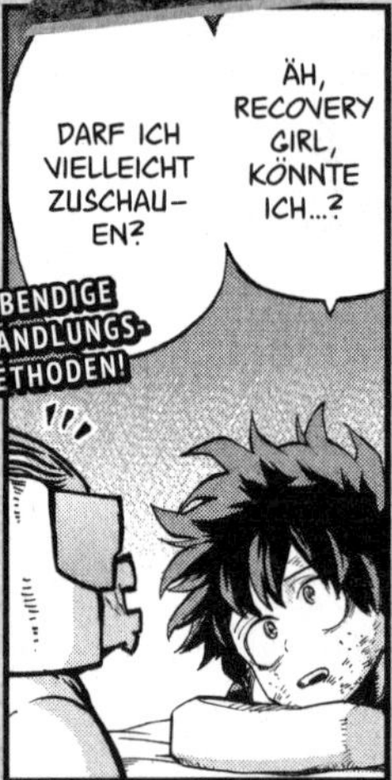

LEBENDIGE BEHANDLUNGSMETHODEN!

KURBELT DIE HEILUNGSKRÄFTE IHRER PATIENTEN AN!

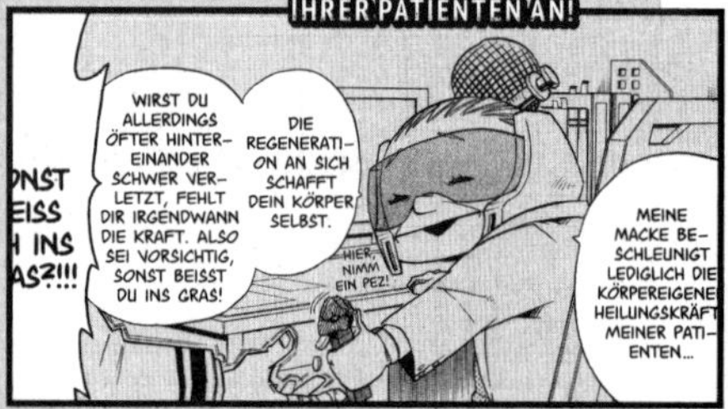

Sie heilt ihre Patienten nicht selbst, sondern aktiviert lediglich deren Selbstheilungskräfte. Vermutlich verteilt sie deswegen so gerne Süßigkeiten, damit die Patienten bei Kräften bleiben.

Zum Arbeiten braucht sie nur das Injektionsgerät, das gleichzeitig ihr Haar zusammenhält, und ihren Kussmund.

MAIASA ZEITUNG

AKTIVITÄT ALS HELD

MAIASA ZEITUNG

Darf bei keiner Schulveranstaltung fehlen!!

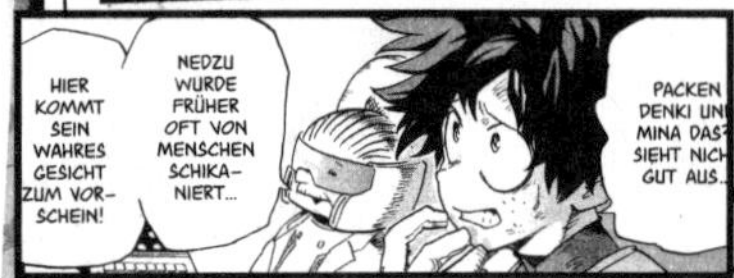

Bei schulinternen Veranstaltungen gehören Verletzungen dazu, was Recovery Girls Macke unersetzlich macht. Triezt die arme alte Dame doch nicht so!

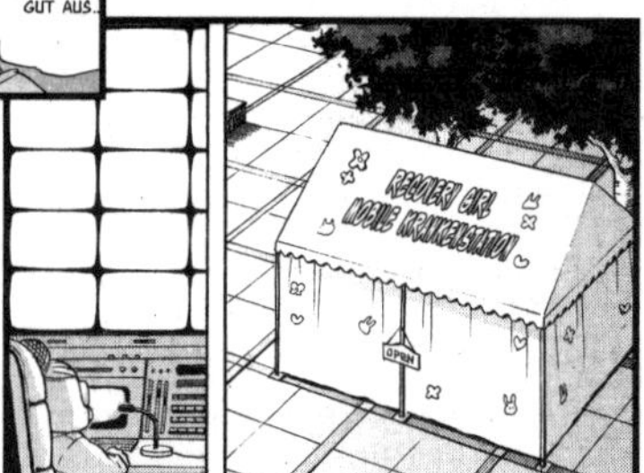

Bei vielen Veranstaltungen die leitende Person hinter den Kulissen!

Neben der Heilung managt sie auch regelmäßig Veranstaltungen. Sie ist hinter den Kulissen nicht wegzudenken. Manche Gerüchte stellen sie sogar als heimliche Herrscherin der U.A. dar...

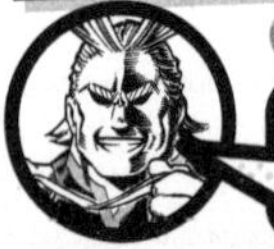

▶ Bewertung durch den Profihelden **ALL MIGHT**

Für Izukus andauernde Behandlungen stehe ich tief in ihrer Schuld. Als kleiner Bub hab ich auch immer was Süßes von Recovery Girl bekommen! Die Bontan-Süßigkeiten waren so lecker...

File 11

MANDALAY

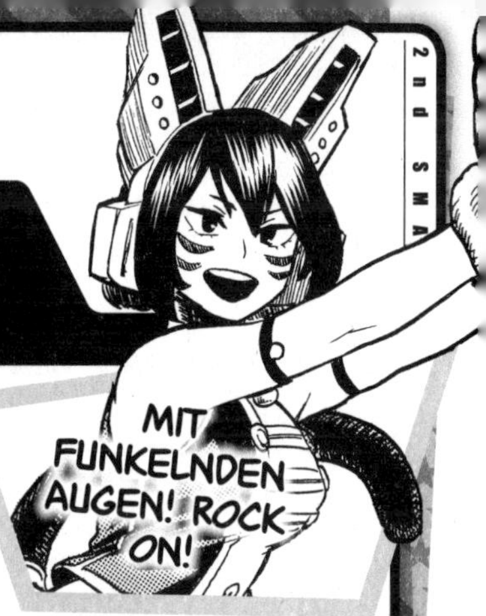

Veteranin der Viereinigkeit und Mitglied eines Heldenteams!

Hat das Kommando über die Heldengruppierung Wild Wild Pussycats, die sich auf Bergungsmissionen in den Bergen spezialisiert haben. Kümmert sich außerdem um ihren Neffen, dessen Eltern bei einem Arbeitsunfall ums Leben kamen.

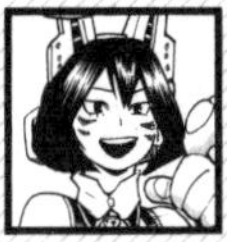

PERSONAL DATA

Richtiger Name: **Shino Sosaki**
Zugehörigkeit: **Wild Wild Pussycats**
Geburtstag: **1. Mai**
Körpergröße: **1,68 m**
Blutgruppe: **A**
Heimat: **Präfektur Miyazaki**
Mag: **Faulenzen**
Kampfstil: **Strategisches Kommando**

AMTLICH ANERKANNT

★★★ PROFESSIONAL HEROES

HERO'S STATUS

KRAFT (POWER)	D
TEMPO (SPEED)	B
TECHNIK (TECHNIQUE)	B
INTELLIGENZ (INTELLIGENCE)	B
KOOPERATION (COOPERATIVENESS)	A

MACKE: TELEPATH

KANN IHRE WORTE GEDANKLICH ÜBERTRAGEN!

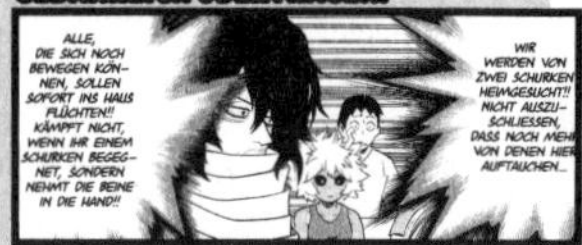

Kann ihre Gedanken auch an ganze Gruppen schicken, noch dazu über weite Distanzen. Die ideale Kommunikatorin!

VERWIRRT IHRE FEINDE, UM TREFFER ZU LANDEN!

Kann sich gewaltsam ins Hirn ihrer Feinde einklinken und diese mental verwirren, um sich einen Vorteil zu verschaffen!

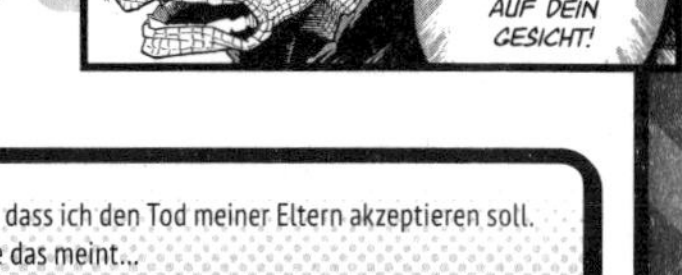

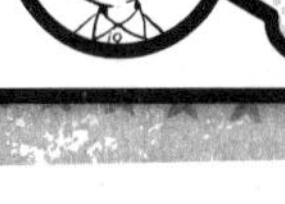

Dazu sagt KOTA IZUMI

Mandalay will mich immer überzeugen, dass ich den Tod meiner Eltern akzeptieren soll. Ich glaube, inzwischen weiß ich, wie sie das meint...

File 12

PIXIE-BOB

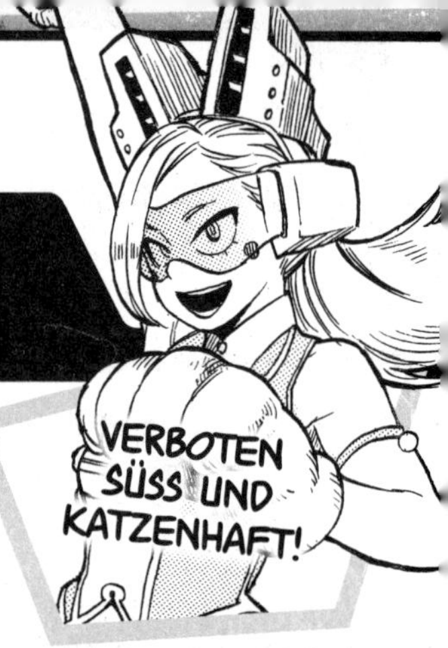

Erdformende Heldin mit Torschlusspanik (?!) im noch heiratsfähigen Alter.

Gut gelauntes und hyperaktives Mitglied der Pussycats. Ist inzwischen 31 und ihre Wortwahl lässt vermuten, dass sie sich langsam Sorgen ums Heiraten macht.

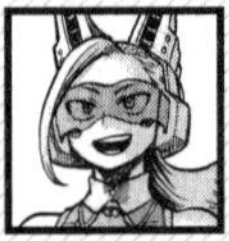

PERSONAL DATA

Richtiger Name: **Ryuko Tsuchikawa**
Zugehörigkeit: **Wild Wild Pussycats**
Geburtstag: **26. Juni**
Körpergröße: **1,67 m**
Blutgruppe: **AB**
Heimat: **Präfektur Ehime**
Mag: **CATS!**
Kampfstil: **Kommando aus der Ferne**

AMTLICH ANERKANNT

★★★ PROFESSIONAL HEROES

HERO'S STATUS

KRAFT / POWER	B
TEMPO / SPEED	C
TECHNIK / TECHNIQUE	B
INTELLIGENZ / INTELLIGENCE	C
KOOPERATION / COOPERATIVENESS	A

MACKE EARTH FLOW

Kann den Erdboden nach Belieben umformen. Je nach Gelände schafft sie auf diese Art neue Pfade und nutzt ihre Macke sowohl offensiv als auch defensiv.

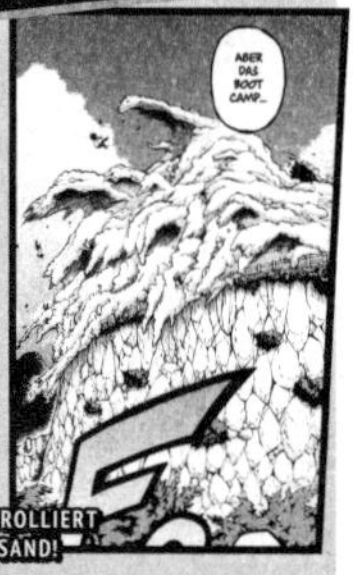

IM GELÄNDE KONTROLLIERT SIE ERDE UND SAND!

Aus genügend Erde kann sie sogar Bestien formen! Neben Angriffen auch ideal zur Abschreckung geeignet!

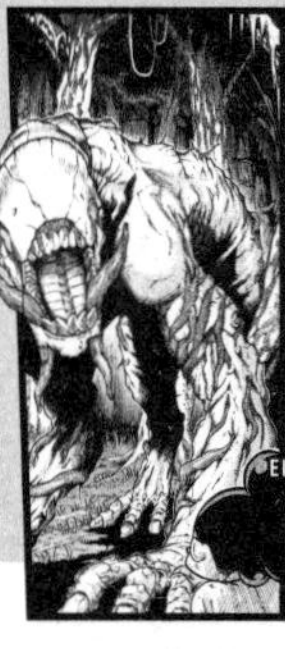

EINE MAGISCHE BESTIE AUS ERDKLUMPEN!

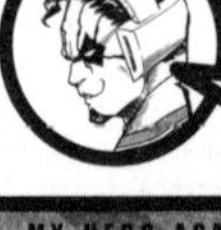

Dazu sagt **TORA**

Sie ist so besorgt, das richtige Heiratsalter zu verpassen, dass sie hoffentlich bald einen tollen Partner findet! Dass sie sogar Jagd auf Oberschüler macht, lasse ich lieber unkommentiert...

File 13

TORA

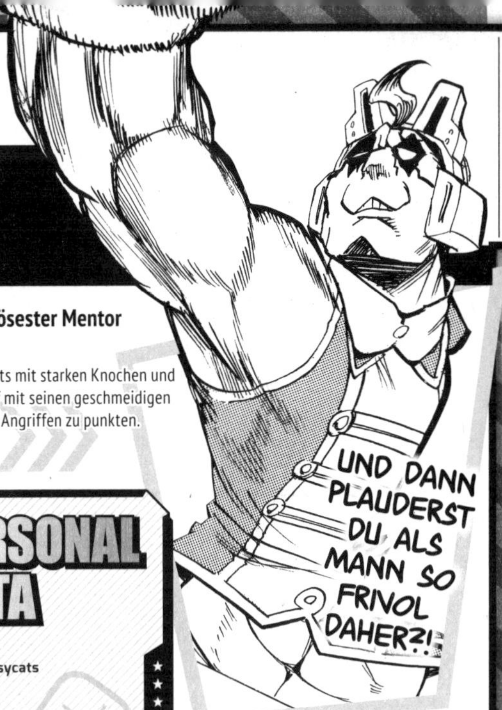

Strengster und muskulösester Mentor unter den Pussycats.

Auffälliges Mitglied der Pussycats mit starken Knochen und prallen Muskeln. Weiß im Kampf mit seinen geschmeidigen Bewegungen und katzenartigen Angriffen zu punkten.

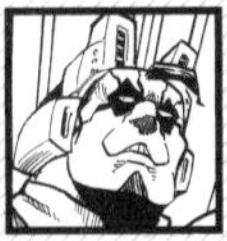

PERSONAL DATA

Zugehörigkeit: **Wild Wild Pussycats**
Geburtstag: **29. Februar**
Körpergröße: **1,90 m**
Blutgruppe: **A**
Heimat: **Präfektur Kagoshima**
Mag: **seine Kollegen**
Kampfstil: **Nahkampf**

AMTLICH ANERKANNT

★★★ PROFESSIONAL HEROES

HERO'S STATUS

KRAFT (POWER)	A
TEMPO (SPEED)	C
TECHNIK (TECHNIQUE)	B
INTELLIGENZ (INTELLIGENCE)	C
KOOPERATION (COOPERATIVENESS)	B

MACKE: VERBIEGUNG

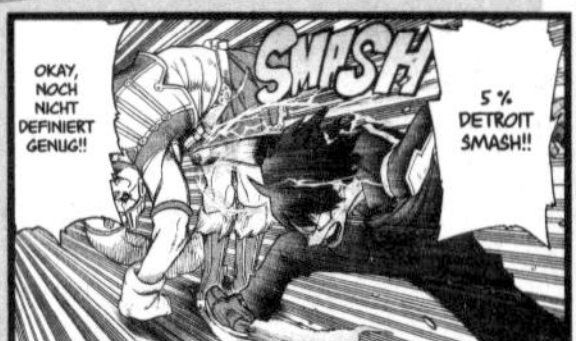

VERBIEGT SEINEN KÖRPER NACH BELIEBEN!!

Sein trainierter Körper wird durch seine Macke komplettiert, die es ihm erlaubt, absurde Verrenkungen auszuführen.

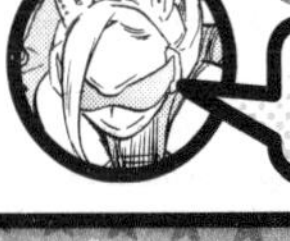

▶Dazu sagt **PIXIE-BOB**

Tora wirkt nicht so, aber er liebt seine Freunde und ist ein netter Kerl. Ich weiß es zu schätzen, dass auch er sich Sorgen um mein Single-Dasein macht, aber lass uns das nicht weiter breitwalzen!!

File 14

RAGDOLL

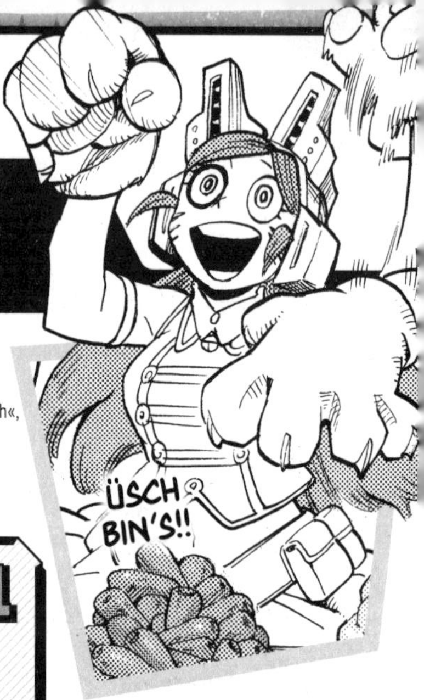

Das Auge der Pussycats hat stets alle Infos im Blick!

Die Stimmungsmacherin der Pussycats sagt nicht »ich«, sondern »üsch«! Ihre Analysefähigkeiten setzt sie gekonnt an der Front ein.

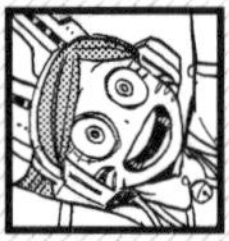

PERSONAL DATA

Zugehörigkeit: **Wild Wild Pussycats**
Geburtstag: **8. April**
Körpergröße: **1,66 m**
Blutgruppe: **0**
Heimat: **Tokyo**
Mag: **Tiger, Mandalay, Pixie-Bob**
Kampfstil: **Unterstützung aus dem Hintergrund**

AMTLICH ANERKANNT

★★★ PROFESSIONAL HEROES

HERO'S STATUS

KRAFT / POWER	D
TEMPO / SPEED	D
TECHNIK / TECHNIQUE	C
INTELLIGENZ / INTELLIGENCE	C
KOOPERATION / COOPERATIVENESS	C

MACKE *SEARCH*

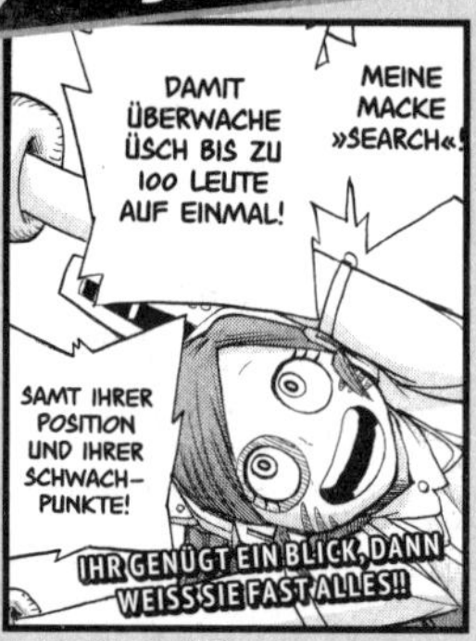

Mit ihrer Macke greift sie unterstützend ein, da sie Informationen meisterlich sammeln und analysieren kann.

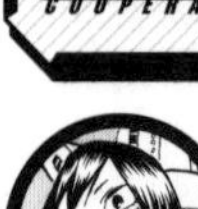

Dazu sagt MANDALAY

Schon seit Gründung der Wild Wild Pussycats frage ich mich, woher ihre Art zu sprechen kommt... Könnte das irgendein seltsamer Dialekt sein?

File 15

SNIPE

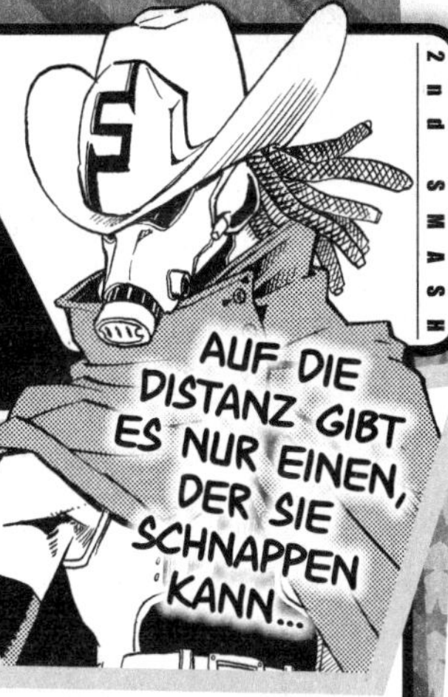

Er verfehlt nie sein Ziel! Auf diesen Lehrer der 3. Jahrgangsstufe ist Verlass!

Erkennbar an seinem großen Hut und weiten Mantel. In den U.S.J. jagte er Tomura Shigaraki und seiner Bande ein paar Kugeln in den Hintern, ehe sie sich davonstahlen.

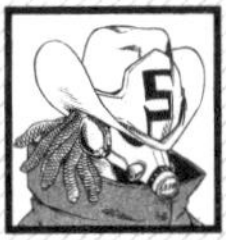

PERSONAL DATA

Zugehörigkeit: **U.A. Highschool, Helden-Fakultät**
Geburtstag: **7. November**
Körpergröße: **1,82 m**
Blutgruppe: **A**
Heimat: **Präfektur Kanagawa**
Mag: **Würste, Hüte**
Kampfstil: **Scharfschütze**

AMTLICH ANERKANNT

★★★ PROFESSIONAL HEROES

HERO'S STATUS

KRAFT / POWER	C
TEMPO / SPEED	C
TECHNIK / TECHNIQUE	S
INTELLIGENZ / INTELLIGENCE	B
KOOPERATION / COOPERATIVENESS	C

MACKE: ZIELSUCHE

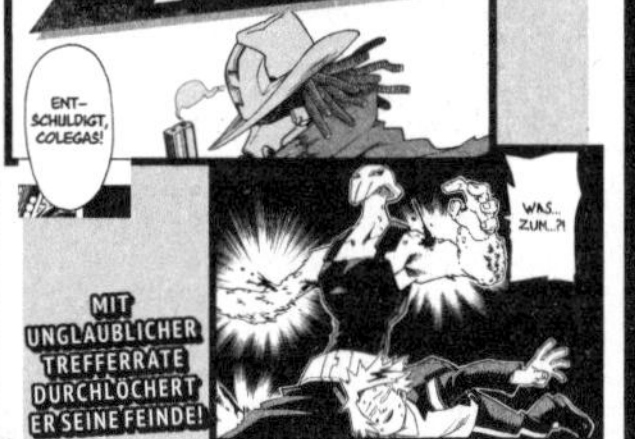

Im Handumdrehen ortet er auch weit entfernte Gegner und verpasst ihnen einen gezielten Schuss.

AKTIVITÄT ALS HELD

Eilte den Schülern zu Hilfe und schlug die Schurken in die Flucht!

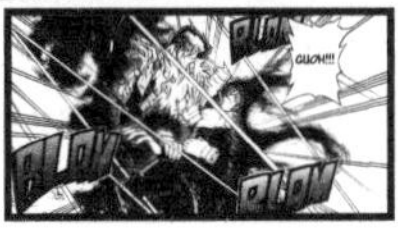

Verpasste den eingefallenen Schurken präzise Schüsse dorthin, wo es besonders wehtut, und zwang sie damit zur Umkehr.

Bewertung durch den Profihelden **NEDZU**

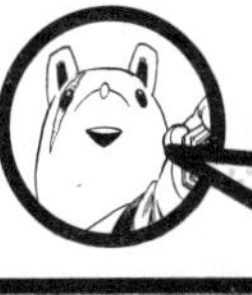

Herr Snipe zählt zu den Menschen, denen ich mein vollstes Vertrauen schenke. Er kümmert sich um jeden einzelnen seiner Schüler und macht auch als Lehrer eine gute Figur.

FILE 16

EKTOPLASMA

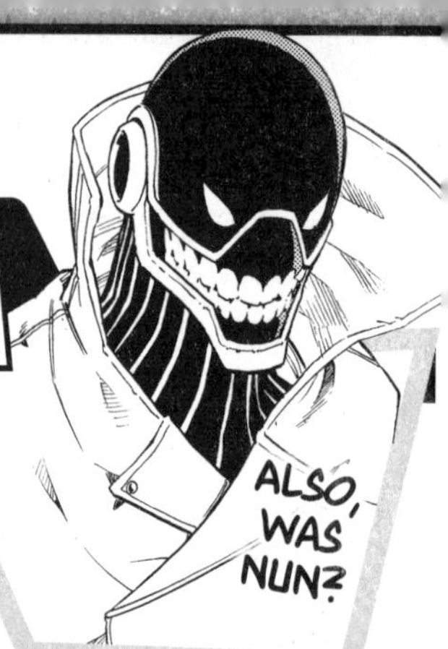

Technisch versierter Lehrer, der mehrere Doppelgänger von sich erschaffen kann.

Bei der Semesterabschlussprüfung war er für Fumikage und Tsuyu zuständig. Zu seinen Charakteristika gehören seine schaurig schwarze Heldenmaske und seine abgehackte Art zu reden.

PERSONAL DATA

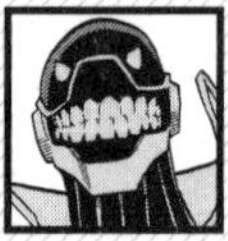

Zugehörigkeit: **U.A. Highschool, Helden-Fakultät**

Geburtstag: **23. März**

Körpergröße: **1,80 m**

Blutgruppe: **AB**

Heimat: **Präfektur Okinawa**

Mag: **Karaoke**

Kampfstil: **Phantomangriffe auf weite Distanz**

AMTLICH ANERKANNT

★ ★ ★ PROFESSIONAL HEROES

HERO'S STATUS

KRAFT / POWER	B
TEMPO / SPEED	B
TECHNIK / TECHNIQUE	A
INTELLIGENZ / INTELLIGENCE	C
KOOPERATION / COOPERATIVENESS	D

MACKE *DOPPELGÄNGER*

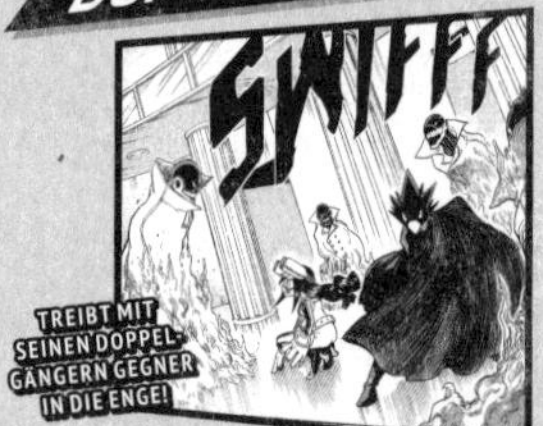

Er spuckt Ektoplasma aus seinem Mund, das sich in kampflustige Doppelgänger verwandelt.

AKTIVITÄT ALS HELD

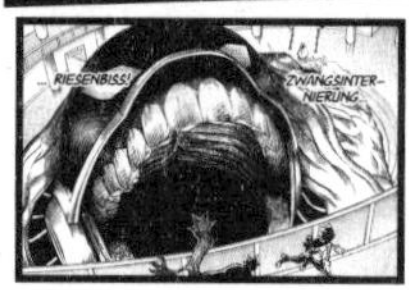

Schikaniert seine Schüler im Namen der Bildung mit seinen mächtigsten Angriffen.

Erbarmungslose Lehrmethoden wie beim Heer von Sparta!

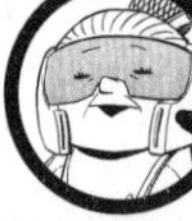

▶ Dazu sagt **RECOVERY GIRL**

Ektoplasma ist ein mürrischer Zeitgenosse, den ich manchmal kaum verstehe. Als Lehrer ist er aber sehr geradlinig und bringt den Schülern viel bei.

File 17

POWER LOADER

Harte Arbeit überlässt man am besten ihm!
Dieser Power-Held braucht keine schweren Maschinen!

Lehrer an der U.A. und Ausgrabungs-Held aus der Schwerindustrie. Wann immer auf dem Campus der U.A. etwas umgebaut werden muss, ist er zur Stelle.

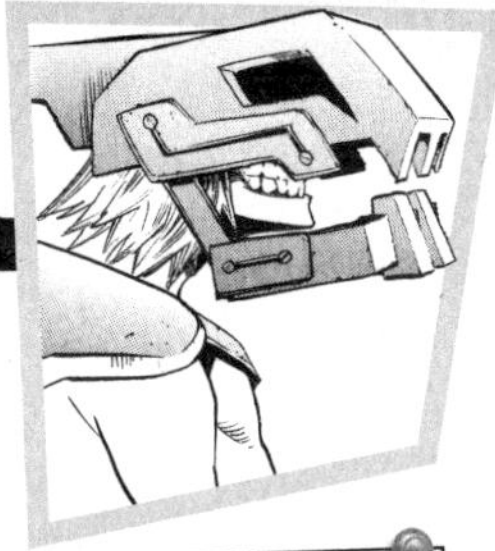

PERSONAL DATA

AMTLICH ANERKANNT

Zugehörigkeit: **U.A. Highschool, Helden-Fakultät**
Geburtstag: **17. September**
Körpergröße: **1,90 m**
Blutgruppe: **A**
Heimat: **Osaka**
Mag: **Autos**
Kampfstil: **Fallen stellen**

HERO'S STATUS

KRAFT	POWER	A
TEMPO	SPEED	C
TECHNIK	TECHNIQUE	D
INTELLIGENZ	INTELLIGENCE	D
KOOPERATION	COOPERATIVENESS	C

AKTIVITÄT ALS HELD

Nahm sich bei der Prüfung Tenya und Mashirao vor.

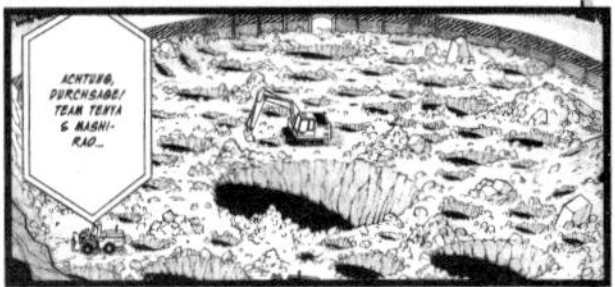

Auch derart großflächige Ausbesserungsarbeiten zählen zu Power Loaders Gebiet.

File 18

BLOOD KING

Sein eigenes Blut gehorcht ihm aufs Wort!
Klassenlehrer der Klasse 1-B!

Der Klassenlehrer der 1-B wird aufgrund seiner Macke auch Blut-Held genannt. Heißblütiger Kerl, der im Nu in Wallung gerät.

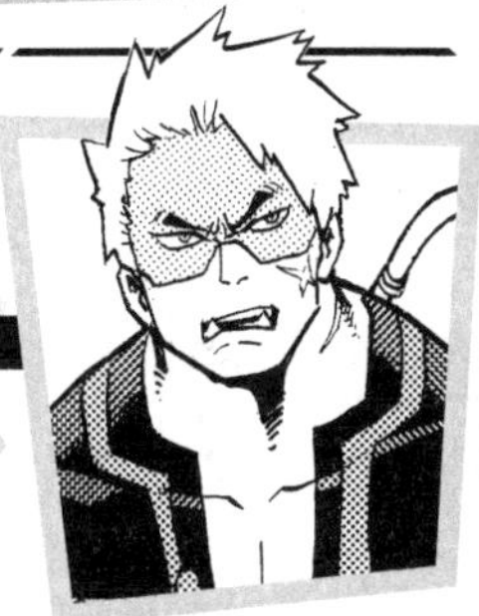

PERSONAL DATA

AMTLICH ANERKANNT

Zugehörigkeit: **U.A. Highschool, Helden-Fakultät**
Geburtstag: **10. November**
Körpergröße: **1,94 m**
Blutgruppe: **B**
Heimat: **Präfektur Aomori**
Mag: **Tomaten**
Kampfstil: **Festnahme und Fesselung**

HERO'S STATUS

KRAFT	POWER	B
TEMPO	SPEED	B
TECHNIK	TECHNIQUE	B
INTELLIGENZ	INTELLIGENCE	C
KOOPERATION	COOPERATIVENESS	C

AKTIVITÄT ALS HELD

Verliert nicht gern gegen die A-Klasse!!

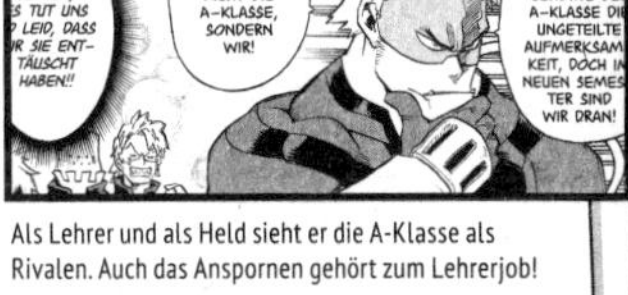

Als Lehrer und als Held sieht er die A-Klasse als Rivalen. Auch das Anspornen gehört zum Lehrerjob!

19

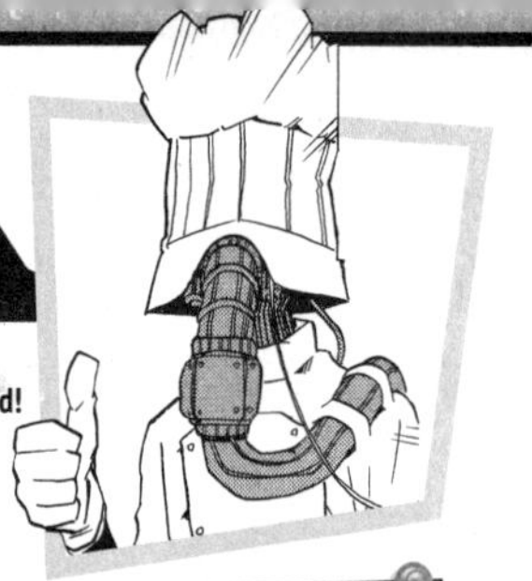

LUNCH RUSH

Es gibt nichts, was er nicht kochen kann!
Als Held des Kochtopfs steht er in der Cafeteria hinter dem Herd!

Bekocht die Schüler in der Cafeteria der U.A. Highschool. Ob japanisches oder westliches Essen, es gibt nichts, was er nicht im Handumdrehen auf die Teller zaubern könnte. Nur das Abwaschen kann er nicht leiden.

PERSONAL DATA

AMTLICH ANERKANNT

Zugehörigkeit: **U.A. Highschool, Cafeteria**
Geburtstag: **17. Juni**
Körpergröße: **1,60 m**
Blutgruppe: **AB**
Heimat: **Präfektur Niigata**
Mag: **weißen Reis**
Kampfstil: **–**

HERO'S STATUS

KRAFT	POWER	E
TEMPO	SPEED	D
TECHNIK	TECHNIQUE	B
INTELLIGENZ	INTELLIGENCE	C
KOOPERATION	COOPERATIVENESS	B

AKTIVITÄT ALS HELD

Unterstützt die Schüler von innen heraus!!

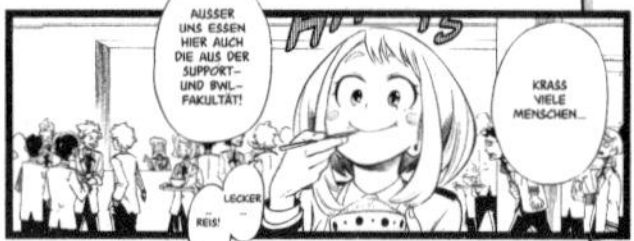

Gewürztechnisch macht er es jedem einzelnen Schüler recht. Viele Helden kommen auch nach dem Abschluss noch zu ihm.

20

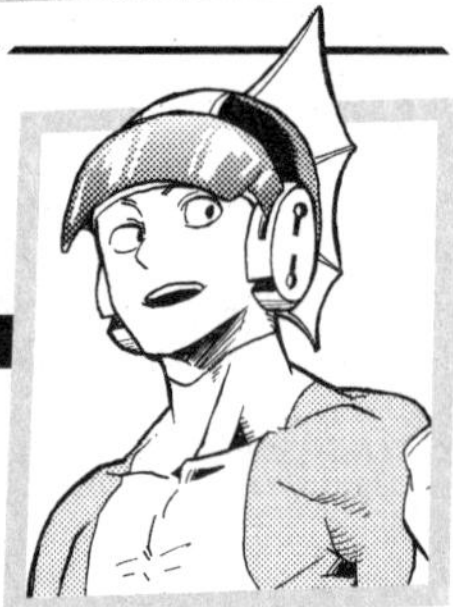

MANUAL

In den meisten Disziplinen ganz okay!
Am wichtigsten ist für ihn jedoch, durchschnittlich zu sein!!

Held mit eigener Agentur in Hosu. Es gibt nichts, was er nicht kann, und das schreibt er sich meist auch groß auf die Fahne!

PERSONAL DATA

AMTLICH ANERKANNT

Richtiger Name: **Masaki Mizushima**
Zugehörigkeit: **Heldenagentur des normalen Helden Manual**
Geburtstag: **5. Dezember**
Körpergröße: **1,76 m**
Blutgruppe: **A**
Heimat: **Präfektur Fukuyama**
Mag: **Durchschnittliches, Pflanzen mit schönen Blättern**
Kampfstil: **Unterstützung aus dem Hintergrund**

HERO'S STATUS

KRAFT	POWER	C
TEMPO	SPEED	C
TECHNIK	TECHNIQUE	C
INTELLIGENZ	INTELLIGENCE	C
KOOPERATION	COOPERATIVENESS	C

AKTIVITÄT ALS HELD

Ist sich auch für simple Arbeiten nicht zu schade!

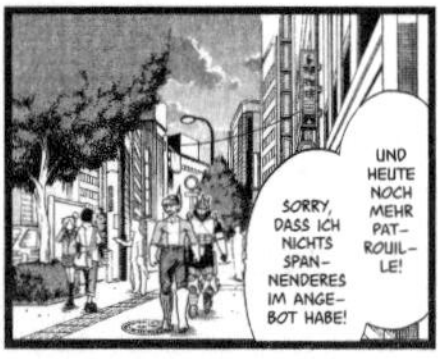

Patrouilliert wird zu Fuß! Weil die Leute es mögen, wenn sich Helden zu Fuß um die öffentliche Sicherheit kümmern.

FILE 21

BEST JEANIST

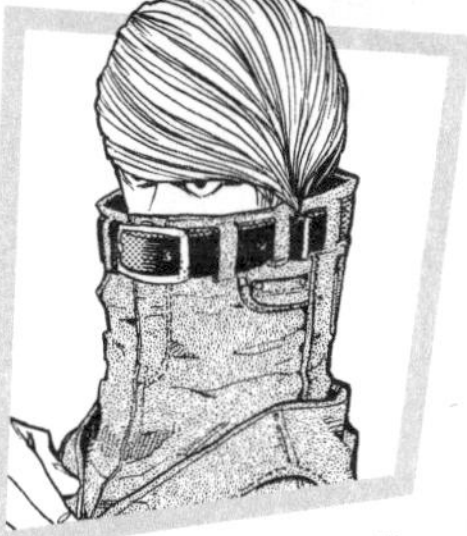

Acht Jahre in Folge zum »besten Jeansträger« gekürt!
Trägt die leicht affektierte »Nummer 4« im Namen.

Graduierte in seinem Jahrgang als Viertbester von der U.A. Highschool. Sein Kostüm besteht aus Jeansstoff, was ihm den Einzug in die Ruhmeshalle der »Best Jeanists« ermöglichte.

PERSONAL DATA

AMTLICH ANERKANNT

Richtiger Name: **Tsunagu Hakamada**
Zugehörigkeit: **Genius Office**
Geburtstag: **5. Oktober**
Körpergröße: **1,90 m**
Blutgruppe: **AB**
Heimat: **Präfektur Okayama**
Mag: **Wölfe**
Kampfstil: **Distanzangriffe**

HERO'S STATUS

KRAFT	POWER	D
TEMPO	SPEED	C
TECHNIK	TECHNIQUE	A
INTELLIGENZ	INTELLIGENCE	C
KOOPERATION	COOPERATIVENESS	C

AKTIVITÄT ALS HELD

Verbesserung in eigener Sache!!

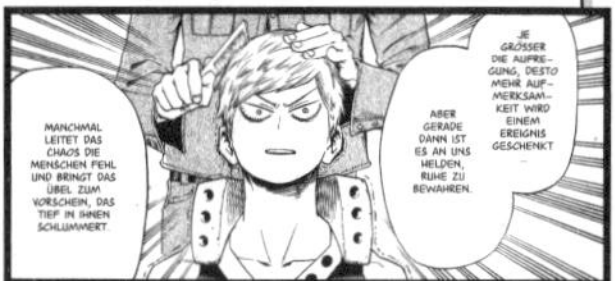

Großer Verfechter des Seitenscheitels oder der Emo-Frisur. Mit Kamm und Föhn werden die Haare in Form gebracht und mit Haarwachs fixiert.

FILE 22

FOURTH KIND

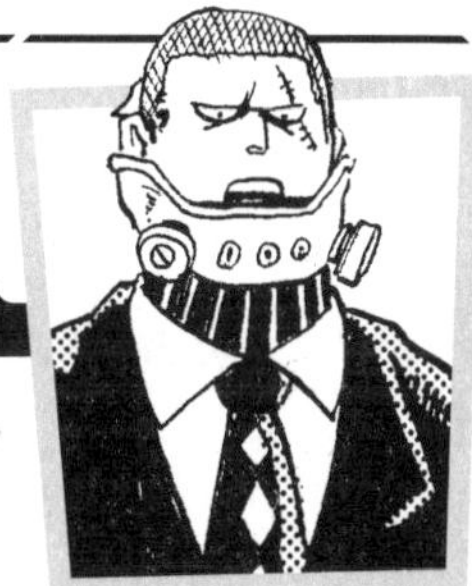

Schätzt Pflichtgefühl und Menschlichkeit!!
Ritterlicher Held mit Köpfchen.

Wie es der Name seiner Macke »Four Arms« besagt, besitzt er vier Arme. Mit seinem grimmigen Aussehen erntet er vor allem unter Kindern keine Pluspunkte, was ihn bedrückt.

PERSONAL DATA

AMTLICH ANERKANNT

Zugehörigkeit: **Heldenagentur Kind**
Geburtstag: **16. Februar**
Körpergröße: **1,84 m**
Blutgruppe: **B**
Heimat: **Präfektur Hiroshima**
Mag: **Katanas**
Kampfstil: **Nahkampf**

HERO'S STATUS

KRAFT	POWER	A
TEMPO	SPEED	C
TECHNIK	TECHNIQUE	C
INTELLIGENZ	INTELLIGENCE	B
KOOPERATION	COOPERATIVENESS	C

MACKE: FOUR ARMS

Nennt ganze vier Arme sein eigen. Um bei den Kindern besser anzukommen, spielt er neuerdings Puppentheater.

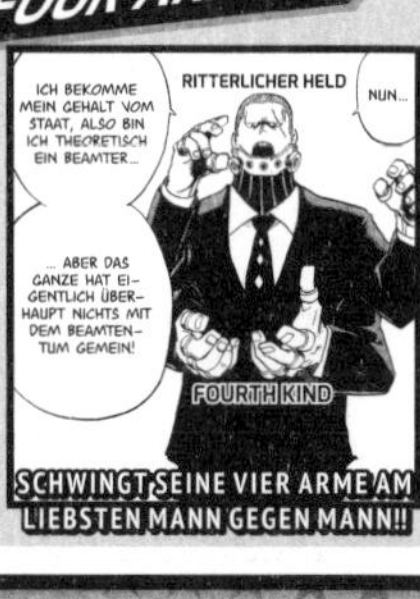

FILE 23

GUNHEAD

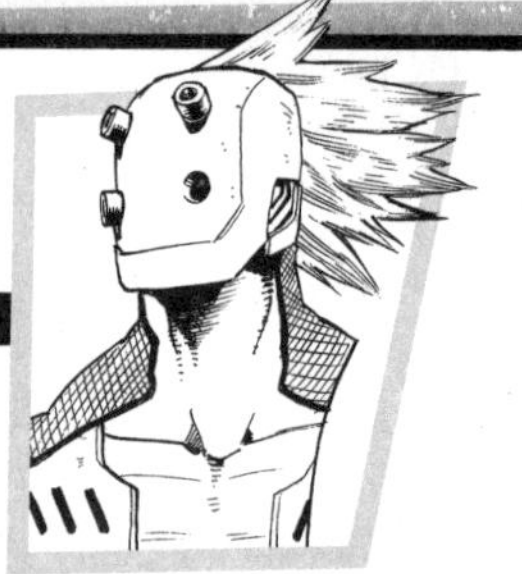

Beliebt aufgrund der Diskrepanz zwischen seinem Aussehen und seiner Persönlichkeit?! Hardliner-Held mit jungfräulicher Seite.

Die Gatling-Waffen an seinen Armen sind seine Macke. Im Gegensatz zu seinem Aussehen ist er ein sehr feinfühliger Mensch, der lustig spricht.

PERSONAL DATA

AMTLICH ANERKANNT

Zugehörigkeit: **Heldenagentur Gunhead**
Geburtstag: **7. Mai**
Körpergröße: **1,91 m**
Blutgruppe: **0**
Heimat: **Präfektur Ehime**
Mag: **Hautpflege**
Kampfstil: **Nahkampf**

HERO'S STATUS

KRAFT	POWER	A
TEMPO	SPEED	D
TECHNIK	TECHNIQUE	B
INTELLIGENZ	INTELLIGENCE	C
KOOPERATION	COOPERATIVENESS	B

MACKE GATLING

ER SCHIESST HORNARTIGE KUGELN AB!!

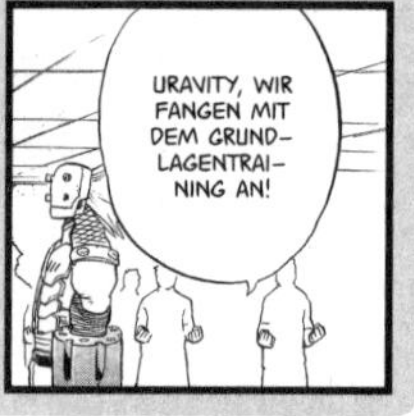

Mit hornartigen Geschossen schüchtert er seine Gegner ein, bevor er auf sie zurennt und in den Nahkampf übergeht.

FILE 24

UWABAMI

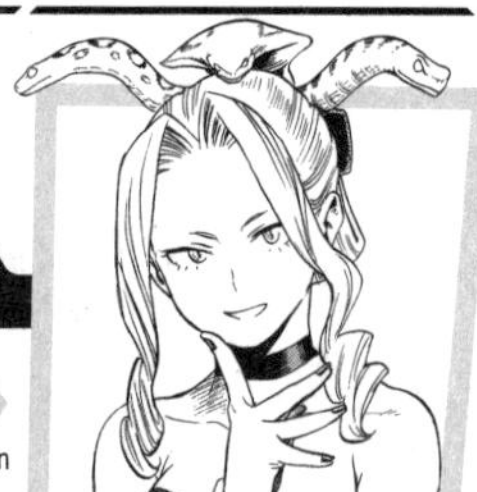

Hat hauptsächlich männliche Fans!
Mit Intelligenz und Schönheit ausgestattete Schlangen-Heldin!

Besticht mit ihrem glamourösen Körper und ihrem gegenüber Männern koketten Verhalten.

PERSONAL DATA

AMTLICH ANERKANNT

Zugehörigkeit: **Uwabami Productions**
Geburtstag: **9. Dezember**
Körpergröße: **1,70 m**
Blutgruppe: **A**
Heimat: **Präfektur Shimane**
Mag: **Alkohol**
Kampfstil: **Aufklärung und Spionage**

HERO'S STATUS

KRAFT	POWER	E
TEMPO	SPEED	D
TECHNIK	TECHNIQUE	A
INTELLIGENZ	INTELLIGENCE	B
KOOPERATION	COOPERATIVENESS	B

AKTIVITÄT ALS HELD

Auch im Show-Business aktiv!!

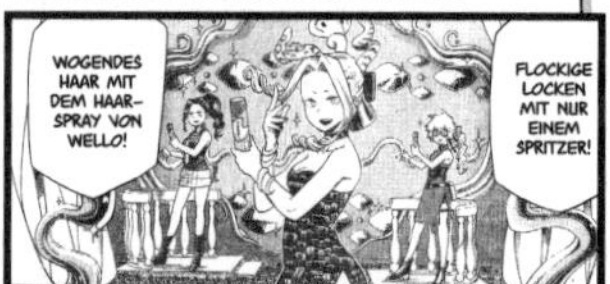

Trat in zahlreichen Werbeclips auf und strahlt für über 20 unterschiedliche Firmen von den Litfasssäulen.

File 25

MT. LADY

2nd SMASH

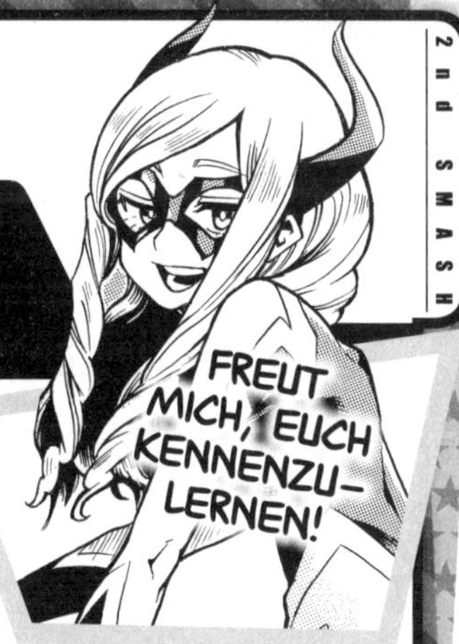

Ihre Träume sind riesig!
Der neue Stern am Helden-Himmel!!

Mit ihrer Macke kann sie ihren Körper auf das 13-Fache vergrößern. Zählt mit Uwabami zu den hübschesten Damen der Helden-Branche und kann sich vor männlichen Paparazzi kaum retten. Steht gerne im Mittelpunkt.

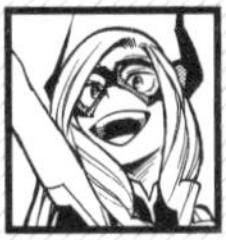

PERSONAL DATA

Zugehörigkeit: **Mt. Büro**
Geburtstag: **11. August**
Körpergröße: **1,62 m → 20,62 m**
Blutgruppe: **B**
Heimat: **Hokkaido**
Mag: **Pfirsiche**
Kampfstil: **Nahkampf**

AMTLICH ANERKANNT

★★★ PROFESSIONAL HEROES

HERO'S STATUS

KRAFT (POWER)	A
TEMPO (SPEED)	C
TECHNIK (TECHNIQUE)	D
INTELLIGENZ (INTELLIGENCE)	D
KOOPERATION (COOPERATIVENESS)	D

MACKE GIGANTIFIKATION

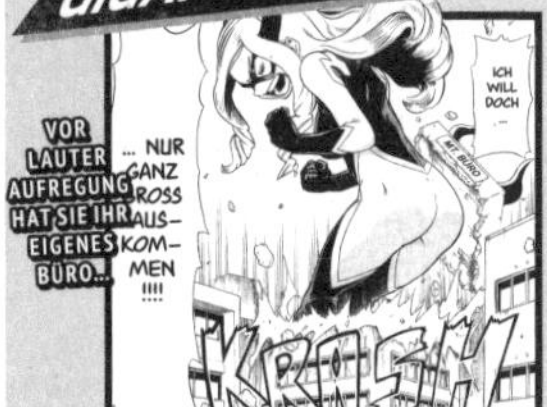

Die kleinste Aufregung reicht aus, um sie auf ein Vielfaches ihrer Größe wachsen zu lassen. Das war übrigens schon das fünfte Büro, das so endete...

AKTIVITÄT ALS HELD

Sollte sich in der Stadt nicht frei bewegen?!

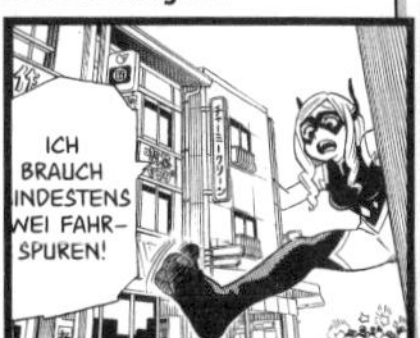

Darf sich im engen Stadtgebiet keine Fehltritte leisten.

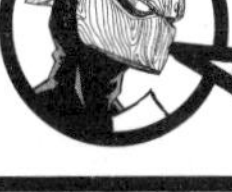

▶ Bewertung durch den Profihelden **KAMUI WOOD**

Weil sich unsere Agenturen in der Nähe befinden, treffe ich Mt. Lady öfter mal. Wie bitte? Welche komischen Gerüchte?! Was ihre Gigantifikation angeht, bin ich auch völlig ratlos!

File 26

KAMUI WOOD

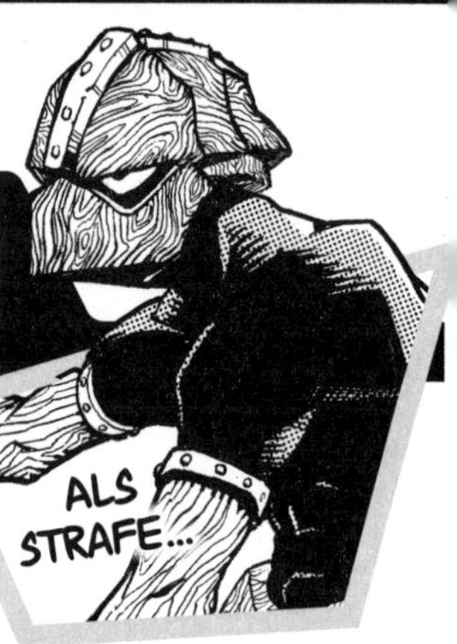

Lässt sich vom Nachwuchs nicht entmutigen! Als Held eine ziemlich harte Nuss!!

Baum-Held, der zur gleichen Zeit wie Mt. Lady sein Debüt feierte und eine naturbasierte Macke besitzt. Seine Verschwiegenheit ist nur einer seiner Vorzüge.

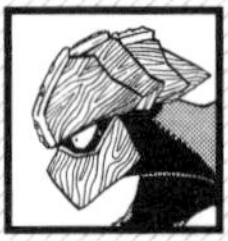

PERSONAL DATA

Zugehörigkeit: **Freelancer**
Geburtstag: **20. Mai**
Körpergröße: **1,68 m**
Blutgruppe: **A**
Heimat: **Präfektur Kagoshima**
Mag: **Waldspaziergänge**
Kampfstil: **Festnahme und Fesselung**

AMTLICH ANERKANNT

★ ★ ★ PROFESSIONAL HEROES

HERO'S STATUS

KRAFT	POWER	D
TEMPO	SPEED	B
TECHNIK	TECHNIQUE	B
INTELLIGENZ	INTELLIGENCE	C
KOOPERATION	COOPERATIVENESS	C

MACKE: GEHÖLZ

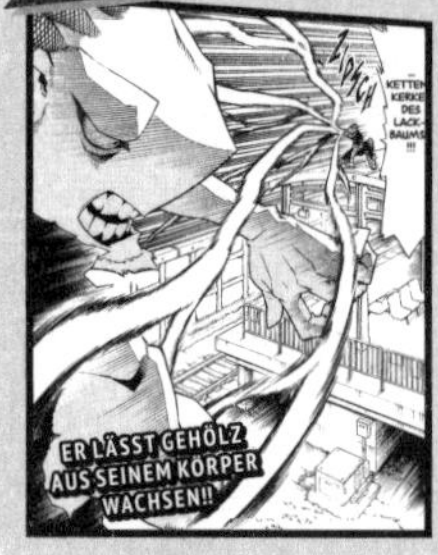

Schwingt seine harten Äste, um Gegner anzugreifen oder auch zu fesseln. Schwach gegen Feuer.

AKTIVITÄT ALS HELD

Auch Rettungsmissionen liegen ihm!!

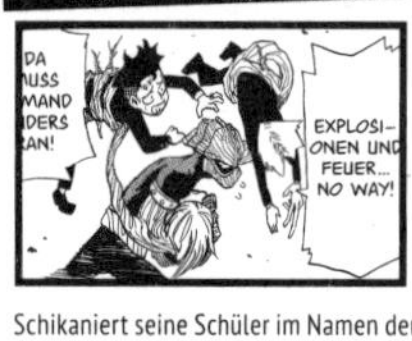

Schikaniert seine Schüler im Namen der Bildung mit seinen mächtigsten Angriffen.

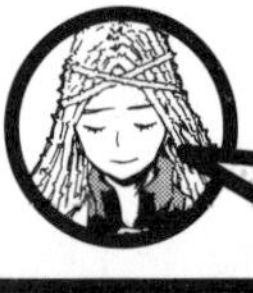

Dazu sagt **IBARA SHIOZAKI**

Mit meinen Ranken habe ich viel mit Kamui Wood gemeinsam. Ich mag, wie stark er als Held ist, und könnte mir vorstellen, nach meinem Abschluss für ihn zu arbeiten.

file 27

DESTEGORO

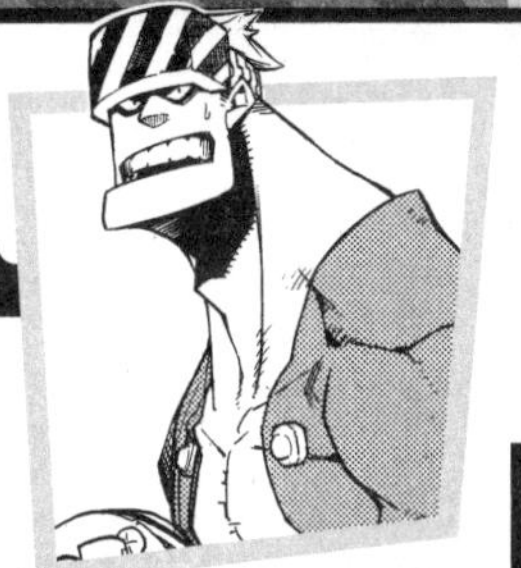

Weiß seine angeborene Stärke einzusetzen! Ob Bewachung oder Kämpfen, er beherrscht alles!!

Hat sich als Held auf Arbeiten spezialisiert, die seinem Körperbau entsprechen. Wurde einmal während Bauarbeiten als lebende Hinweistafel eingesetzt und ist seitdem sehr bekannt.

PERSONAL DATA

Zugehörigkeit: **Freelancer**
Geburtstag: **1. November**
Körpergröße: **2,05 m**
Blutgruppe: **AB**
Heimat: **Präfektur Nara**
Mag: **sich Kämpfe ansehen**
Kampfstil: **Nahkampf**

AMTLICH ANERKANNT

HERO'S STATUS

KRAFT	POWER	A
TEMPO	SPEED	E
TECHNIK	TECHNIQUE	D
INTELLIGENZ	INTELLIGENCE	D
KOOPERATION	COOPERATIVENESS	C

AKTIVITÄT ALS HELD

Arbeitete beim Sportfest als Wachmann!

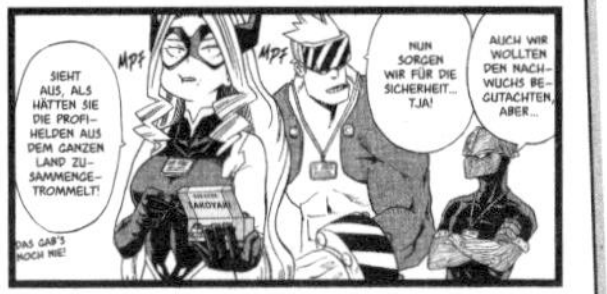

Mit seiner enormen Stärke und seinem imposanten Körper ist er aus der Riege des Wachpersonals nicht mehr wegzudenken. Hierfür wird er landesweit gebucht.

file 28

BACKDRAFT

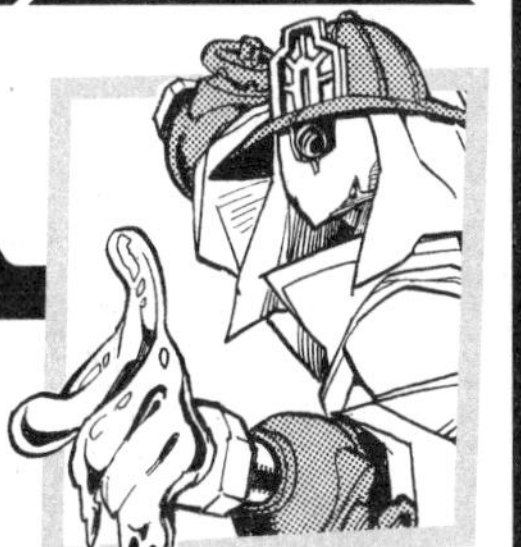

So bedrohlich sein Name auch klingen mag, im Feuerlöschen reicht ihm niemand das Wasser!!

Held, der die Uniform der Feuerwehr als Kostüm verwendet. Erledigt bei Katastrophen und Großbränden erstklassige Arbeit, ebenso wie im Retten von Menschenleben.

PERSONAL DATA

Zugehörigkeit: **Freelancer**
Geburtstag: **7. März**
Körpergröße: **1,65 m**
Blutgruppe: **A**
Heimat: **Präfektur Fukushima**
Mag: **Baden**
Kampfstil: **Lebensrettung und Katastrophenhilfe**

AMTLICH ANERKANNT

HERO'S STATUS

KRAFT	POWER	E
TEMPO	SPEED	D
TECHNIK	TECHNIQUE	C
INTELLIGENZ	INTELLIGENCE	B
KOOPERATION	COOPERATIVENESS	B

AKTIVITÄT ALS HELD

Wie gemacht für den Katastrophendienst!!

Rückt mit seinen Wasserschläuchen jedem Feuer auf den Leib. Sollte katastrophenbedingt mal die Wasserversorgung ausfallen, kann er Abhilfe schaffen.

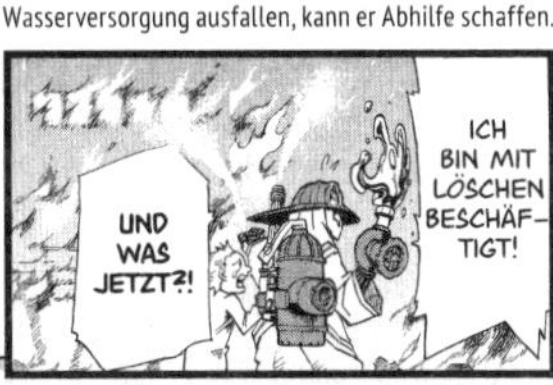

File 29

INGENIUM

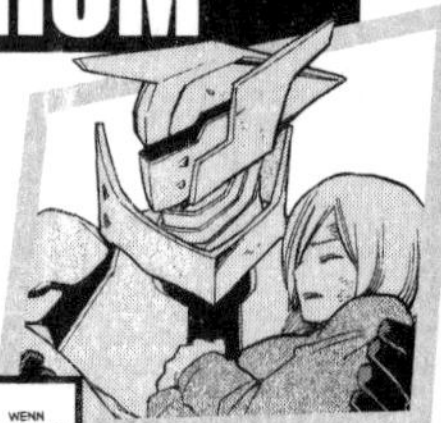

Turbo Hero. Bevor ihn Stain arbeitsunfähig machte, hatte er in seiner Agentur in Tokyo 65 Sidekicks angestellt.

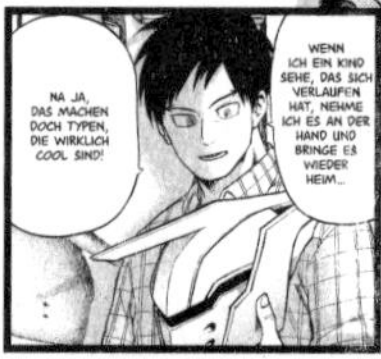

Tensei brachte seinem jüngeren Bruder Tenya schon im Kindesalter die Philosophie der Helden nahe. Sein Ehrgeiz ging auf seinen Bruder über.

▶ Dazu sagt **TENYA IIDA**

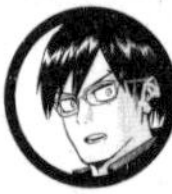

Ich bin des Namens noch nicht würdig, doch eines Tages werde ich ihn voller Stolz übernehmen, den Namen Ingenium!

File 30

AIR JET

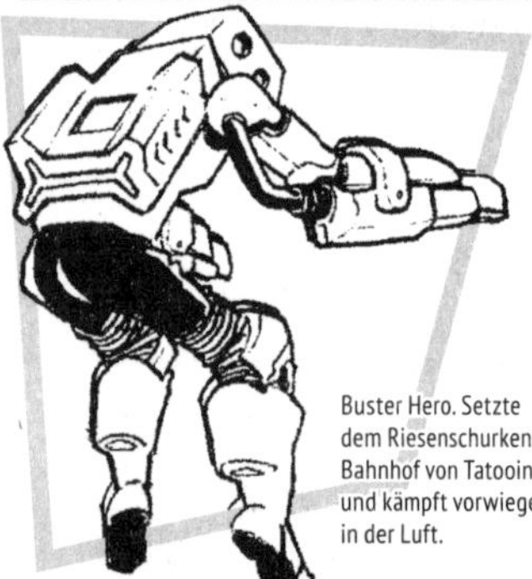

Buster Hero. Setzte dem Riesenschurken am Bahnhof von Tatooin zu und kämpft vorwiegend in der Luft.

▶ Dazu sagt **MEI HATSUME**

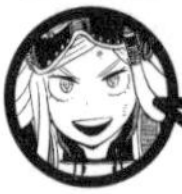

Der von mir entwickelte Jet Pack würde Sie auf ein ganz neues Level heben! Wollen Sie ihn nicht mal probieren?

File 31

INDIANER

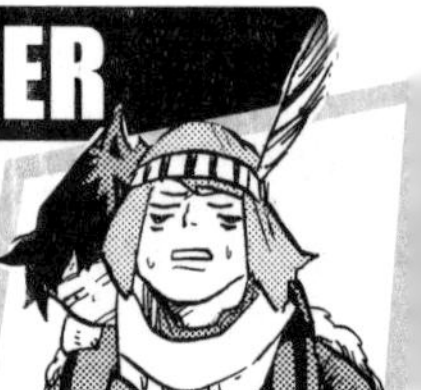

Vorwiegend in Hosu aktiv. Vor allem an dem Kopfschmuck der indianischen Ureinwohner erkennbar.

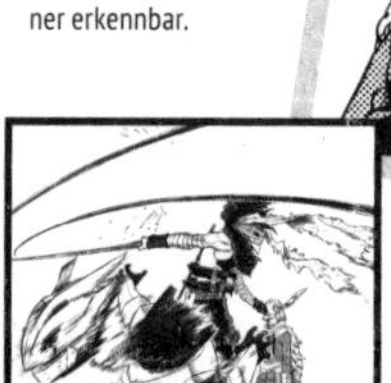

Da er Blutgruppe B besitzt, konnte er sich nach Stains Angriff acht Minuten lang nicht mehr bewegen.

▶ Dazu sagt **SHOTO TODOROKI**

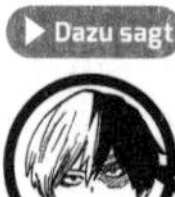

Er hat sich aufgeopfert und mir geraten, mich in Sicherheit zu bringen. Was für ein edelmütiger Held!

File 32

WATER HORSE

Die Eheleute waren als Helden aktiv, doch vor zwei Jahren starben sie bei der Arbeit, als sie Unschuldige vor Muscular beschützen wollten.

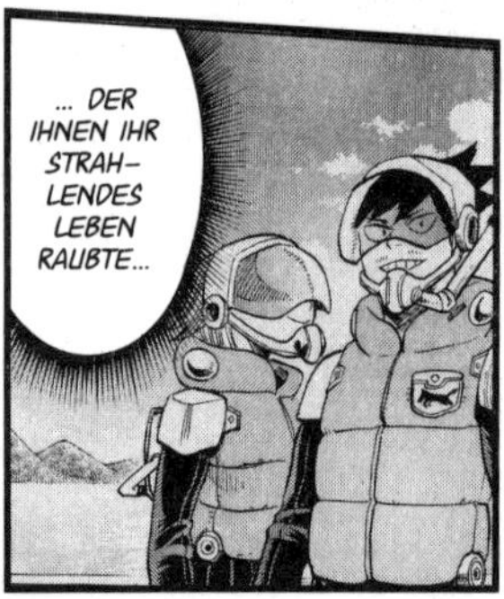

▶ Dazu sagt **MANDALAY**

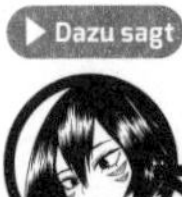

Mein Cousin war bei Water Horse. Keine Sorge, ich werde aus eurem Sohn einen prächtigen Helden machen!

RIESENSPRACHROHR DER BÜRGER

DIE PROFIHELDEN, DIE MT. LADYS FANS ZUFÄLLIG FOTOGRAFIERT HABEN!

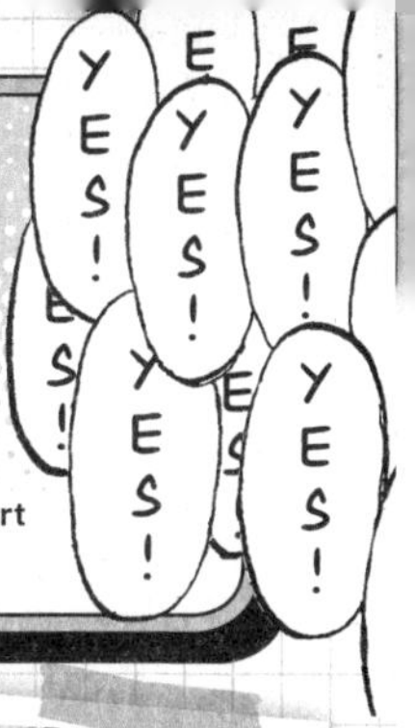

Sobald Mt. Lady wächst, versammeln sich ihre zahlreichen Fans! Erfahrt hier, welche Helden ihnen dabei noch vor die Linse gekommen sind!!

DAS KOLLEGIUM DER U.A. HIGHSCHOOL

DARUNTER SIND DREI HELDEN, ÜBER DEREN MACKE NICHTS BEKANNT IST ...

WIE MIR DIESES FOTO GEGLÜCKT IST? AUF DIESE TAKTLOSE FRAGE WERDE ICH NICHT ANTWORTEN!

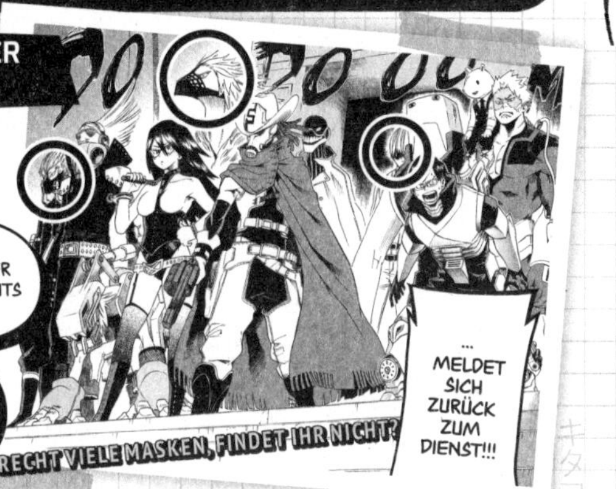

RECHT VIELE MASKEN, FINDET IHR NICHT?

BEIM SPORTFEST

DIE HELDIN HAT BEI KATSUKI DAZWISCHEN-GERUFEN ...

TAUCHTE NICHT BEI YATSUDOKI CIRCUS EIN MÄDEL AUF, DAS ÄHNLICH AUSSAH?!

DIE HABEN WIR DOCH SCHON MAL IRGENDWO GESEHEN?!

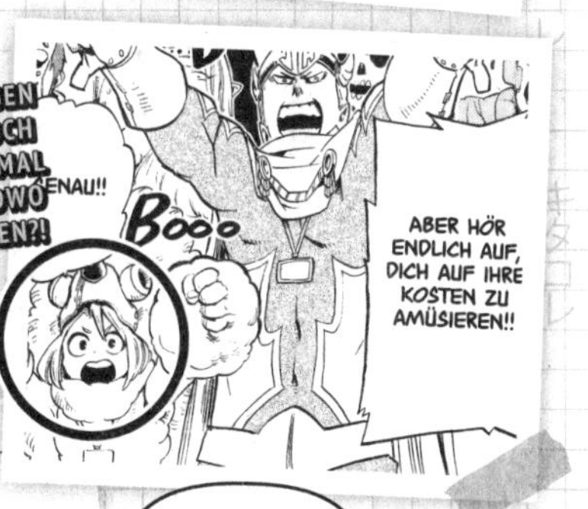

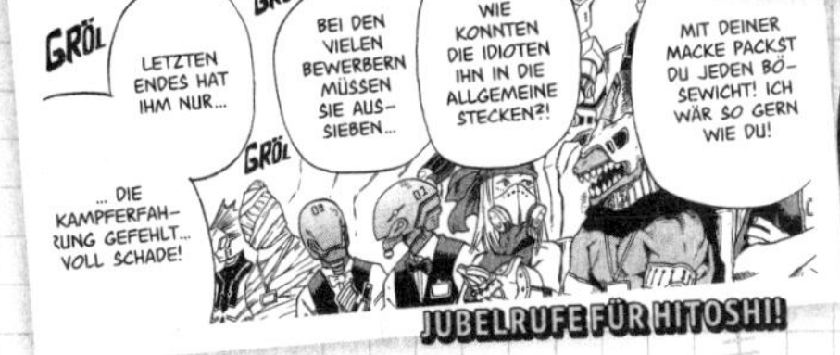

JUBELRUFE FÜR HITOSHI!

ICH HIELT VOLL AUF DIE TRIBÜNE DRAUF! DIE MIT DER GASMASKE IST JA SÜSS! ABER DIE BESTE IST NOCH IMMER MT. LADY!!

BEIM VORFALL IN HOSU

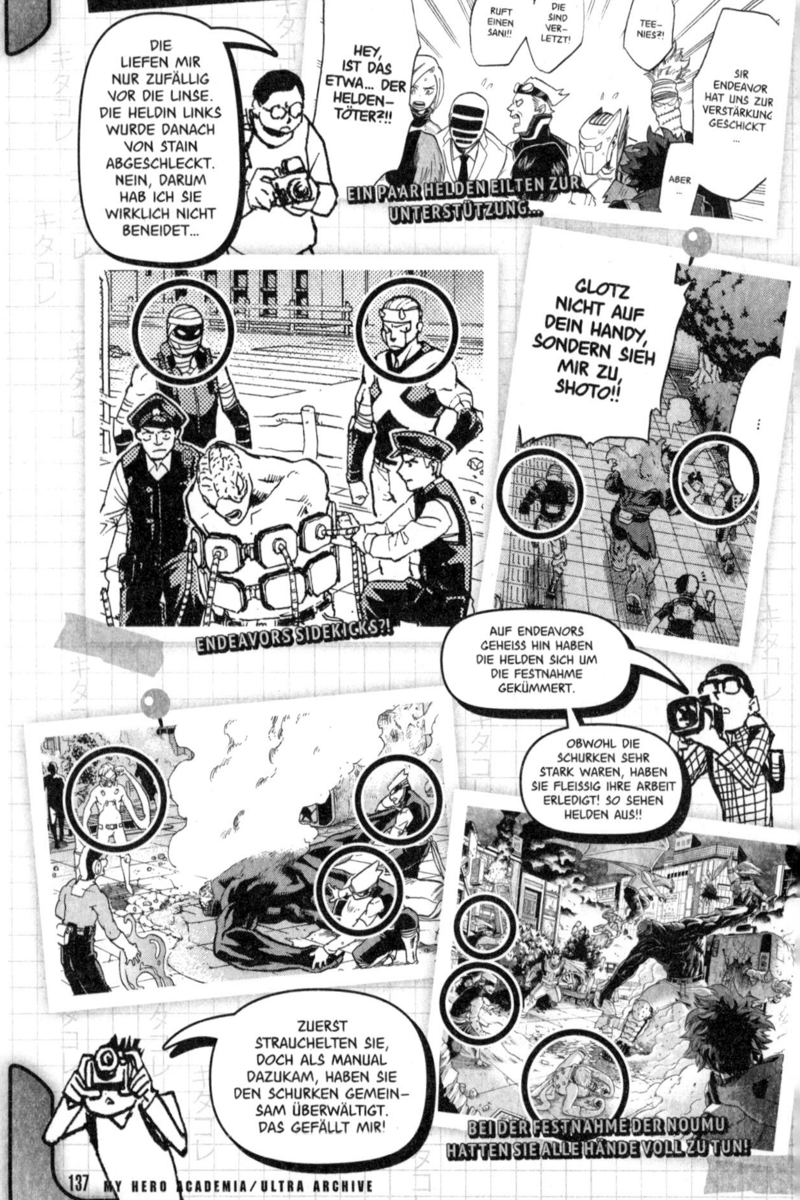

THE ÜB RI GE LEU TE

FAMILIENANGEHÖRIGE TEIL 2

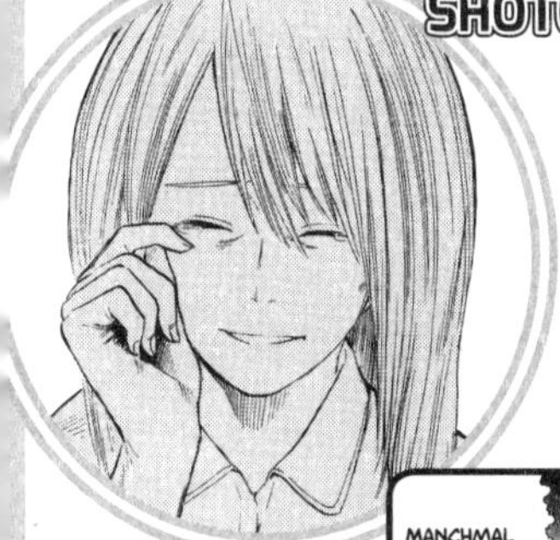

SHOTOS MUTTER

Mit ihrer Eis-Macke zog sie die Augen von Shotos Vater Enji Todoroki auf sich, der vorhatte, einen Sohn großzuziehen, der eines Tages All Might übertreffen würde. Daraufhin heirateten sie. Befindet sich mittlerweile in einer Heilanstalt.

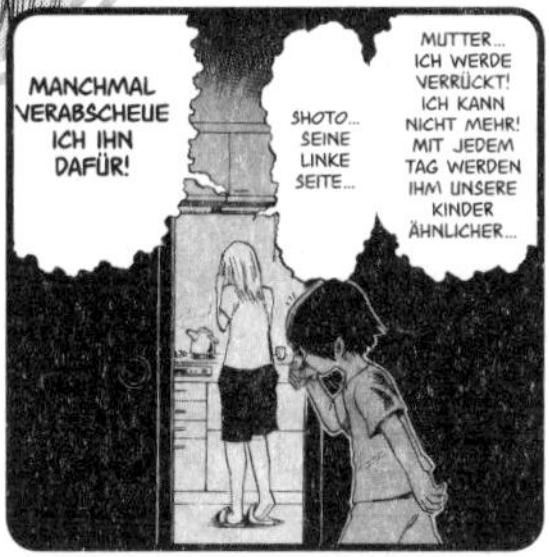

Vergangenheit mit Shoto

Die Besessenheit ihres Mannes Enji von den Macken ihres gemeinsamen Sohnes setzte ihr so sehr zu, dass sie eines Tages im Affekt ihrem Sohn das Gesicht verbrühte.

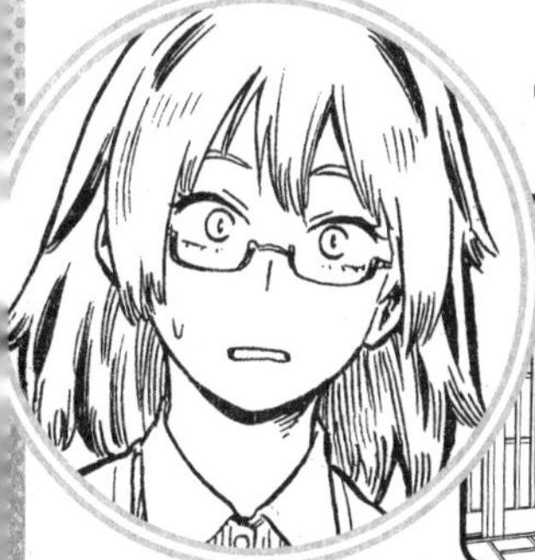

FUYUMI TODOROKI

Shotos ältere Schwester. Ihr Schuldgefühl, für ihren Bruder nicht genügend getan zu haben, ließ sie den Lehrerberuf ergreifen. Arbeitet momentan als Grundschullehrerin.

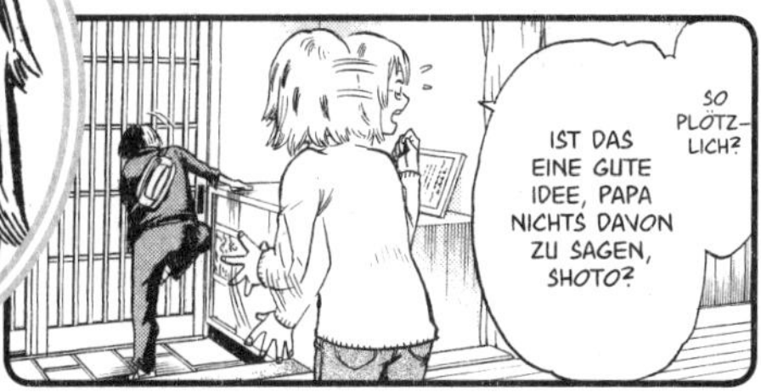

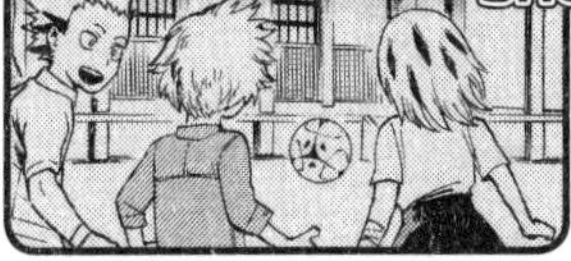

SHOTOS ÜBRIGE GESCHWISTER

In der Familie Todoroki gibt es vier Kinder. Nach dem ältesten Sohn kommt Fuyumi, die älteste Schwester, dann ein zweitgeborener Sohn und als jüngster Sohn Shoto. Er war der Einzige, den sein Vater pausenlos angetrieben hat.

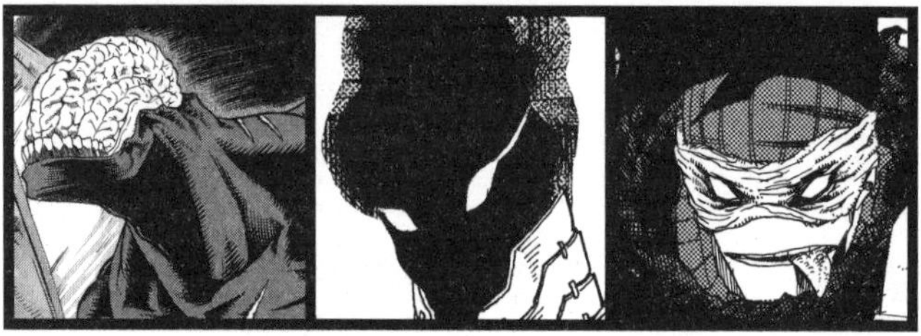

3rd SMASH

VILLAINS

Schurken sind eine Bedrohung für die Bevölkerung. Hier findet ihr unter all jenen, die in den letzten Jahren registriert wurden, die bedrohlichsten Exemplare.

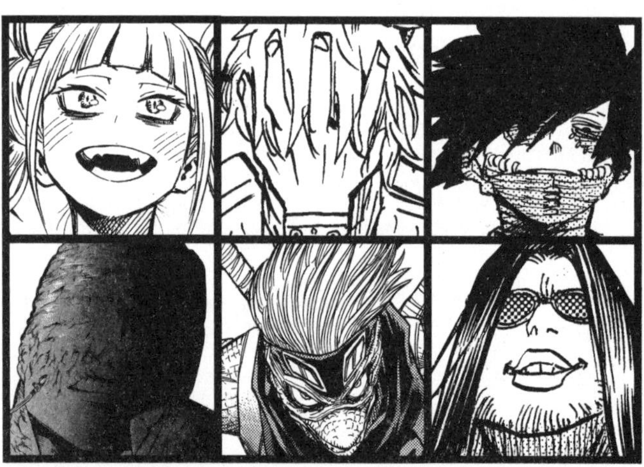

File 01

3rd SMASH

TOMURA SHIGARAKI

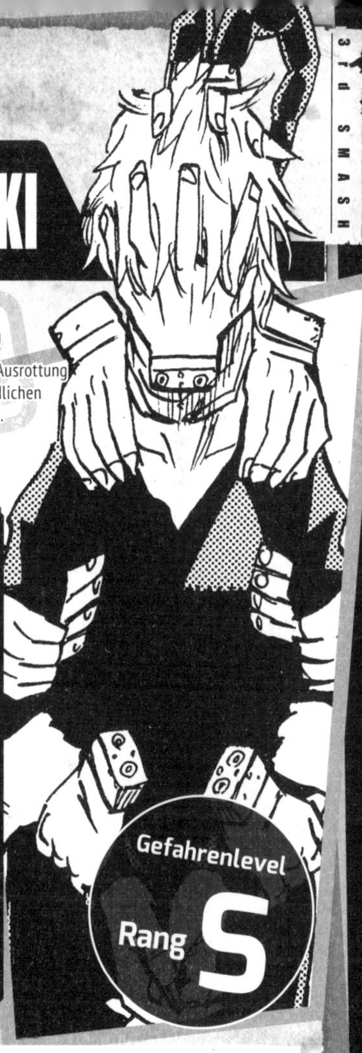

Sein Hass auf die Helden ist grenzenlos!
Der junge Kommandant der Liga der Bösen!

Ein junger Kerl, der sich nichts sehnlicher wünscht als die Ausrottung der Helden. Ein grausamer Charakter, der obendrein in kindlichen Jähzorn verfällt, sobald etwas nicht nach seinem Plan geht.

VILLAIN'S DATA

FAHNDUNG

Richtiger Name: **unbekannt**
Zugehörigkeit: **Liga der Bösen**
Geburtstag: **unbekannt**
Körpergröße: **unbekannt**
Heimat: **Präfektur Kanagawa**
Blutgruppe: **unbekannt**
Heimat: **unbekannt**
Kampfstil: **Kommando aus dem Hintergrund**

VILLAIN'S STATUS

KRAFT (POWER)	D
TEMPO (SPEED)	A
TECHNIK (TECHNIQUE)	A
INTELLIGENZ (INTELLIGENCE)	A
KOOPERATION (COOPERATIVENESS)	D

Gefahrenlevel
Rang **S**

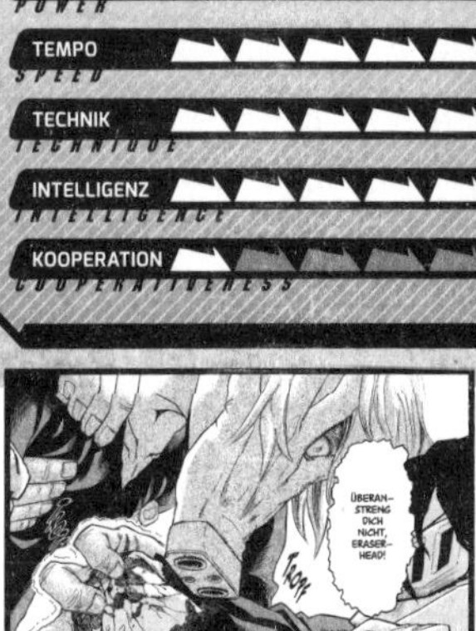

MACKENANALYSE

Was er anfasst, zerfällt zu Staub?

Jeder, der von ihm attackiert wurde, behauptete das Gleiche: »Da, wo er mich berührt hat, bin ich auseinandergefallen!« Die Voraussetzungen dafür sind unklar, doch ist es ratsam, ihn nicht aus der Nähe anzugreifen!

AKTE ① Der Überfall auf die U.A. Highschool

Die Feindseligkeit war voll gegen All Might gerichtet!

Wer Helden nicht ausstehen kann, hat ein zentrales Feindbild: All Might. Der Überfall auf die U.A. fand nur statt, weil die Schurken die Information erhalten hatten, dass All Might am Unterricht teilnehmen würde.

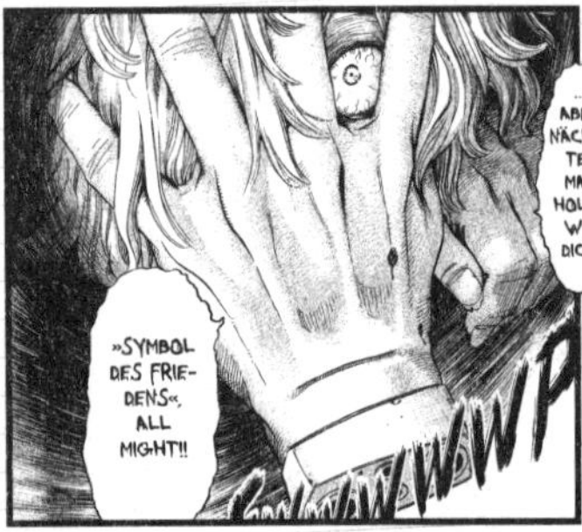

Aus heiterem Himmel platzten die Schurken in die Rettungsübung!

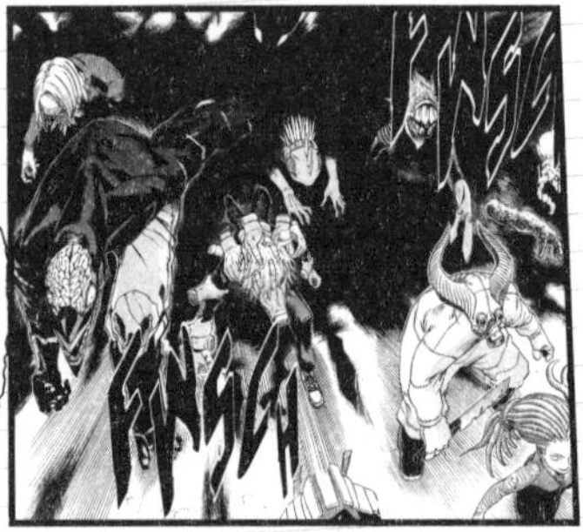

Als sich die Klasse 1-A der U.A. Highschool für die Rettungsübung bereit machte, infiltrierten plötzlich zahlreiche Schurken das Schulgelände. Angeführt wurde dieser bisher nie da gewesene Coup vom Kopf der Truppe, Tomura Shigaraki.

AKTE ② Der Vorfall mit den nicht bestimmbaren Schurken

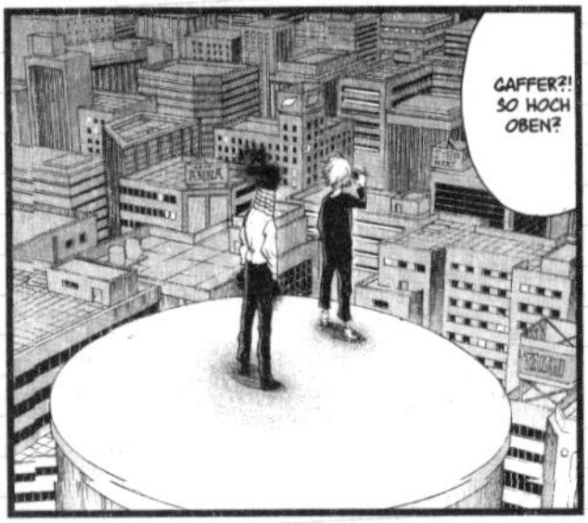

Es wurden zwei auffällige Personen gesichtet, die den Vorfall von oben beobachteten.

Auf den Aufnahmen ist ein Mann zu sehen, der von einem Hausdach aus das Treiben der Schurken beobachtet und Tomura Shigaraki ähnelt. Vermutlich hatte er doch seine Finger im Spiel.

Es wird angenommen, dass die drei Schurken in engem Zusammenhang mit der Liga der Bösen stehen.

In ihrem Aussehen glichen die nicht näher bestimmbaren Schurken aus Hosu dem Noumu, den Tomura Shigaraki zum Überfall auf die U.A. mitbrachte. Deshalb liegt der Verdacht nahe, dass sie ebenfalls von der Liga der Bösen geschickt wurden.

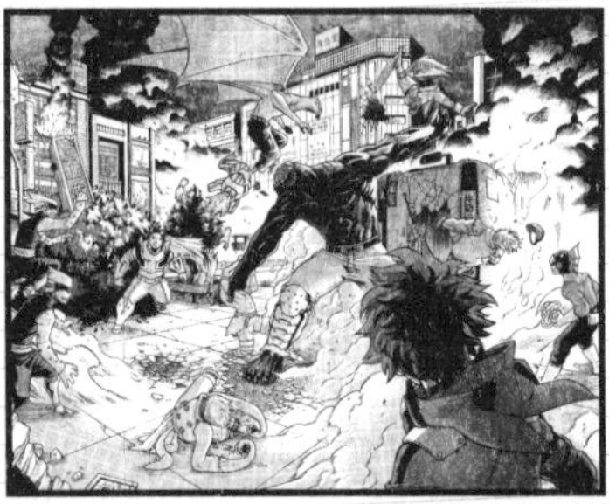

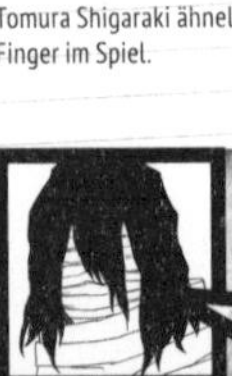

▶ Warnung durch den Profihelden **ERASERHEAD**

Ich dachte, meinen Schwachpunkt stets gut versteckt zu haben, doch schon nach wenigen Minuten hatten sie mich durchschaut. Es lief auf einen mir so verhassten langwierigen Kampf hinaus... Ich habe gepatzt!

FILE 02

NOUMU

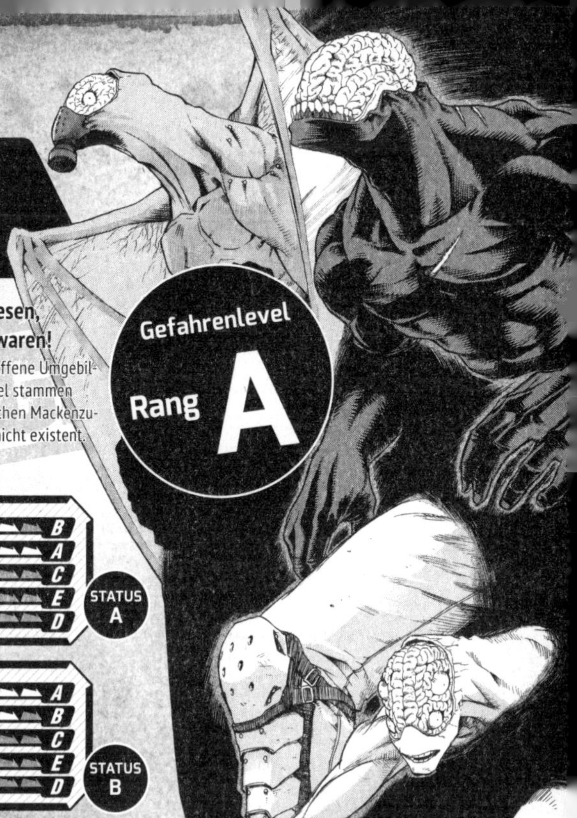

Stille umgebildete Wesen, die einst menschlich waren!

Von der Liga der Bösen geschaffene Umgebildete. Ihre deformierten Schädel stammen vermutlich von der nachträglichen Mackenzuweisung, ihr IQ ist so gut wie nicht existent.

Gefahrenlevel
Rang **A**

VILLAIN'S STATUS — STATUS A

KRAFT	B
TEMPO	A
TECHNIK	C
INTELLIGENZ	E
KOOPERATION	D

VILLAIN'S STATUS — STATUS B

KRAFT	A
TEMPO	B
TECHNIK	C
INTELLIGENZ	E
KOOPERATION	D

VILLAIN'S STATUS — STATUS C

KRAFT	A
TEMPO	A
TECHNIK	C
INTELLIGENZ	E
KOOPERATION	D

VILLAIN'S DATA

Richtiger Name: **unbekannt**
Geburtstag: **unbekannt**
Blutgruppe: **unbekannt**
Kampfstil: **Nahkampf**
Zugehörigkeit: **Liga der Bösen**
Körpergröße: **unbekannt**
Heimat: **unbekannt**

FAHNDUNG

MACKENANALYSE

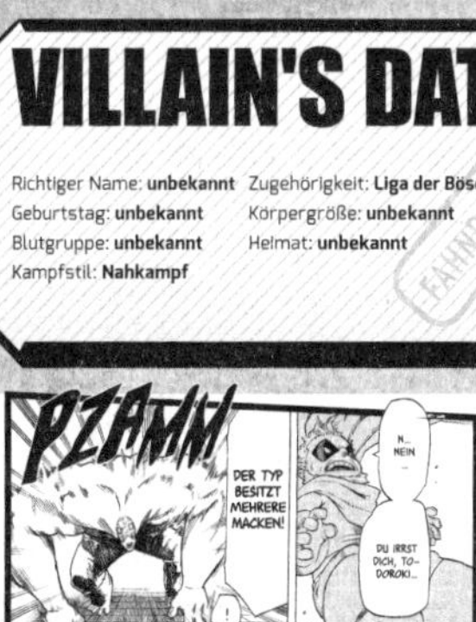

Durch die Zuweisung ihrer Macken besitzen sie zahlreiche DNA-Varianten!

Jeder von ihnen besitzt unterschiedliche Macken, manche sogar mehrere!

AKTE ① Überfall in den U.S.J. der U.A. Highschool

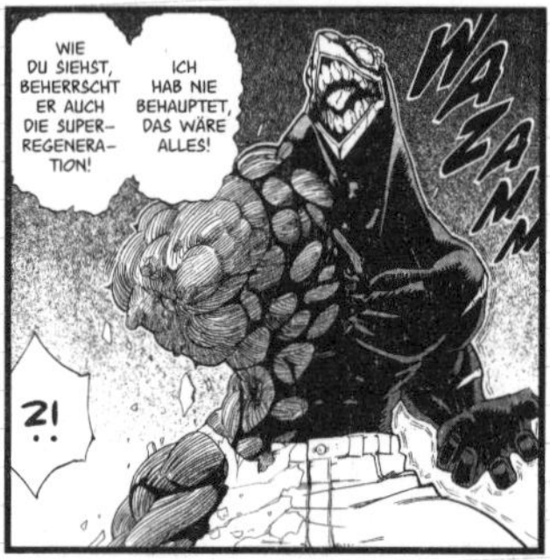

Eine hocheffektiver Boxsack, der nur zu einem Zweck erschaffen wurde!

Seine Macke »Super-Regeneration« erlaubt es ihm, verwundete Körperstellen nachwachsen zu lassen. In der Tat wurde dieses Wesen nur geschaffen, um Helden unter die Erde zu befördern.

Mit All Might ebenbürtiger Stärke drückte er die Profihelden zu Boden!

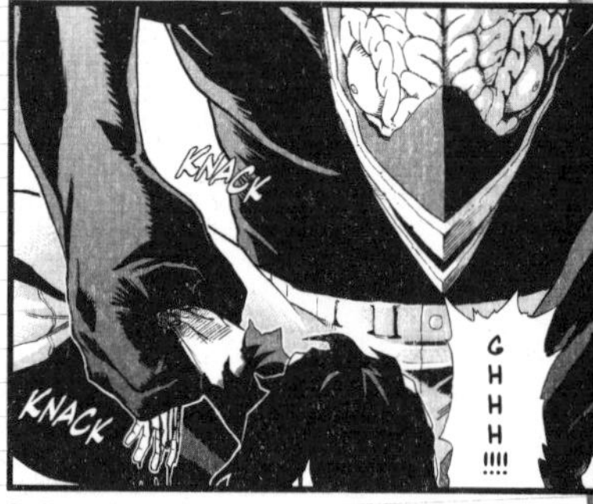

Der Noumu, der in den U.S.J. aufgetaucht ist, hatte es nur auf All Might abgesehen und war so stark, dass er selbst Eraserheads Arm mühelos zerquetschte.

AKTE ② Das Erscheinen dreier Noumus in Hosu!!

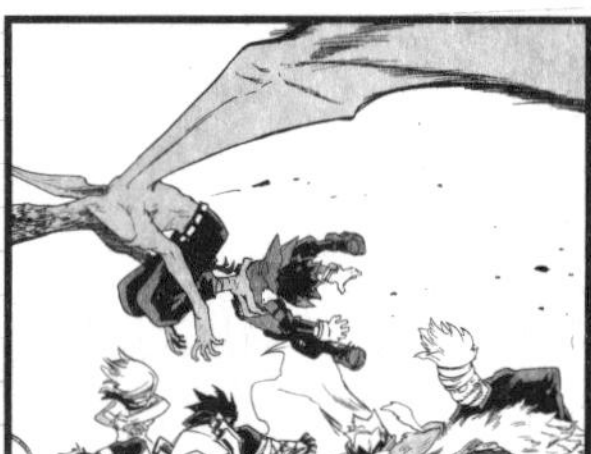

Wahllos ließen sie ihrer Zerstörungswut freien Lauf!

In Hosu tauchten drei Noumus auf. Der Held The Fly, der in Hosu arbeitete, wurde von ihnen zerrissen. Einer der Noumus hatte sich auf Stärkeangriffe spezialisiert und verwüstete die halbe Stadt.

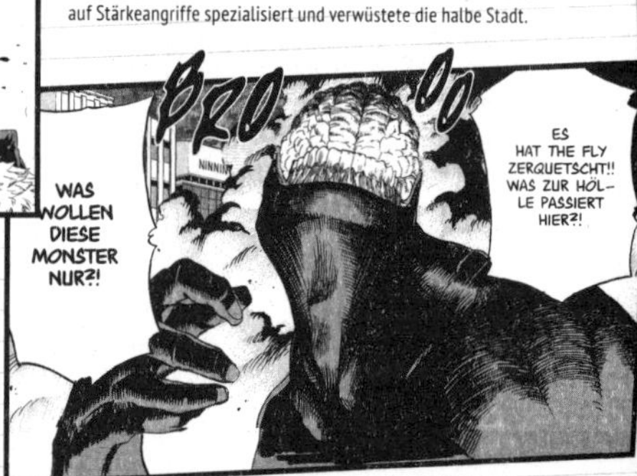

Eine der Bestien wollte einen der Oberschüler verschleppen!

Von den in Hosu erschienenen Noumus hatte es einer offenbar auf Izuku Midoriya abgesehen, einen Schüler der U.A. Highschool. Da er sofort niedergestreckt wurde, bleiben seine Motive unklar, aber es wäre denkbar, dass er auf Befehl gehandelt hat.

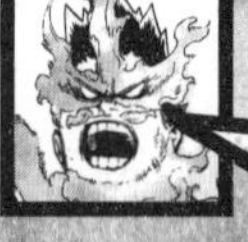

▶ Warnung durch den Profihelden **ENDEAVOR**

Durch den Beistand des alten Rentners konnten schlimmere Sachschäden und Zivilopfer vermieden werden. Sie besitzen zwar nur jämmerliche Macken, davon aber gleich mehrere. Also ist trotzdem allerhöchste Vorsicht geboten!

STAIN

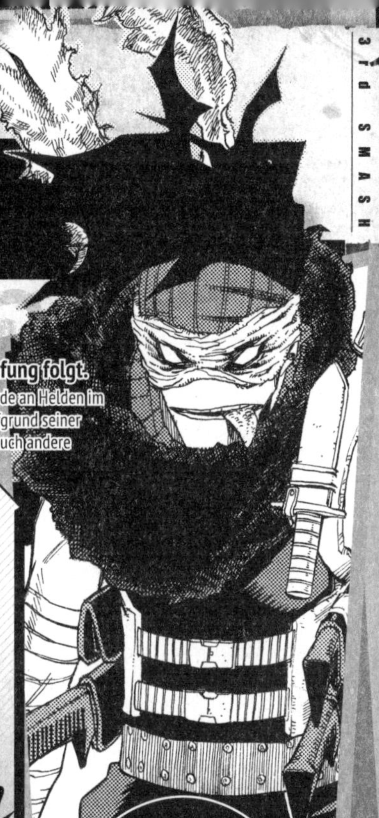

Wünscht sich die Ausmerzung aller aufschneiderischen Helden! Gesinnungstäter, der einer brutalen Berufung folgt.

Man nennt ihn auch den Heldentöter, wegen seiner Morde an Helden im ganzen Land ist er ein gesuchter Schwerverbrecher. Aufgrund seiner sonderbaren Vorstellung von Gerechtigkeit fielen ihm auch andere Kriminelle zum Opfer.

VILLAIN'S DATA

FAHNDUNG

Richtiger Name: **Chizome Akaguro**
Zugehörigkeit: **Liga der Bösen (?)**
Geburtstag: **unbekannt**
Körpergröße: **unbekannt**
Blutgruppe: **B**
Heimat: **unbekannt**
Kampfstil: **Nahkampf**

VILLAIN'S STATUS

KRAFT / POWER	▲▲▲△△	C
TEMPO / SPEED	▲▲▲▲▲	S
TECHNIK / TECHNIQUE	▲▲▲▲▲	A
INTELLIGENZ / INTELLIGENCE	▲▲▲△△	C
KOOPERATION / COOPERATIVENESS	▲△△△△	E

Gefahrenlevel
Rang **S**

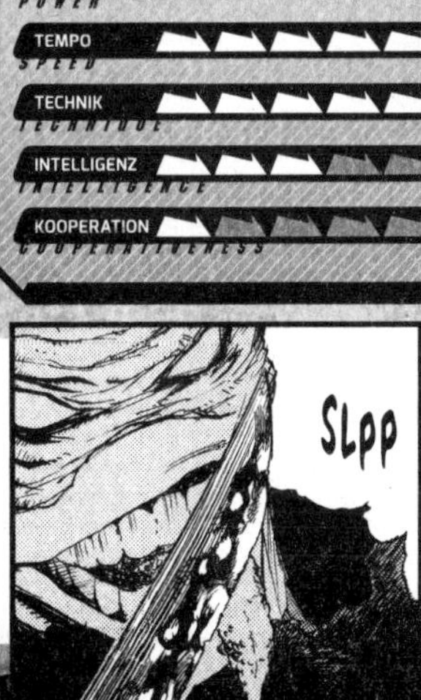

MACKENANALYSE

Mit seiner Macke »Blutgerinnsel« raubt er jedem den freien Willen, dessen Blut er leckt!

Gegner, deren Blut er geleckt hat, kann er bis zu acht Minuten bewegungsunfähig machen. Bei Blutgruppe 0 hält der Effekt am kürzesten an, gefolgt von A und AB, während er Blutgruppe B am längsten kontrollieren kann.

AKTE ① Die Serienmorde des Heldentöters

Als Motiv für seine Heldenmorde nennt er den Wunsch, unsere verdrehte Gesellschaft geradebiegen zu wollen!

Stain gibt nicht viel auf Helden, die nur aus Eigennutz oder des Geldes wegen ihren Beruf ausüben. Er nennt sie Heuchler und will sie »zum Wohle der Gesellschaft« ausrotten.

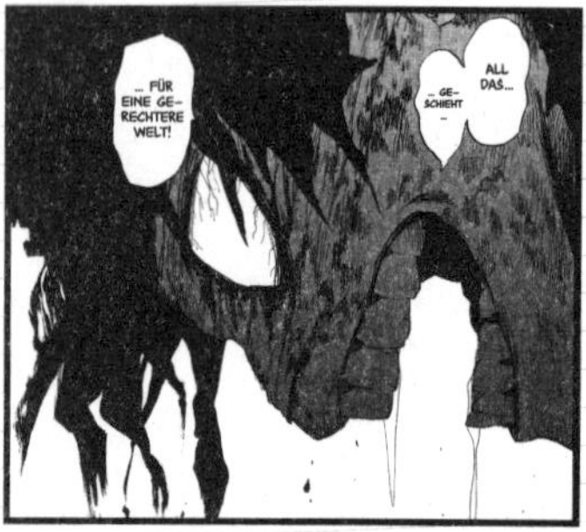

17 Helden fielen ihm bereits landesweit zum Opfer!

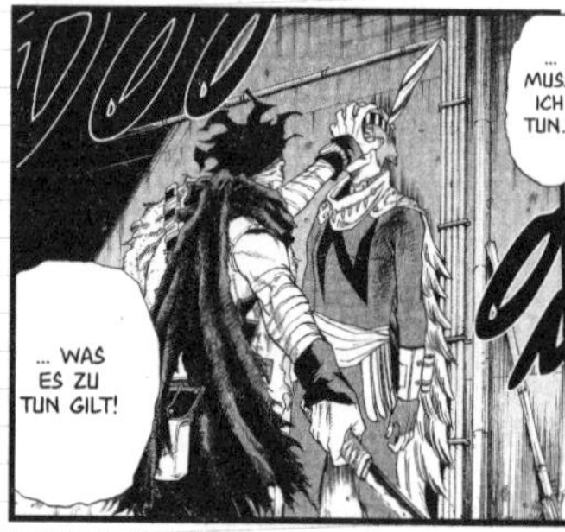

Unzählige Vorfälle gehen auf seine Angriffe und Morde zurück. Einerseits werden die Helden dezimiert, die sich wirklich um den Schutz des Friedens kümmern. Allerdings ist auch überall, wo er aufgetaucht ist, zu beobachten, dass die Kriminalitätsrate zurückgeht.

AKTE ② Seine Festnahme und sein Einfluss danach

Neuen Informationen nach der Festnahme zufolge war er früher tief von All Might beeindruckt!

Ursprünglich erweckte All Might auch in ihm den Wunsch, ein Held zu werden. Doch als er begriff, wie verdorben die Heldenbranche ist, nahm er das Problem selbst in die Hand.

Hat er Kontakte zur Liga der Bösen? Infos über seinen Lebensstil verbreiten sich rasch!

Nach seiner Festnahme verbreitet sich ein virales Video mit Stains Gedankengut. Es ist davon auszugehen, dass sich einige Mitläufer von seinen Ideen mitreißen lassen.

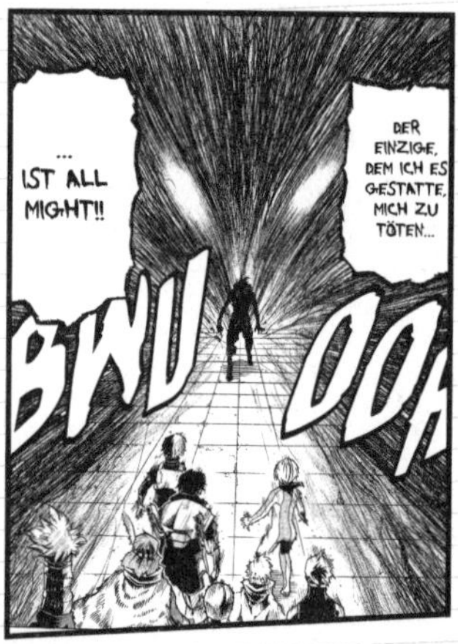

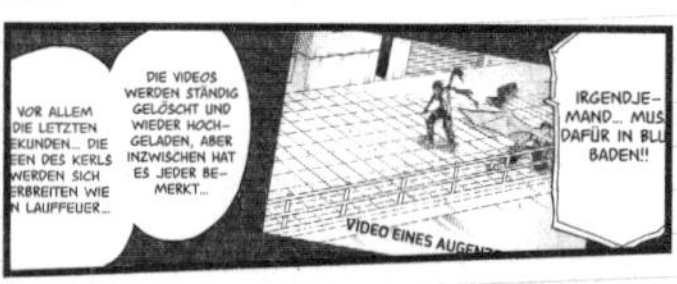

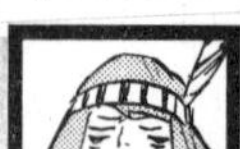

▶ Warnung durch den Profihelden **INDIANER**

Mit seiner Macke machte er mich zunächst bewegungsunfähig und hätte mich dann beinahe umgebracht! Als er uns ein letztes Mal gegenübertrat, strotzte er nur so vor Energie...

File 04

ALL FOR ONE (VORLÄUFIG)

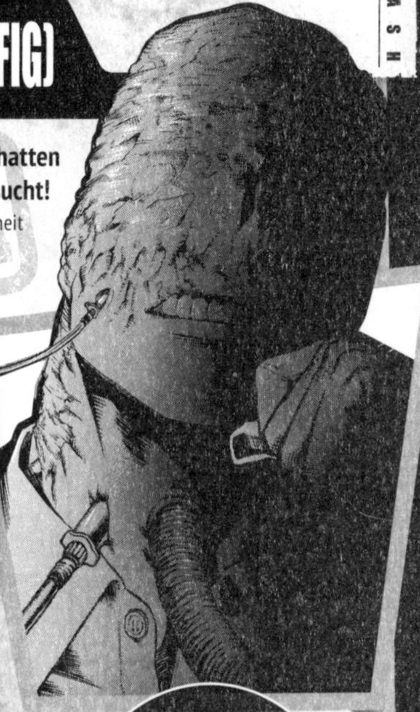

Als grausamer Drahtzieher wirft er seine Schatten auf die Gesellschaft, die er zu beherrschen sucht!

Mithilfe seiner besonderen Macke und seiner Durchtriebenheit weitete er seine Macht aus und erklomm die Spitze der Untergrundgesellschaft. Mit All Might verbindet ihn eine schicksalhafte Beziehung.

VILLAIN'S DATA

Richtiger Name: **unbekannt**
Zugehörigkeit: **Liga der Bösen**
Geburtstag: **unbekannt**
Körpergröße: **unbekannt**
Blutgruppe: **unbekannt**
Heimat: **unbekannt**
Kampfstil: **Kommando aus dem Hintergrund**

VILLAIN'S STATUS

KRAFT (POWER)	?
TEMPO (SPEED)	?
TECHNIK (TECHNIQUE)	?
INTELLIGENZ (INTELLIGENCE)	S
KOOPERATION (COOPERATIVENESS)	?

Gefahrenlevel
Rang **S**

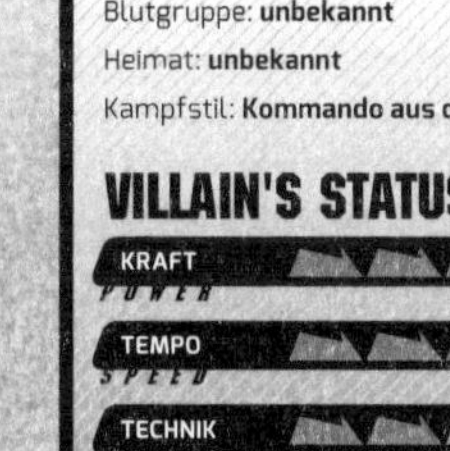

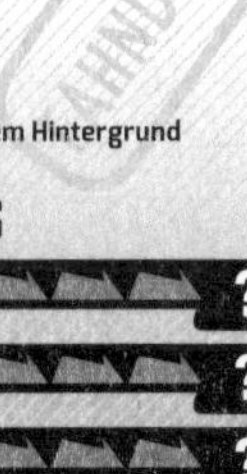

MACKENANALYSE

Er kann anderen ihre Macken rauben und Macken gewähren!

Anderen abgeluchste Macken kann er an andere weitergeben. Die genauen Bedingungen hierzu werden noch untersucht.

AKTE ① Der Zusammenhang mit One For All

Der Streit zwischen den Brüdern brachte eine neue Macke hervor...

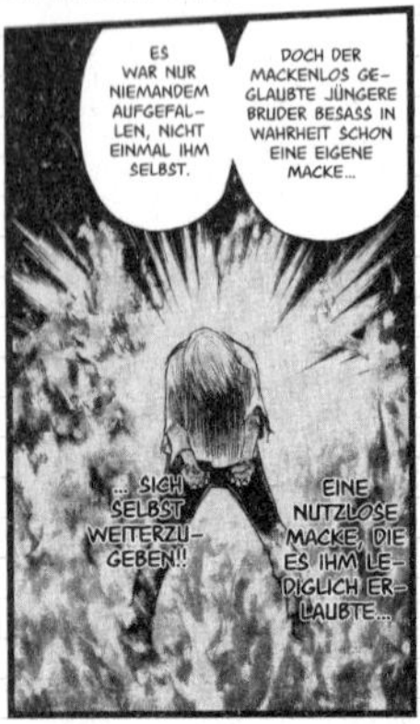

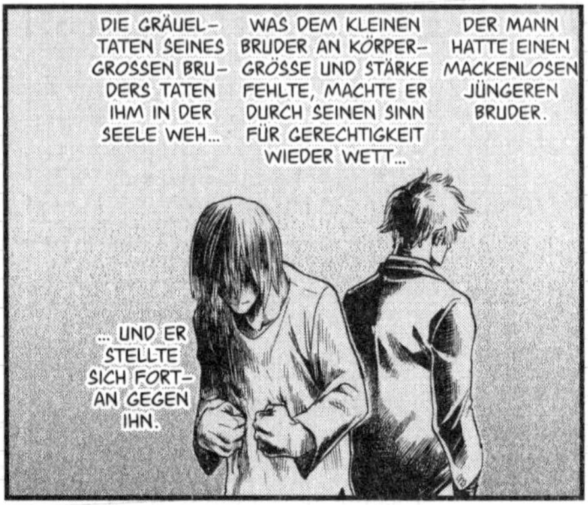

Seinem jüngeren Bruder, der ihm nicht gehorchen wollte, zwängte er eine Macke auf, die es ermöglichte, Kraft anzuhäufen. Diese verschmolz mit der ursprünglichen Macke des jüngeren Bruders, die ihre eigene Weitergabe an andere ermöglichte. So kam One For All zustande, wie wir es heute kennen.

Fortan hoffte er auf einen Erben seiner Macke, der eines Tages seinen Bruder stürzen würde...

All For One hatte mittlerweile durch eine neue Macke ewige Jugend erlangt. Als sich die Kraft des jüngeren Bruders über mehrere Generationen kumuliert hatte, sah es zunächst so aus, als wäre es gelungen, All For One zu besiegen...

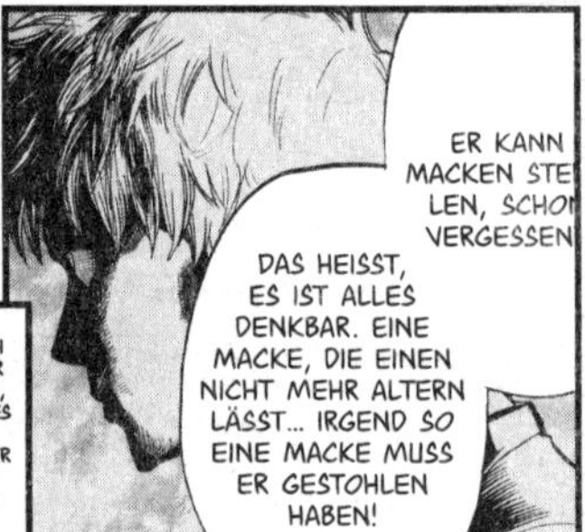

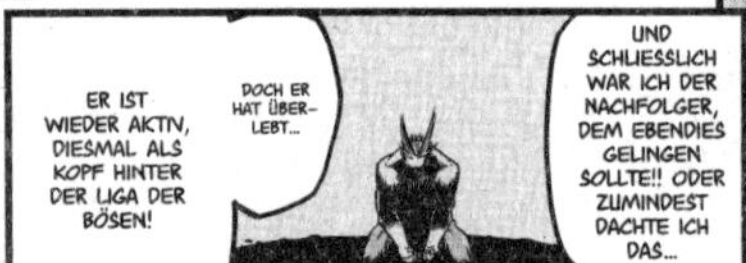

ALL FOR ONES TREUER VASALL, DER DOKTOR

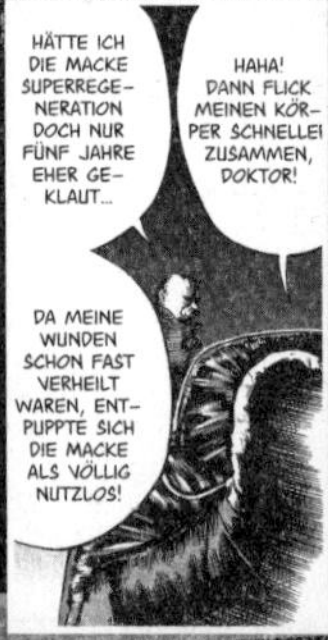

Vor dem Hintergrund, dass All For One mit seinen schweren Wunden vom Sterbebett zurückkehren konnte, ist davon auszugehen, dass ein gewisser Doktor daran beteiligt gewesen sein muss...

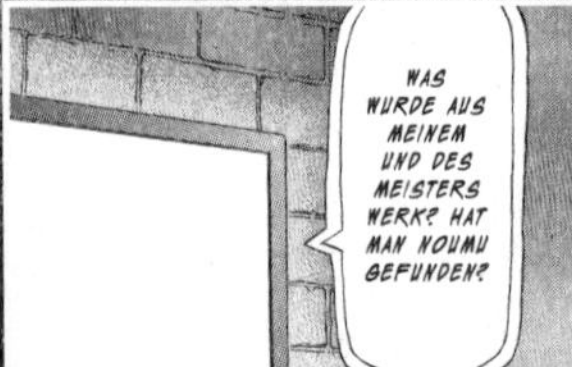

Es liegen uns Berichte vor, dass dieser Doktor ebenfalls an der Erschaffung der umgebildeten Noumus mitgewirkt hat, die zuvor an der U.A. Highschool und in Hosu aufgetaucht waren.

FILE 05

KUROGIRI

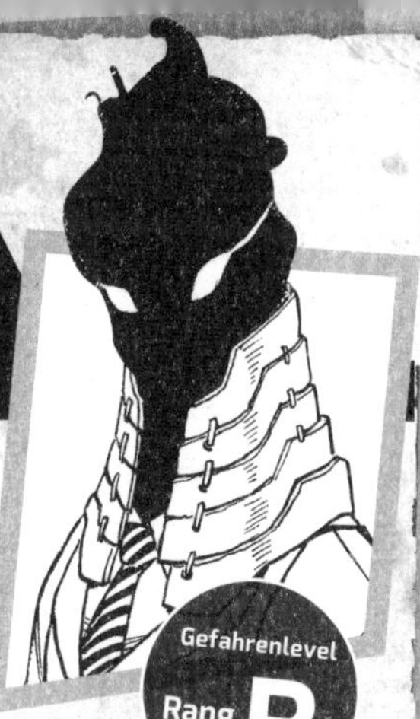

Verbirgt sich hinter schwarzem Nebel und ist Tomura Shigarakis Aufpasser!

Charakteristisch für ihn sind seine immerwährende Gelassenheit und sein vornehmes Benehmen. Er beschwichtigt den aufbrausenden Tomura und stellt so etwas wie den Generalstab der Liga der Bösen dar.

Gefahrenlevel Rang **B**

VILLAIN'S DATA

Richtiger Name: **unbekannt**
Zugehörigkeit: **Liga der Bösen**
Geburtstag: **unbekannt**
Körpergröße: **unbekannt**
Blutgruppe: **unbekannt**
Heimat: **unbekannt**
Kampfstil: **Infiltration, Unterstützung aus dem Hintergrund**

VILLAIN'S STATUS

KRAFT (POWER)	D
TEMPO (SPEED)	C
TECHNIK (TECHNIQUE)	B
INTELLIGENZ (INTELLIGENCE)	B
KOOPERATION (COOPERATIVENESS)	A

AKTE

DER ÜBERFALL AUF DIE U.A. HIGHSCHOOL

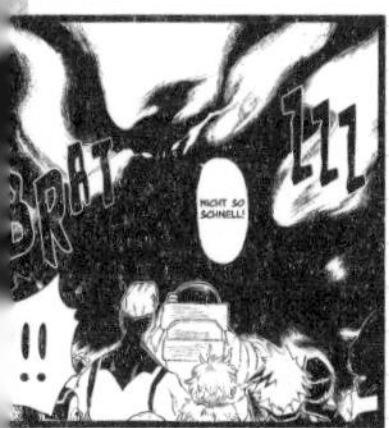

Bei der Infiltration durch die Liga der Bösen übernahm er das Abschneiden der Fluchtwege und das Separieren der einzelnen Schüler. Als Noumu All Might niederhielt, war Kurogiri für den Gnadenstoß zuständig.

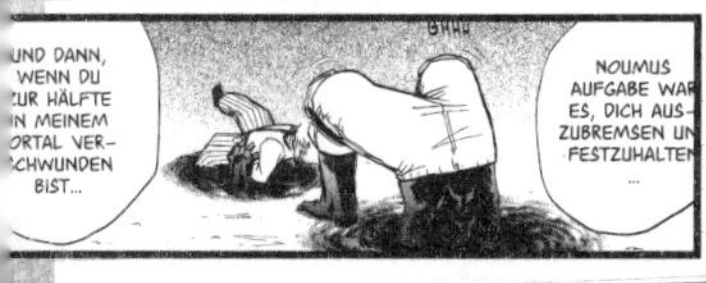

MACKEN-ANALYSE

Portale!

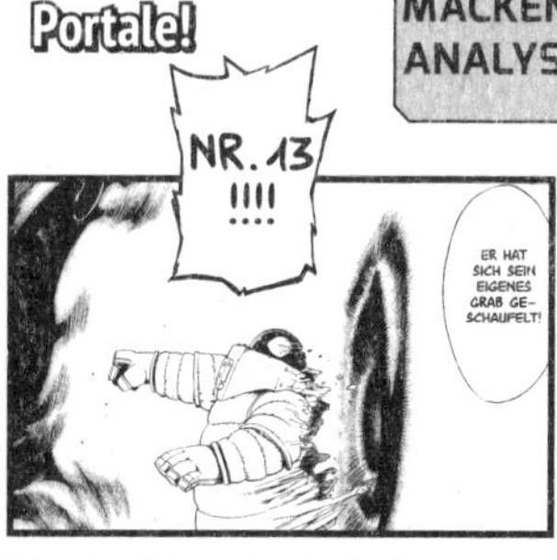

Seine seltene Macke erlaubt es ihm, den Raum zu verbiegen und so Menschen und Gegenstände zu teleportieren. So weicht er feindlichen Angriffen aus oder steht mit seinen Portalen seinen Kameraden zur Seite. Wer es nicht durch das Portal schafft, ehe er es schließt, trägt schwere Verletzungen davon.

FILE 06

DABI

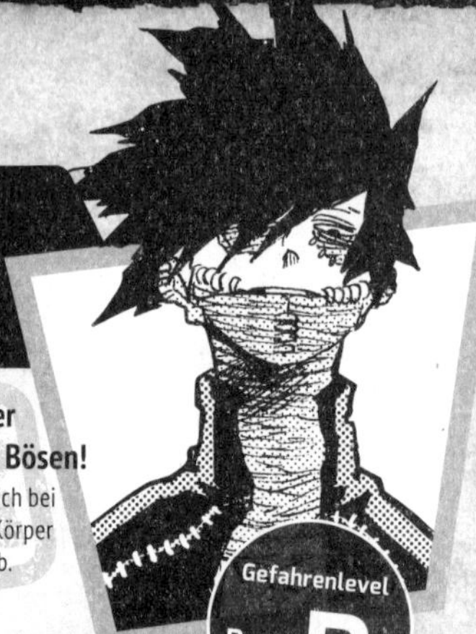

Gefahrenlevel
Rang **B**

Als Feuer speiender Anführer steht er an der Spitze des Aktions-Stoßtrupps der Liga der Bösen!

Ließ sich von Stains Aktionen beflügeln und fand schließlich bei der Liga der Bösen Unterschlupf. Gibt mit den am ganzen Körper aufgeflickten Hautfetzen eine recht bizarre Erscheinung ab.

VILLAIN'S DATA

Richtiger Name: **unbekannt**
Zugehörigkeit: **Liga der Bösen, Aktions-Stoßtrupp**
Geburtstag: **unbekannt**
Körpergröße: **unbekannt**
Blutgruppe: **unbekannt**
Heimat: **unbekannt**
Kampfstil: **Angriff im Stoßtrupp**

FAHNDUNG

VILLAIN'S STATUS

KRAFT (POWER)	B
TEMPO (SPEED)	C
TECHNIK (TECHNIQUE)	C
INTELLIGENZ (INTELLIGENCE)	C
KOOPERATION (COOPERATIVENESS)	B

AKTE

DER STURMANGRIFF AUF DAS FERIENLAGER DER U.A.

Beim Angriff auf das Sommerferienlager der U.A. Highschool hatte er das Kommando über den Aktions-Sturmtrupp. Er ließ es sich nicht nehmen, ebenfalls an der Front mitzukämpfen.

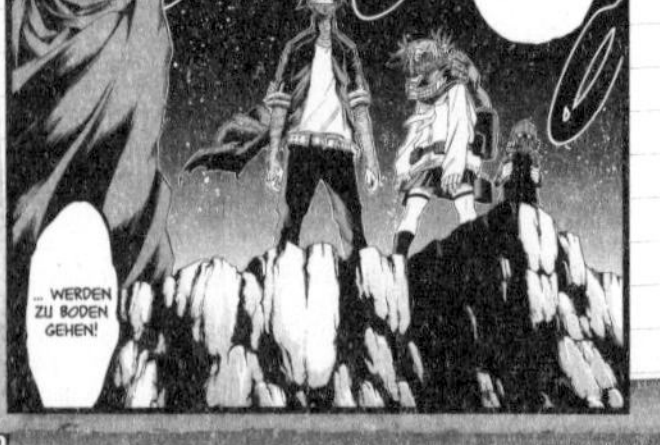

MACKEN-ANALYSE

Kann nach Belieben Flammen ausstoßen!

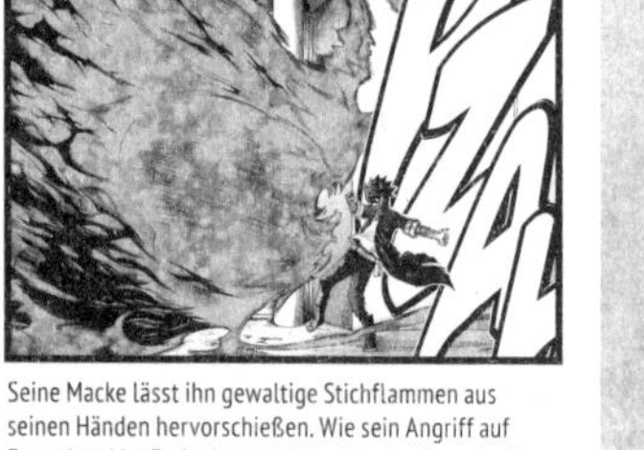

Seine Macke lässt ihn gewaltige Stichflammen aus seinen Händen hervorschießen. Wie sein Angriff auf Eraserhead im Ferienlager zeigte, ist seine Feuerkraft enorm!

File 07

HIMIKO TOGA

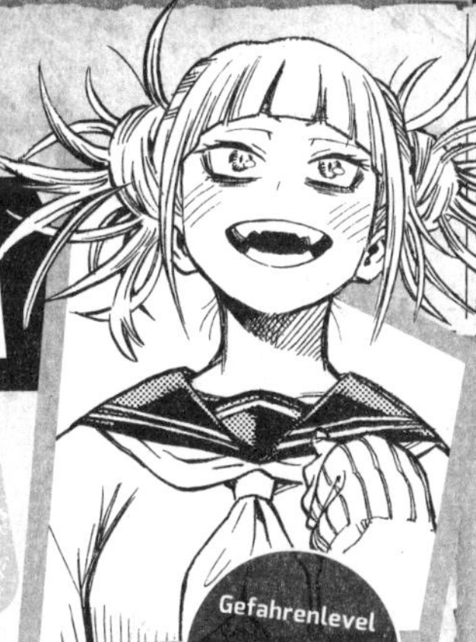

Liebt Blut über alles und hinterließ als Serienmörderin eine Reihe von Massakern!

Trat der Liga der Bösen bei, weil sie sich so sehr in Stain verknallt hat, dass sie ihn in ihrem Wahn gerne töten würde. Nach einer Reihe blutiger Mordfälle wird nach ihr als Hauptverdächtige gefahndet.

Gefahrenlevel Rang C

VILLAIN'S DATA

Richtiger Name: **unbekannt**
Zugehörigkeit: **Liga der Bösen, Aktions-Stoßtrupp**
Geburtstag: **unbekannt**
Körpergröße: **unbekannt**
Blutgruppe: **unbekannt**
Heimat: **unbekannt**
Kampfstil: **Störung aus dem Hintergrund**

FAHNDUNG

VILLAIN'S STATUS

Status	Rang
KRAFT (POWER)	E
TEMPO (SPEED)	B
TECHNIK (TECHNIQUE)	C
INTELLIGENZ (INTELLIGENCE)	C
KOOPERATION (COOPERATIVENESS)	E

AKTE

DER STURMANGRIFF AUF DAS FERIENLAGER DER U.A.

Als Mitglied des Aktions-Sturmtrupps griff sie Ochaco und Tsuyu an. Kurz nachdem sie Ochacos Blut geleckt hatte, verschwand sie mit den mysteriösen Worten: »Du willst so sein wie der, den du liebst!«

MACKEN-ANALYSE

Wofür sammelt sie all das Blut?

Das Blut anderer Leute lässt sie nicht los. So versuchte sie während des Überfalls das Blut mehrerer Leute zu sammeln. Augenzeugen berichten, ihr Mund sei blutverschmiert gewesen, doch es bleibt offen, ob dies nur eine persönliche Vorliebe ist oder sie das Blut zur Aktivierung ihrer Macke benötigt.

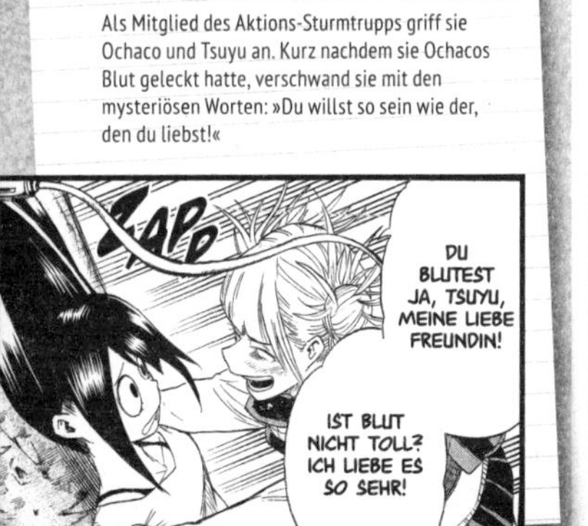

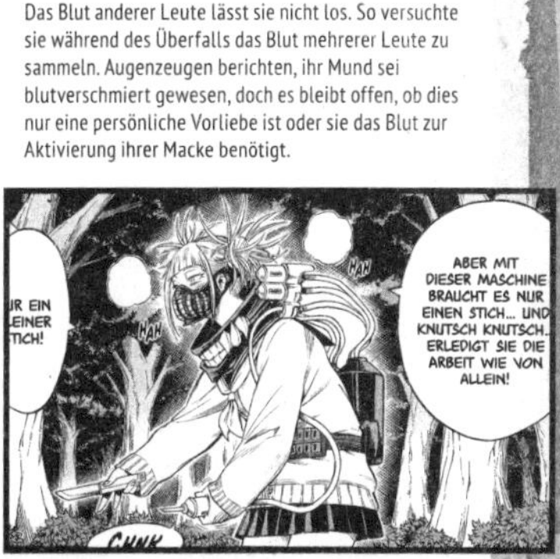

File 08

MUSCULAR

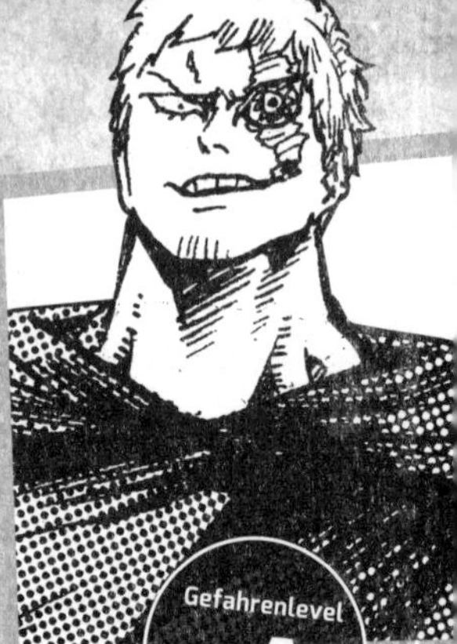

Neuzugang in der Liga der Bösen, der es einzig und allein aufs Töten abgesehen hat!

Krimineller, der aus dem Wunsch heraus, seine Macke ungehemmt einsetzen zu können, der Liga der Bösen beitrat. Verlor sein linkes Auge und trägt ein Kunstauge, wenn ihm danach ist.

Gefahrenlevel
Rang **A**

VILLAIN'S DATA

Richtiger Name: **unbekannt**

Zugehörigkeit: **Liga der Bösen, Aktions-Stoßtrupp**

Geburtstag: **unbekannt**

Körpergröße: **unbekannt**

Blutgruppe: **unbekannt**

Heimat: **unbekannt**

Kampfstil: **Nahkampf**

VILLAIN'S STATUS

KRAFT / POWER	A
TEMPO / SPEED	A
TECHNIK / TECHNIQUE	D
INTELLIGENZ / INTELLIGENCE	E
KOOPERATION / COOPERATIVENESS	E

AKTE

DER STURMANGRIFF AUF DAS FERIENLAGER DER U.A.

Beteiligte sich als Mitglied des Aktions-Sturmtrupps an dem Überfall. Als er zur besseren Übersicht auf den Berg kletterte und dort auf Kota trat, wollte er ihn direkt töten, doch Izuku konnte ihn um Haaresbreite daran hindern. Erfreut über einen ebenbürtigen Gegner, zettelte er mit Izuku ein Duell an, bis dieser ihn mit seinem Delaware Detroit Smash in seine Schranken weisen konnte.

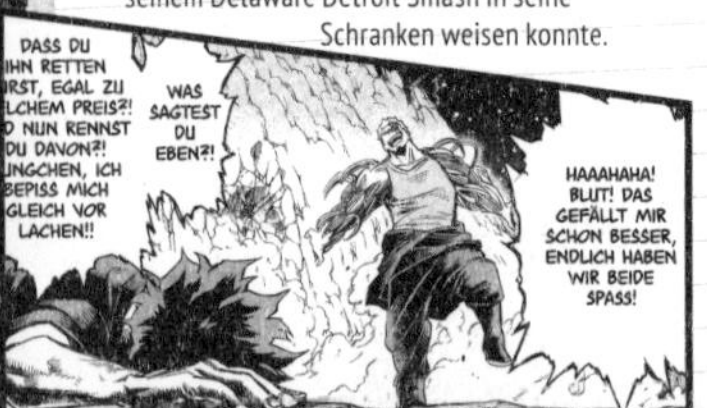

MACKEN-ANALYSE

Mit seiner Macke »Muskelzuwachs« wird er Herr über seine Muskelfasern!

Die Macke erlaubt es ihm, die Muskelfasern unter seiner Haut zu vermehren und so schneller und stärker zu werden. Er kann sogar eine Muskelwand auftürmen, die ihm vor mächtigen Angriffen Schutz bietet.

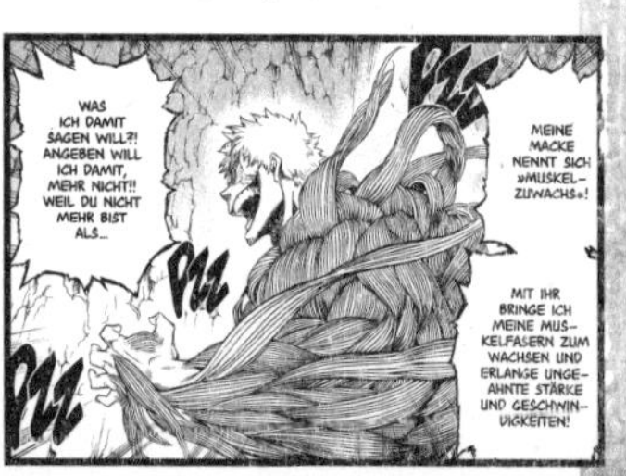

file 09

MAGNE

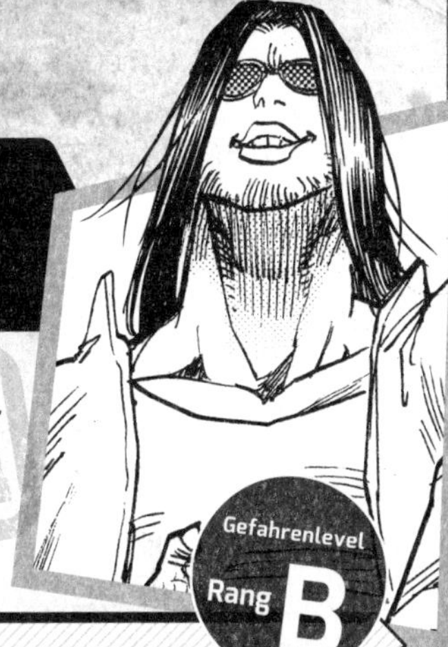

Unzählige Straftaten gehen auf das Konto dieses Kampfbösewichts, der sich gern einer femininen Sprechweise bedient!

Schwerverbrecher mit weiblicher Seite, der im Aktions-Stoßtrupp an Spinners Seite kämpft und schon zig schwere Delikte begangen hat. Ist besonders gut darin, die militärische Lage zu analysieren.

Gefahrenlevel
Rang **B**

VILLAIN'S DATA

Richtiger Name: **Kenji Hikiishi**
Zugehörigkeit: **Liga der Bösen, Aktions-Stoßtrupp**
Geburtstag: **unbekannt**
Körpergröße: **unbekannt**
Blutgruppe: **unbekannt**
Heimat: **unbekannt**
Kampfstil: **Nahkampf**

VILLAIN'S STATUS

KRAFT (POWER)	B
TEMPO (SPEED)	C
TECHNIK (TECHNIQUE)	A
INTELLIGENZ (INTELLIGENCE)	D
KOOPERATION (COOPERATIVENESS)	C

AKTE
DER KAMPF GEGEN TORA IM FERIENLAGER

Ohne seine Macke einzusetzen, lieferte er sich mit Tora eine Prügelei, obwohl er selbst nicht gern mit nackten Fäusten zu kämpfen scheint. Als er den Oberschüler Izuku Midoriya angreifen wollte, hielt ihn sein eigener Kollege Spinner davon ab.

MACKEN-ANALYSE
Kann er Körper magnetisch anziehen?

Er trägt einen rohrförmigen Gegenstand bei sich, den er selbst »Item« nennt. Mit ihm kann er seine Gegner zu sich ziehen, was den Verdacht nahelegt, dass seine Macke magnetischer Natur sein muss.

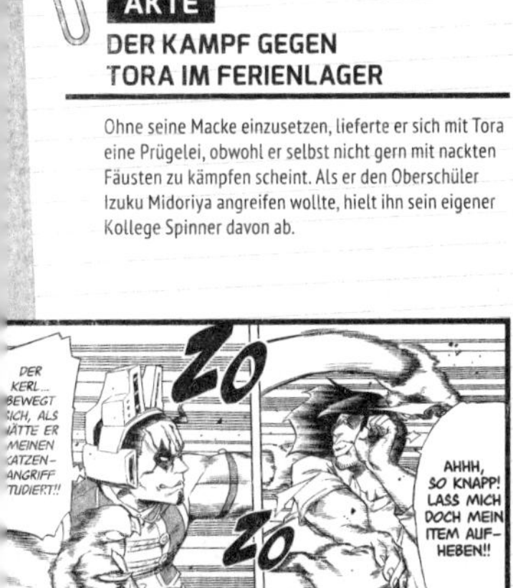

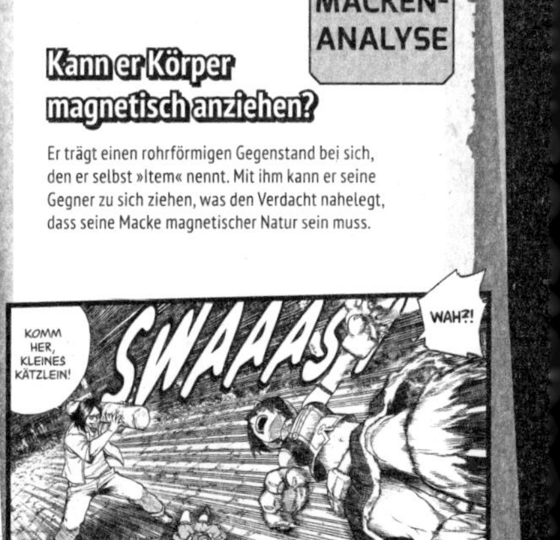

File 10

SPINNER

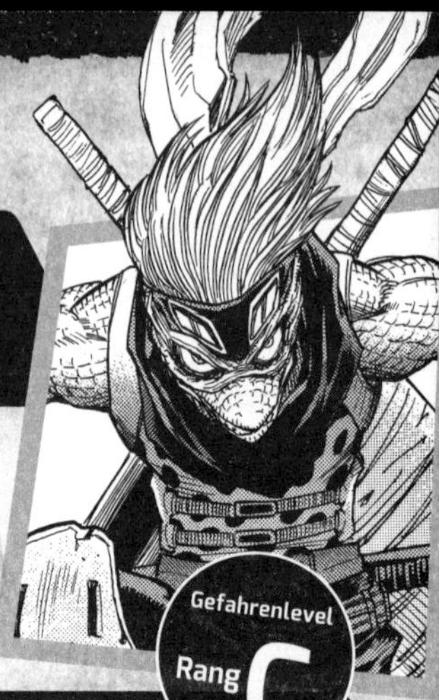

Würde gern das Gedankengut des Heldentöters weiterführen.

Mitglied des Aktions-Stoßtrupps, das den Heldentöter Stain vergöttert. Kämpft an Magnes Seite, hat aber seine eigenen Ansichten.

Gefahrenlevel
Rang **C**

VILLAIN'S DATA

Richtiger Name: **unbekannt**
Zugehörigkeit: **Liga der Bösen, Aktions-Stoßtrupp**
Geburtstag: **unbekannt**
Körpergröße: **unbekannt**
Blutgruppe: **unbekannt**
Heimat: **unbekannt**
Kampfstil: **Nahkampf**

FAHNDUNG

VILLAIN'S STATUS

KRAFT (POWER)	C
TEMPO (SPEED)	D
TECHNIK (TECHNIQUE)	B
INTELLIGENZ (INTELLIGENCE)	D
KOOPERATION (COOPERATIVENESS)	D

AKTE

DER ANGRIFF AUF DIE SCHÜLER AN MAGNES SEITE

Spinner tauchte plötzlich vor den Pussycats auf. Es wird vermutet, dass er es auf den Schüler Tenya Iida abgesehen hatte, da dieser das Ende seines angebeteten Heldentöters Stain eingeläutet hat. Ganz seinem großen Vorbild entsprechend sucht er sich seine Opfer genau aus.

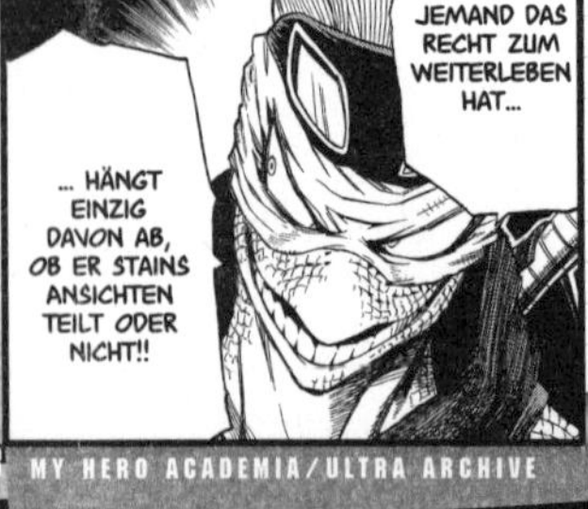

MACKEN-ANALYSE

Ein Großschwert aus Tausenden Klingen?

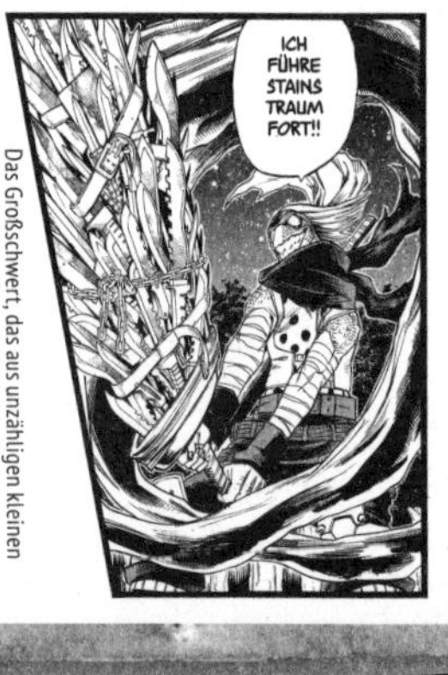

Das Großschwert, das aus unzähligen kleinen Klingen besteht, muss wohl oder übel mit seiner Macke in Verbindung stehen.

MUSTARD

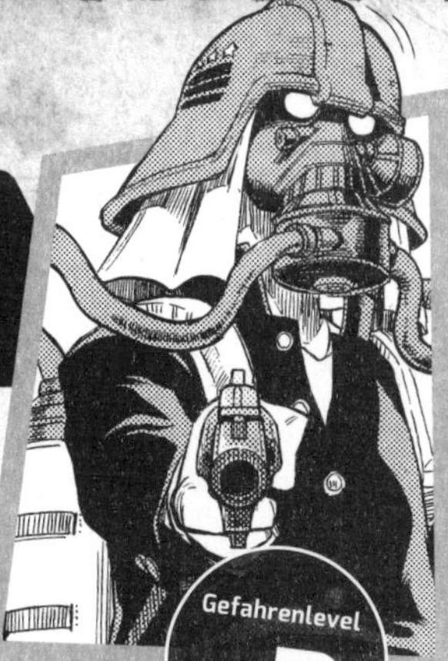

Jugendlicher Schurke, der mit seinen flächendeckenden Gasangriffen die Helden verhöhnt.

Mitglied des Aktions-Stoßtrupps, der das ganze Gebiet um den Wald der magischen Bestien in Giftgas gehüllt hat. Als Einzelgänger griff er die Schüler der U.A. im Alleingang an.

Gefahrenlevel
Rang **B**

VILLAIN'S DATA

Richtiger Name: **unbekannt**
Zugehörigkeit: **Liga der Bösen, Aktions-Stoßtrupp**
Geburtstag: **unbekannt**
Körpergröße: **unbekannt**
Blutgruppe: **unbekannt**
Heimat: **unbekannt**
Kampfstil: **Flächendeckende Unterdrückung**

VILLAIN'S STATUS

KRAFT (POWER)	E
TEMPO (SPEED)	E
TECHNIK (TECHNIQUE)	B
INTELLIGENZ (INTELLIGENCE)	C
KOOPERATION (COOPERATIVENESS)	D

AKTE
DER GIFTGASANGRIFF IM WALD

Sein Giftgasangriff, der nur mithilfe von Gasmasken zu überstehen war, trieb die Helden und Schüler im Wald auseinander. Seinen dilettantischen Versuch, sich mit einer Waffe zu verteidigen, wussten Tetsutetsu und Itsuka zu verhindern. Offenbar hegte er einen persönlichen Groll gegen die U.A. Highschool.

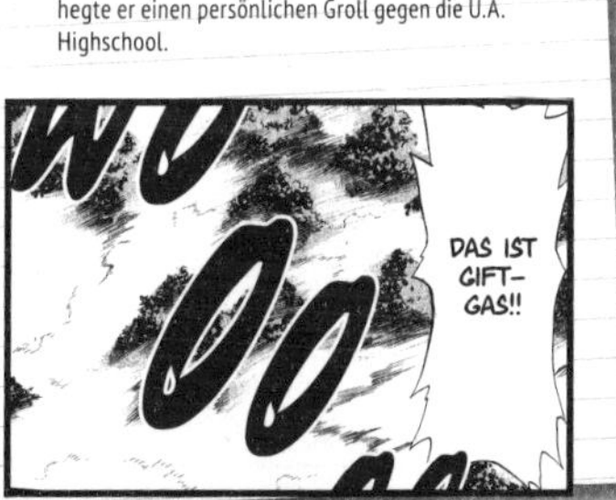

MACKEN-ANALYSE
Flächendeckendes Giftgas?

Seine Macke lässt ihn Giftgas verströmen, doch man kann anhand der Gaskonzentration schnell auf seine Position schließen. Vermutlich erzeugte er den Luftwirbel, um ebendies zu verhindern. Der Aufbau des Giftgemischs wird derzeit noch untersucht.

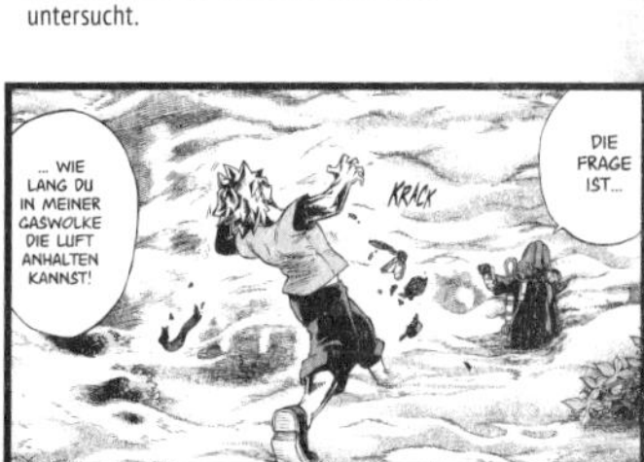

FILE 12

MOONFISH

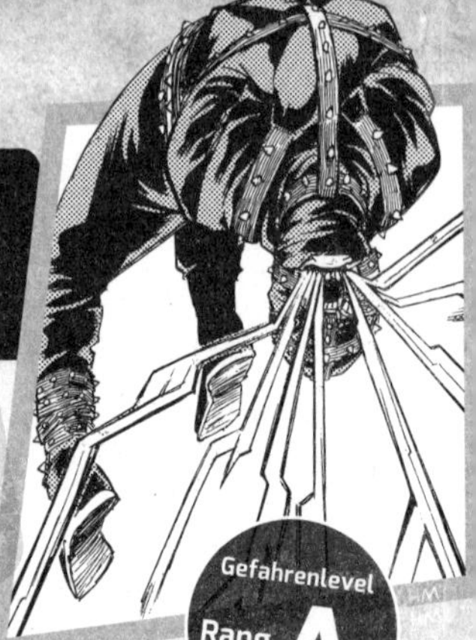

Entflohener Todeskandidat, dessen Zähne zu wandlungsfähigen Klingen werden!

Mit beiden Armen in einer Zwangsjacke verlässt sich der entflohene Häftling ganz auf seine Macke. Damit Leute aufzuschlitzen und ihr nacktes Fleisch zum Vorschein zu bringen bereitet ihm abartige Lust.

Gefahrenlevel
Rang **A**

VILLAIN'S DATA

Richtiger Name: **unbekannt**
Zugehörigkeit: **Liga der Bösen, Aktions-Stoßtrupp**
Geburtstag: **unbekannt**
Körpergröße: **unbekannt**
Blutgruppe: **unbekannt**
Heimat: **unbekannt**
Kampfstil: **Schlitzattacken auf mittlere Distanz**

VILLAIN'S STATUS

KRAFT (POWER)	C
TEMPO (SPEED)	A
TECHNIK (TECHNIQUE)	A
INTELLIGENZ (INTELLIGENCE)	C
KOOPERATION (COOPERATIVENESS)	E

AKTE
DER KAMPF GEGEN KATSUKI UND SHOTO

Nachdem er Mezo und Fumikage attackiert hatte, griff er Katsuki und Shoto an. Seine Überlegenheit im Kampf wurde nur durch den außer Kontrolle geratenen Dark Shadow gebremst.

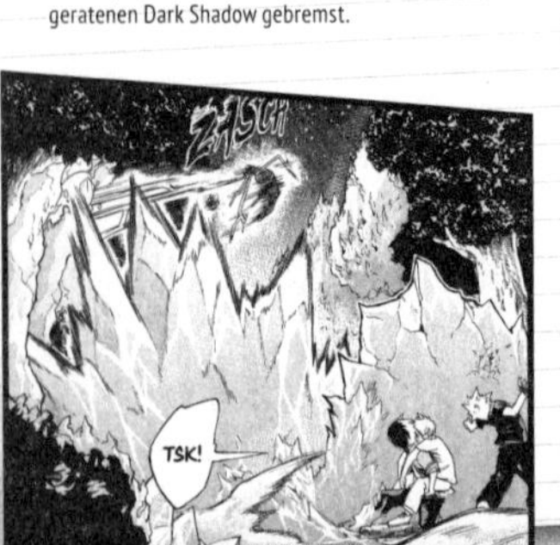

MACKEN-ANALYSE
Klingenartige Zähne?

Aus seinem Mund schnellen wandlungsfähige und messerscharfe Klingen hervor. Was er durch die Zwangsjacke an Mobilität einbüßt, macht er durch den Einsatz seiner Zähne wieder wett, da er sich mit ihnen angeblich sogar fortbewegen kann.

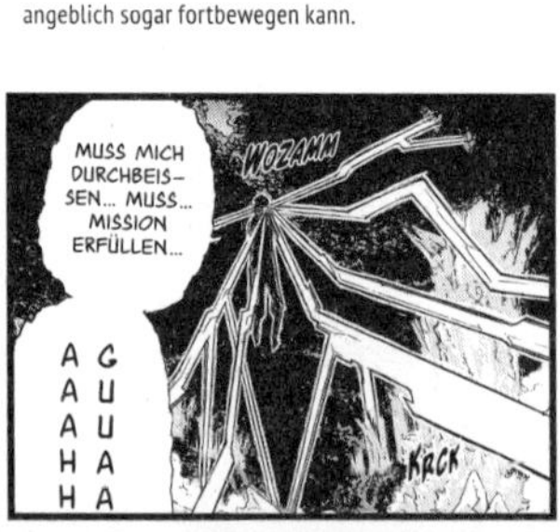

FILE 13

TWICE

Lebhafter, gänzlich in Schwarz gehüllter Schurke, der raffinierte Klone erschaffen kann.

Dieser unbeschwerte Kerl kämpft an Dabis Seite im Aktions-Stoßtrupp und gerät in seinen Taten und Worten oft durcheinander.

Gefahrenlevel Rang C

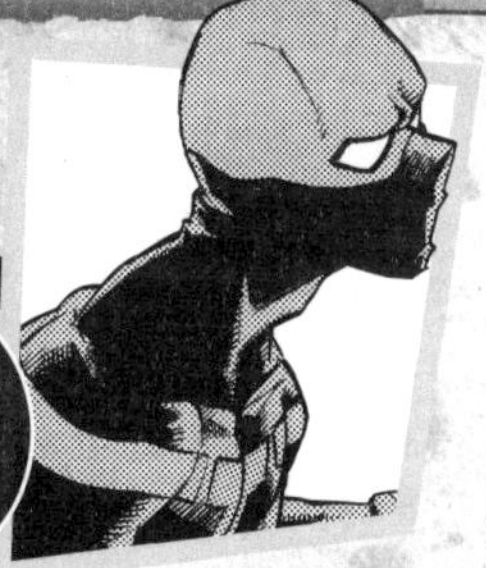

VILLAIN'S DATA

Richtiger Name: **unbekannt**
Zugehörigkeit: **Liga der Bösen, Aktions-Stoßtrupp**
Geburtstag: **unbekannt**
Körpergröße: **unbekannt**
Blutgruppe: **unbekannt**
Heimat: **unbekannt**
Kampfstil: **Fernsteuerung (?)**

MACKEN-ANALYSE

Fähigkeit der Klonung?

Mit seiner Macke erschuf er zahlreiche Klone von Dabi. Vermutlich stehen diese ihrem Original in Sachen Stärke in nichts nach.

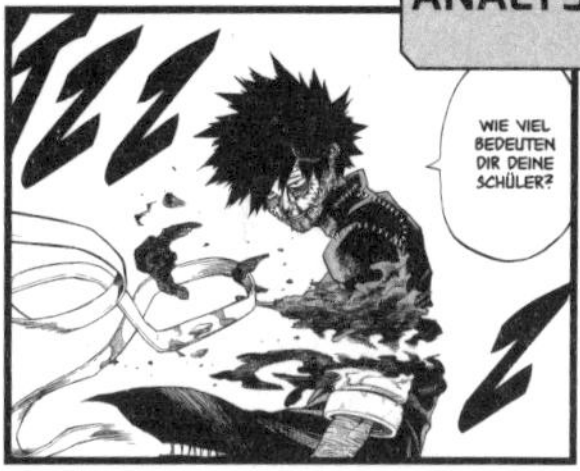

FILE 14

MR. COMPRESS

Aus dem Nichts auftauchender geheimnisvoller Zauberkünstler.

Magier mit vornehmem Auftreten, der sein Gesicht hinter einer Maske verbirgt. Alles an ihm ist ein Rätsel.

Gefahrenlevel Rang B

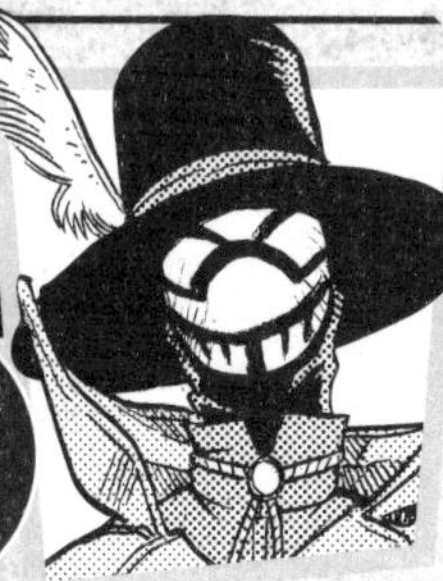

VILLAIN'S DATA

Richtiger Name: **unbekannt**
Zugehörigkeit: **Liga der Bösen, Aktions-Stoßtrupp**
Geburtstag: **unbekannt**
Körpergröße: **unbekannt**
Blutgruppe: **unbekannt**
Heimat: **unbekannt**
Kampfstil: **unbekannt**

MACKEN-ANALYSE

Zwei mysteriöse Kugeln?

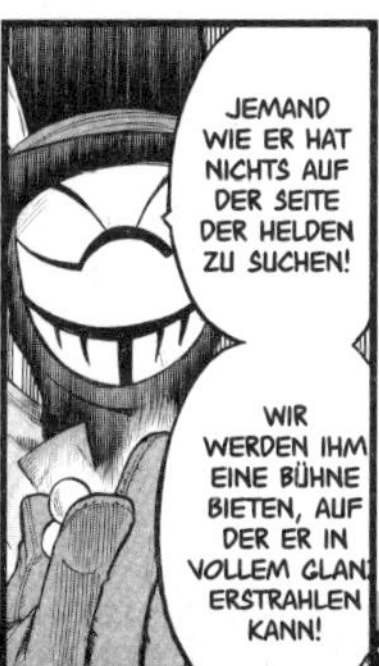

FILE 15

DER VERMITTLER

Hatte sein Geschäft schon an den Nagel gehängt, doch Stains Kundgebung ließ ihn wieder einsteigen. Er vermittelt der Liga der Bösen neue Mitglieder und beschafft Ausrüstungsgegenstände.

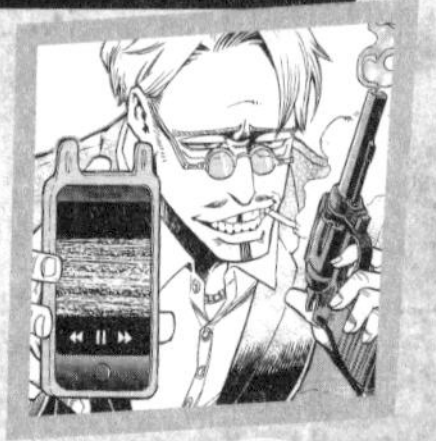

Gefahrenlevel Rang **B**

AKTE

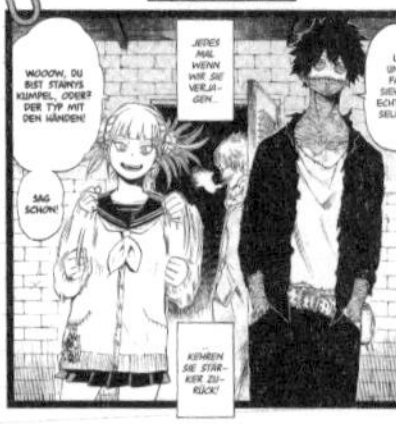

Er vermittelte Dabi und Himiko weiter, die den Wunsch hegten, der Liga beizutreten.

FILE 16

SCHLEIMMONSTER

Mit ihm machte Izuku Bekanntschaft, als er noch auf die Mittelschule ging. Sein schleimiger Körper machte selbst den Profihelden zu schaffen, doch am Ende hat ihn All Might mit einem gekonnten Schlag zu Brei gehauen.

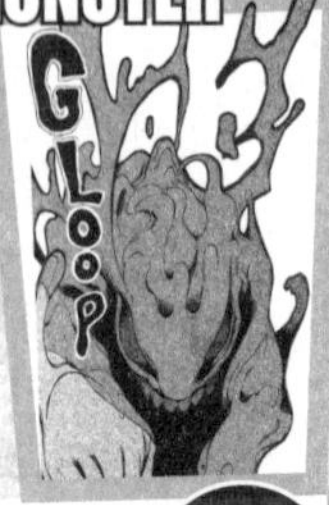

Gefahrenlevel Rang **D**

AKTE

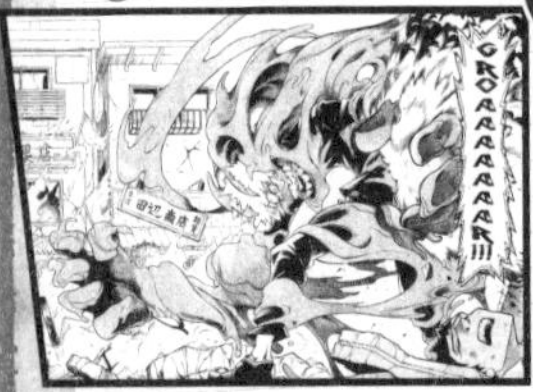

Zu Schleim verwandelt, dringt er in die Körper seiner Gegner ein und ergreift Besitz von ihnen.

FILE 17

RIESENSCHURKE

Er trieb vor dem Bahnhof Tatooin sein Unwesen. Mt. Lady legte ein astreines Debüt hin, als sie ihn mit ihrem Finishing-Move »Canyon Cannon« zu Boden schickte.

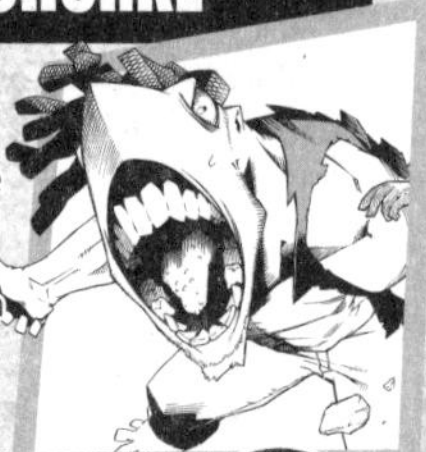

Gefahrenlevel Rang **D**

AKTE

Nach seinem Diebstahl trieben ihn zahlreiche Helden, darunter Kamui Wood und Air Jet, am Bahnhof in die Enge.

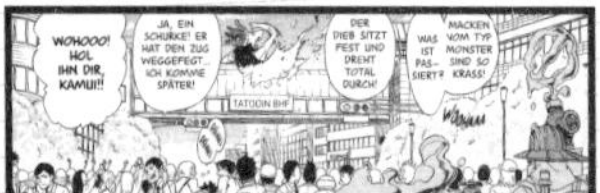

FILE 18

TRAPEZIUS HEADGEAR

Bei diesem Schurken ist der Trapezmuskel derart übertrieben ausgebildet, dass er ihm wie ein Helm über den Kopf ragt. Für Kamui Wood war er eindeutig zu schnell und zu stark.

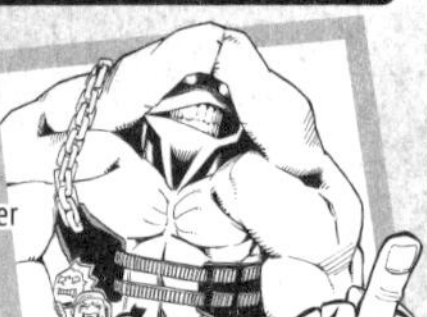

Gefahrenlevel Rang **C**

AKTE

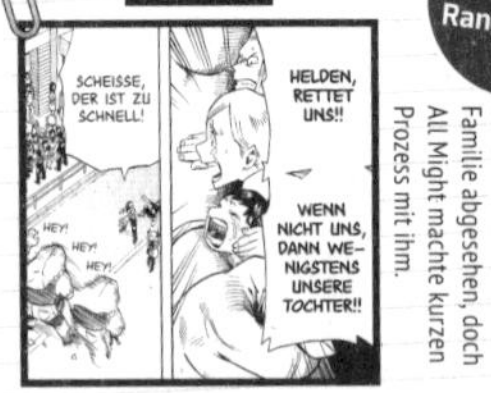

Dieser Raubmörder hatte es auf eine wohlhabende Familie abgesehen, doch All Might machte kurzen Prozess mit ihm.

Bestätigung

ERLEDIGT

PROTOKOLL DER SCHURKENAKTIVITÄT SOWIE SCHADENSBERICHT IM ZUGE DES SCHURKENANGRIFFS AUF DIE U.S.J. DER U.A. HIGHSCHOOL

Berichterstattung über jene Truppe von Schurken, die bei dem Überfall auf die Unheil Studios Japan vor wenigen Tagen direkten Kontakt zu Profihelden oder Schülern hatten.

Anfertigung
Naomasa Tsukauchi

>BEGEGNUNGSORT< HAUPTPLATZ

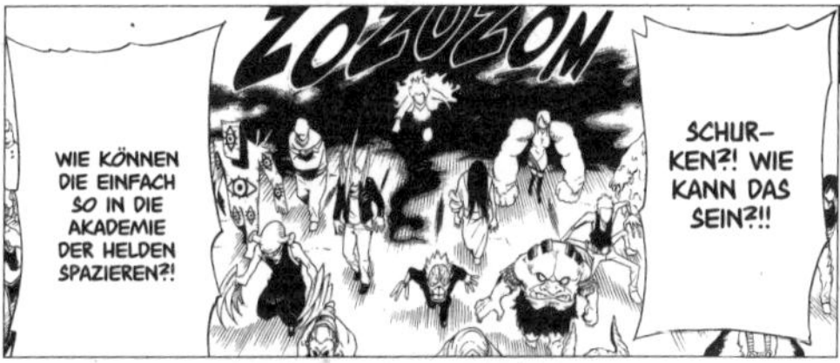

OKKUPATION DURCH SCHURKENHORDE

Den Anfang bildete ein Portal, das ein mysteriöser Schurke geöffnet hatte, durch das schließlich zahlreiche Schurken in die U.S.J. einfallen konnten.

SICHTUNG VON SCHURKEN IN MUTANTENFORM

Unter den eingefallenen Schurken waren viele, die mutierte Körper besaßen. Gegen die Mutanten-Macken konnte der Profiheld Eraserhead zunächst nicht viel ausrichten. Schließlich gelang es doch, sie in die Flucht zu schlagen.

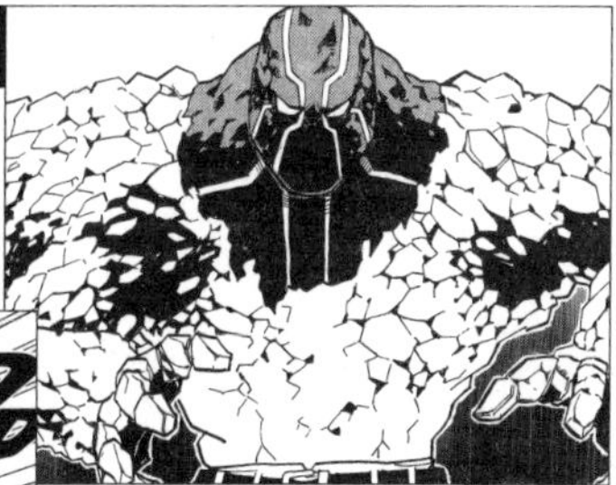

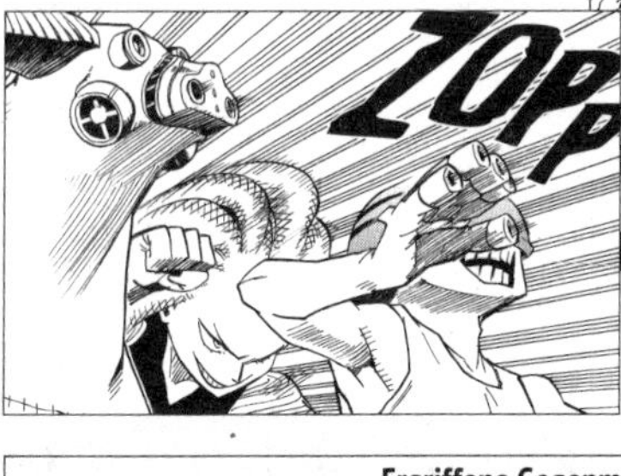

FEINDLICHE ARTILLERIE

Ein Teil der feindlichen Formation griff aus der Ferne an. Dabei kamen Geschosse aus ihren Fingerspitzen oder Tentakel zum Einsatz.

Ergriffene Gegenmaßnahmen

Den Profihelden All Might und Eraserhead gelang es, die Schurken zu vertreiben. Den mutmaßlichen Anführern der Gruppe (beide nur unter ihrem Pseudonym bekannt) gelang dank einer mysteriösen Macke die Flucht.

>BEGEGNUNGSORT< FLUTZONE

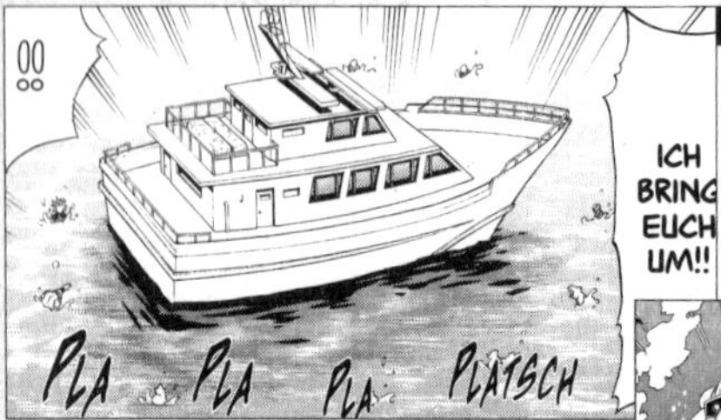

UMZINGELUNG DES SCHIFFS

Die Schurken in der Flutzone hatten es auf die Schüler abgesehen, die sich auf einem Schiff verschanzt hatten. Aus Angst vor den Macken der Schüler unternahm zunächst keiner von ihnen etwas.

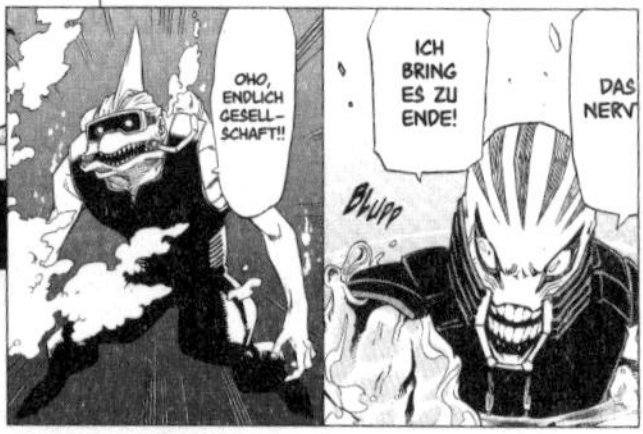

AUF WASSERKÄMPFE SPEZIALISIERTE SCHURKEN

In allen sechs Zonen der U.S.J. tauchten Schurken mit für den Einsatz geeigneten Macken auf. So wurden in der Flutzone einige beobachtet, die unter Wasser ihr volles Potenzial entfalteten.

Ergriffene Gegenmaßnahmen

Drei Schüler der U.A. Highschool (Izuku Midoriya, Tsuyu Asui und Minoru Mineta) schlugen die Schurken in die Flucht. In der Nähe der Flutzone wurden Schurken mit merkwürdigen Kugeln am Körper gesichtet.

>BEGEGNUNGSORT< BERGZONE

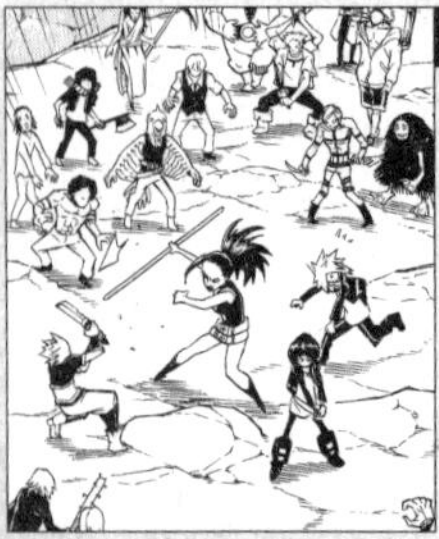

SCHURKEN IN MUTANTENFORM UND ZAHLREICHE ANDERE

Nach dem Vorfall wurden in der Bergzone viele verkohlte Schurken gefunden. Vermutlich war dafür die Macke des Schülers Denki Kaminari verantwortlich.

VERBORGENE MACKE ZU KOMMUNIKATIONSSTÖRUNG

In der Bergzone wurde ein Schurke beobachtet, der den Alarm gegen Eindringlinge deaktiviert und die Kommunikation nach außen unterbrochen hatte.

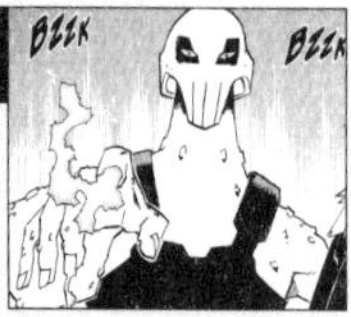

Ergriffene Gegenmaßnahmen

Drei Schüler der U.A. Highschool (Momo Yaoyorozu, Denki Kaminari und Kyoka Jiro) schlugen die meisten Schurken in die Flucht. Ein weiterer Schurke, der sich versteckt hatte, wurde von Snipe erschossen.

Rechenschaftsbericht

Insgesamt wurden 72 Schurken festgenommen.

THE ÜBRIGE LEUTE

POLIZEI & CO

SANSA TAMAGAWA

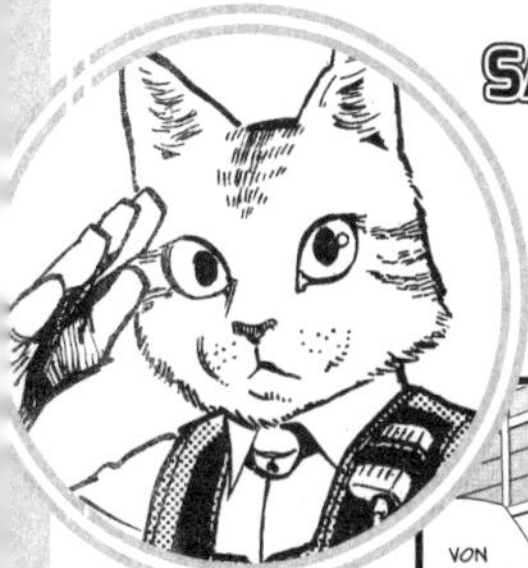

Polizist in Katzengestalt, der Kommissar Tsukauchi unterstellt ist. Bleibt gern in Bewegung und scheut nicht vor intensiven Fahndungsmaßnahmen zurück. Linkshänder.

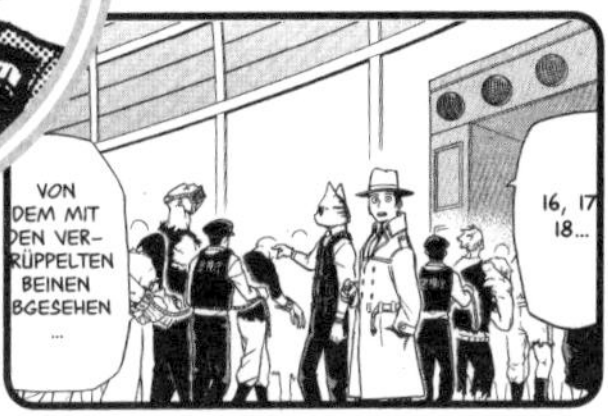

➡ Ist meist an Kommissar Tsukauchis Seite anzutreffen, der ihm vollstes Vertrauen entgegenbringt.

NAOMASA TSUKAUCHI

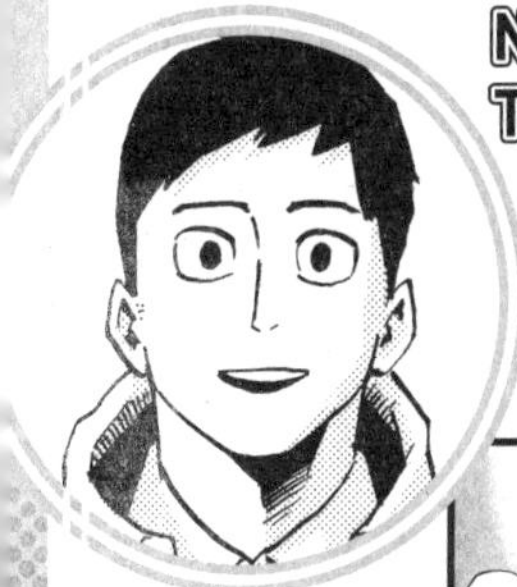

Ein alter Freund von All Might und jemand, der um sein Geheimnis weiß. Überwacht alle Fälle, die mit der Liga der Bösen zu tun haben.

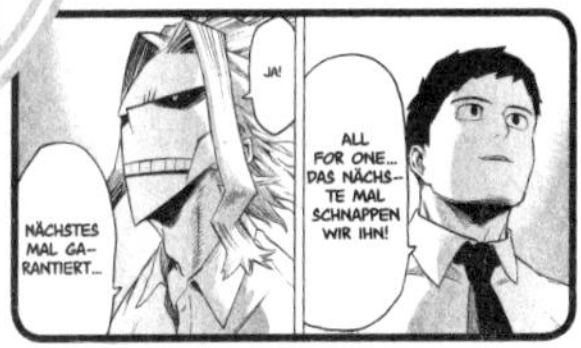

➡ Kommisar Tsukauchi hofft, dass mit der Festnahme von All For One endlich Ruhe einkehrt.

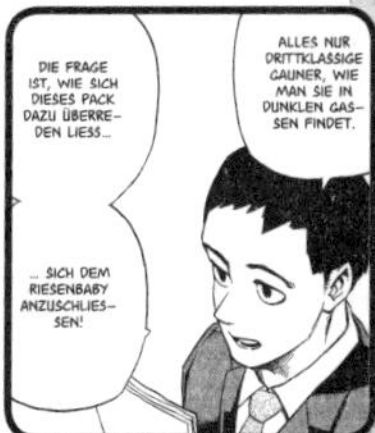

⬆ Im Erstellen von Profilen ist er unschlagbar, wie hier, als er Tomura Shigaraki und seine Lakaien analysiert.

KENJI TSURAGAMAE

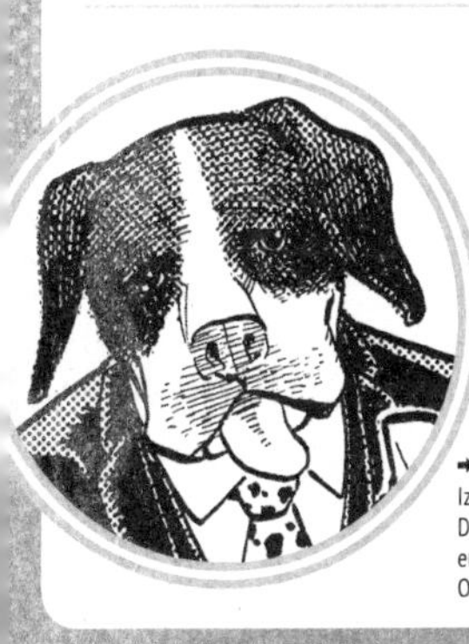

Als Chef des Polizeireviers Hosu schätzt er Frieden und Tugendhaftigkeit. Um die Zukunft von Izuku und seinen Freunden nicht unnötig zu erschweren, verdreht er ein paar Fakten des Vorfalls mit Stain.

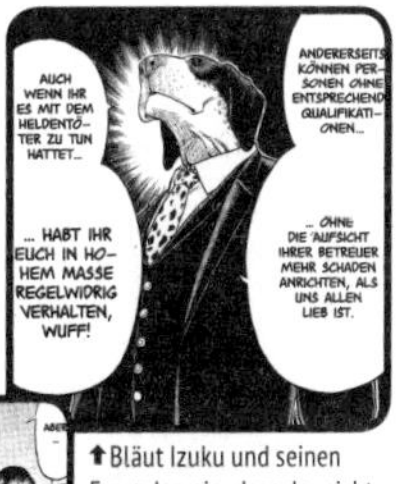

⬆ Bläut Izuku und seinen Freunden ein, dass der nicht qualifizierte Einsatz von Macken ungeachtet der Umstände eine Straftat ist.

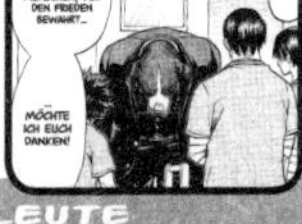

➡ Richtet Dank und Lob an Izuku und seine Freunde, ein Dank, der der »Mogelei der erwachsenen Rüden« zum Opfer gefallen sei.

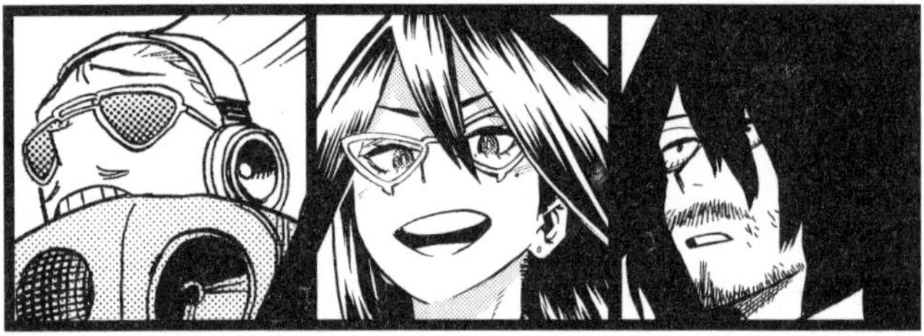

4th SMASH

SCHOOL

Für die Bildung der Nachwuchshelden ist kein Ort wichtiger als die U.A. Highschool. Hier stellen wir euch die Lehrprinzipien und das Schulsystem näher vor.

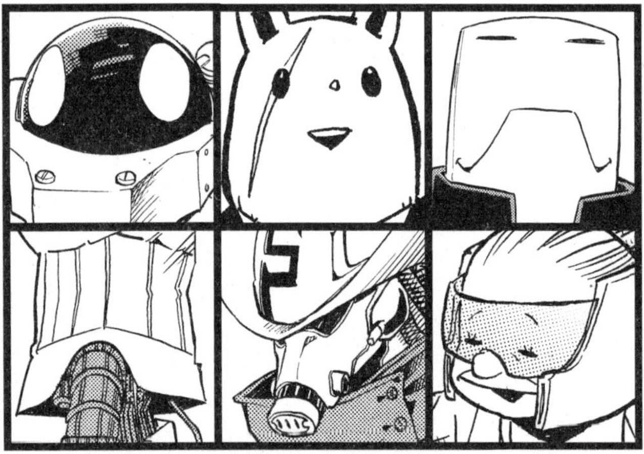

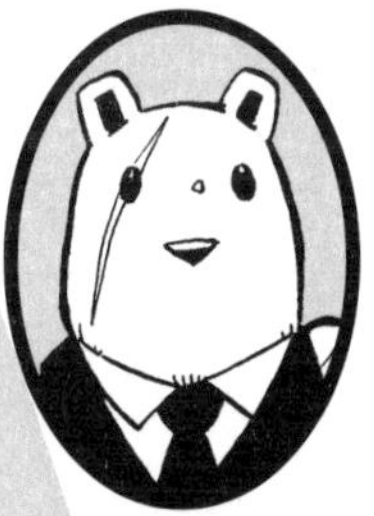

Rektor der U.A. Highschool

Nedzu

Mäusegestalt, gepaart mit messerscharfem Verstand! Als Rektor mache ich meine Sache ziemlich gut!

An euch alle, die ihr zu den Helden aufschaut! An unserer Helden-Akademie werden Leistung und Vertrauen großgeschrieben!

Mit dem Beginn des Paranormalen nahmen Gewaltdelikte, begangen von kriminellen Nutznießern dieser Veränderungen, rapide zu. Doch es gab auch jene, die sich mit ihrem Mut und ihren Macken den Störenfrieden in den Weg stellten. In der Tat, das war die Geburtsstunde der Helden. Auch heute noch gehören Straftaten zum Alltag, und auch Unfälle und Katastrophen reißen nicht ab. Deswegen sind wir stets daran interessiert, neue Helden in diese Welt zu entlassen. Du möchtest zu den Helden der nächsten Generation gehören? Dann lass uns dir dabei behilflich sein!

Department

ALLGEMEINE FAKULTÄT

Mit ihrem breit aufgestellten Lehrplan und den erstklassigen Lehrkräften ist die Fakultät für alle Studierwilligen geeignet! Je nach Leistung ist auch ein Wechsel in die Helden-Fakultät möglich.

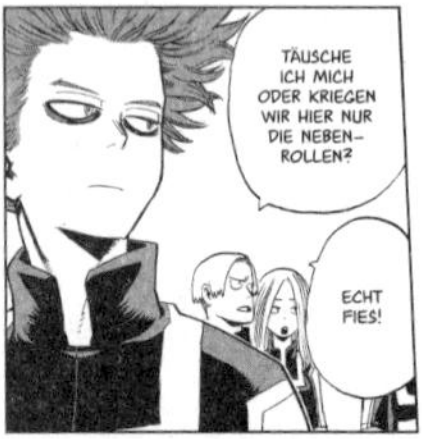

Die Möglichkeiten sind unendlich!

Department

HELDEN-FAKULTÄT

Der Fachbereich, in dem es am heißesten hergeht, ist natürlich die Heldologie! Hier erwirbt man die Qualifikation zum öffentlichen Mackeneinsatz und alles, was man in der Helden-Branche sonst noch brauchen kann.

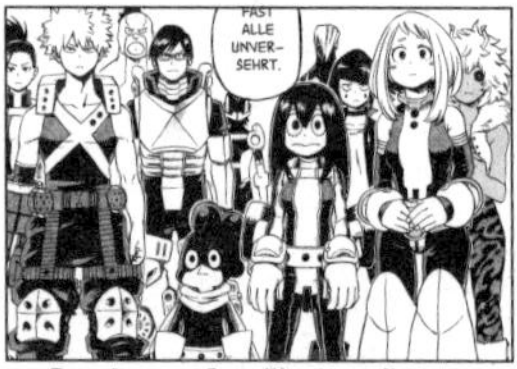

Der beste Ort für die nächste Generation von Helden!

AN UNSERER SCHULE RINGEN VOLLE VIER FAKULTÄTEN UM DIE INNOVATION UND DIE LÖSUNGEN VON MORGEN!!

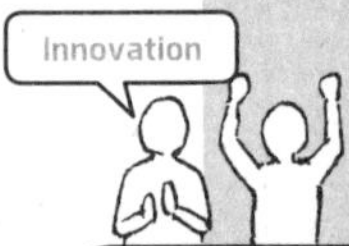

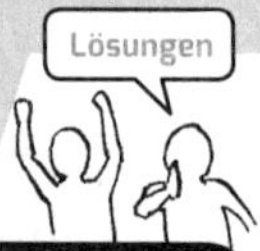

Department

SUPPORTER-FAKULTÄT

Hier bringen wir unseren Schülern bei, wie sie die Items entwickeln, ohne die Helden nur halb so erfolgreich wären! Unsere perfekt ausgestatteten Werkstätten lassen keine Wünsche übrig, und dem Tüfteln sind keine Grenzen gesetzt!

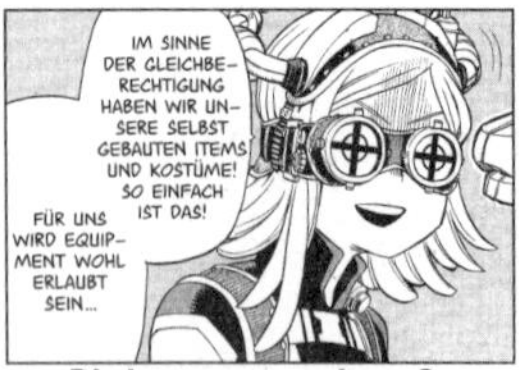

Die besten neuen Items? Die entstehen bei uns!

Department

MANAGER-FAKULTÄT

Vom Fachwissen zur Unternehmensgründung und dem Sponsern von Helden hin zur Expertise, die man in der Geschäftswelt von heute braucht – wir bieten alles! Sogar Aktien-Seminare zu echten Bedingungen!

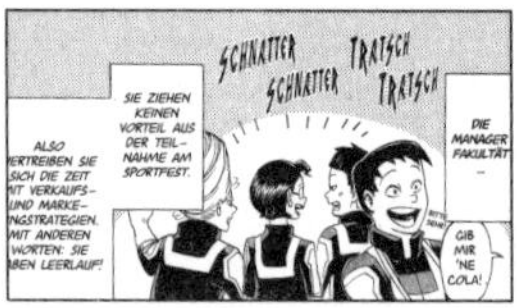

Vom Sponsern der großen Helden bis hin zum Kleingewerbe!

STUNDENPLAN

Der grobe Stundenplan sieht wie links dargestellt aus, wenngleich die Lerninhalte von Fakultät zu Fakultät variieren. Trotz der Tatsache, dass wir eine öffentliche Schule sind, haben wir uns für eine Sechstagewoche entschieden. Somit bleibt als schulfreier Tag nur der Sonntag.

STUNDENPLAN

Tagesbesprechung	8:25 ~ 8:35
1. Stunde	8:40 ~ 9:30
2. Stunde	9:40 ~ 10:30
3. Stunde	10:40 ~ 11:30
4. Stunde	11:40 ~ 12:30
Mittagspause	12:30 ~ 13:20
5. Stunde	13:20 ~ 14:10
6. Stunde	14:20 ~ 15:10

* Bis 19:00 Uhr sind die Schüler in ihren AGs und Clubs aktiv.
* Die Helden-Fakultät hat eine 7. Stunde (15:20 ~ 16:10).
* Samstags nur bis zur 4. Stunde, die Helden-Fakultät bleibt jedoch bis zur 6. Stunde.
* Zweimal pro Woche finden für die Helden-Fakultät von der 3. bis zur 4. Stunde Schulungen oder Feldtrainings statt.

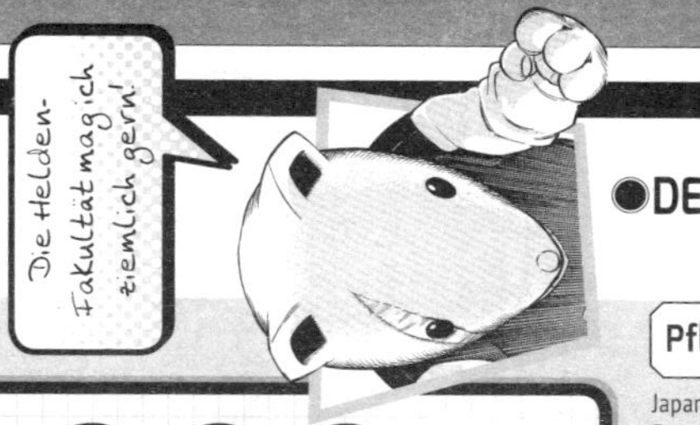

DER LEHRPLAN IM ÜBERBLICK

Pflichtfächer

Japanisch, Mathematik, Naturwissenschaften und Fremdsprachen werden fakultätsübergreifend unterrichtet, wobei die Fächer je nach Jahrgang variieren.

Allgemeinbildung

Um den geistigen Horizont über den eigenen Fachbereich hinaus zu erweitern, bieten wir eine Menge allgemeiner Kurse an. Wer weiß, vielleicht entdeckt der ein oder andere ein bisher unbekanntes Talent an sich?

Fachausbildung

Auf den jeweiligen Fachbereich abgestimmte Kurse. Die Supporter-Fakultät lernt hier zum Beispiel das Entwickeln von Items. Hier spürt man förmlich, wie sich das Fachwissen anhäuft.

Heldologie

In diesem Unterricht wird auf das eingegangen, was wahre Helden ausmacht, wie etwa Kampf- und Rettungsmissionen. Dieses Fach ist der Helden-Fakultät vorbehalten.

DIE MÖGLICHKEITEN NACH DEM ABSCHLUSS SIND SO VIELFÄLTIG WIE UNSERE SCHÜLER!

ALLGEMEINE FAKULTÄT

HELDEN-FAKULTÄT

Sidekick

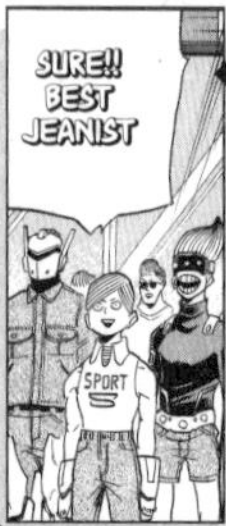

Als Assistent der älteren Profis bekommt man die Chance, vor Ort wertvolles Know-how zu erlangen.

Polizei etc.

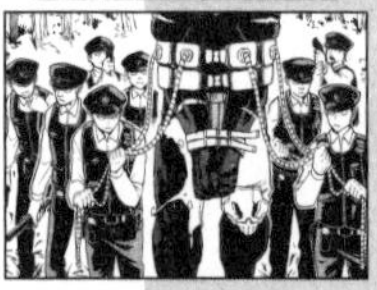

Nicht nur die Helden kümmern sich um die Bevölkerung. Viele Organisationen bewahren den Frieden.

Höhere Schule

Für die höhere Heldenausbildung gibt es auch die Möglichkeit, sich an Helden-Universitäten einzuschreiben.

Agenturgründung oder Arbeit als Freelancer

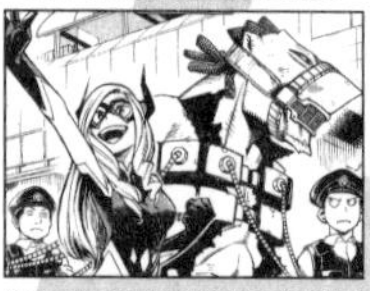

Nach dem Abschluss ist auch ein direkter Einstieg in das Heldsein möglich! Es kommt vor allem aufs Netzwerken an!

Designer etc.

Ein Held wäre nichts ohne den perfekten Auftritt. Mithilfe ihrer Items und Kostüme setzen sie die Helden gekonnt in Szene.

Helden-Koordinator etc.

Durch genaue Prüfungen wissen sie, wie man Helden und ihre Macken am besten präsentiert!

Das gelernte Wissen kann bei Herstellern oder Sonderorganisationen in der Forschung noch vertieft werden.

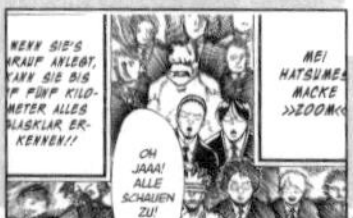

Herstellung, Forschung etc.

SUPPORTER-FAKULTÄT

MANAGER-FAKULTÄT

U.A. BARRIERE

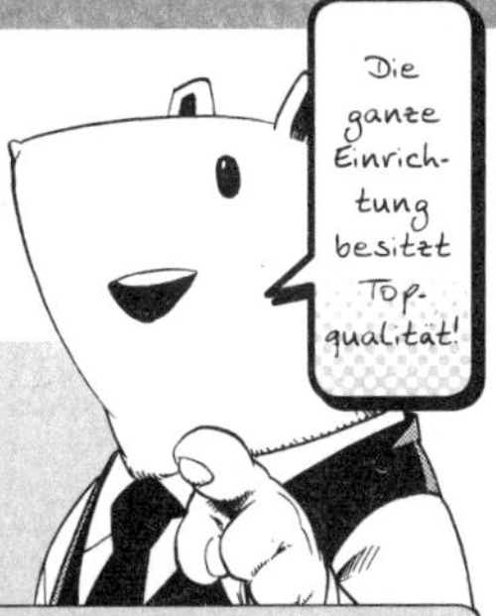

Zum Schutz unserer Schüler vor unerlaubten Eindringlingen sind an allen Toren des Schulgeländes extrastarke Stahltüren installiert. Wer sie unwissend zu durchschreiten oder zu beschädigen versucht, löst dadurch einen Alarm aus, worauf sofort ein Held aus dem Kollegium nach dem Rechten sieht.

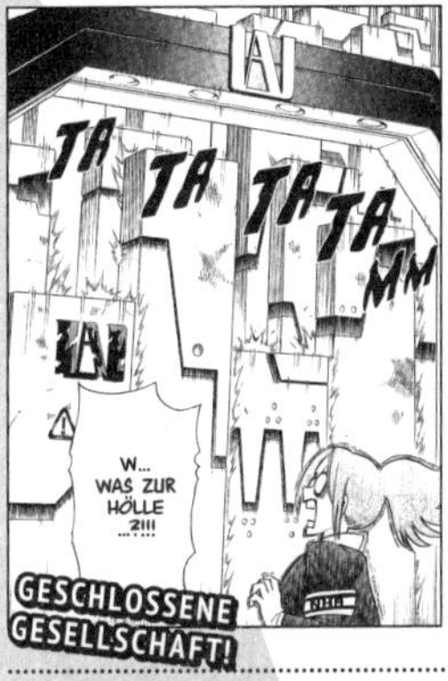

Point

Das perfekte Security-System!

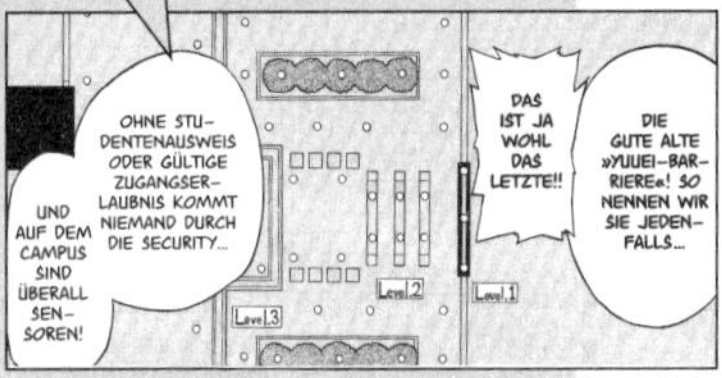

⬆ Da unsere Schule für viele Veranstaltungen auch der Öffentlichkeit zugänglich gemacht wird, variiert das Sicherheitslevel von Bereich zu Bereich.

KLASSENZIMMER

Hier finden die Klassenlehrerstunden und der theoretische Unterricht statt. Die hochmodernen Regale in den Wänden beinhalten alles, was für den Unterricht benötigt wird.

Point

Die Wände sind ausfahrbar!

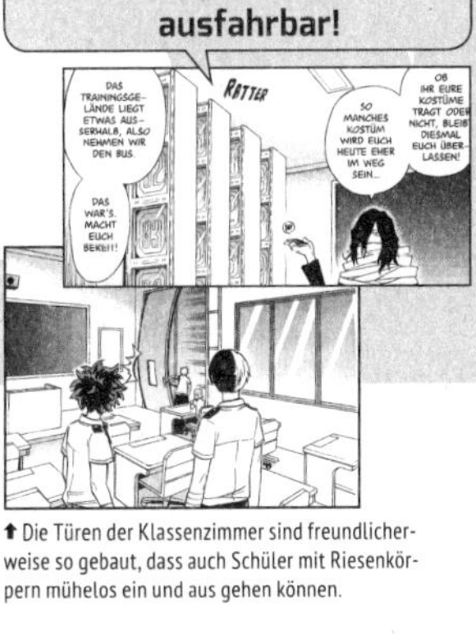

⬆ Die Türen der Klassenzimmer sind freundlicherweise so gebaut, dass auch Schüler mit Riesenkörpern mühelos ein und aus gehen können.

LUNCH RUSHS CAFETERIA

Nicht nur die Schüler, sondern auch die Lehrkräfte lieben diese Cafeteria. Hier bekommt man zum kleinen Preis erstklassiges Essen serviert, das an Vielfalt kaum zu überbieten ist.

Point

Der Reis schmeckt ultralecker!!

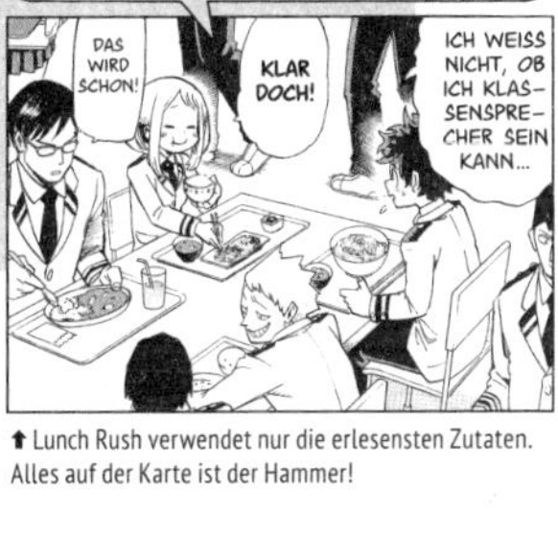

⬆ Lunch Rush verwendet nur die erlesensten Zutaten. Alles auf der Karte ist der Hammer!

RUHERAUM

Wenn einen die Müdigkeit übermannt und man partout nicht mehr kann, darf man sich mit der Erlaubnis eines Lehrers hier ausruhen. Wer bemerkt, dass die Batterien des Weckers zur Neige gehen, soll netterweise Bescheid sagen.

Point

Perfekt für geheime Unterredungen?!

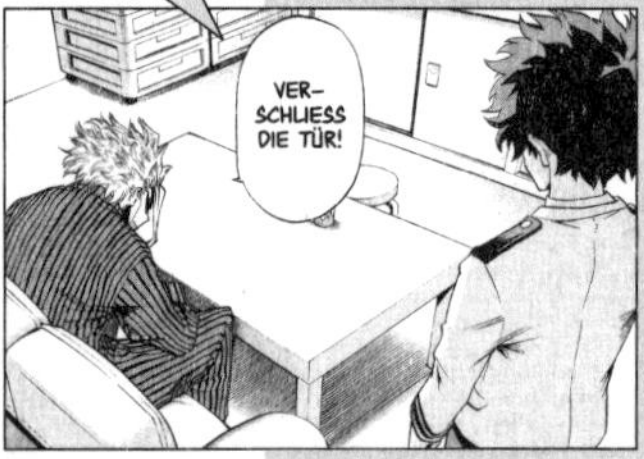

⬆ Es kommt nur selten jemand vorbei, und die Wände sind einigermaßen schalldicht. Gut geeignet für geheime Besprechungen.

KONFERENZZIMMER

In diesem Besprechungsraum finden die unterschiedlichsten Konferenzen statt. Auch die Schüler können den Raum nutzen, wenn sie sich anmelden. Die schallgedämmten Wände ermöglichen offenherzige Besprechungen.

Point

Relativ normal!

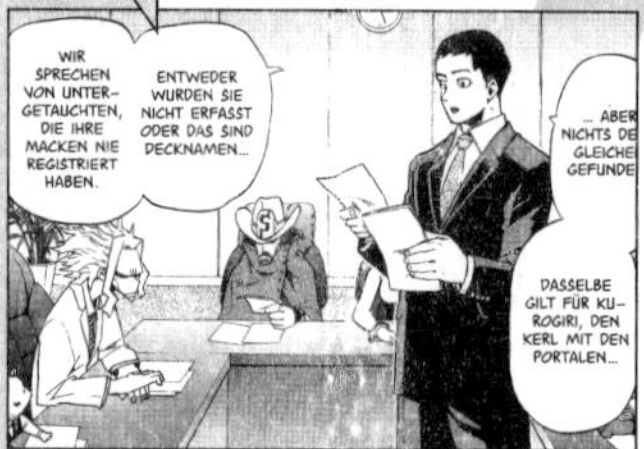

⬆ An den Tischen stehen Stühle, an der Wand hängt eine Uhr. Auch ein Whiteboard ist vorhanden. Nur den Tee muss jeder selbst mitbringen.

KRANKENZIMMER

Wer sich im Unterricht oder bei anderen Veranstaltungen aus welchem Grund auch immer verletzt, kommt auf direktem Weg ins Krankenzimmer. Recovery Girls engelsgleicher Kuss macht die meisten Wunden wieder heil. Allzu oft sollte man jedoch nicht bei ihr vorbeischauen.

EIN JUGENDHAFTER ENGEL NIMMT EUCH IN EMPFANG!

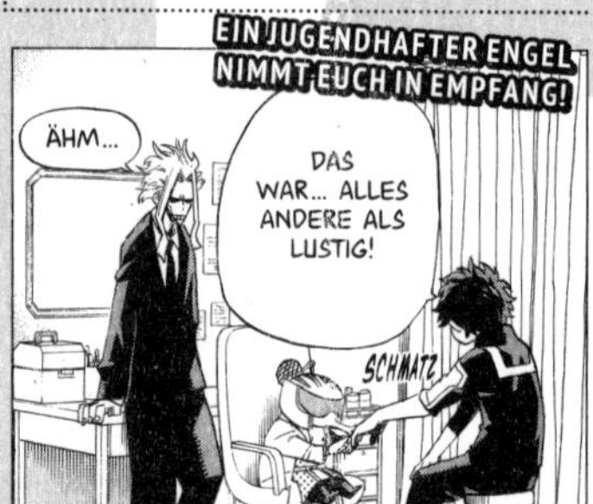

Point

Auch als Mobil-Version!

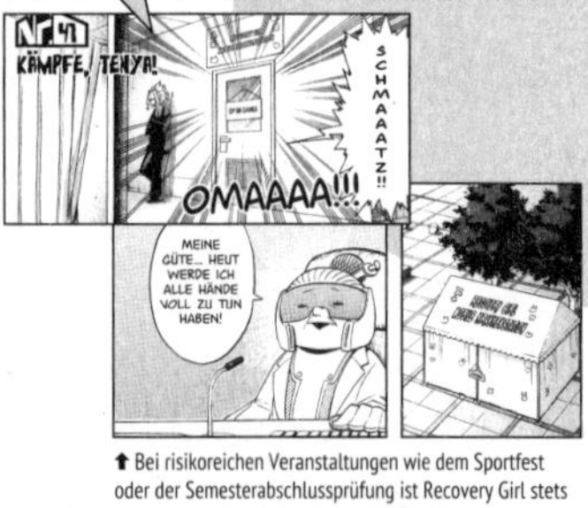

⬆ Bei risikoreichen Veranstaltungen wie dem Sportfest oder der Semesterabschlussprüfung ist Recovery Girl stets mit ihrer mobilen Krankenstation in Bereitschaft.

Point

Auch Infusionen sind kein Problem!

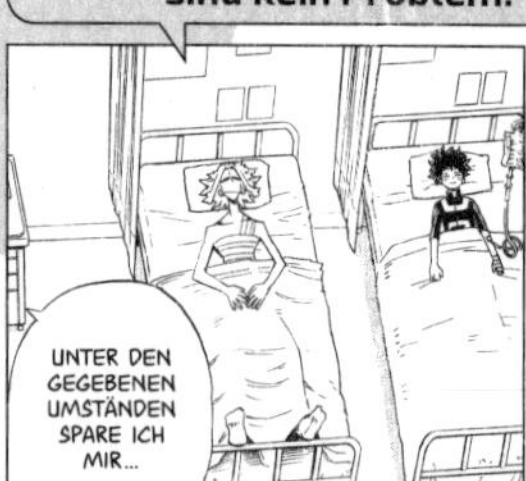

Bei einfachen Operationen muss sich Recovery Girl vor keinem Profichirurgen verstecken. Sie führt sie selbst durch, und dann braucht der Patient erst mal Ruhe.

STADION DES SPORTFESTS

Der Austragungsort des Sportfests, zweifellos das am meisten herbeigesehnte Ereignis des Jahres, befindet sich ebenfalls auf dem Schulgelände. Es fasst bis zu 120.000 ausrastende Zuschauer, etwaige Schäden oder Pannen werden unverzüglich von jemandem mit einer geeigneten Macke repariert.

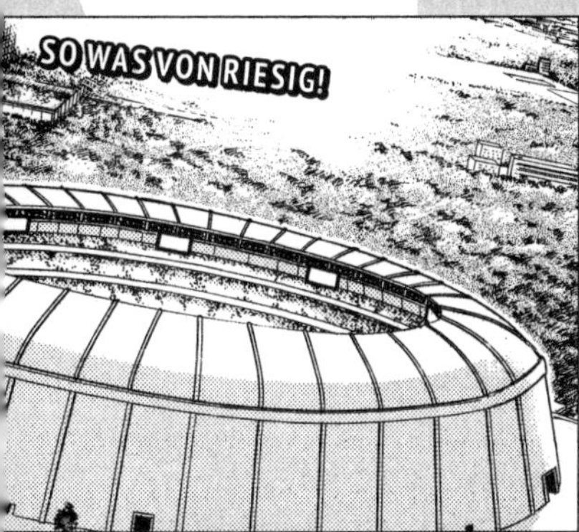

Point Ein Bereich für öffentliches Publikum!

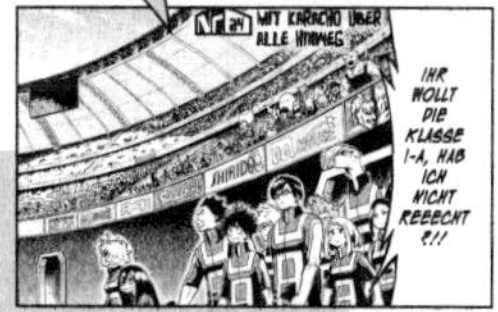

⬆ Manchmal sind die Tore auch für die Allgemeinheit geöffnet, jedoch nicht ohne Security-Checks!

Point Warteräume für die Teilnehmer!

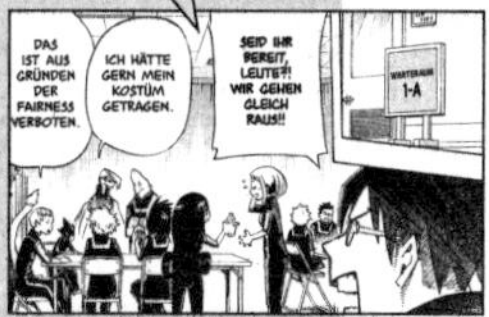

⬆ Für die Teilnehmer und das Personal sind ausreichend Warteräume vorhanden. Auch ein beliebtes Restaurant darf nicht fehlen!

U.S.J.
(UNHEIL STUDIOS JAPAN)

Space Hero Nr. 13 hat sich diese Trainingseinrichtung ausgedacht, in der Rettungsmissionen geprobt werden. In Sachen Größe steht es einem Vergnügungspark ähnlichen Namens in nichts nach und mit all seinen Gimmicks sammeln die Schüler hier wertvolle Erfahrungen.

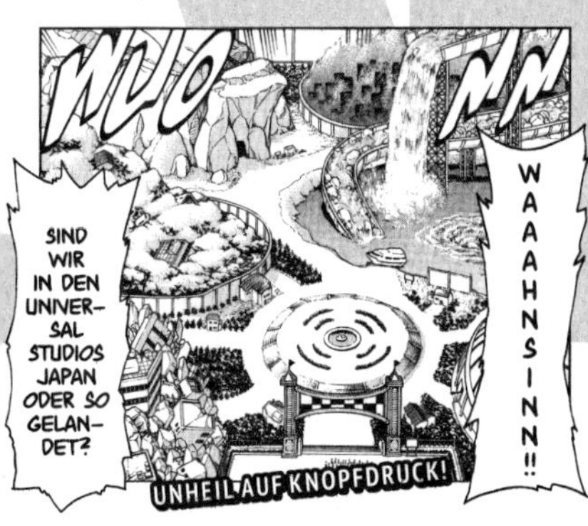

Point Eine Flutzone!

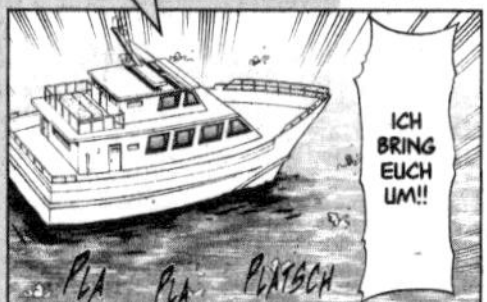

⬆ Hier können Bergungsmissionen im Wasser trainiert werden. Selbst die Wellengröße lässt sich einstellen.

Point Eine Einsturzzone!

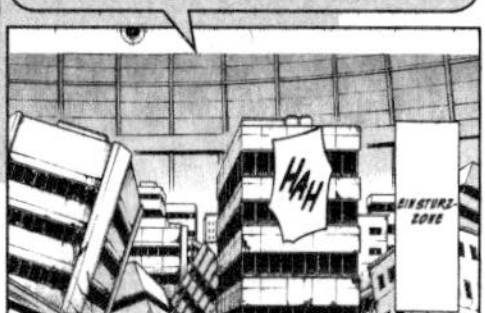

⬆ Hier wird die Bergung von Opfern aus eingestürzten Gebäuden simuliert. Präzises und schnelles Handeln sind gefragt!

SPORTPLATZ

Unterschiedliche Sportplätze begrenzen den Schaden an den Bauten auf ein Minimum und legen den Fokus auf die Fortbewegung im dreidimensionalen Raum.

Point

Perfekt für Grundlagentraining!

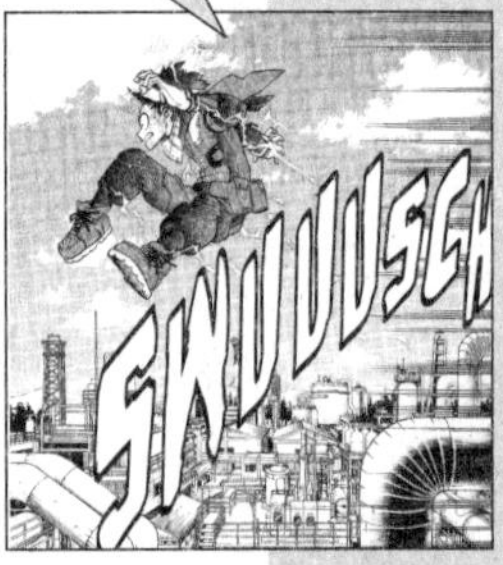

⬆ Der Sportplatz γ (Gamma) ist einem verwinkelten Industriegebiet nachempfunden. Zahlreiche verwinkelte Gassen machen ihn zum reinsten Labyrinth.

TRUPPENÜBUNGSPLATZ

Hier finden unter anderem die Aufnahmeprüfungen statt. Neben künstlichen Stadtteilen kann das Gelände je nach Situation mit unterschiedlichen Übungsszenarien modifiziert werden.

Point

Diese Ansammlung von Gebäuden!

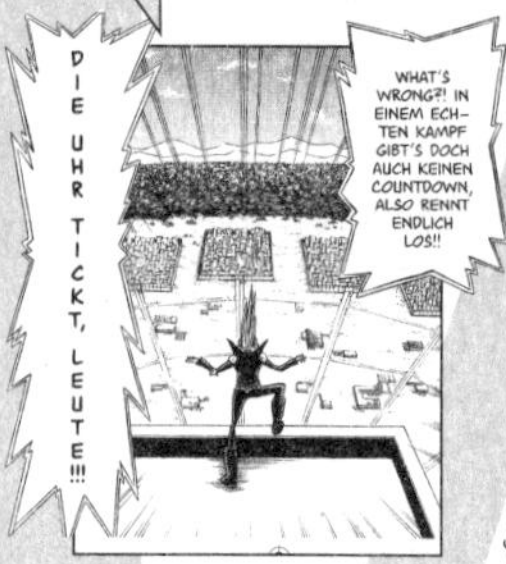

⬆ Für die Aufnahmeprüfung wurden hier ganze zehn künstliche Stadtteile aufgebaut. Der Großteil der Gebäude wurde völlig zerstört, doch der Wiederaufbau dauert meist nicht lange.

DIE ROBOTER DER SCHULE

Sie werden als Gegner bei Prüfungen oder als Helfer bei Bergungen vielseitig eingesetzt.

Venator

Offensive	Defensive	Tempo
B	A	C

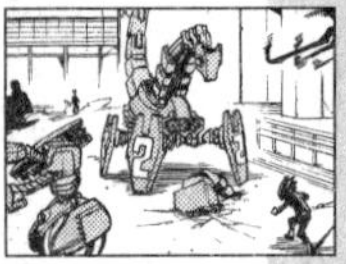

⬅ Nicht so mobil wie Victory, dafür aber etwas härter.

Victory

Offensive	Defensive	Tempo
C	C	A

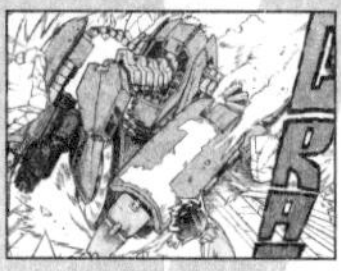

⬅ Kleiner Trainingsgegner. Für Schüler der Helden-Fakultät kein Hindernis.

Executor

Offensive	Defensive	Tempo
B	S	B

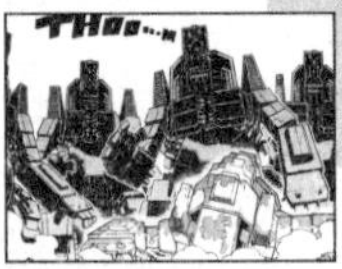

⬅ Harter und großer Trainingsgegner. Seine Riesenpranken zerquetschen alles!

Imperial

Offensive	Defensive	Tempo
A	A	B

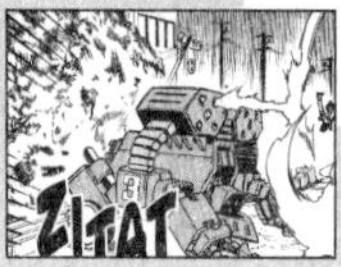

⬅ Mit Feuerwerfer ausgerüstet. Stark, aber träge.

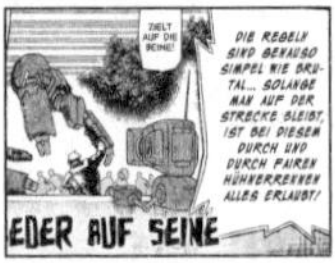

Kamera-Roboter

⬅ Kommen vor allem beim Sportfest zum Einsatz, wo sie die Emotionen der Schüler gnadenlos festhalten.

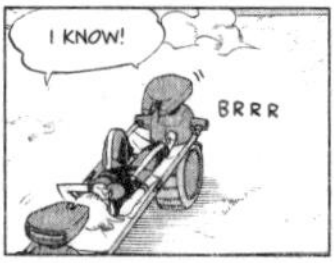

Transport-Roboter

⬅ Bringt Verwundete aufs Krankenzimmer. Mutig und freundlich eingestellt.

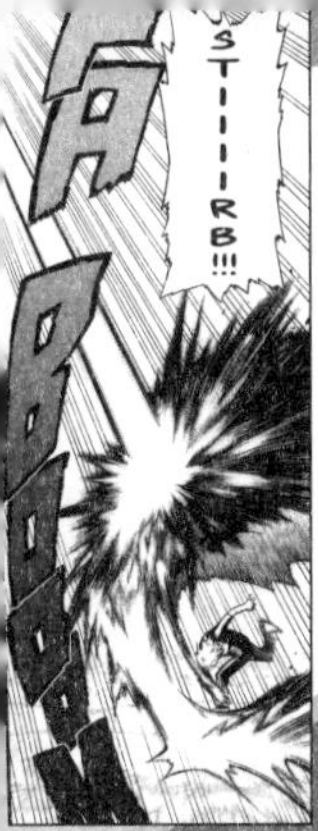

Macken-Erfassungstest

Bei diesem Test sollten die Schüler geradeheraus ihre Macken einsetzen und ihren Rekord von der Mittelschule schlagen. Die Disziplinen zeigten jedem seine Stärken und Schwächen auf!

APRIL

Vielerlei Drills

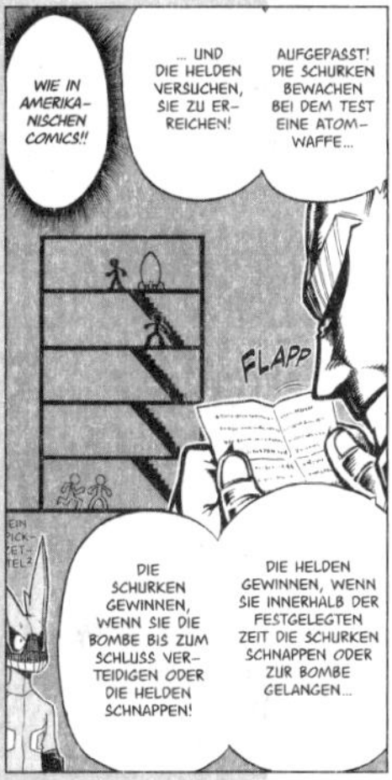

Ob im Gebäude oder an der freien Luft, den Schülern wurde in praxisorientierten Trainings ein guter Eindruck vom echten Heldenalltag vermittelt. Je mehr Erfahrung sie sammeln, desto gewappneter sind sie für all die Situationen, die die Welt da draußen für sie bereithält.

MAI

Praktikum

Hier haben die Schüler eine Woche lang die Gelegenheit, an der Seite eines Profis deren Arbeitsumfeld kennenzulernen und wertvolle Erfahrungen zu sammeln. Je besser man sich beim Sportfest geschlagen hat, desto mehr Auswahl hat man.

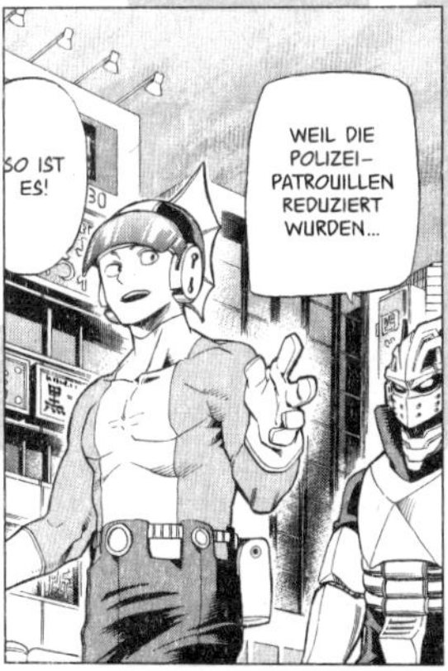

Sportfest

Schon seit Jahren der König der Einschaltquoten: das Sportfest! Mit jeder Mege Profihelden im Publikum der perfekte Ort, um seine Macken zu präsentieren.

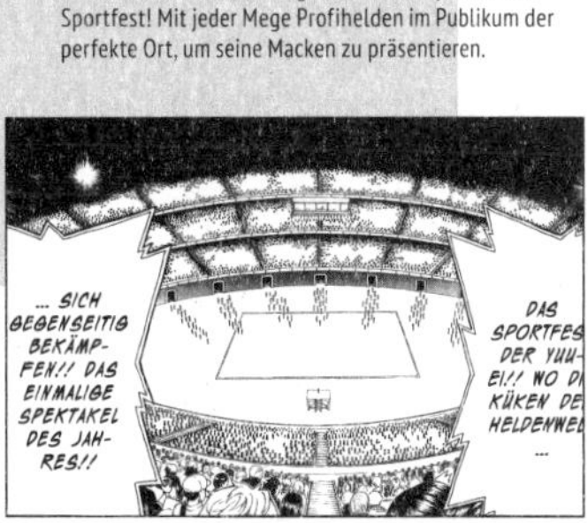

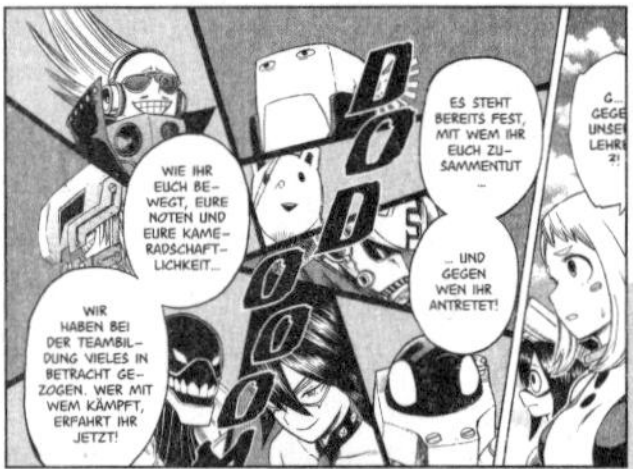

Zwischenprüfung

Findet nur in schriftlicher Form statt, dafür aber in vielen Fächern. Wer die Prüfung nicht besteht, muss Nachhilfekurse belegen, also versucht man es besser nicht unvorbereitet.

Kleiderwechsel

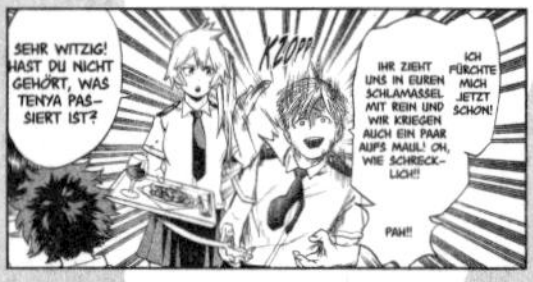

Sobald das Wetter im Juni beständiger wird und die Temperaturen zu klettern beginnen, ist es Zeit für einen Kleiderwechsel. In den bequemeren Uniformen lernt es sich hoffentlich leichter.

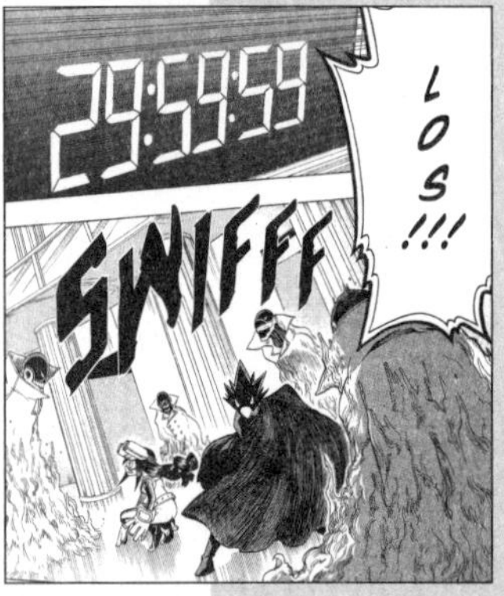

Semesterabschlussprüfung

Am Ende des Semesters warten eine schriftliche und eine praktische Prüfung auf die Schüler. Wer hier durchfällt, wird die Sommerferien mit Nachhilfe verbringen, also lernt fleißig!

JUNI

JULI

Sommerferien

Das 2. Semester wird genauso aufregend weitergehen!

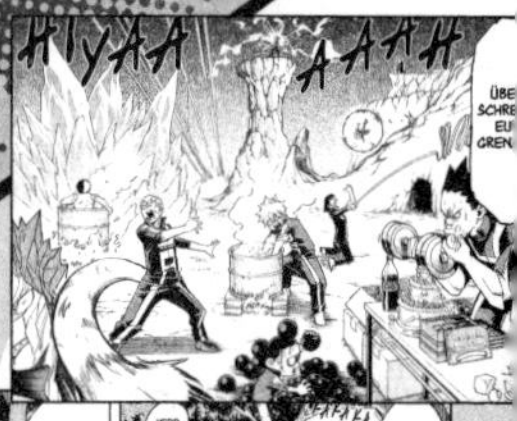

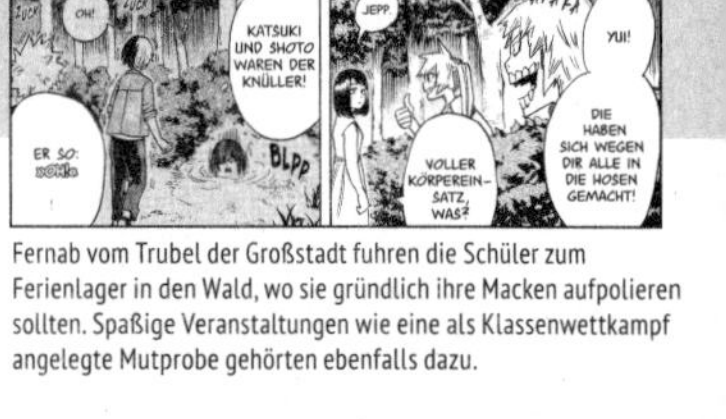

Fernab vom Trubel der Großstadt fuhren die Schüler zum Ferienlager in den Wald, wo sie gründlich ihre Macken aufpolieren sollten. Spaßige Veranstaltungen wie eine als Klassenwettkampf angelegte Mutprobe gehörten ebenfalls dazu.

Ferienlager im Wald

THE ÜBRIGE LEUTE

DIE NOCH-NICHT-ERWÄHNTEN

KOTA IZUMI

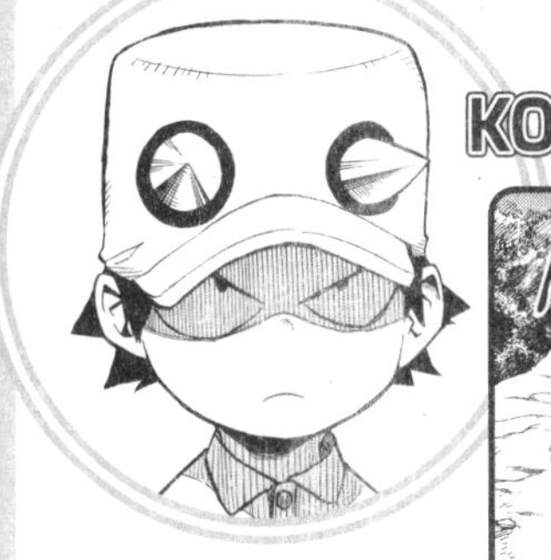

Kota ist der einzige Sohn, den seine Eltern, das Team Water Hose, nach ihrem Tod zurückließen. Ihr Tod ist der Grund für seine Abneigung gegen Helden.

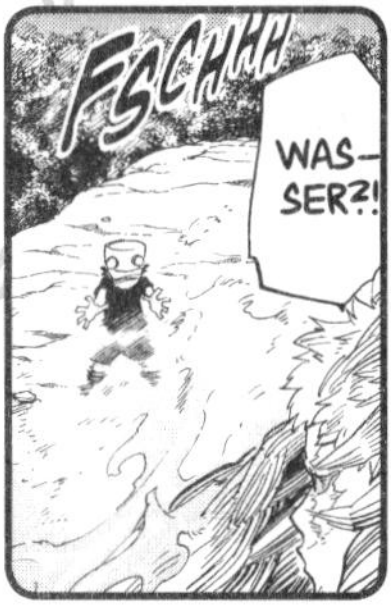

⬇Mit seiner Macke kann er Wasser heraufbeschwören. Izukus Tapferkeit verleiht auch ihm Mut, sodass er sogar einen Angriff auf Muscular wagt.

BERÜHMTER TYP

Ein Großer unter den Großen, der der Ansicht ist, das Auftreten des Paranormalen hätte die menschliche Zivilisation ausgebremst.

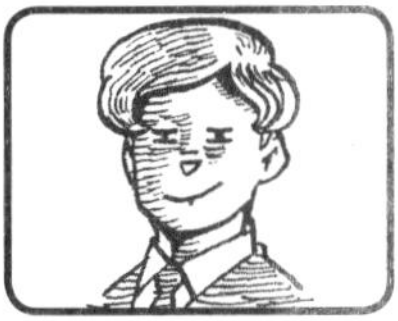

DAIKAKU MIYAGI

Nachrichtensprecher mit der Macke »Big Horn«, der sich für seine Zuschauer vor laufender Kamera eins seiner Hörner abschlug.

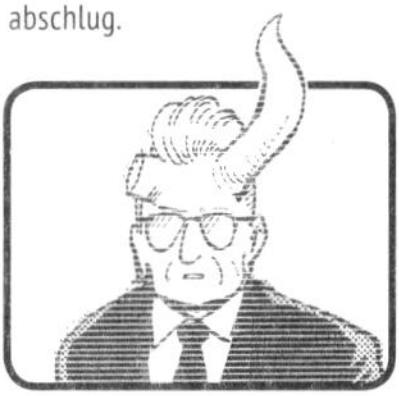

NHA-REPORTERIN

Die ständige Jagd nach der nächsten Exklusivmeldung lässt sie aggressiv auftreten, was sich manchmal auch rächt…

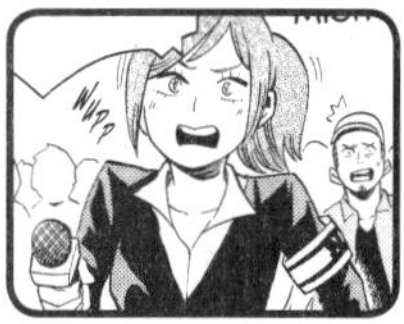

LEITER DER TSUBASA-KLINIK

Arzt, der Izukus Mackenlosigkeit feststellte und eintragen ließ. Ebenfalls Tsubas Großvater.

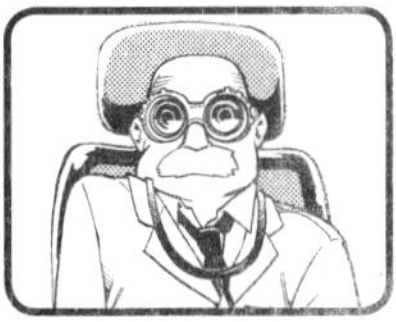

TSUBASA

Seiner Familie gehört die Tsubasa-Privatklinik. Bis zur Grundschule spielte er oft mit Izuku, doch dann ging er auf eine andere Mittelschule…

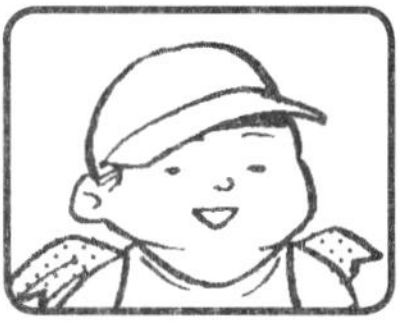

IZUKUS UND KATSUKIS SANDKASTENFREUNDE

Gingen auf dieselbe Mittelschule wie Izuku und Katsuki. Der langhaarige Junge links kann seine Finger wachsen lassen.

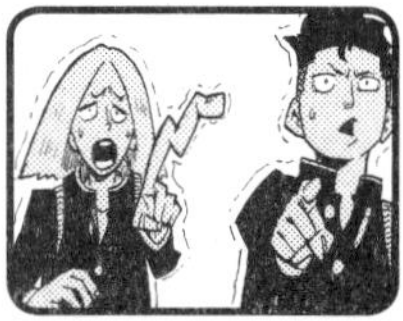

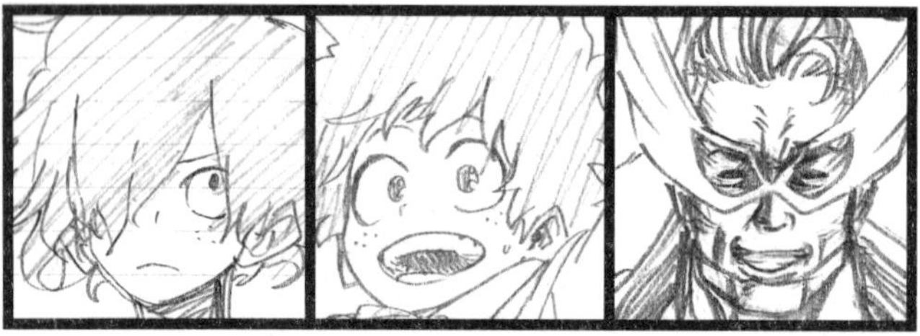

EX SMASH

ANHANG

Egal ob Interview mit dem Meister Kohei Horikoshi persönlich, ein von ihm gezeichnetes Extra-Kapitel oder Konzeptskizzen, hier kommt haufenweise Bonusmaterial!

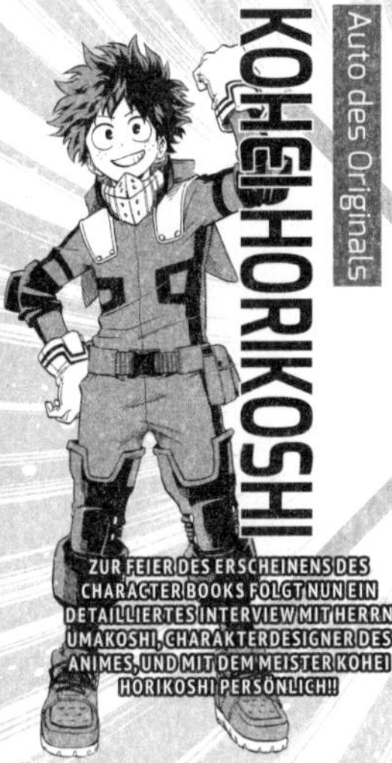

GESPRÄCH ZWISCHEN

Auto des Originals

KOHEI HORIKOSHI

×

Leitende Animationsregie & Charakterdesign des Animes

YOSHIHIKO UMAKOSHI

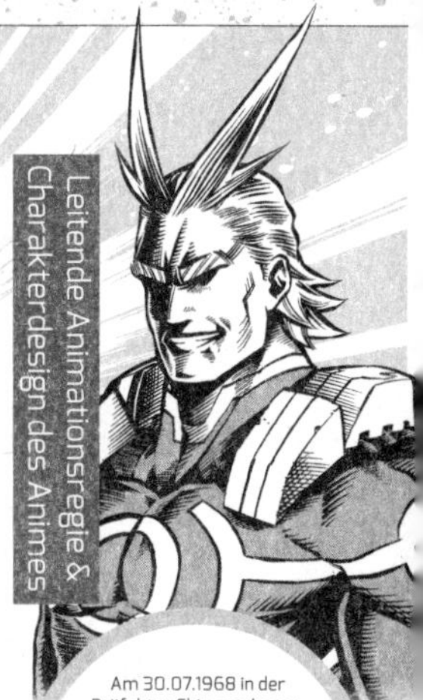

ZUR FEIER DES ERSCHEINENS DES CHARACTER BOOKS FOLGT NUN EIN DETAILLIERTES INTERVIEW MIT HERRN UMAKOSHI, CHARAKTERDESIGNER DES ANIMES, UND MIT DEM MEISTER KOHEI HORIKOSHI PERSÖNLICH!!

Am 30.07.1968 in der Präfektur Ehime geboren. War bei vielen Produktionen für Charakterdesign und Animationsregie zuständig, unter anderem bei »DoReMie«, »HeartCatch PreCure!« und »Mushishi«. Bei »My Hero Academia« kümmerte er sich um das Charakterdesign und die leitende Animationsregie.

Ein Duo, das Hände wertschätzt

Herr Horikoshi, stimmt es, dass Sie schon vor der Zusammenarbeit ein Fan von Herrn Umakoshi waren?

Horikoshi: Bei »HeartCatch PreCure!« ist mir Herr Umakoshi zum ersten Mal aufgefallen. Die »HeartCatch«-Serie habe ich allerdings nicht gesehen, als sie ausgestrahlt wurde. Damals lief gerade eine andere Serie aus der »Pretty Cure«-Reihe, die mein Interesse für die älteren Werke weckte. Dabei stieß ich dann auf »HeartCatch«, das sich klar vom Rest der Reihe abhob. So fing ich an, mich für seine Arbeit zu interessieren. Als ich hörte, dass Herr Umakoshi bei der Animeverfilmung das Charakterdesign übernehmen würde, dachte ich zuerst, ich träume, und konnte es gar nicht glauben.

Umakoshi: Oh, vielen Dank! Ich hoffe, Sie sind inzwischen zufrieden mit den Bildern?

Horikoshi: Ja, voll und ganz. Die Rohversion sah schon sehr beeindruckend aus.

Umakoshi: Das waren bisher ja nur die Probeanimationen. Die finale Version kommt erst noch.

Horikoshi: Neulich erhielt ich einen 15 Sekunden langen Vorschauclip. Den habe ich dann einen Tag lang immer und immer wieder angeschaut. Auch wenn es nur ein paar Sekunden waren, wurde Deku in dem Clip lebendig, und das hat mich total umgehauen. Ich sage das ganz ohne Umschweife, aber ich erwarte von dem Anime nichts anderes als ein Meisterwerk.

Umakoshi: Bislang habe ich mich nur herangetastet. Wenn die richtige Arbeit losgeht, werde ich denselben Charakter für Hunderte von Schnitten zeichnen, dann wirkt das alles nicht mehr so steif wie in dem kurzen Clip. Kam Ihnen irgendwas seltsam vor, als Sie die Charaktere gesehen haben?

Horikoshi: Nicht im Geringsten! Ich hatte eigentlich erwartet, dass Ihre Entwürfe stilisierter wären, wie es Ihre Handschrift zu sein scheint.

Umakoshi: Nun, »Pretty Cure« basierte ja auf keiner Vorlage, und wenn man von null anfängt, kommt eher der eigene Stil zum Tragen. Bei der Animeverfilmung eines Originals ist das natürlich weniger angebracht, weil man der Vorlage treu bleiben will.

Horikoshi: »Mushishi« wäre da ein weiteres Beispiel, nicht wahr?

Umakoshi: Stimmt, da verhielt es sich genauso.

»Den Vorschauclip habe ich einen Tag lang immer und immer wieder angeschaut.«

– Kohei Horikoshi

»Mir klopft immer noch das Herz, wenn ich etwas entwerfe.«

– Yoshihiko Umakoshi

Horikoshi: Ich war einfach baff, wie nah die Probeanimationen an meinen gezeichneten Bildern waren.

Umakoshi: Das beruhigt mich zu hören. Denn mir klopft immer noch jedes Mal aufs Neue das Herz.

Horikoshi: Ich freue mich schon darauf, wie Shigaraki umgesetzt sein wird. Zu ihm habe ich noch keinen Rohentwurf gesehen.

Umakoshi: Der und seine unzähligen Hände! Grundsätzlich liebe ich es, Hände zu zeichnen, weil eine Handgeste allein schon so viel aussagen kann. Aber Shigaraki ist wirklich eine Herausforderung, auch wenn sich das widerspricht.

Horikoshi: Ich weiß genau, was Sie meinen. Shigaraki ist so ein Charakter, dem ich, ohne groß nachzudenken, eine Unzahl an Händen verpasst habe – nur weil ich auch gern Hände zeichne.

Umakoshi: Offenbar viel zu gern!

Horikoshi: Als ich ihn einmal in der Totalen gezeichnet habe, dachte ich ernsthaft darüber nach, das mit den Händen abzuändern (lacht).

Umakoshi: Gute Idee, aber die werden wir nun so schnell nicht mehr los! (lacht)

Horikoshi: Ich vermute, er hat sie mittlerweile abgelegt, weil er in der Hauptserie gerade nicht mehr so oft auftaucht.

Umakoshi: Dann sieht man ja sein Gesicht…

Horikoshi: Ja, deswegen graut es mir auch jetzt schon davor, ihn wieder auf den Plan treten zu lassen! Am liebsten würde ich ihn gar nicht mehr hervorkramen! (lacht)

Die Vorliebe für das Zeichnen von Händen haben Sie also gemeinsam. Bei »My Hero Academia« sind die Hände auch wirklich eindrucksvoll umgesetzt.

Umakoshi: Es gibt doch die amerikanische Comicserie »Hellboy«. Daran haben mich die Hände ein wenig erinnert.

Horikoshi: Ja, die Art, wie Mike Mignola die Form seiner Hände zeichnet, hat mich tatsächlich beeinflusst. Im ersten Band sahen All Mights Pranken noch so schrecklich aus. Weil ich mich unverfroren an Hellboy orientiert habe, hatte er viereckige Finger. Viereckig und irgendwie platt.

Umakoshi: Mignola hat über die Jahre immer mehr seiner Linien reduziert, oder?

Horikoshi: Ja, genau daran zeigt sich, wie begnadet jemand ist. Ich finde, er zählt zu den ganz Großen, denen es gelingt, mit wenigen Linien Räumlichkeit zu erzeugen.

Umakoshi: Sie haben recht. Dazu braucht er nur ein paar schwarze Flächen.

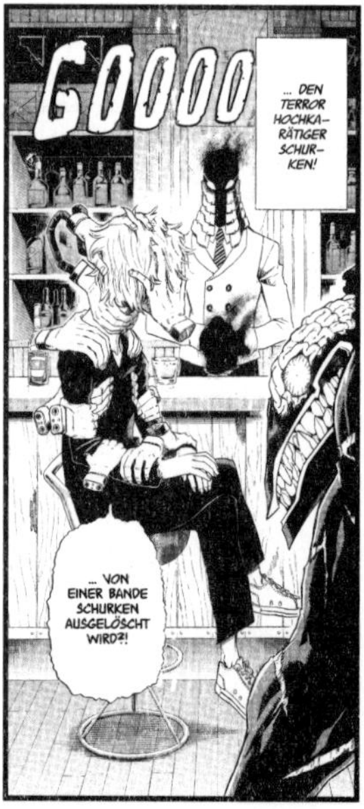

Horikoshi: Er ist wahnsinnig gut darin, Farben flächig einzusetzen.

Umakoshi: Das ist wie die optische Täuschung, dass mit halb geschlossenen Augen auch Flächen räumlich aussehen können. Das funktioniert selbst bei seinen stark stilisierten Motiven.

Horikoshi: Das verstehe ich allzu gut! Wenn man seine Bilder aus der Ferne betrachtet, wirken sie so realistisch. Die Plastizität ist unglaublich. Ich habe mich gefragt, wie er das macht, und ihn oft zu imitieren versucht, aber ich krieg's nicht hin.

Umakoshi: Ja, man kann sich im Endeffekt nur an den Details orientieren. Geriffelte Schattenumrisse beispielsweise.

Horikoshi: Das versuche ich auch oft.

Umakoshi: Um dann festzustellen: »Hätte ich es doch lieber sein lassen!«, oder: »Ist das mühselig!« (lacht)

Horikoshi: Ich werde versuchen, meine Linien zu reduzieren...

Umakoshi: Nicht doch! Bleiben Sie bitte Ihrem eigenen Stil treu! (lacht)

Horikoshi: Sie haben ja recht... Aber auf Dauer werden die ganzen Linien wirklich körperlich anstrengend... (lacht)

Umakoshi: Auch ich tendiere wegen meines Alters zu einem reduzierteren Stil, der weniger anstrengend ist.

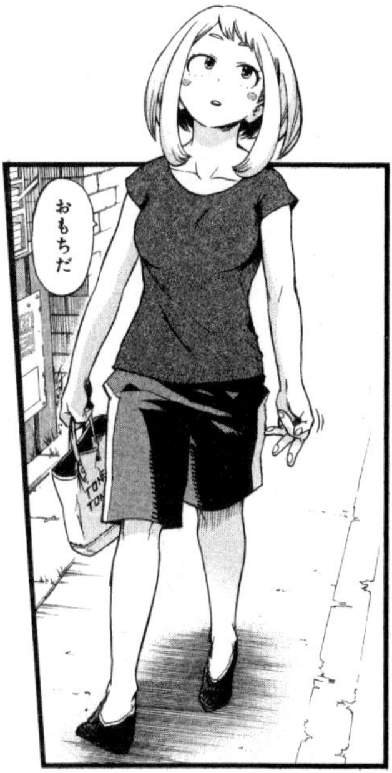

Ihnen gefallen etwas kräftigere Frauen?!

Herr Horikoshi, gab es etwas, das Sie am Anime überrascht hat?

Horikoshi: Nun, vielleicht Ochaco Uraraka. Ich tendiere dazu, Frauen mit kräftigem Körperbau zu zeichnen, das heißt mit stärkeren Armen, Beinen und Taillen. Verzeihen Sie die anrüchige Bemerkung, aber ich mag nun mal etwas kräftigere Frauen! (lacht)

Umakoshi: Ja, aber genau das ist ja so faszinierend an Ochaco, weil es sie von den modernen Heldinnen abhebt... Obwohl ich mir dessen beim Zeichnen bewusst war, hab ich sie wohl doch eine Spur zu schlank gezeichnet.

Horikoshi: Aber von hinten sieht sie ja schön schmal und anmutig aus. Das hat mich beeindruckt.

Umakoshi: Ich glaube, als Reaktion darauf habe ich Mina Ashido wiederum etwas zu füllig entworfen, oder?

Horikoshi: Nein, die haben Sie vortrefflich hinbekommen! Als ich Sie mit ein paar Mitarbeitern bei der Arbeit an ihr beobachtet habe, meinten wir alle nur: »Was für eine Granate!« (lacht)

Umakoshi: Im Eifer des Gefechts habe ich sie etwas zu sinnlich gezeichnet...

Horikoshi: Nein, ich weiß Ihre Arbeit zu schätzen.

Herr Umakoshi, was dachten Sie sich, als Sie »My Hero Academia« gelesen haben?

Umakoshi: Das mag nun hochnäsig klingen, aber für mich waren die Charaktere einfach zu übertragen.Grundsätzlich überlege ich bei meiner Arbeit zuerst, welche Stellen ich vereinfachen und welche ich vielleicht auch auslassen kann. Ich hatte sofort ein klares Bild für den Anime vor Augen.

Horikoshi: Das freut mich, zumal ich in letzter Zeit dazu tendiere, mich etwas in meiner Arbeit zu verlieren...

Umakoshi: Sie sind unglaublich! Ich hoffe, die Arbeit setzt Ihnen gesundheitlich nicht zu sehr zu?

Horikoshi: Ach... irgendwie klappt das schon!

Umakoshi: Wir können uns gar nicht vorstellen, wie anstrengend eine wöchentliche Veröffentlichung sein muss!

Horikoshi: Ich kann das nur schwer kontrollieren. Meiner Meinung nach liegt die wahre Kunst beim Zeichnen darin, mit möglichst wenigen Linien Plastizität zu erzeugen. Beim Anime ist das vermutlich ähnlich. Nur fehlt mir dummerweise die Technik, durch Auslassungen oder das Setzen von Akzenten ein Bild plastischer wirken zu lassen. Also bleibt mir manchmal gar nichts anderes übrig, als immer weiter ins Detail zu gehen.

Umakoshi: Aber Anime und Manga sind ja zwei von Grund auf verschiedene Paar Schuhe.

Horikoshi: Ich finde es bewundernswert, wie souverän Animatoren bei ihrer Arbeit die Räumlichkeit im Blick behalten.

Umakoshi: Idealerweise bekommt man das mit der Plastizität gut hin, doch das klappt auch nicht immer. Ich persönlich will einfach nur an die Stimmung des Originals herankommen.

Horikoshi: Vom verantwortlichen Redakteur habe ich gehört, dass Sie sich um die Darstellung von All Might Sorgen machen?

Umakoshi: Nun, All Might braucht nun mal am meisten Zeit, weshalb es nicht gelogen wäre, wenn ich sage würde, dass ich andere Charaktere lieber zeichne. Er muss cool aussehen und fetzen, sonst funktioniert er nicht. Bei animierten Bildern spielt zudem auch noch die Farbgebung eine nicht unwesentliche Rolle. Je mehr ich versucht habe, dem Original gerecht zu werden, desto mehr Zeit hat es gekostet.

Die Idee der Macken ist so ergiebig!!

Welchen ersten Eindruck hatten Sie von dem Werk?

Umakoshi: Ich wollte den Königsweg, einen heißblütigen Shonen-Manga, also war ich sehr dankbar, direkt auf dieses ehrliche Werk gestoßen zu sein, das ich, ohne groß zu zögern, auf lebendige Art und Weise angehen konnte.

Horikoshi: Wo Sie gerade Königsweg sagen... Ich zeichne nicht, weil ich mich mit dem Manga in der Shonen Jump den Königsweg beschreiten sehe. Ähnlich wie Deku, der nach einem Sieg auch nicht in Freudenschreie ausbricht, habe ich beim Zeichnen noch immer so meine Zweifel...

Umakoshi: Ja, Deku besitzt eine gewisse Schwermut, manchmal hat er auch etwas Unterwürfiges an sich.

Horikoshi: Nun, so ist eben meine Persönlichkeit! (lacht)

Umakoshi: Im selben Maße fokussieren Sie sich aber auch sehr stark auf seine Klassenkameraden.

Horikoshi: Nicht dass ich das beabsichtigen würde, aber sie zu zeichnen macht mir einfach Spaß. Bei einer Hauptfigur hängt hinsichtlich der Handlung so viel von den Dialogen und dem Verhalten ab, dass mir beim Zeichnen etwas die Hände gebunden sind. Mit den Nebenfiguren kann ich aber anstellen, wonach mir der Sinn steht, und das bereitet mir beim Zeichnen große Freude.

Umakoshi: Sagen Sie, gibt es noch weitere Charaktere mit ganz speziellen Macken, die Sie auftreten lassen möchten?

Horikoshi: In der Tat, da gibt es noch eine Menge Charaktere auf der Reservebank, die ich mir schon vor der Veröffentlichung ausgedacht habe. Ich würde sie gerne einführen, doch am Ende ist es dann meist doch nicht so einfach.

Umakoshi: Es ist ja nicht so, dass die Serie einen Mangel an Figuren hätte.

Horikoshi: Stimmt, ich verliere bald selbst den Überblick! (lacht) Zuerst hatte ich nur die eine Klasse, wobei ich damals schon befürchtet hatte, dass mir das irgendwann zu viel werden würde. Dann kam die Parallelklasse dazu, und die Schurken werden auch nicht weniger.

Umakoshi: Ich verstehe. Aber Ihnen gehen einfach nicht die Ideen aus, richtig?

Horikoshi: Ich habe noch jede Menge auf Lager.

Umakoshi: Das finde ich so bewundernswert an euch Mangaka. Ihr denkt euch ganz allein die Handlung aus, und dann seid ihr auch noch mit Zeichnen beschäftigt. Wir Animatoren können uns gar nicht vorstellen, wie viel Arbeit das ist. Bei uns sind selbst an Bildausschnitten ja meist zehn oder noch mehr Personen beteiligt.

Horikoshi: Ja, aber irgendwann ist auch die Grenze erreicht. Ich finde ja, dass ein Werk auch davon profitiert, wenn jemand eigens für die Ideen zuständig ist. So wie in Amerika, wo die Arbeiten an einem Comic ja klar aufgeteilt sind. Das wäre wirklich toll, aber fürs Erste gebe ich noch mein Bestes.

Können Sie abschätzen, wie umfangreich Ihre Ideensammlung vor der Veröffentlichung in etwa war?

Horikoshi: Gute Frage. Da waren viele begonnene Skizzen oder hingeschmierte Notizen zu irgendwelchen Macken. So einfach lässt sich das also nicht beantworten.

Umakoshi: Oft will man ja auch nur ausloten, welche Möglichkeiten oder Gestaltungselemente eine Idee bietet. Sie hatten bestimmt auch schon konkretere Skizzen?

Horikoshi: Ja, solche, von denen ich nicht wusste, wo sie hinführen würden. Die meisten Charaktere sehen bei ihrem Auftritt nicht mehr so aus, wie ich sie anfänglich skizziert hatte. Shigaraki zum Beispiel, der hatte in den Skizzen noch weitaus mehr Hände vorzuweisen. Bin ich froh, dass ich die nicht mehr alle zeichnen muss! (lacht)

Umakoshi: Verständlich! Was Ihre Schurken angeht, habe ich den Eindruck, dass sie allesamt recht dicht gezeichnet sind. War das Absicht?

Horikoshi: Zur Hälfte war es das, ja. Ich wollte sie widerwärtig und erschreckend wirken lassen und habe ihre Erscheinung mit vielen Informationen gespickt. Was die andere Hälfte betrifft, zeichne ich einfach wahnsinnig gerne eklige und groteske Sachen. Das führt dann dazu, dass ich mich auf diese Helden konzentriere und sie mit Myriaden an Linien überhäufe. Dadurch wird es auch immer schwieriger, sie in Bewegung darzustellen.

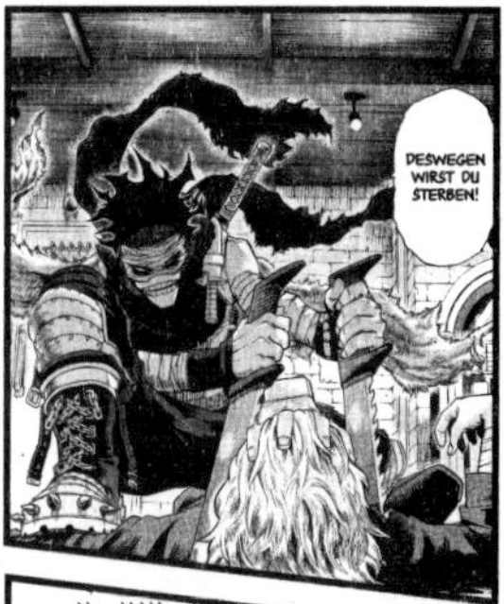

Umakoshi: Ach, momentan bin ich einfach nur beeindruckt davon. Auch weil Sie im Voraus nicht großartig an den Auftritt der Figuren im Anime denken. (lacht)

Shoto sollte man achtsam zeichnen?!

Herr Umakoshi, welche Figuren gingen Ihnen leicht von der Hand, und welche waren für Sie mühsam zu zeichnen?

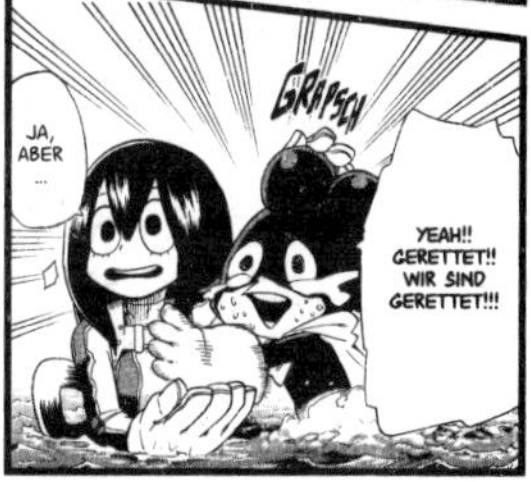

Umakoshi: Shoto, der als Schönling gilt, liegt mir nicht besonders. Ich kann einfach keine schönen und ebenmäßigen Gesichter zeichnen. Minoru und Tsuyu hingegen haben mir viel Spaß gemacht. Ach, Tysu, die kommt wirklich gut an, nicht?

Horikoshi: Und wie! Im Verhältnis dazu, wie selten sie zu sehen ist, ist sie sehr populär!

Umakoshi: Und bei den Kerlen ist es Shoto?

Horikoshi: Korrekt. Natürlich liegt Deku als Hauptfigur ganz weit vorn, aber bei den Männern ist tatsächlich Shoto am zweitbeliebtesten.

Umakoshi: Katsuki mit seinen übertriebenen Gesichtsausdrücken fiel mir überraschend leicht. Aber Shoto besitzt so viele Nuancen, und es fiel mir schwer, seine Gefühle mit sehr subtiler Mimik zur Geltung zu bringen.

»MINORU UND TSUYU ZU ZEICHNEN HAT VIEL SPASS GEMACHT!«

– YOSHIHIKO UMAKOSHI

»MINORU KANN MAN ZEICHNEN, OHNE VIEL VERANTWORTUNG ÜBERNEHMEN ZU MÜSSEN.«

– KOHEI HORIKOSHI

Horikoshi: Für mich ist er auch nicht leicht zu zeichnen. Meist versuche ich einfach, ihn nicht völlig ohne Plan zu Papier zu bringen, doch manchmal weiß ich auch nicht genau, welches Gesicht Shoto in einer bestimmten Situation zeigen wird.

Umakoshi: Dann zeichnen Sie einen Knirps wie Minoru also auch lieber?

Horikoshi: Ja, er macht mir auch Spaß. Minoru kann man zeichnen, ohne viel Verantwortung übernehmen zu müssen. Einen gut aussehenden und starken Charakter wie Shoto mögen nicht nur die Mädchen, sondern auch die männlichen Lesern. Bei »Yû Yû Hakusho« kam der Charakter Hiei auch bei den Mädchen gut an, aber wirklich begeistert von ihm waren die männlichen Fans. Am coolsten ist es einfach, wenn jemand Stärke besitzt. Deswegen passe ich beim Zeichnen von Shoto stets auf, dass er nichts von seiner Anziehungskraft einbüßt.

Umakoshi: Seine Linien sind ja sehr delikat gezeichnet, und er hat auch nicht gerade die auffälligste Frisur. Sein Gesicht ist erstaunlich rund und seine Proportionen wirken gedrungen.

Horikoshi: Ja, er ist eben noch ein Kind.

Umakoshi: Und genau in dieser Normalität liegt die Schwierigkeit. Für den Anime habe ich Shoto noch nicht mal angerührt. Ich bin schon sehr aufgeregt.

Horikoshi: Ich habe bei Ihnen nicht die geringsten Zweifel und freue mich einfach nur riesig auf das Resultat. Wie weit sind Sie denn inzwischen?

Umakoshi: Wir arbeiten gerade am Layout der Szenen und sind unmittelbar vor den Animationsskizzen. Dabei legen wir die Komposition, die Bewegungen und die Dramatik fest. Auf dieser Ebene sind bereits die ersten vier Episoden fertig und gegengecheckt.

Horikoshi: Das müsste die Aufnahmeprüfung sein, oder?

Umakoshi: Genau, die Stelle, wo der erste Robo-Gegner ein paar Schläge einsteckt. Der Regisseur für diese Szene hat sie selbst gezeichnet und die skizzierten Animationen haben mich schon von den Socken gehauen. Sie dürfen auf jeden Fall gespannt sein. Da sind Leute am Werk, die mehr draufhaben als ich.

Horikoshi: Wenn ich das höre, freue ich mich noch viel mehr auf das Ergebnis.

Umakoshi: Ich kann es auch kaum abwarten.

Das Setting stand eigentlich gar nicht fest?

Wie schwierig ist es, die Figuren von »My Hero Academia« zum Leben zu erwecken?

Umakoshi: Die Animation der Figuren ist recht einfach. Es hilft, dass die Vorlage an sich schon sehr dynamisch gestaltet ist und stets andeutet, wie es weitergehen wird. Wenn wir hier und da die Darstellungsweise oder den Winkel etwas ändern, dann nur unter der Prämisse, dass eine sinnvolle Bewegung entstehen muss.

Horikoshi: Ach wirklich? Viele Fans schreiben mir, dass sie den Bewegungen nicht folgen können und manchmal nicht verstehen, was überhaupt vor sich geht...

Umakoshi: In der Hinsicht habe ich nur bei dem Ding (Handschuh) von Katsuki etwas Bedenken...

Horikoshi: Ach, dieses Ding (Handschuh) meinen Sie... Tut mir wirklich leid! (lacht)

Umakoshi: Ich will mich in keinster Weise beschweren. Ich hoffe nur, dass wir den Bereich von Katsuki im Anime ordentlich animiert bekommen. (lacht)

Horikoshi: Als ich im Manuskript zum ersten Mal Katsukis Kostüm gezeichnet habe, dachte ich nur: »Verdammt, das war ein Griff ins Klo! Das kriege ich für die wöchentliche Veröffentlichung nie und nimmer gezeichnet!« (lacht) Für den Anime muss der Handschuh ja noch viel mehr Aufwand verursachen.

Umakoshi: Daran soll sich der Nachwuchs, der die Schlüsselbilder anfertigt, die Zähne ausbeißen! (lacht)

Horikoshi: Ich weiß, dass Sie noch nicht fertig sind, aber welche Figur war denn am kniffligsten zu zeichnen?

Umakoshi: Schwer zu sagen, da die finalen Arbeiten ja noch nicht begonnen haben...

Horikoshi: Wie war es bei Tenya?

Umakoshi: Der war auch nicht leicht, vor allem weil ich nicht gut Brillen zeichnen kann. Daher sind meine Linien neuerdings etwas zittrig... Ach, Brillen sind schwierig!

Horikoshi: Ich weiß. Er macht mir zwar nicht am meisten Probleme, aber ihn schlicht wirken zu lassen oder seine Form einzufangen ist wirklich knifflig. So sehr, dass er von Panel zu Panel schon mal ein unterschiedliches Gesicht hat. Und sein Kostüm erst! Wie sehen seine Beine noch mal aus? Ich weiß es nicht mehr...

Umakoshi: Ich dachte ja, sein Auspuff gibt einen Riesenknall von sich und katapultiert ihn nach vorne... (lacht)

Horikoshi: Oh, leider nicht.

Umakoshi: Als ich gelesen habe, dass der Auspuff unter seinen Achseln nur Deko ist, dachte ich nur »Oh!«.

Horikoshi: Die reinste Verschwendung, oder? Wenn dort auch noch eine Rauchfontäne herausschießen würde, wäre das nicht cool?

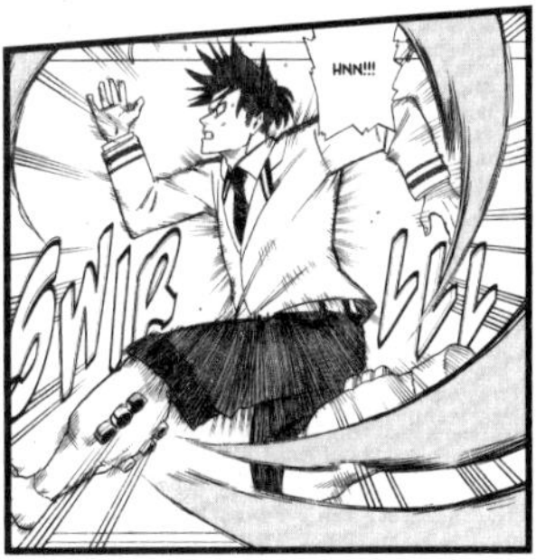

Umakoshi: Ja, ganz sicher! Vor wenigen Tagen habe ich mir mit dem Regisseur Herrn Nagasaki Tenyas Art zu rennen angeschaut. Seine Macke sitzt in seinen Waden, wenn ich das richtig verstehe? Dann müsste er ja in dem Moment, wenn er den Boden berührt, sein jeweiliges Bein nach vorn katapultieren... um so an Tempo zu gewinnen, oder?

Horikoshi: Genau, er wartet den richtigen Zeitpunkt ab, und boom!

Umakoshi: Aber er macht dadurch keine Riesenschritte, richtig?

Horikoshi: Nein, er rennt ganz normal. Ich glaube, seine Beine bewegen sich dabei einfach nur irre schnell... Ergibt das Sinn?

Umakoshi: Wir haben uns gefragt, ob wir den Aspekt betonen sollten. Im Anime würden die schnellen Schritte eher scherzhaft wirken.

Horikoshi: Auch wieder wahr. (lacht) Na gut, wie wäre als Rhythmus dann ein gemäßigtes »Bumm Bumm Bumm«?

Umakoshi: Wir haben lang darüber nachgedacht. Ich glaube, solange wir einen Schnitt zeigen, wie er in Zeitlupe effektvoll mit dem Fuß auftritt, kann man ihn danach auch mit schnelleren Schritten zeigen. Das wäre besser, als ihn jedes Mal unvermittelt lostippeln zu lassen.

Horikoshi: Das überlasse ich ganz Ihnen. Wenn es am Schluss cool aussieht, bin ich auch happy. Ich nehme die Dinge persönlich auch meistens so, wie sie kommen. (lacht)

Umakoshi: Das kommt auch mir sehr entgegen. Wenn Sie ständig nur rumnörgeln würden, dass dies und das nicht passt, wäre ich am Boden zerstört! (lacht)

Horikoshi: Sagen Sie bloß, so einen Fall hatten Sie in Ihrer Laufbahn mal?

Umakoshi: Nein, ich hatte wohl Glück, da meine Arbeit bisher noch nie ernsthaft kritisiert wurde. Abgesehen von meinem ersten Job, aber so milchbärtig, wie ich damals noch war, wundert mich das nicht. Von da an hat man mir glücklicherweise aber meist viel Spielraum gegeben. Ich fing mit einem Shojo-Manga an, und auch die beiden Projekte danach waren Shojo-Manga.

Horikoshi: Manga für Mädchen also...

Umakoshi: Ich hab vorhin mit einem Mitarbeiter darüber gesprochen, aber ich arbeite nun ja schon 20 Jahre lang mit Shueisha zusammen. Seit »Gokinjo Monogatari«.

Horikoshi: Das ist schon 20 Jahre her? Dank meiner älteren Schwester hab ich die Serie auch geschaut.

Umakoshi: Die Serie »Marmalade Boy« war die erste von Shueisha, an der ich beteiligt war. Ich bin also schon etwas älter. Danach hatte ich noch drei weitere Shojo-Manga, bis zu »Hana Yori Dango«. Das war in der »Margaret«.

Horikoshi: Stimmt, die Serie erschien damals in der Zeitschrift »Margaret«.

Umakoshi: Ich treffe so viele junge Leute, die die Serie in der Grundschule geschaut haben.

Horikoshi: Oder auch »Berserk«.

Umakoshi: Die Serie erschien etwas später als »Hana Yori Dango«.

Horikoshi: Die hab ich auch verschlungen!

Umakoshi: Damals wurde noch auf Folie animiert [Anm. engl. »Cel« von Celluloid]. Heute läuft ja alles digital ab und die

Cel-Technik existiert nicht mehr, aber bei »Berserk« haben wir die Flächen noch mit flüssiger Farbe ausgemalt.

Horikoshi: Ich war erstaunt, als ich erfuhr, dass Sie an »Berserk« mitgearbeitet haben. Ich habe Sie bei »HeartCatch« zum ersten Mal wahrgenommen, was nun ja so gar nichts mit den bluttriefenden Szenen in »Berserk« gemeinsam hat.

Umakoshi: Aber angefangen habe ich ja mit Shojo-Serien.

Horikoshi: Unglaublich.

Umakoshi: Ach wo. Wenn es eine Vorlage gibt, besteht meine Arbeit ja nur darin, die Bilder zu extrahieren. Ob dies nun bei »Marmalade Boy« oder bei »Berserk« geschieht, macht rein arbeitstechnisch gesehen keinen Unterschied.

Horikoshi: Verzeihen Sie meine Hartnäckigkeit, aber ich finde es immer noch unglaublich. Ich könnte das nicht.

Umakoshi: Aber genau das ist das Fundament von uns Animatoren. Wir sind nicht gut darin, uns Geschichten auszudenken – wir sind Bildspezialisten. Das lernt man eben, und je länger man dabei ist, umso selbstverständlicher wird es.

Horikoshi: Das sehe ich anders. Sonst hätten Sie doch keine Fans und meine Mitarbeiter würden Sie für »PreCure!« nicht lieben. Wenn Sie wüssten, wie die aus dem Häuschen waren, als sie erfahren haben, dass Sie das Charakterdesign übernehmen würden! »Was? Der Herr Umakoshi?!« »Das ist ja unglaublich!«, so ging das die ganze Zeit. (lacht)

Umakoshi: Die sollten eher für Sie schwärmen und nicht für mich! (lacht)

Horikoshi: Nein, im Ernst. Die haben mir lang und breit erklärt, wie großartig Sie sind.

Gegenseitiges Anfeuern!

Herr Horikoshi, bitte einen Anfeuerungsruf für Herrn Umakoshi!

Horikoshi: Am meisten Hoffnung setze ich auf die Action im Anime, weil die im Manga für meinen Geschmack etwas zu kurz kommt. Ich bin einfach gespannt, wie sehr es im Anime knallen wird! Gerade Katsukis Angriffe finden ja durch die Explosionen überwiegend in der Luft statt, aber das lässt sich im Manga nur begrenzt lebendig darstellen. Ich freue mich unglaublich darauf, sehen zu dürfen, wie Sie das umsetzen!

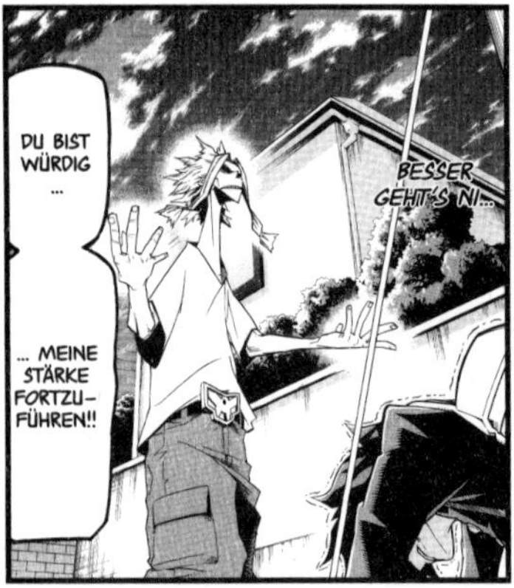

Umakoshi: In der Hinsicht zahlt es sich aus, wenn man jemand Junges hat, der lebendige Schlüsselbilder zeichnet und der Actionszenen gut beherrscht. So jemanden werde ich dafür finden, auch wenn ich mir nicht anmaße, die perfekte Wahl treffen zu können. Jeder Animator hat ja seinen eigenen Stil und ist auf seine Weise interessant.

Und nun Sie, Herr Umakoshi. Bitte feuern Sie Herrn Horikoshi für die weitere Arbeit am Originalmanga an.

Umakoshi: In Ihren jungen Jahren wird das noch kein Problem sein, aber bitte nehmen Sie vor allem auf Ihre Gesundheit Rücksicht. Und dann sind da ja noch All Might und Deku. Bevor wir erfahren, was es mit den beiden auf sich hat, wird in der Geschichte sicherlich noch viel passieren. So gespannt ich auf ihren Ausgang bin, so sehr freue ich mich, den Charakteren zuzusehen, wie sie mit großen Schritten besser und erwachsen werden. Auch die anderen Charaktere mit ihren verrückten Fähigkeiten machen mir großen Spaß und ich hoffe, dass sie noch zahlreiche lustige Macken zum Besten geben werden!

Horikoshi: Ich gebe mir Mühe! All Might und Deku bilden ja die Handlungsachse, also verlassen Sie sich drauf, dass ich ihre Beziehung ausführlich zeichnen werde.

»ALL MIGHTS ZUKUNFT WIRD ZIEMLICH TRAGISCH.«

– KOHEI HORIKOSHI

»MAN WILL NICHT, DASS ES EINTRITT... UND GLEICHZEITIG WILL MAN ES DOCH ZEIGEN.«

– YOSHIHIKO UMAKOSHI

Umakoshi: Ach, All Might ist grandios.

Horikoshi: Vielen Dank. Ich glaube, »Dragon Ball« hat mich geprägt. Ich bin einfach der Meinung, dass ein vor Kraft strotzender Muskelberg das Stärkste ist.

Umakoshi: Ja, aber auch so jemand kommt irgendwann mal in die Jahre. Und genau das macht All Might so reizvoll. Diese Art Humor sieht man nicht so oft. Er hat auch eine wirklich komische Seite, doch sobald man genauer nachdenkt, fühlt man mit ihm.

Horikoshi: So wie die Geschichte bisher geplant ist, wird All Mights Zukunft ziemlich tragisch werden, selbst für mich. Als Teil des Hauptthemas möchte ich auch gerade diesen Teil entschlossen und konsequent zeichnen.

Umakoshi: Verständlich. Man will nicht, dass es eintritt... und gleichzeitig will man es doch zeigen.

Horikoshi: Bis es so weit ist und ich die Stelle zeichnen kann, muss ich aber zusehen, dass er nichts an Beliebtheit einbüßt. Dafür werde ich mein Bestes geben!

Umakoshi: Ich bin wirklich gespannt! Sagen Sie, bleibt Ihnen bei Ihrem Terminplan denn überhaupt mal eine Verschnaufpause?

Horikoshi: Während der gesetzlichen Feiertage, ja. Wenn zur Golden Week, zum Obon-Fest und um Neujahr herum die Shonen Jump für eine Weile Pause macht, habe auch ich etwas Luft zum Durchatmen.

Umakoshi: Wie lange zeichnen Sie denn unter der Woche an dem Manga?

Horikoshi: Dreieinhalb bis vier volle Tage, wobei ich in letzter Zeit immer vier brauche. Dabei verwende ich die Hälfte der Zeit auf das Ausdenken der Geschichte und die andere auf das Zeichnen an sich. Dadurch, dass nun aber auch die Arbeiten am Anime begonnen haben, gibt's nebenbei noch eine Menge anderer Sachen zu erledigen, und meine Zeichnungen werden immer schludriger. (lacht) Ich bewundere ja so manch andere Künstler, die das mit den Veröffentlichungen in der Shonen Jump mühelos hinkriegen. Eiichiro Oda zum Beispiel, der ist ein Biest.

Der macht nebenher noch einen Film...

Horikoshi: Ich weiß, das ist unglaublich! Ich kann mir nicht erklären, wie er das mit der Zeiteinteilung auf die Kette bekommt.

Was wäre, wenn »My Hero Academia« irgendwann in die Kinos käme?

Horikoshi: Dann ginge für mich ein Traum in Erfüllung!

Umakoshi: Aber dann müssen Sie sich noch mehr für die Story einfallen lassen, was am Ende noch mehr Arbeit bedeutet.

Horikoshi: Ja, ich glaube, ich würde dabei draufgehen. (lacht) Es wäre ein Riesentraum, aber das allein genügt ja nicht... Ich sollte wohl mal meinen Terminplan überdenken. (lacht)

Umakoshi: Kinofilme sind wirklich schwierig, weil man sich eine komplett eigenständige Geschichte einfallen lassen muss. Ich für meinen Teil versuche das zu vermeiden. Wenn aber der Autor einer Vorlage den Teil mit dem Denken übernehmen würde, hätte ich nichts dagegen.

Horikoshi: Sie meinen die Handlung und die groben Entwürfe?

Umakoshi: Genau.

Horikoshi: Das würde ich schon gern mal mitmachen. Wenn sich irgendwann mal die Gelegenheit ergibt und unsere Terminpläne es zulassen, wäre das etwas, das ich sehr gerne ins Auge fassen würde!

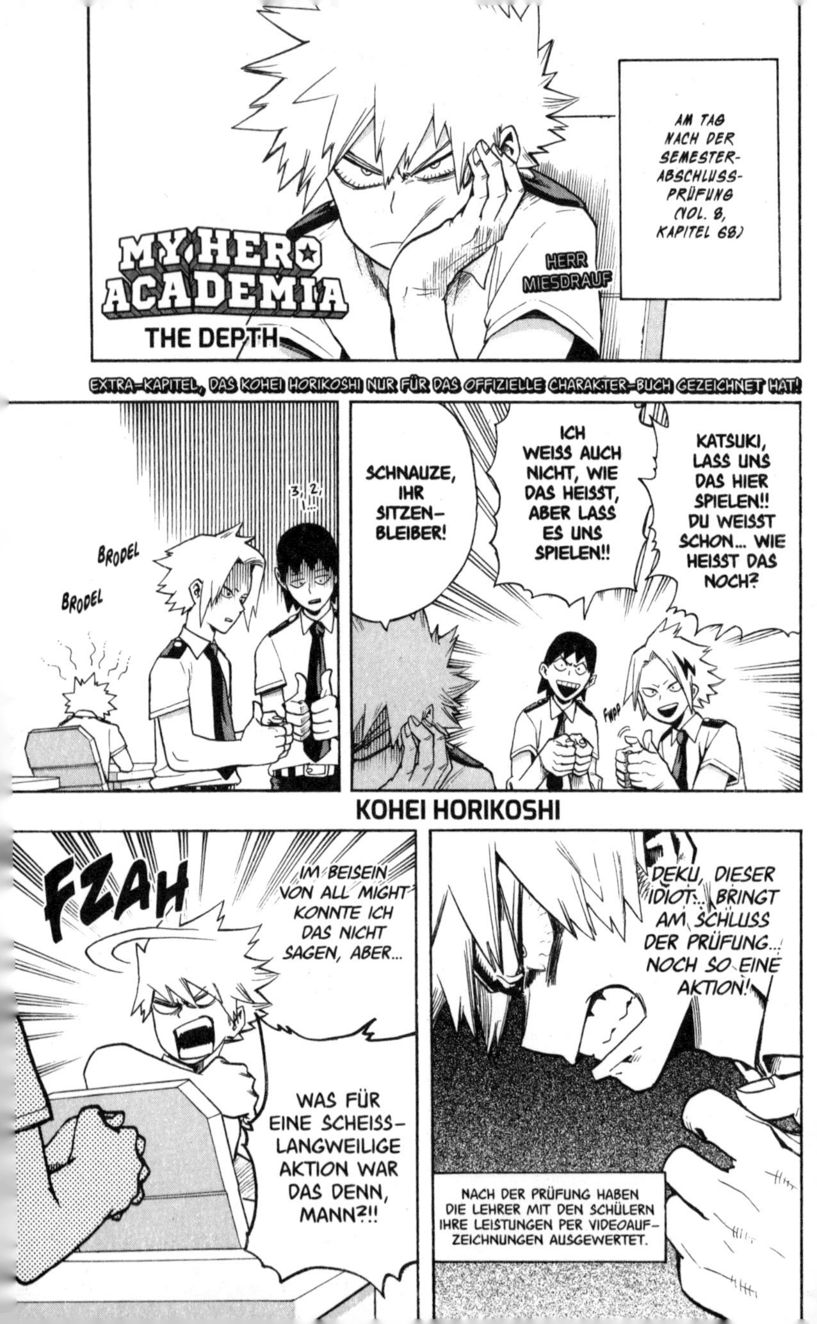
MY HERO ACADEMIA
THE DEPTH
AM TAG NACH DER SEMESTER-ABSCHLUSS-PRÜFUNG (VOL. 8, KAPITEL 68)
HERR MIESDRAUF
EXTRA-KAPITEL, DAS KOHEI HORIKOSHI NUR FÜR DAS OFFIZIELLE CHARAKTER-BUCH GEZEICHNET HAT!
KATSUKI, LASS UNS DAS HIER SPIELEN!! DU WEISST SCHON... WIE HEISST DAS NOCH?
ICH WEISS AUCH NICHT, WIE DAS HEISST, ABER LASS ES UNS SPIELEN!!
SCHNAUZE, IHR SITZEN-BLEIBER!
FWPP
3, 2, 1...
BRODEL
BRODEL
KOHEI HORIKOSHI
DEKU, DIESER IDIOT... BRINGT AM SCHLUSS DER PRÜFUNG... NOCH SO EINE AKTION!
NACH DER PRÜFUNG HABEN DIE LEHRER MIT DEN SCHÜLERN IHRE LEISTUNGEN PER VIDEOAUF-ZEICHNUNGEN AUSGEWERTET.
FZAH
IM BEISEIN VON ALL MIGHT KONNTE ICH DAS NICHT SAGEN, ABER...
WAS FÜR EINE SCHEISS-LANGWEILIGE AKTION WAR DAS DENN, MANN?!!

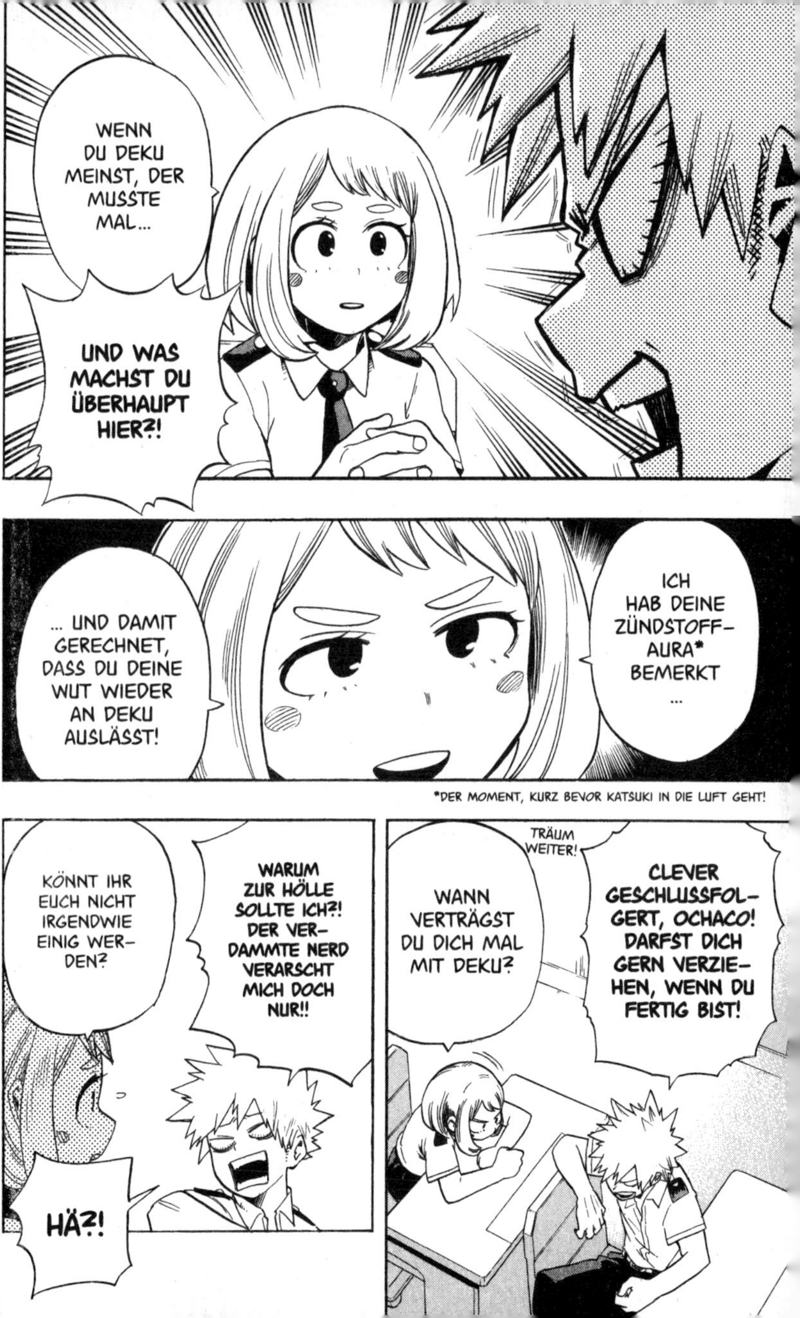
WENN DU DEKU MEINST, DER MUSSTE MAL...
UND WAS MACHST DU ÜBERHAUPT HIER?!
ICH HAB DEINE ZÜNDSTOFF-AURA* BEMERKT ...
... UND DAMIT GERECHNET, DASS DU DEINE WUT WIEDER AN DEKU AUSLÄSST!
*DER MOMENT, KURZ BEVOR KATSUKI IN DIE LUFT GEHT!
CLEVER GESCHLUSSFOLGERT, OCHACO! DARFST DICH GERN VERZIEHEN, WENN DU FERTIG BIST!
WANN VERTRÄGST DU DICH MAL MIT DEKU?
TRÄUM WEITER!
WARUM ZUR HÖLLE SOLLTE ICH?! DER VERDAMMTE NERD VERARSCHT MICH DOCH NUR!!
KÖNNT IHR EUCH NICHT IRGENDWIE EINIG WERDEN?
HÄ?!

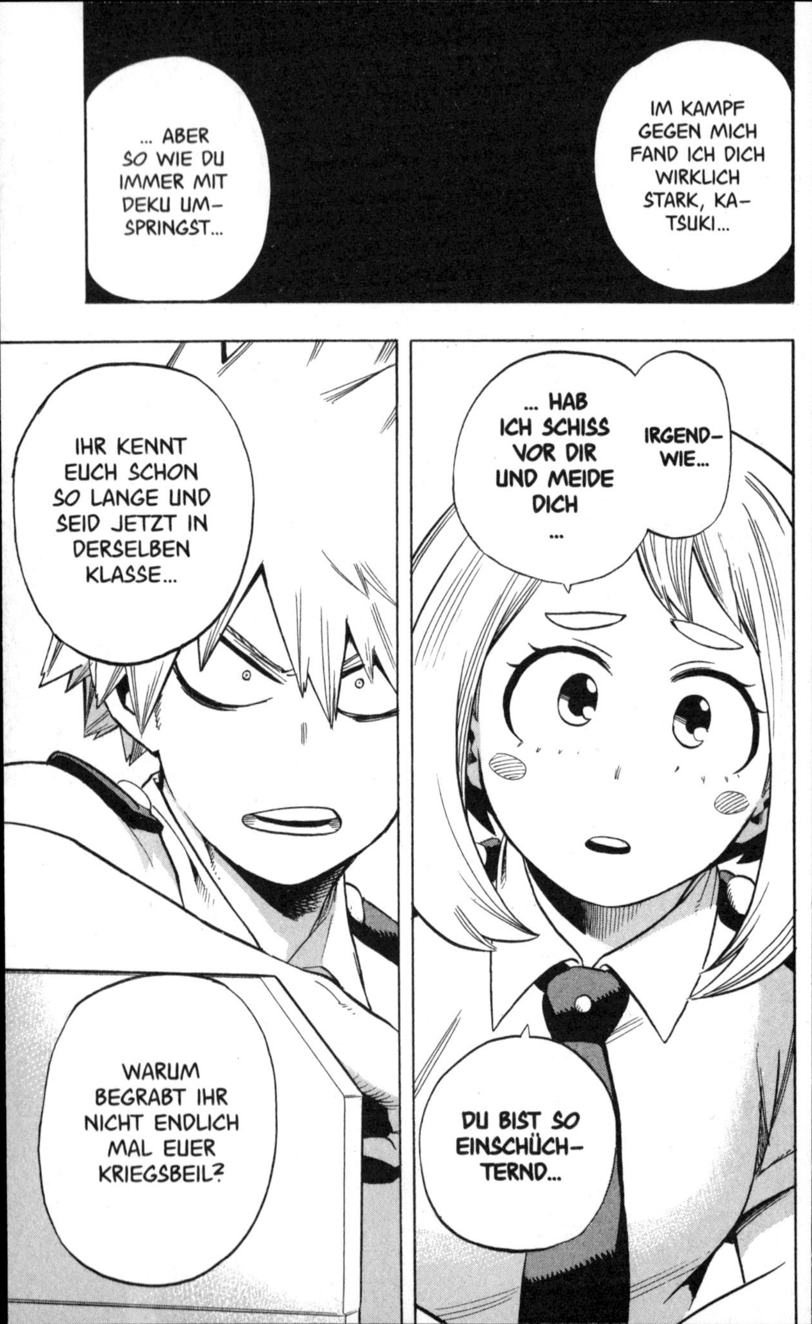
IM KAMPF GEGEN MICH FAND ICH DICH WIRKLICH STARK, KATSUKI...
... ABER SO WIE DU IMMER MIT DEKU UMSPRINGST...
IRGENDWIE...
... HAB ICH SCHISS VOR DIR UND MEIDE DICH ...
DU BIST SO EINSCHÜCHTERND...
IHR KENNT EUCH SCHON SO LANGE UND SEID JETZT IN DERSELBEN KLASSE...
WARUM BEGRABT IHR NICHT ENDLICH MAL EUER KRIEGSBEIL?

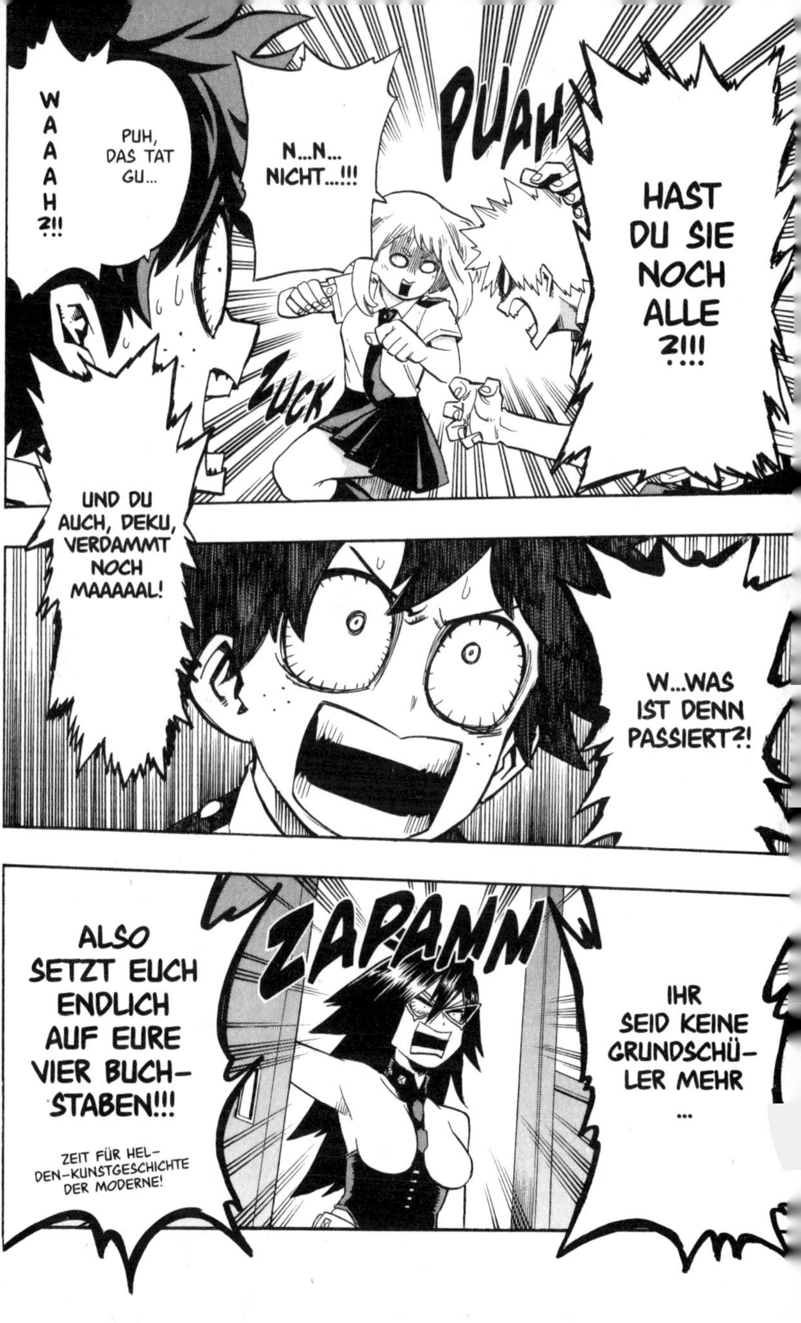
HAST DU SIE NOCH ALLE ?!!!
PUAH
N...N... NICHT...!!!
PUH, DAS TAT GU...
WAAAAH ?!!
ZUCK
UND DU AUCH, DEKU, VERDAMMT NOCH MAAAAAL!
W...WAS IST DENN PASSIERT?!
IHR SEID KEINE GRUNDSCHÜLER MEHR ...
ZAPAMM
ALSO SETZT EUCH ENDLICH AUF EURE VIER BUCHSTABEN!!!
ZEIT FÜR HELDEN-KUNSTGESCHICHTE DER MODERNE!

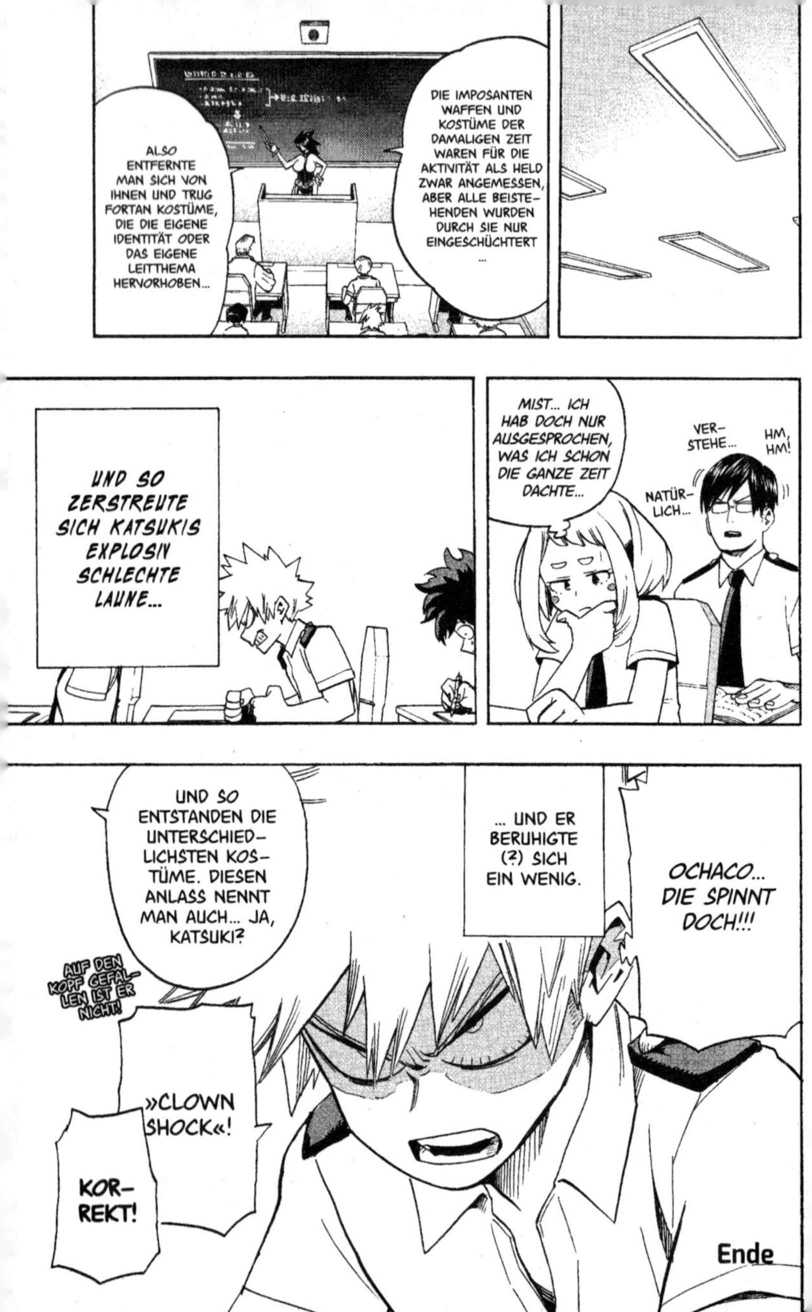

DIE IMPOSANTEN WAFFEN UND KOSTÜME DER DAMALIGEN ZEIT WAREN FÜR DIE AKTIVITÄT ALS HELD ZWAR ANGEMESSEN, ABER ALLE BEISTE-HENDEN WURDEN DURCH SIE NUR EINGESCHÜCHTERT ...
ALSO ENTFERNTE MAN SICH VON IHNEN UND TRUG FORTAN KOSTÜME, DIE DIE EIGENE IDENTITÄT ODER DAS EIGENE LEITTHEMA HERVORHOBEN...
MIST... ICH HAB DOCH NUR AUSGESPROCHEN, WAS ICH SCHON DIE GANZE ZEIT DACHTE...
HM, HM!
VER-STEHE...
NATÜR-LICH...
UND SO ZERSTREUTE SICH KATSUKIS EXPLOSIV SCHLECHTE LAUNE...
OCHACO... DIE SPINNT DOCH!!!
... UND ER BERUHIGTE (?) SICH EIN WENIG.
UND SO ENTSTANDEN DIE UNTERSCHIED-LICHSTEN KOS-TÜME. DIESEN ANLASS NENNT MAN AUCH... JA, KATSUKI?
AUF DEN KOPF GEFAL-LEN IST ER NICHT!
»CLOWN SHOCK«!
KOR-REKT!
Ende

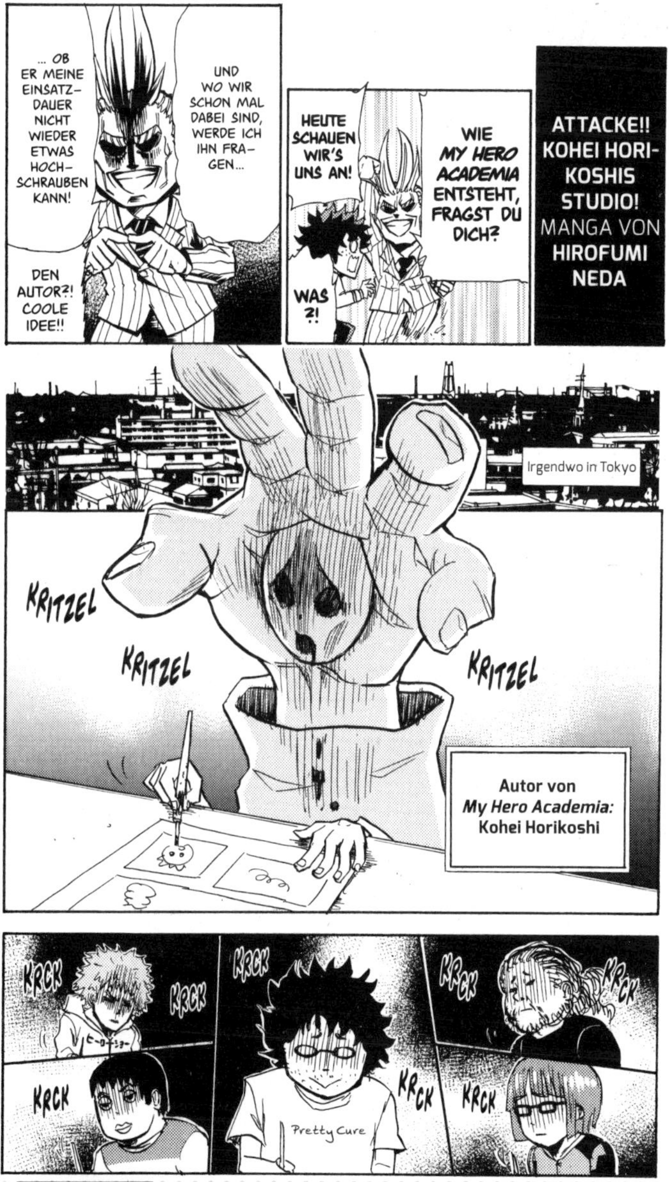

HIROFUMI NEDA

AUTOR DES GAG-SPIN-OFFS *MY HERO ACADEMIA SMASH!!* EHEMALIGER ASSISTENT, DER AUCH AN DER HAUPTSERIE MITARBEITETE.

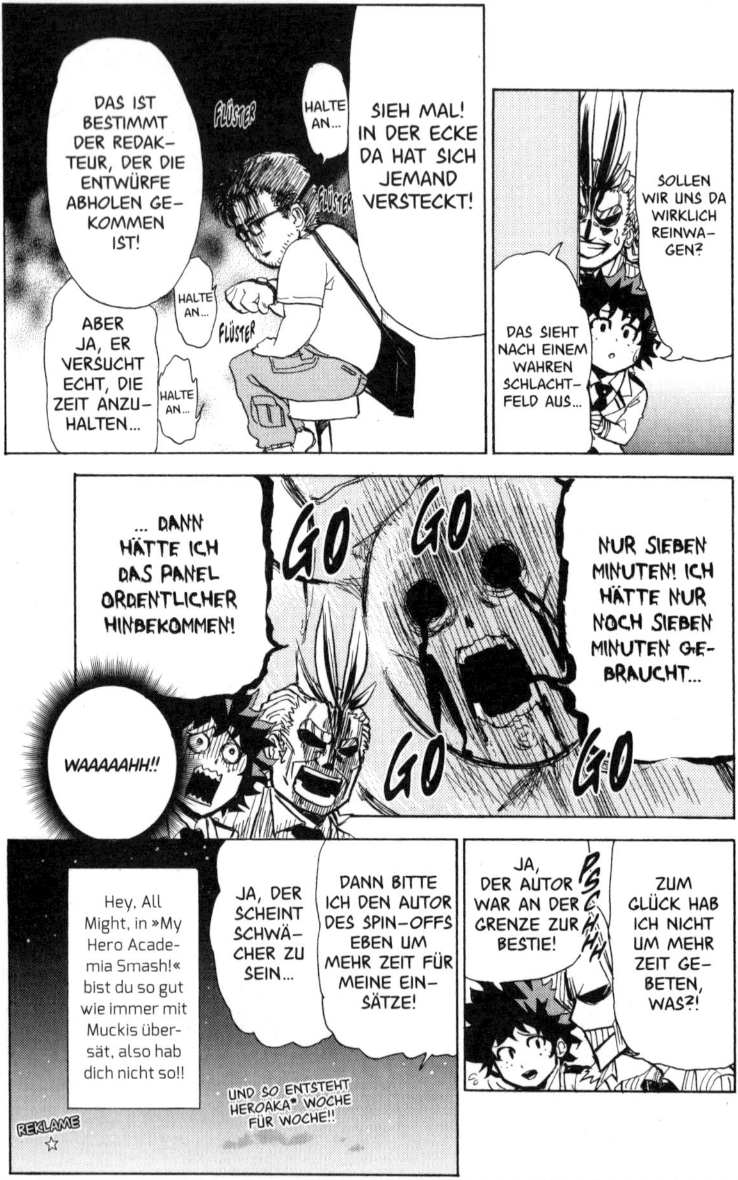

MY HERO ACADEMIA SMASH!! ERSCHEINT WÖCHENTLICH IN DER WEEKLY SHONEN JUMP UND DER JUMP+APP IN JAPAN! IN DEUTSCHLAND NOCH NICHT ERSCHIEN!

KOHEI HORIKOSHI GALERIE TEIL 1

SO ENTSTEHT *MY HERO ACADEMIA!*

TOP SECRET

GELEAKTE KONZEPTSKIZZEN!!

Uns fielen Kohei Horikoshis Konzeptskizzen in die Hände, die er normalerweise in seinem Studio unter Verschluss hält! Hier präsentieren wir sie euch! Gnadenlos!

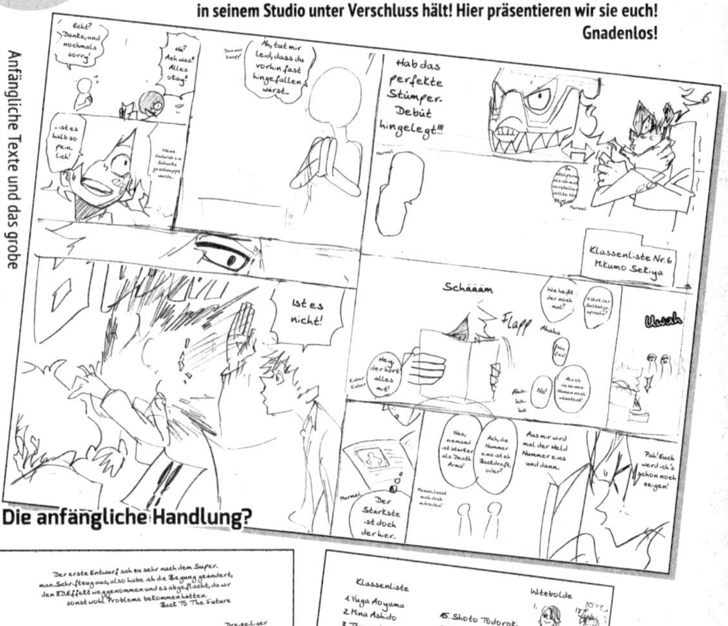

Anfängliche Texte und das grobe Layout. Köstlich, wie fröhlich Katsuki damals noch war!

Die anfängliche Handlung?

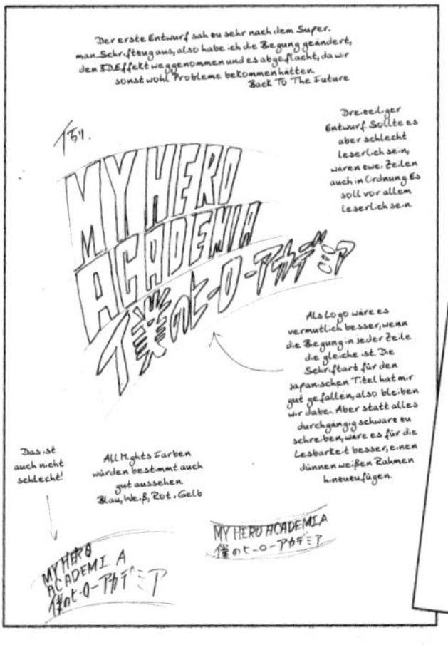

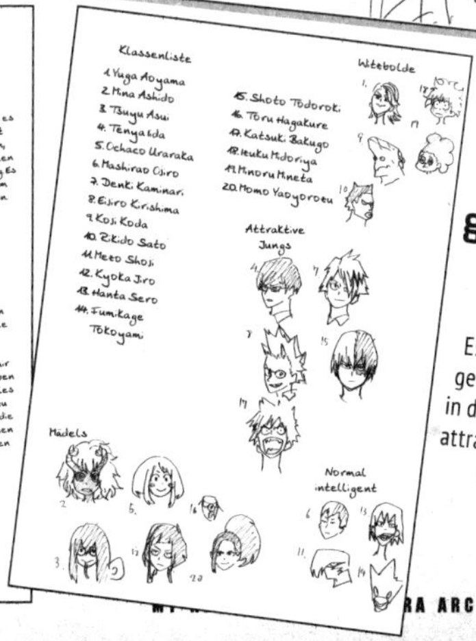

Alles genau geplant!

Es steht sogar genau fest, wer in der 1-A zu den attraktiven Jungs gehört!

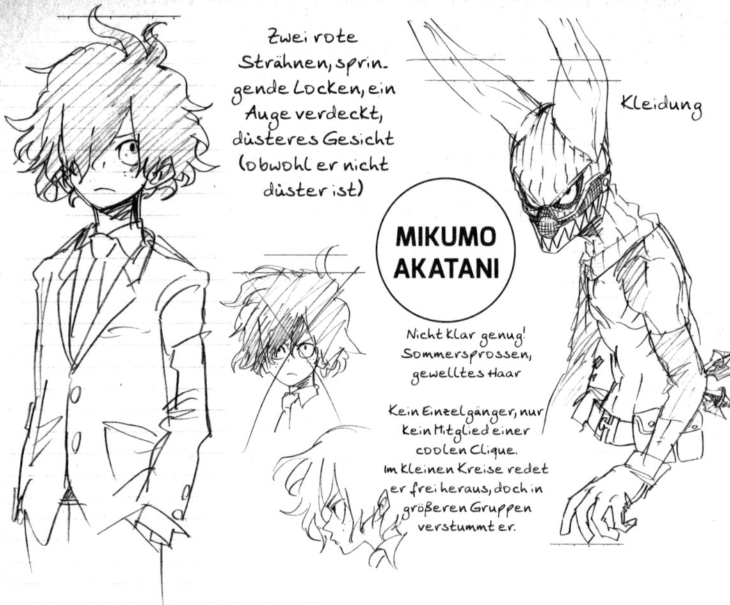

MIKUMO AKATANI

IZUKU MIDORIYA

Izukus ursprüngliche Entwürfe. Der Name Mikumo Akatani taucht in den Skizzen in den unterschiedlichsten Lesungen auf. Den hatte ich aber schon in einer anderen Serie verwendet, weswegen ich ihn wieder verworfen haben.

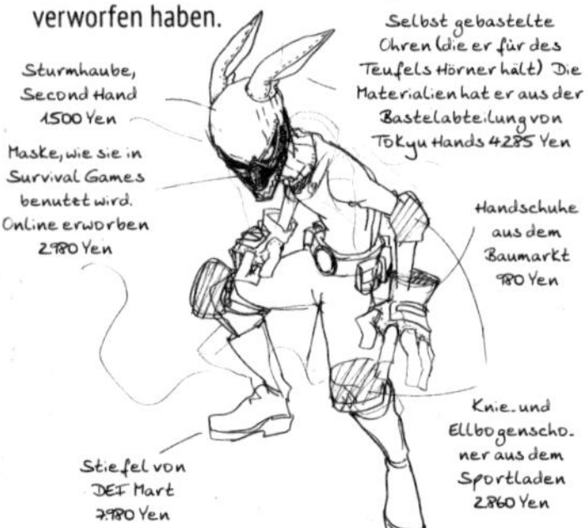

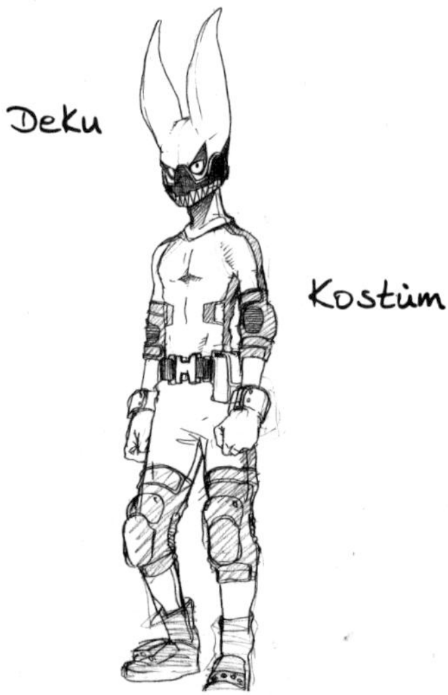

Zusammenstellung des Heldenkostüms
Das erste Kostüm als Spezialanfertigung seiner Mutter. Zu dem Zeitpunkt stand der Preis der einzelnen Teile sogar schon fest!

DIE KLASSE 1-A

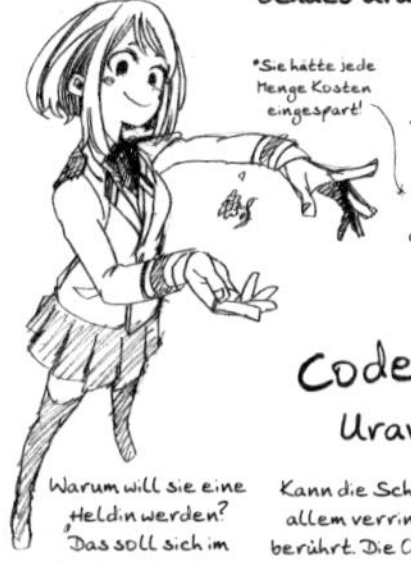

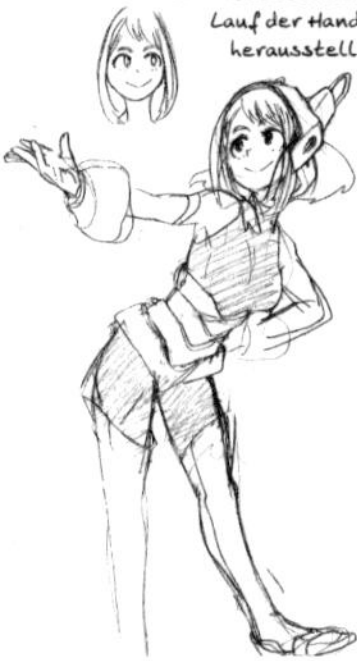

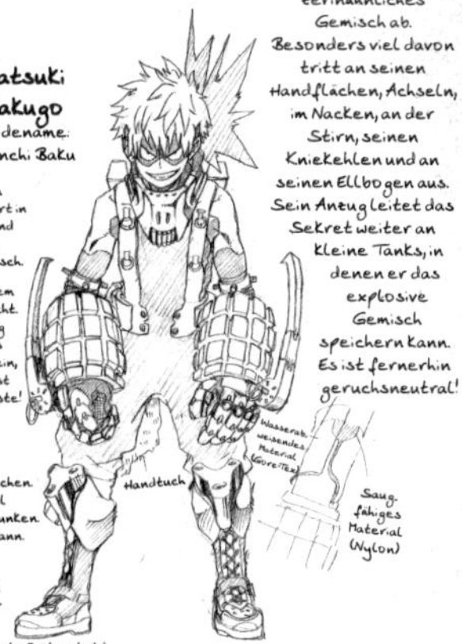

Schon zu Beginn stand fast alles fest.

Konzepte zu den Schülern der A-Klasse, die schon relativ früh feststanden. Nur Minorus Kostüm weist einen seltsamen Fortsatz auf...?!

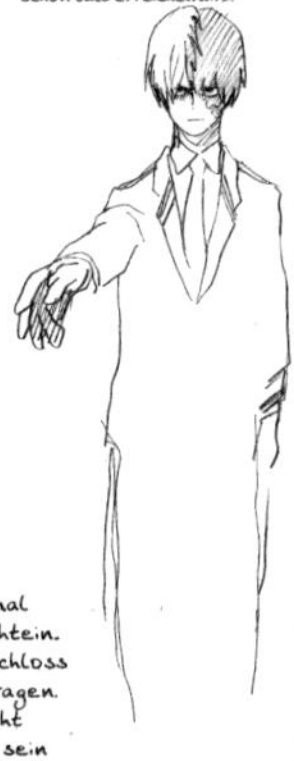

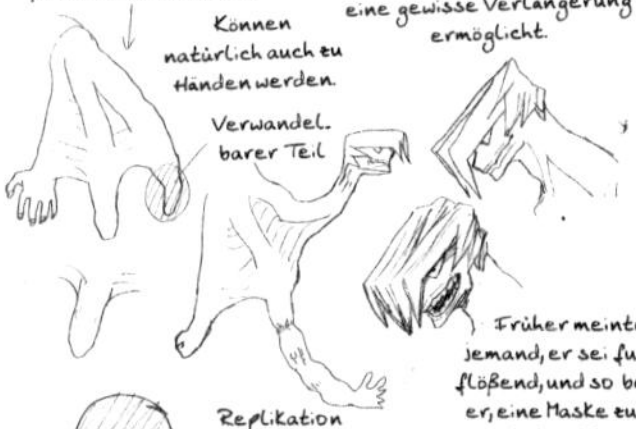

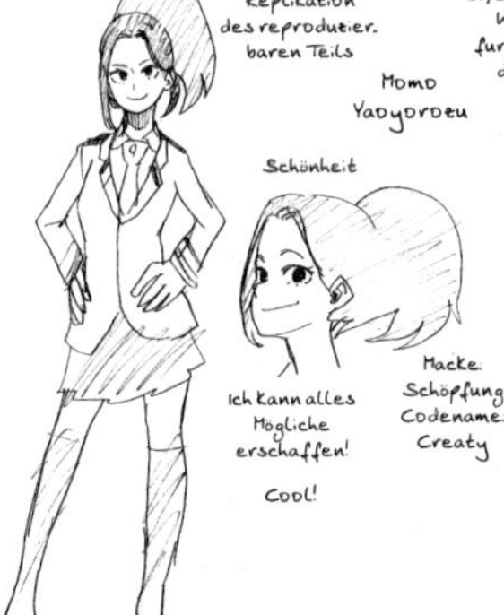

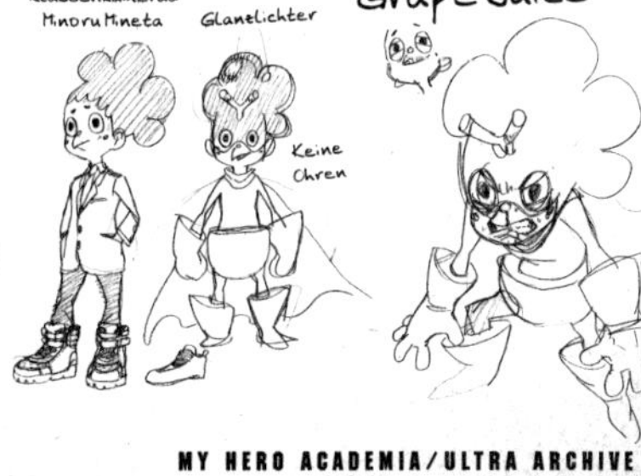

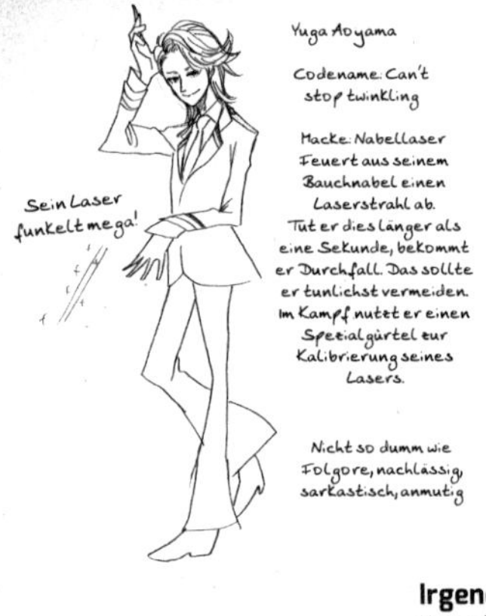

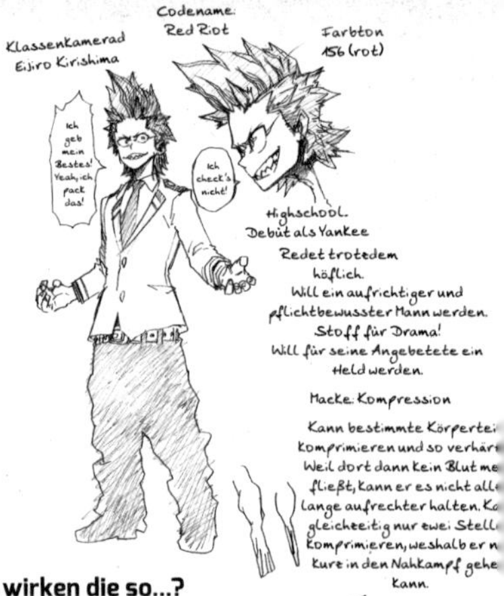

Irgendwie wirken die so…?

Hier seht ihr die Schüler, deren Name, Aussehen und Charakter sich bis zur finalen Version noch gewandelt haben. Seht euch mal Eijiros Baggy Pants an!

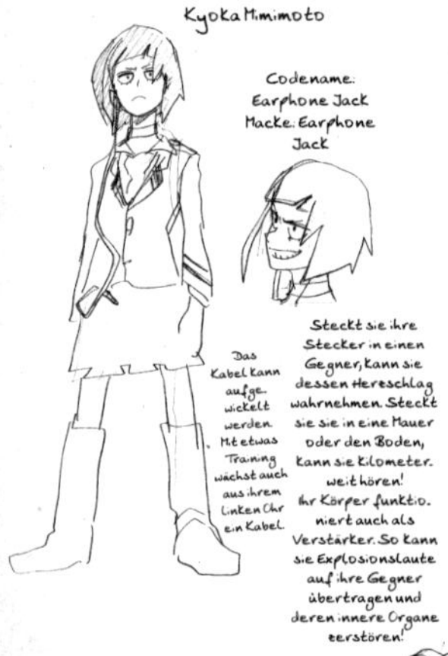

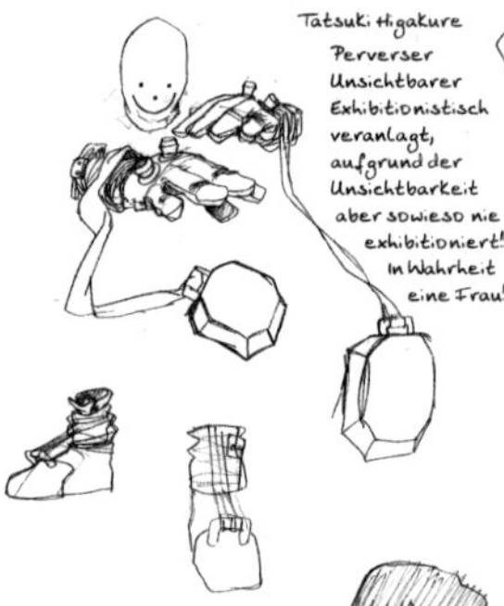

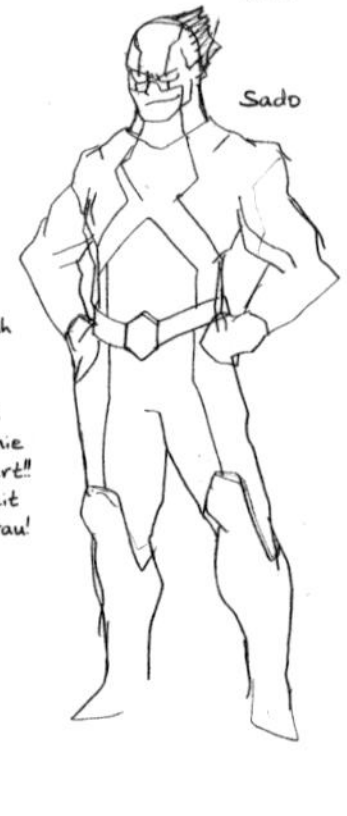

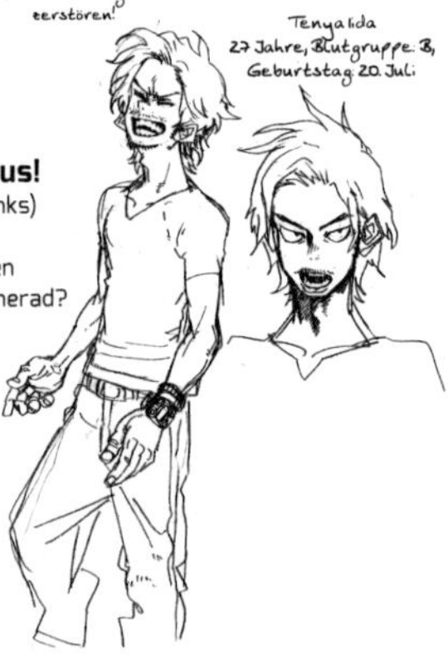

Die sehen ja komplett anders aus!

Anfänglich war Tenya (links) 27?! Hätte der etwa als Profiheld auftreten sollen und nicht als Klassenkamerad?

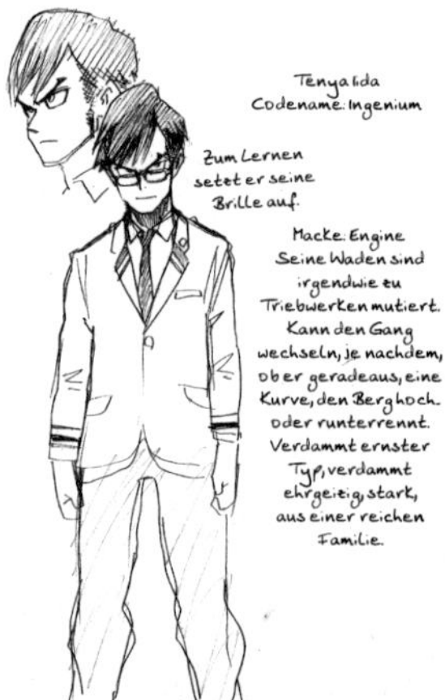

ALL MIGHT

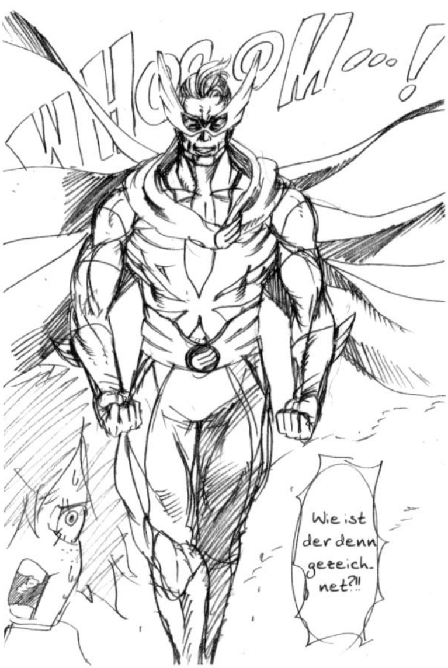

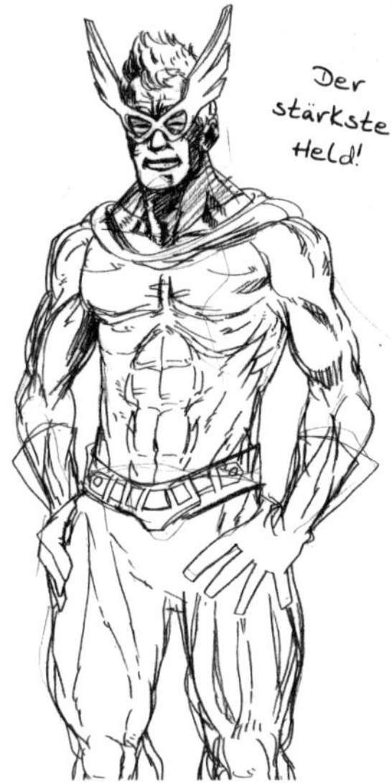

Der Zeichenstil war von Anfang an speziell!

Der an amerikanischen Comics angelehnte Zeichenstil ist geblieben, nur sein greisenhaftes Aussehen nicht (die zwei Bilder oben). Seine wahre Form hat sich derweil nicht verändert. Und der Mantel? Den braucht er unbedingt!

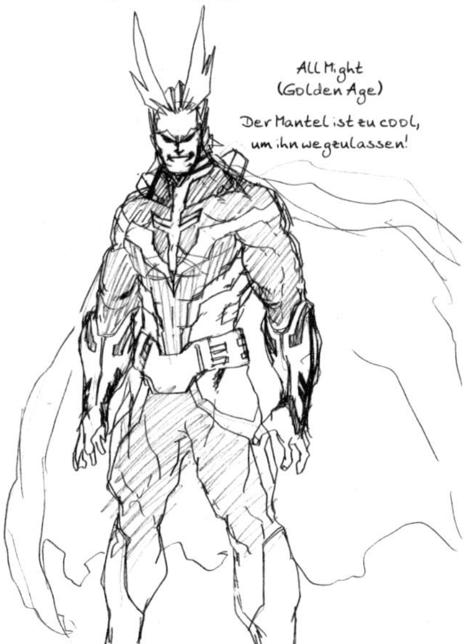

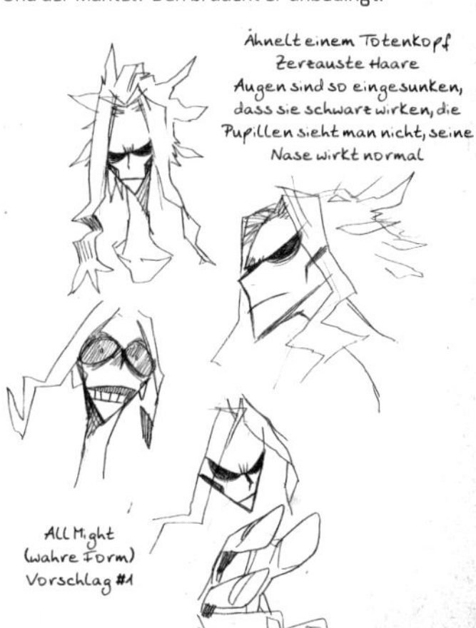

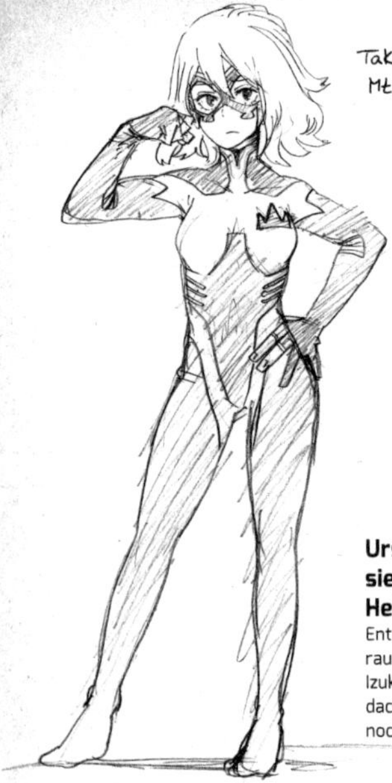

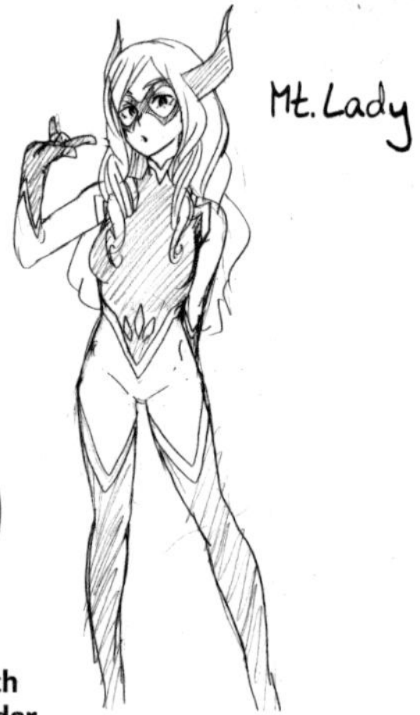

MT. LADY

Ursprünglich war auch sie eine Schülerin an der Helden-Fakultät!

Entwürfe zu Mt. Lady, die groß rauskommen will. Sie war als Izukus Klassenkameradin angedacht und mit 50 Metern war sie noch gigantischer als jetzt!!

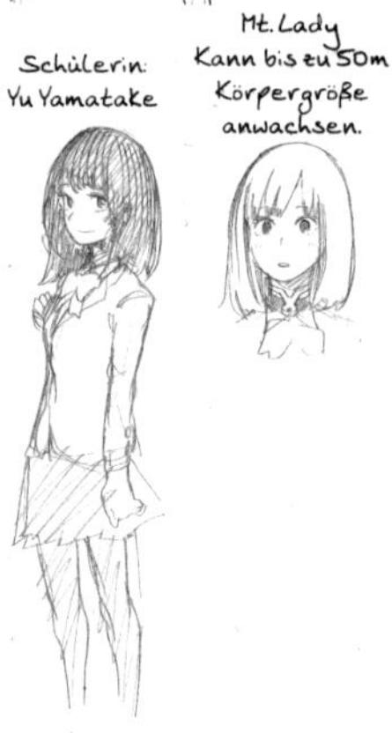

PUSSYCATS

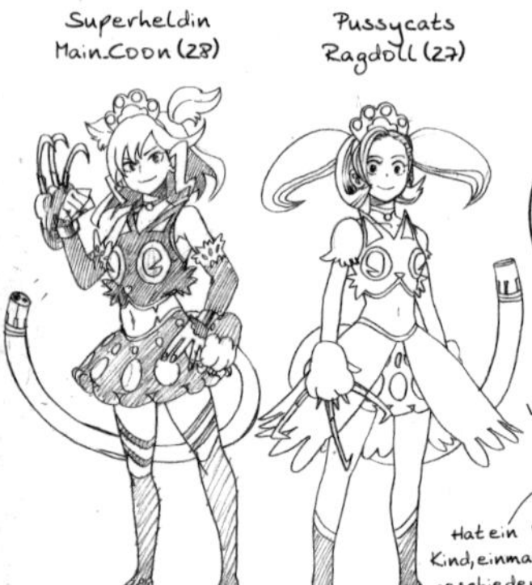

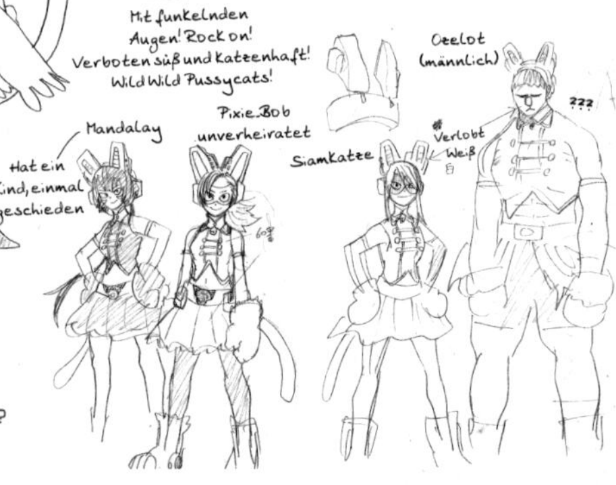

Zuerst ein Duo in Schwarz und Weiß?!

Ihr Kostüm sah an der Brust wie ein Katzengesicht aus (oben). Waren sie ursprünglich etwa nur als Duo geplant?

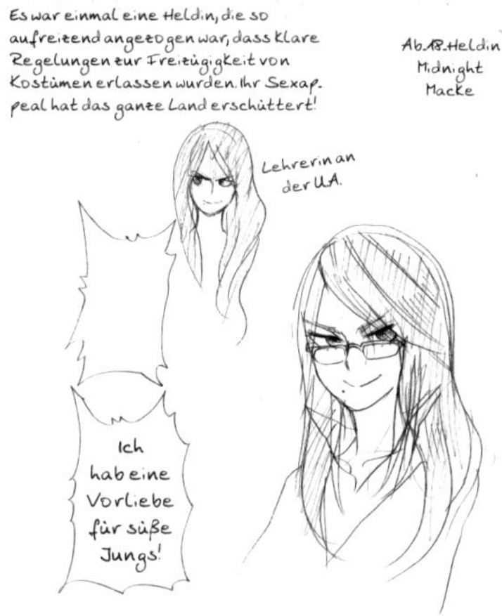

So wenig Haut.
Bei der jetzigen Version traut man manchmal seinen Augen kaum, doch zu Beginn war Midnight noch eine gewöhnliche Lehrerin! Was ist danach nur schiefgegangen?

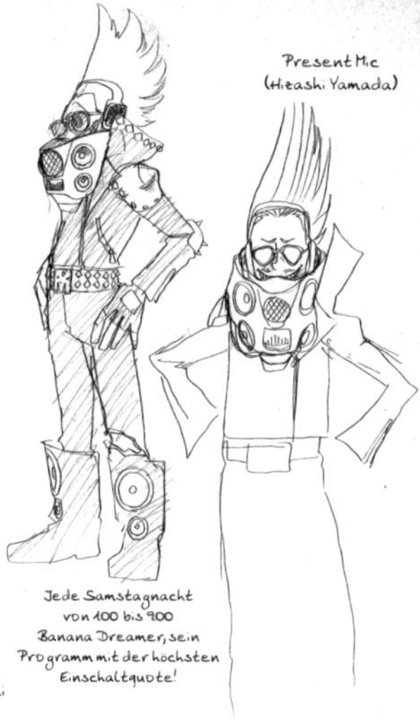

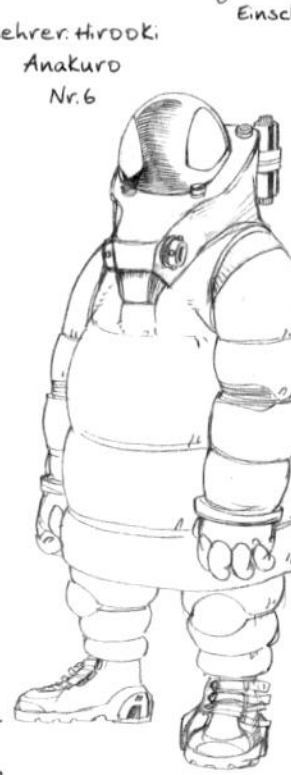

HELDEN

DIE LEHRER DER U.A.

Die Namen und das Aussehen haben sich leicht verändert, aber die Notizen über Recovery Girl bleiben dennoch spannend…

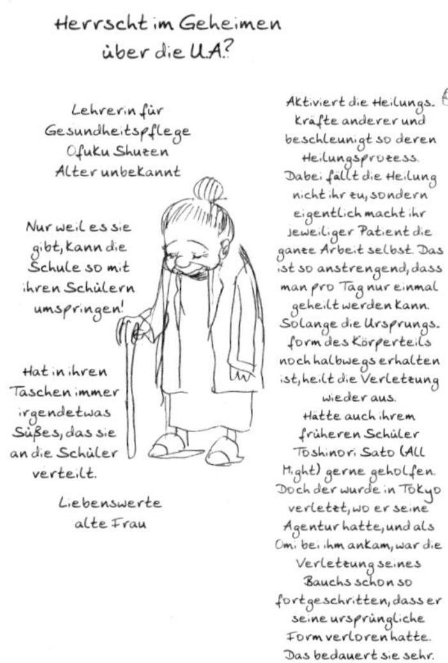

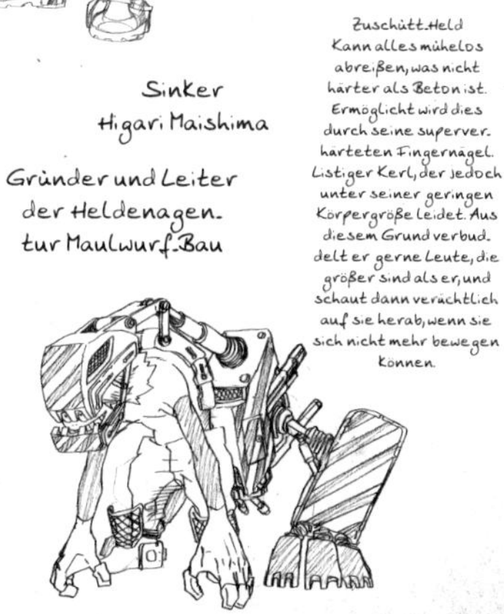

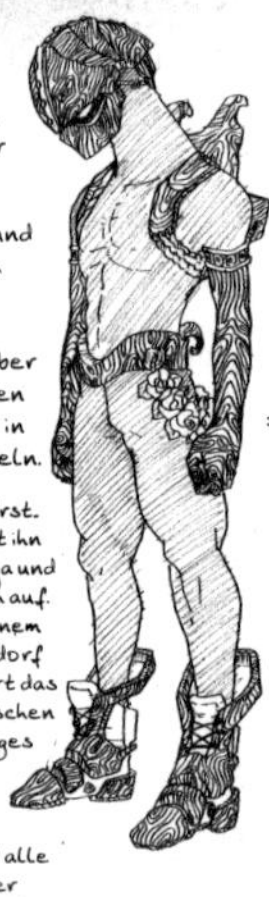

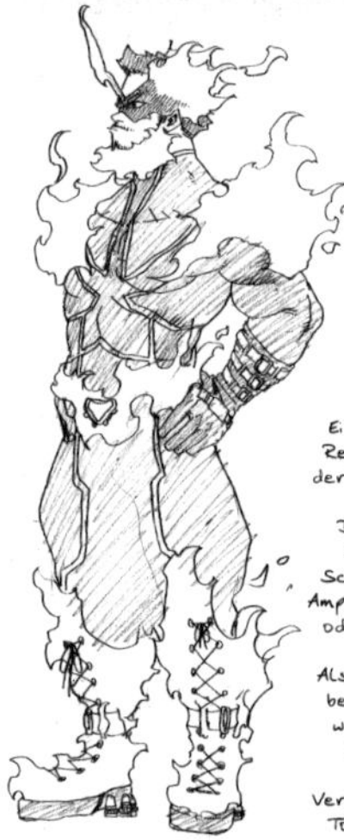

DIE PROFIHELDEN, DIE DAS VOLK BESCHÜTZEN

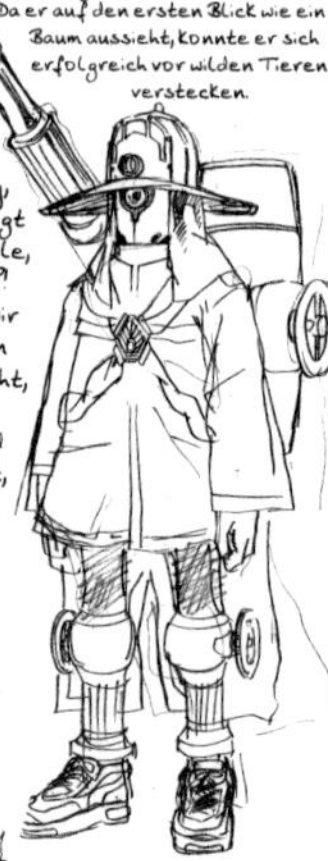

Wie Endeavor sehen manche noch immer gleich aus, während sich ihre Hintergrundstory grundlegend verändert hat. Beachtet auch die Nebenrollen!!

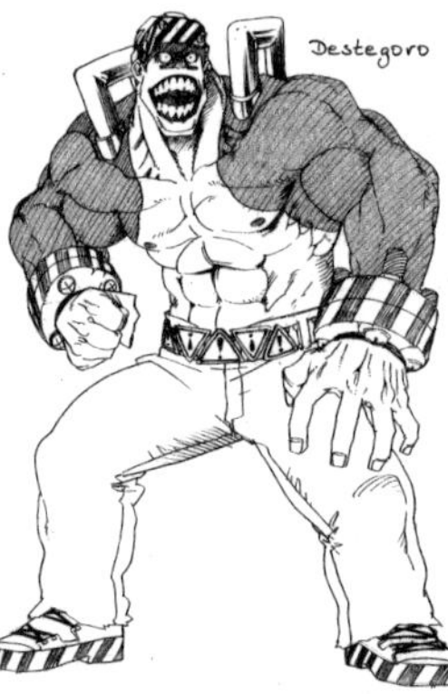

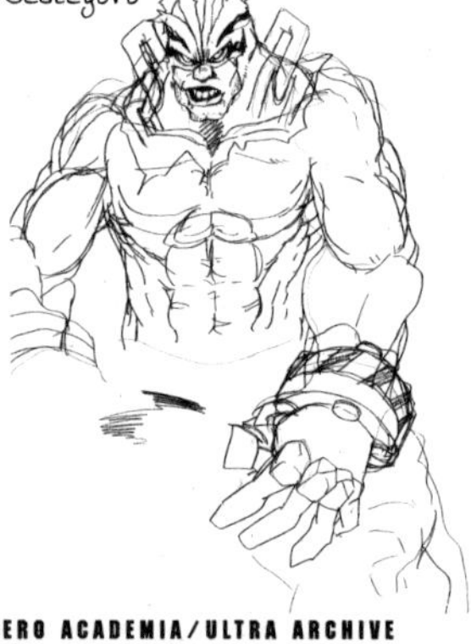

Der sieht viel schurkenhafter aus…

Verblüffend detaillierte Skizze zu Destegoro. Sein Gesicht ist auch in der aktuellen Version nicht das hübscheste, aber das hier sieht klar nach einem Schurken aus…

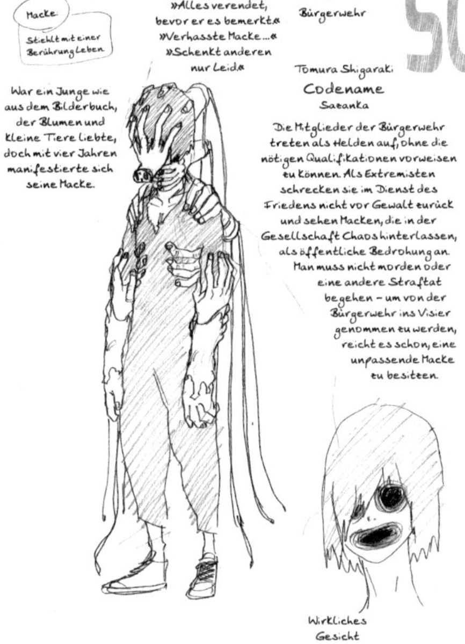

Doch so viele Hände!
Shigarakis Entwurfsskizze, die bereits die für ihn charakteristischen Hände zeigt, die seinen ganzen Körper umklammern. Sein wirkliches Gesicht … ist abgrundtief finster!

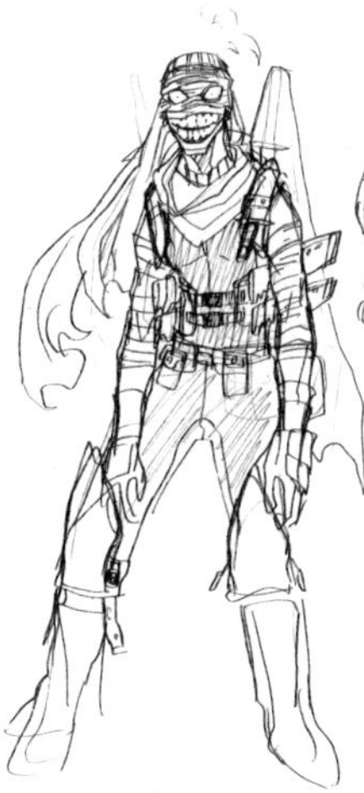

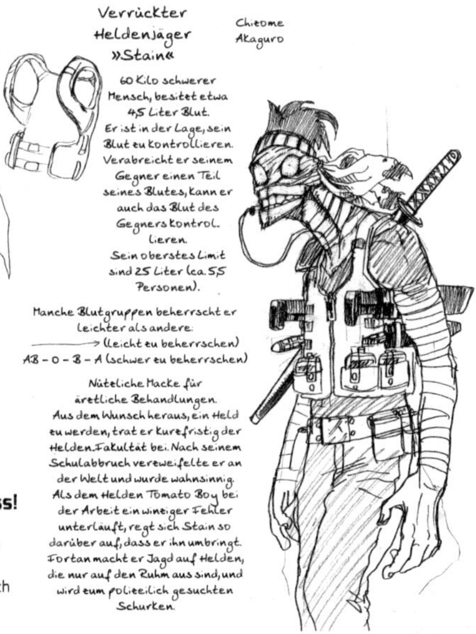

Von Anfang an total krass!
Im Vergleich zur finalen Version wirkt Stain in der Entwurfsskizze noch etwas reptilienhafter. An seiner Verrücktheit hat sich jedoch nichts geändert …

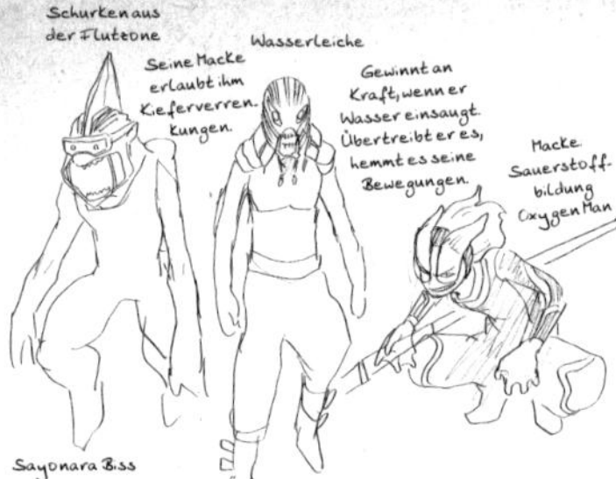

Die Schurken aus den U.S.J.!

Hier seht ihr die kleinen Ganoven, die beim Angriff auf die U.S.J. beteiligt waren. Oder zumindest einen Teil davon.

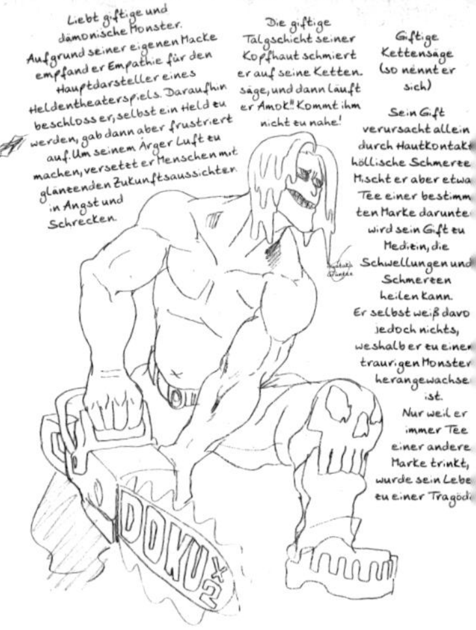

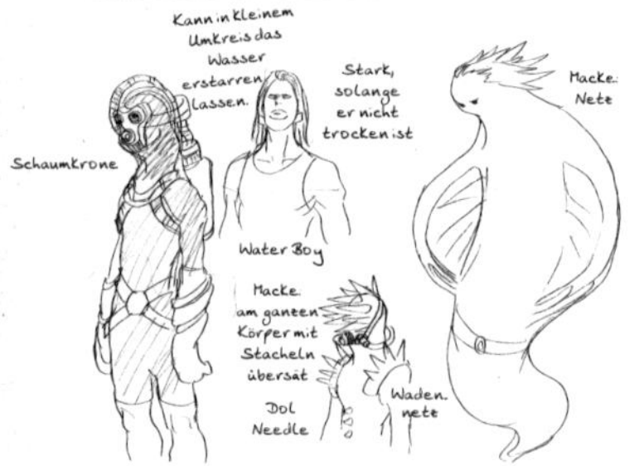

Sogar die giftige Kettensäge!

Endlich sehen wir den Schurken, den All Might Wurm genannt hat!!

POLIZEI

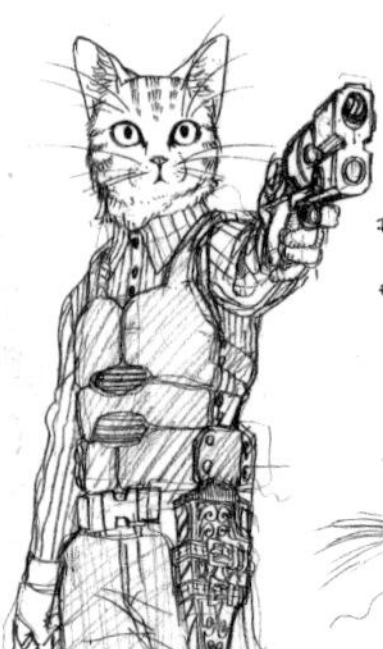

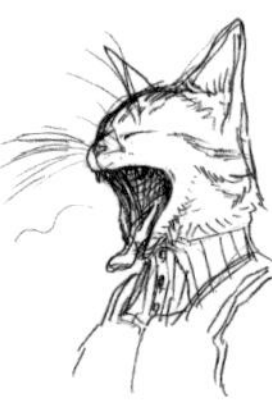

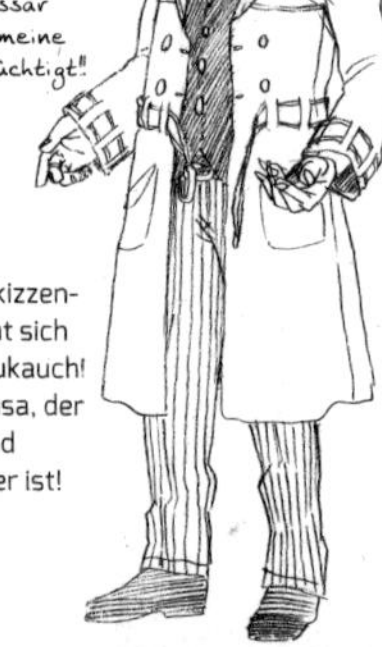

Details zweier unerwarteter Figuren!

Das Polizei-Duo in Skizzenform. Vermutlich hat sich auch Kommissar Tsukauchi gefragt, warum Sansa, der als seine rechte Hand fungiert, Linkshänder ist!

KOHEI HORIKOSHI GALERIE TEIL 2

TWITTER-ILLUSTRATIONEN AUF EINEN SCHLAG!

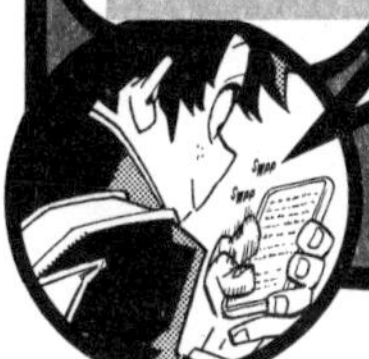

Hier präsentieren wir euch zahlreiche Illustrationen, die Kohei Horikoshi auf seinem offiziellen Twitter-Account veröffentlicht hat. Alle auf einen Schlag! Was für ein Anblick!

06.08.2014

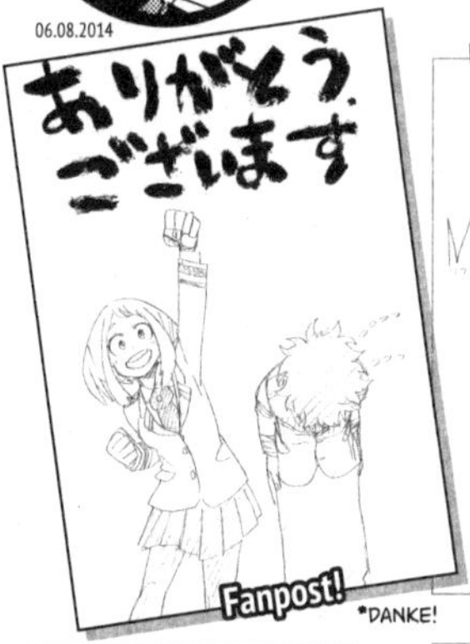

*DANKE!

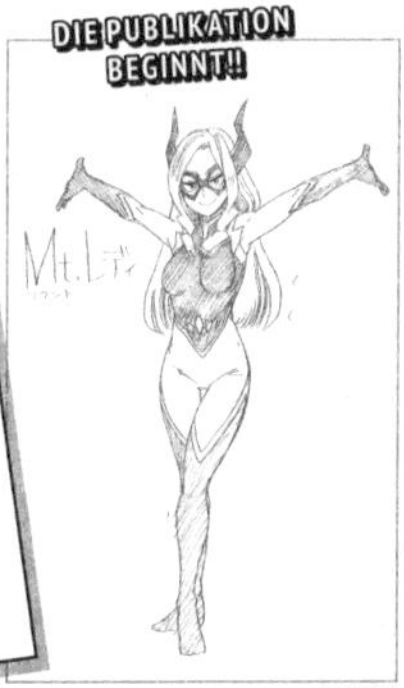

08.07.2014

Am 29.06.2014 hat Kohei Horikoshi zum ersten Mal etwas getweetet!

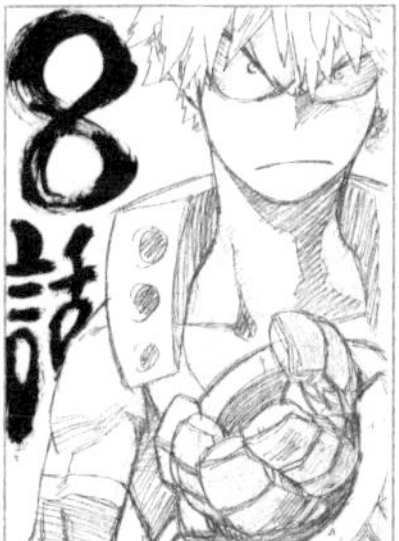

Kapitel 8, 01.09.2014

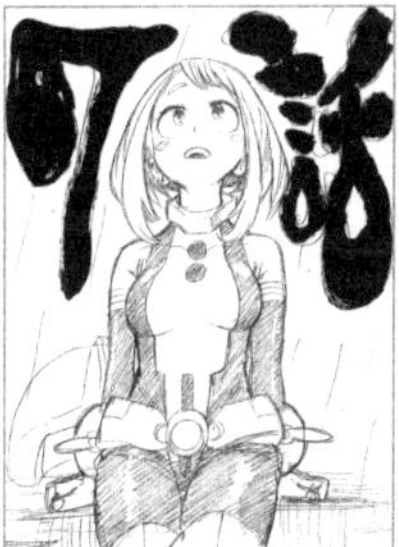

Kapitel 7, 26.08.2014

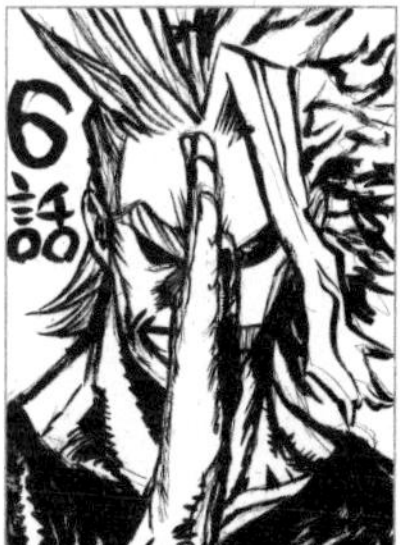

Kapitel 6, 11.08.2014

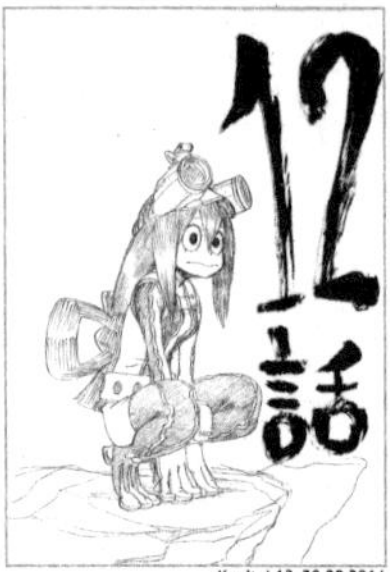

Kapitel 12, 30.09.2014

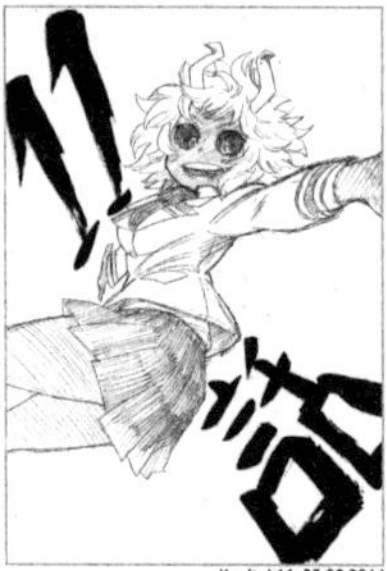

Kapitel 11, 23.09.2014

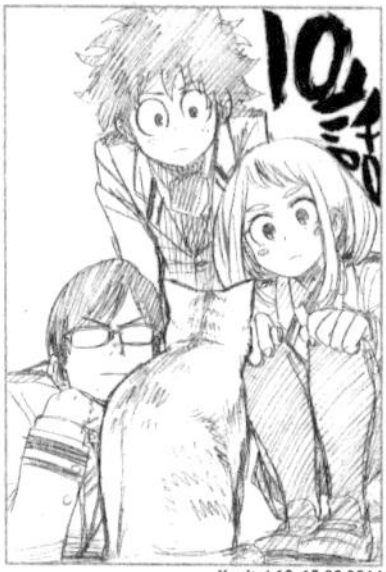

Kapitel 10, 13.09.2014

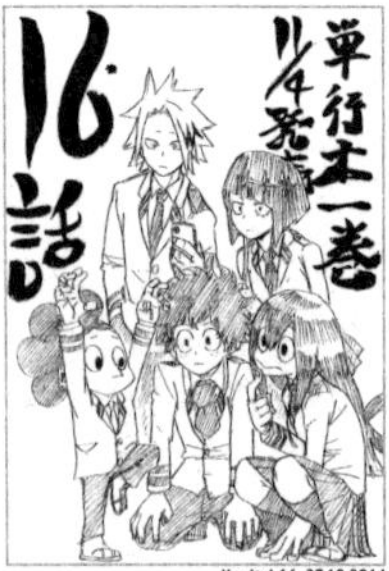

*DER 1. BAND, AM 4.11

Kapitel 16, 27.10.2014

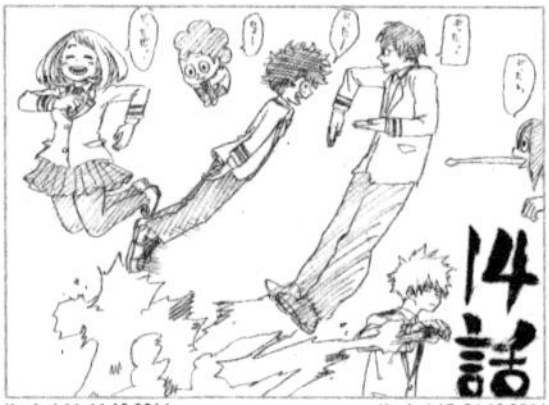

Kapitel 14, 11.10.2014

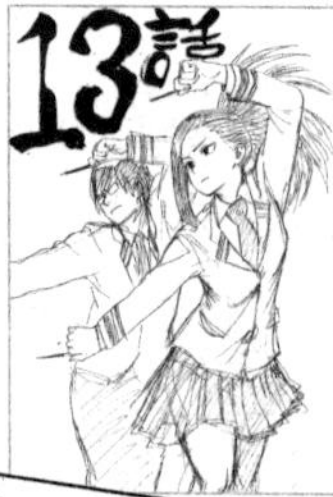

Kapitel 13, 06.10.2014

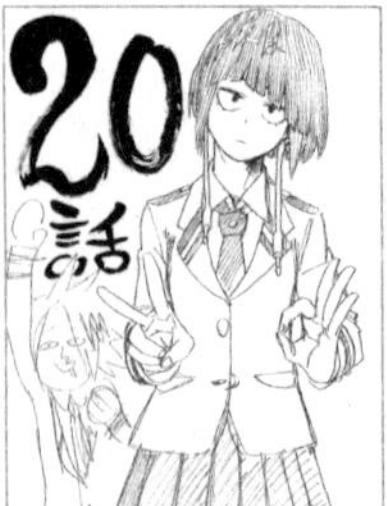

Kapitel 20, 23.11.2014

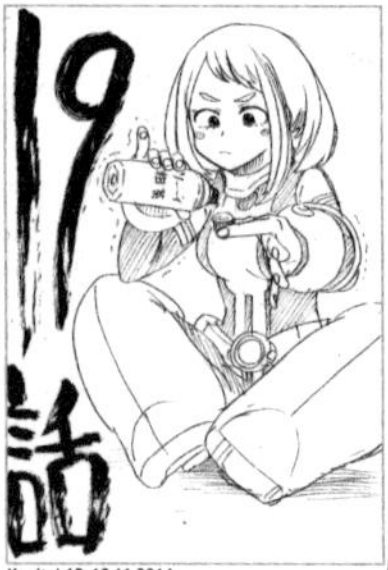

Kapitel 19, 18.11.2014

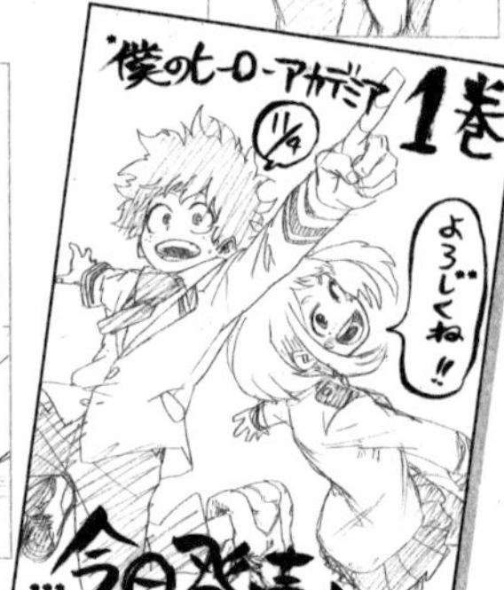

04.11.2014

**HOLT IHN EUCH!!
***ERSCHEINT HEUTE!

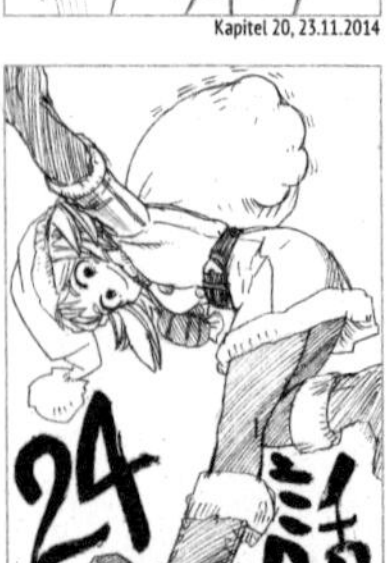

Kapitel 24, 22.12.2014

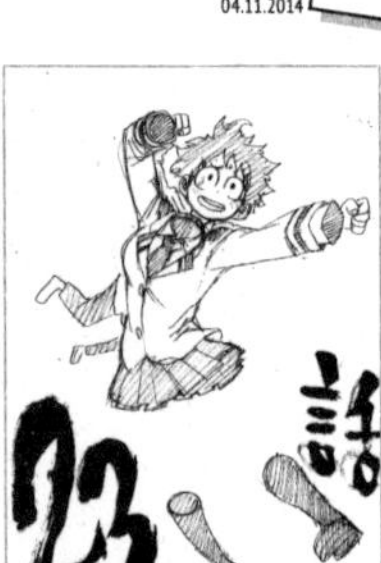

Kapitel 23, 16.12.2014

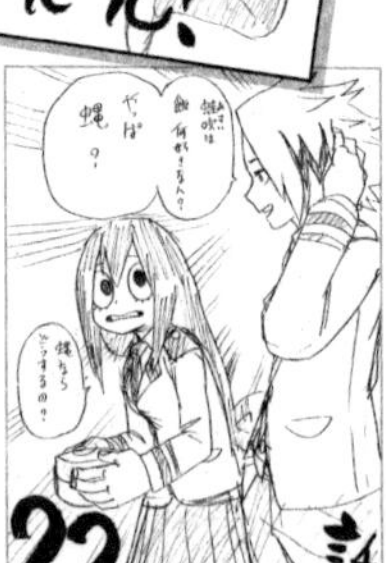

Kapitel 22, 08.12.2014

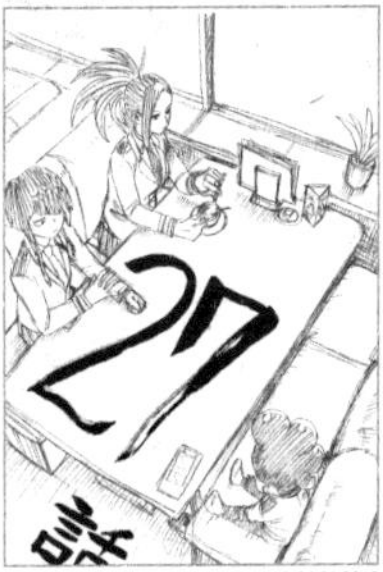

Kapitel 27, 26.01.2015

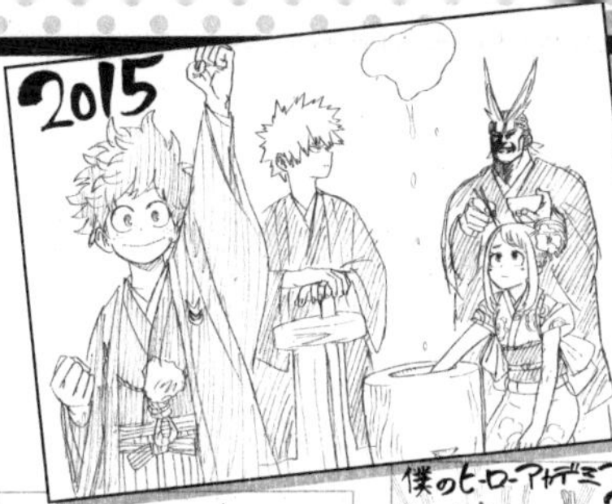

HAPPY NEW YEAR 2015!!

01.01.2015

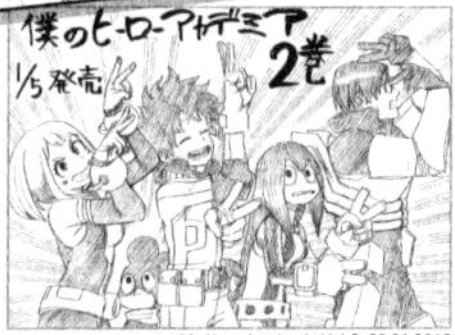

My Hero Academia Vol.2, 05.01.2015

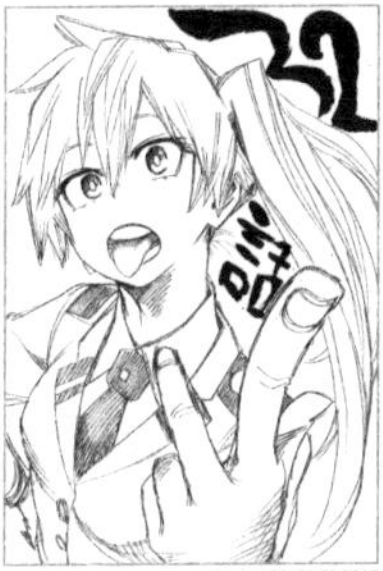

Kapitel 32, 03.03.2015

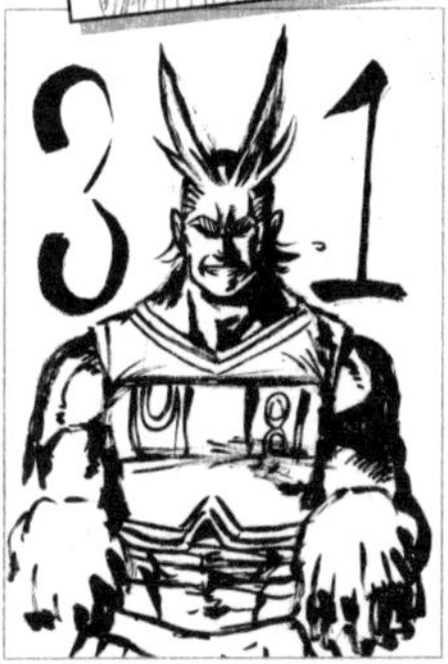

Kapitel 31, 24.02.2015

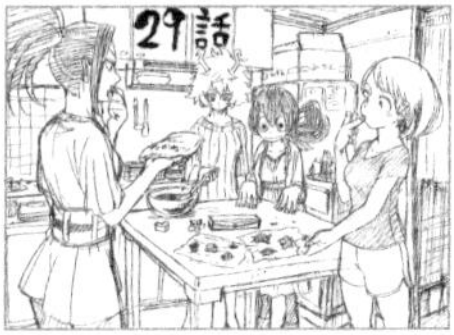

Kapitel 29, 10.02.2015

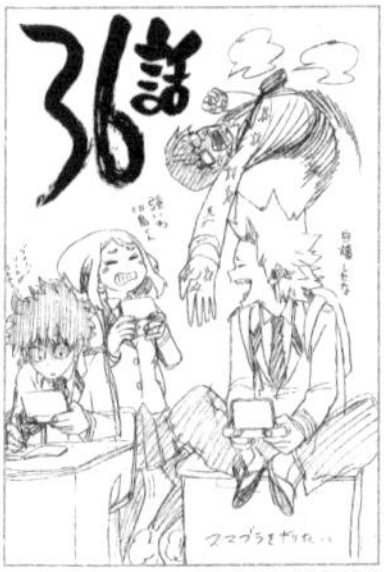

Kapitel 36, 30.03.2015

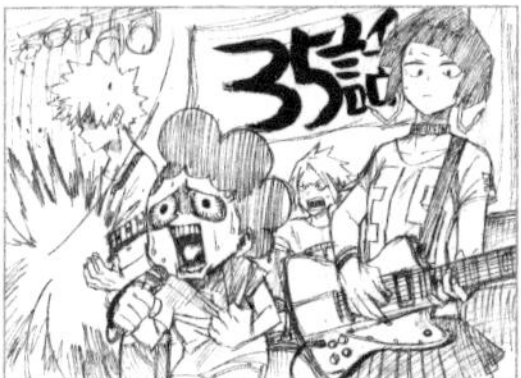

Kapitel 35, 23.03.2015

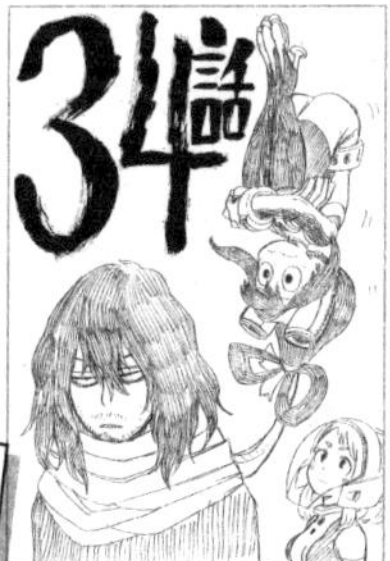

Kapitel 34, 16.03.2015

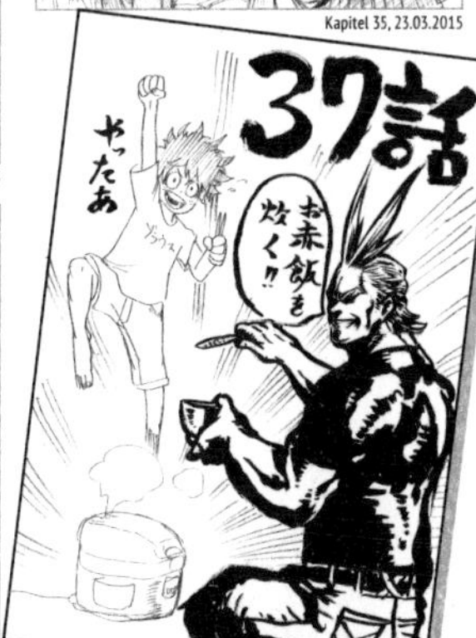

Kapitel 37, 06.04.2015

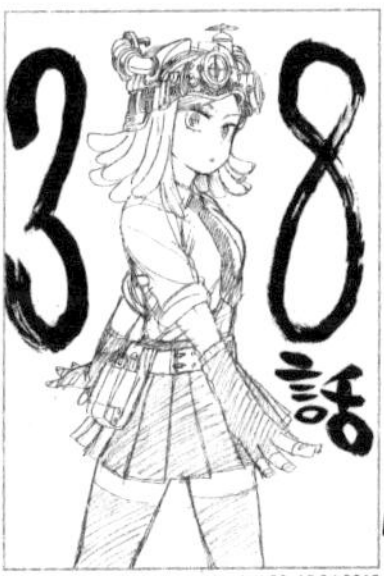

Kapitel 38, 13.04.2015

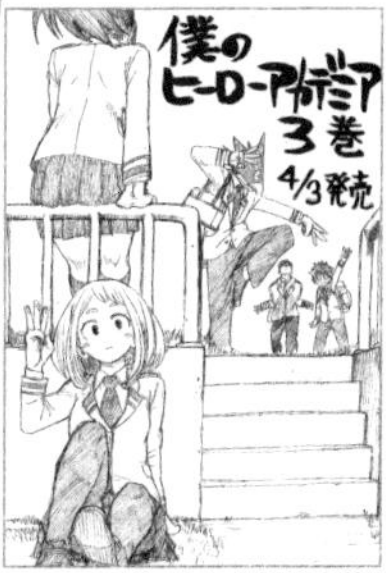

My Hero Academia Vol.3, 03.04.2015

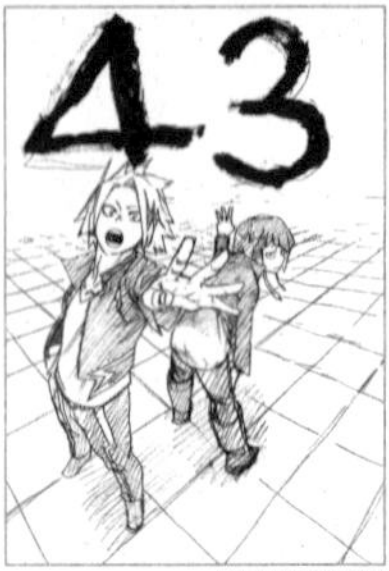

Kapitel 43, 26.05.2015

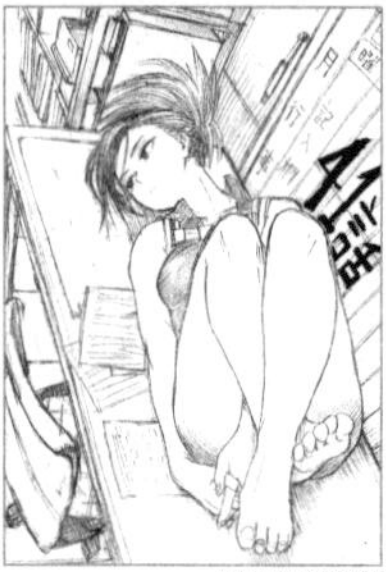

Kapitel 41, 11.05.2015

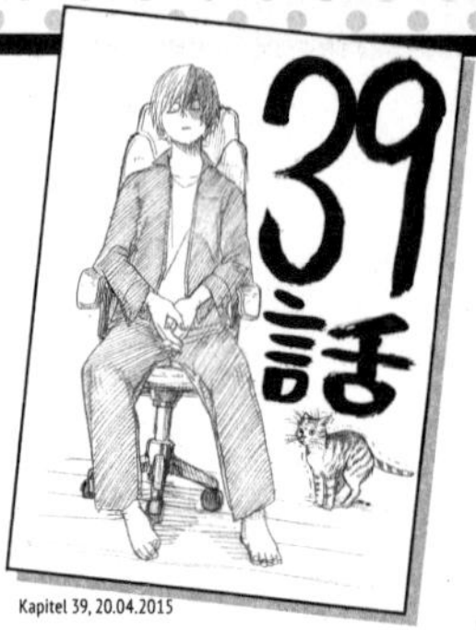

Kapitel 39, 20.04.2015

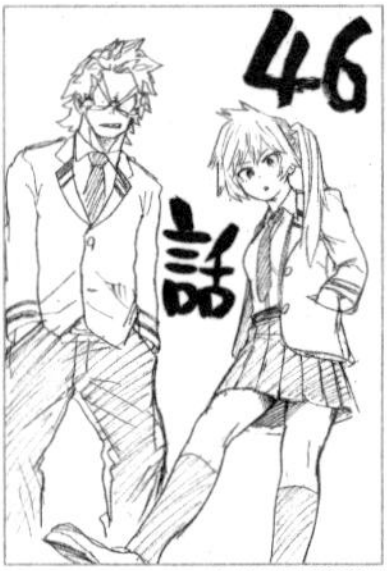

Kapitel 46, 16.06.2015

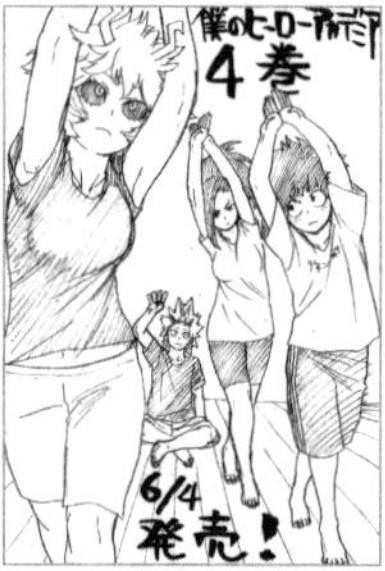

My Hero Academia Vol.4, 04.06.2015

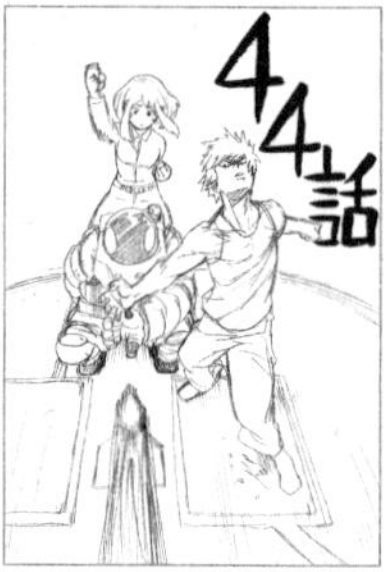

Kapitel 44, 01.06.2015

Kapitel 15, 18.07.2015

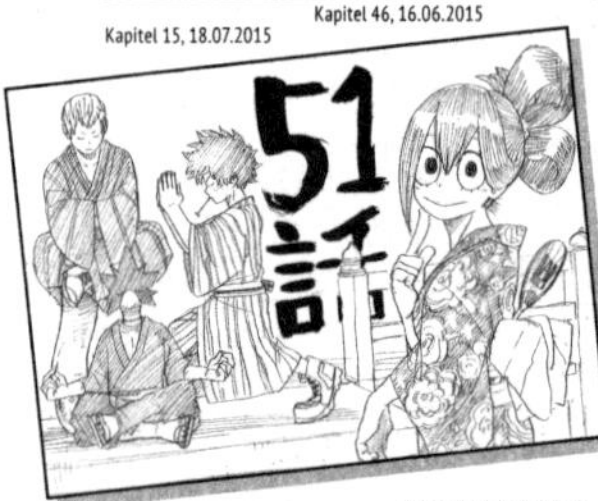

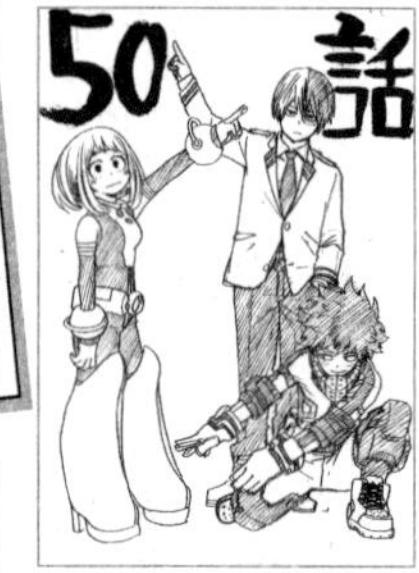

Kapitel 50, 13.07.2015

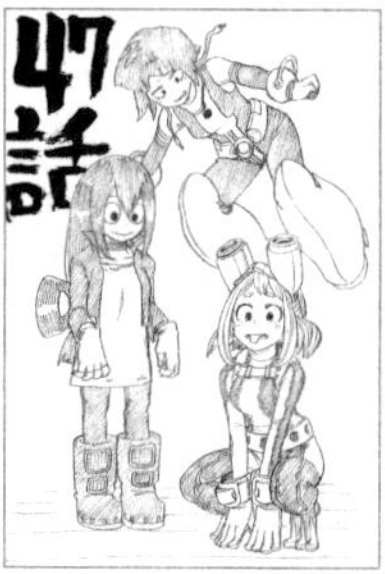

Kapitel 47, 22.06.2015

Vielen Dank, 31.07.2015

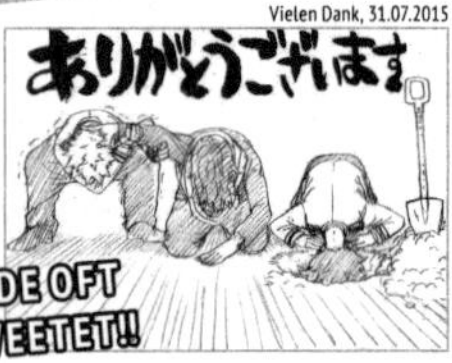

WURDE OFT RETWEETET!!

Kapitel 52, 27.07.2015

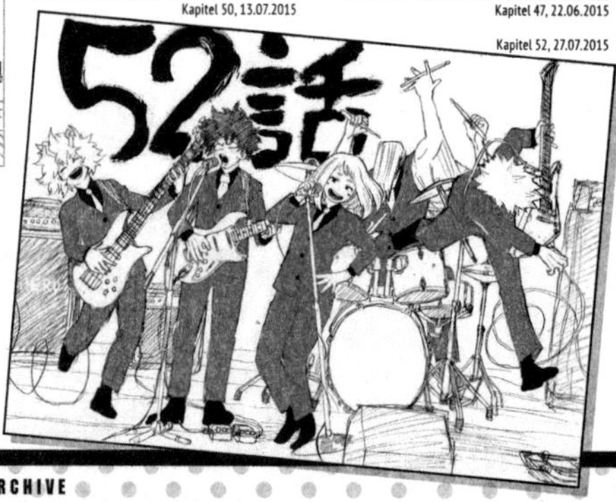

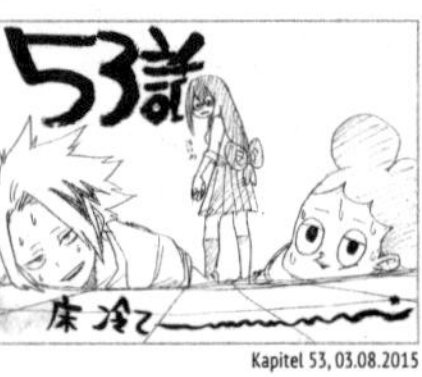

*DER BODEN IST SO KALT!

Kapitel 53, 03.08.2015

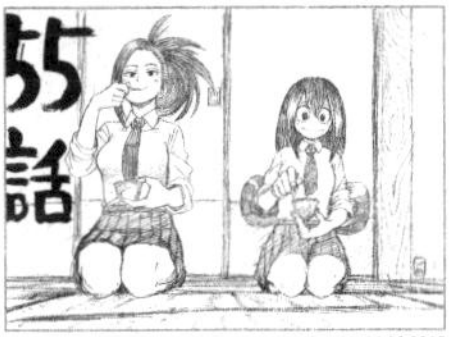

Kapitel 55, 24.08.2015

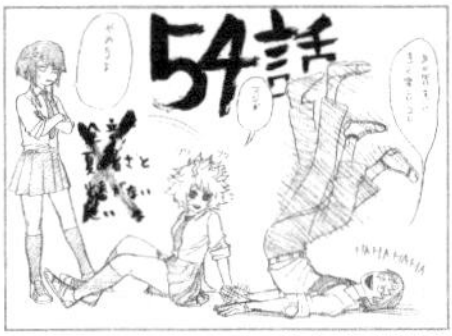

Kapitel 54, 10.08.2015

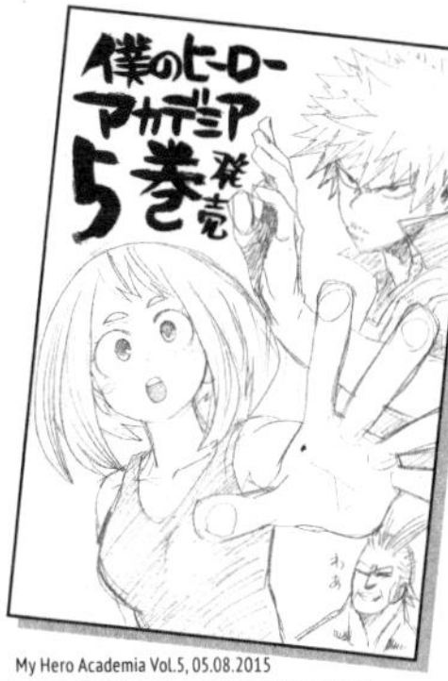

My Hero Academia Vol.5, 05.08.2015

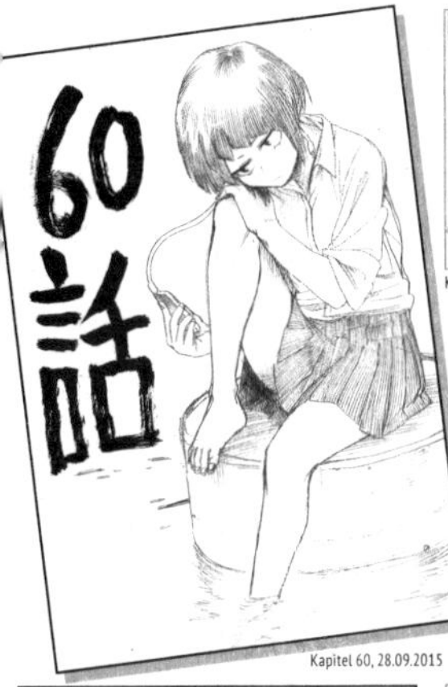

Kapitel 60, 28.09.2015

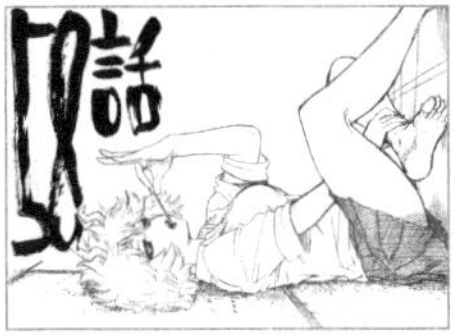

Kapitel 58, 14.09.2015

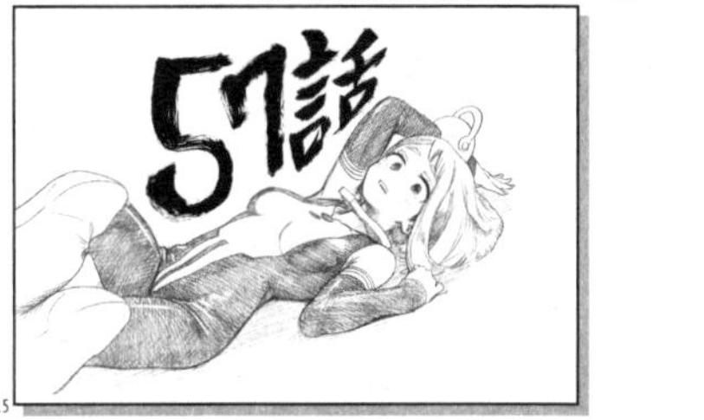

Kapitel 57, 07.09.2015

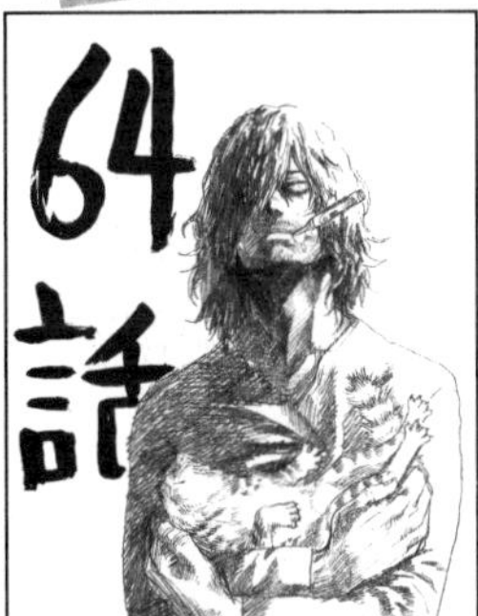

Kapitel 64, 26.10.2015

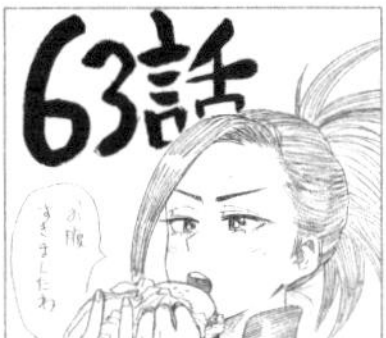

Kapitel 63, 19.10.2015

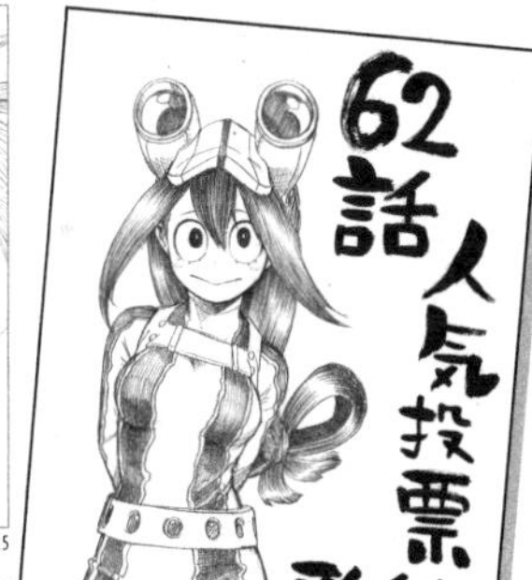

Kapitel 62, 10.10.2015

*VERÖFFENTLICHUNG DER ERGEBNISSE DER BELIEBTHEITSUMFRAGE

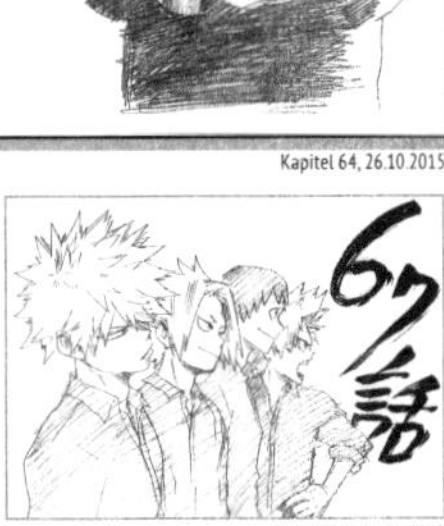

Kapitel 67, 16.11.2015

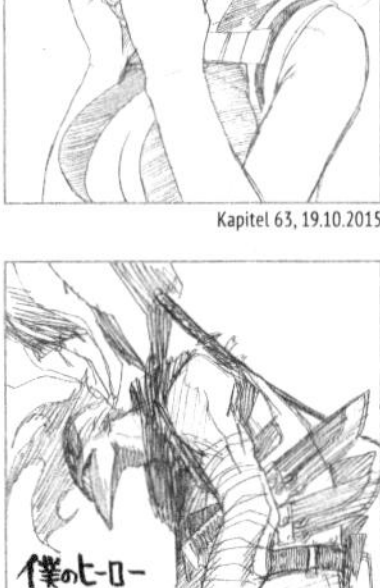

My Hero Academia Vol.6, 04.11.2015

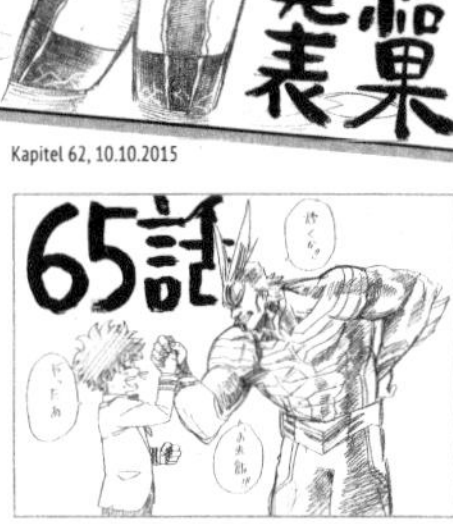

Kapitel 65, 02.11.2015

The Character Book

Vielen Dank, dass ihr das Character Book gekauft habt. Dass irgendwann sogar so ein Buch zu der Serie in den Handel kommen würde, hätte ich mir nie träumen lassen.

Zum Zeitpunkt, da ich diese Zeilen schreibe, kann ich noch nicht sicher sein, aber ich hoffe, mit den Hintergrundinfos zu den Anfängen von »My Hero Academia« wird dieses Buch für euch zu einem besonderen Juwel.

Seit die Arbeiten am Anime begonnen haben, gibt es jeden Tag noch mehr zu tun, aber zu sehen, wie dieses Buch nach und nach Gestalt annimmt, bereitet mir die allergrößte Freude.

Das alles wäre nie möglich gewesen ohne meine treuen Leser und Leserinnen, alle beteiligten Designer und Zeichner sowie meine Redakteure Herrn Shimazaki, Herrn Koike und Herrn Monji. Meine Güte, in Worte gefasst klingt es so unbedeutend, aber diesen Band gibt es nur dank der Unterstützung zahlreicher Menschen.

Es gibt noch so vieles, was ich zeichnen will, also werde ich es in vollen Zügen genießen. Wenn alles nach Plan verläuft, wird Deku noch dieses Jahr ein Power Up hinlegen. Dann wird er noch aktiver werden und noch mehr quasseln. Ah, ich will es endlich zeichnen! Aber nur nichts überstürzen! Ich lasse mir Zeit und genieße jeden Augenblick.

Kohei Horikoshi

MY HERO ACADEMIA

Ultra Archive

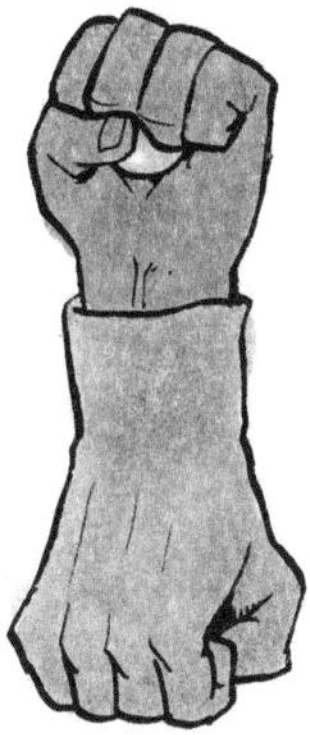

KOHEI HORIKOSHI

Nun gibt es endlich auch ein Character Book! Ich hoffe sehr, dass es ein spannender Band geworden ist, der einen guten Überblick über den bisherigen Verlauf von My Hero Academia gibt!

Carlsen Manga! News – jeden Monat neu per E-Mail!

www.carlsenmanga.de
www.carlsen.de

ARLSEN MANGA
eutsche Ausgabe/German Edition
2017 Carlsen Verlag GmbH, Völckersstraße 14-20,
2765 Hamburg

us dem Japanischen von Gandalf Bartholomäus
OKU NO HERO ACADEMIA OFFICIAL CHARACTER BOOK
LTRA ARCHIVE © 2016 by Kohei Horikoshi

rst published in Japan in 2016 by SHUEISHA Inc., Tokyo.
erman translation rights in Germany, Austria, Luxembourg
and German-speaking Switzerland arranged by SHUEISHA Inc.
through VIZ Media Europe S.A.R.L., France.

Redaktion: Anne Berling
Textbearbeitung: Steffen Haubner
Grafik: Sonnenfisch Production, Laura Bartels
Herstellung: Gunta Lauck

ISBN: 978-3-551-78119-2
ISBN (Variant Edition): 978-3-551-78159-8

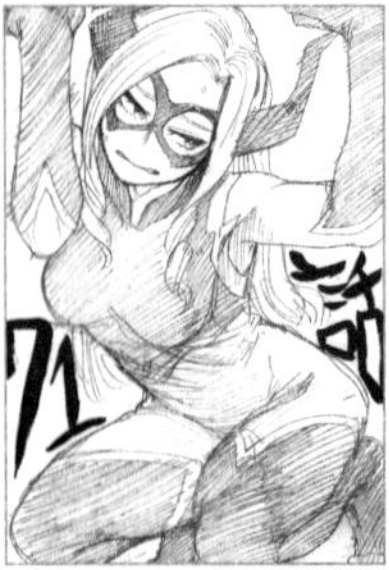

Kapitel 71, 14.12.2015

JUHU, DAS GAME STEHT FEST!!

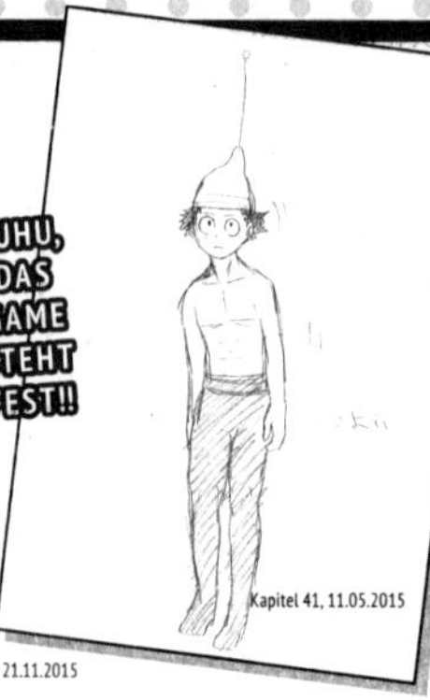

Kapitel 41, 11.05.2015

21.11.2015

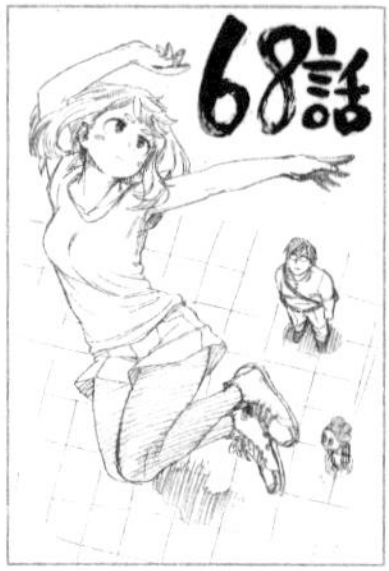

Kapitel 68, 21.11.2015

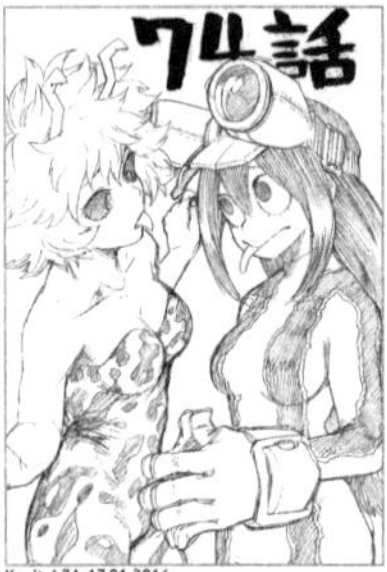

Kapitel 74, 17.01.2016

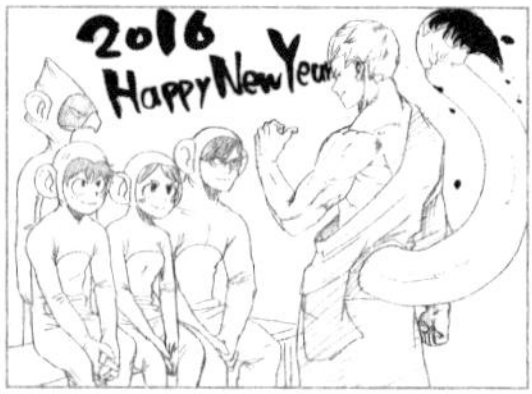

Happy New Year 2016, 01.01.2016

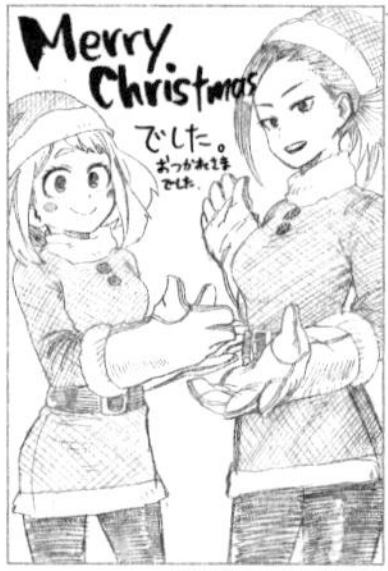

Merry Christmas, 26.12.2015

My Hero Academia Vol.7, 04.02.2016

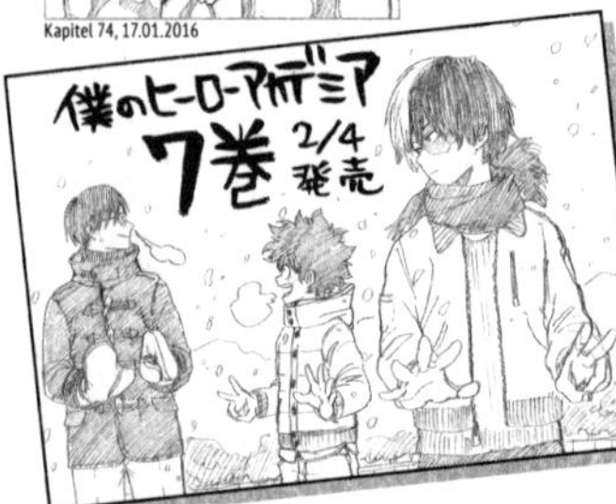

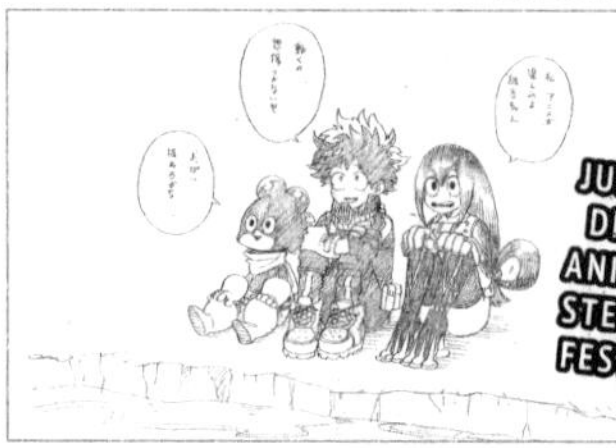

JUHU, DER ANIME STEHT FEST!!

21.01.2016

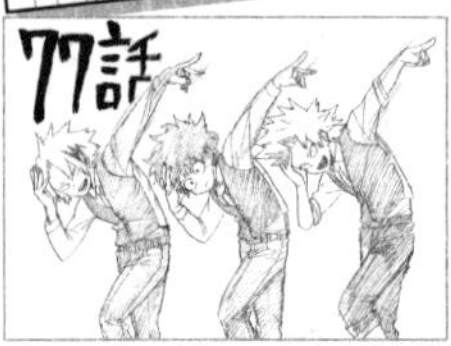

Kapitel 77, 08.02.2016

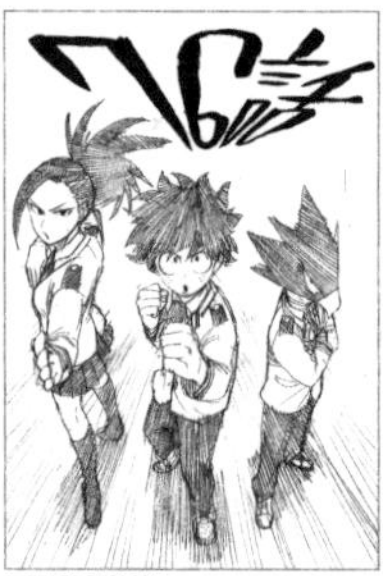

Kapitel 76, 31.01.2016

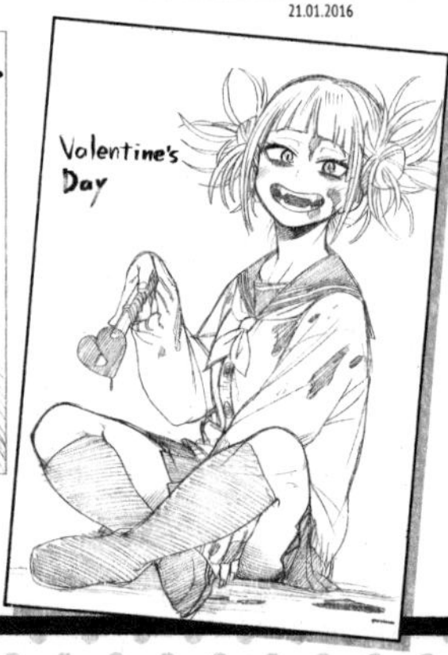

Valentine's Day, 13.02.2016

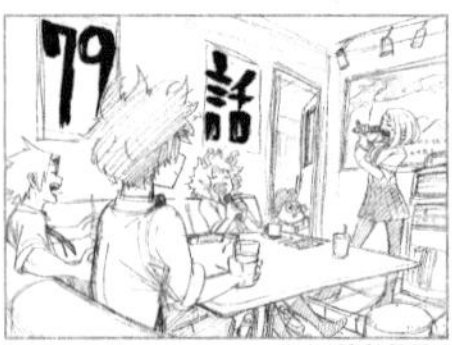

Kapitel 79, 21.02.2016

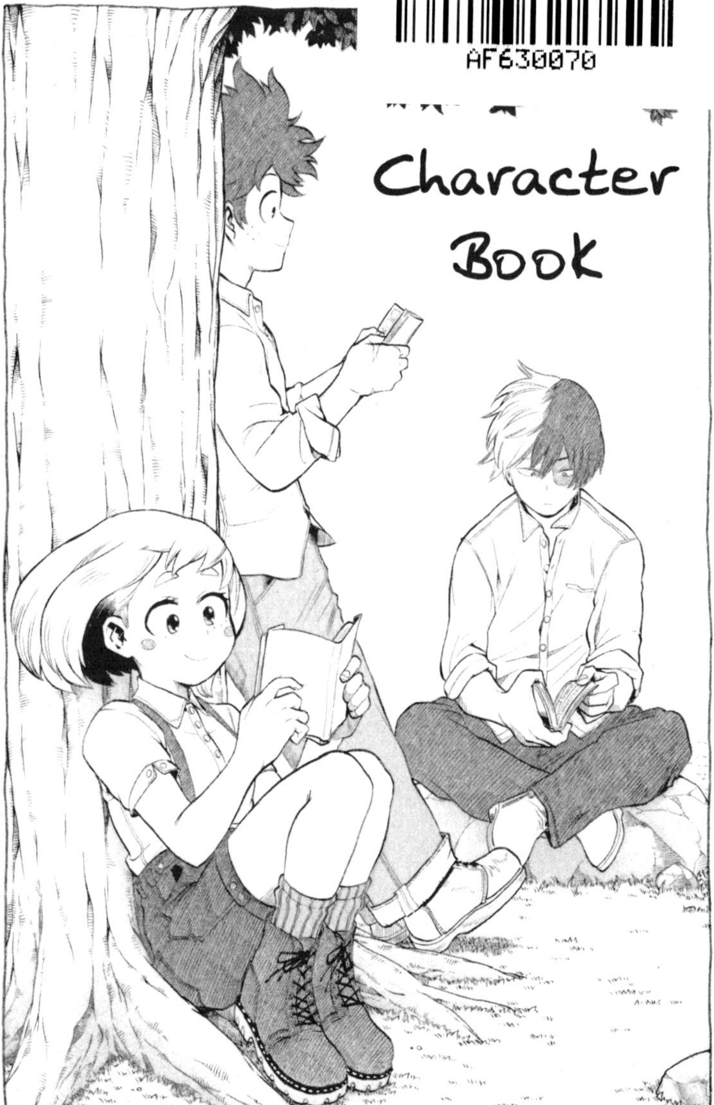
Character
Book